U0726377

地　图

北海

英国

波罗的海

里伯

海泽比

柏林

锡格蒂纳
比尔卡

哈珀肖

赫尔辛基

圣彼得堡
诺夫哥罗德
普斯科夫

拉多加湖
旧拉多加
涅瓦河

别洛焦尔

雅罗斯拉夫尔

莫斯科
罗斯托夫
弗拉基米尔

保加尔

巴黎

美因茨
洛尔施

布拉格

克拉科夫

基辅

多瑙河

维也纳

布达佩斯

雷根斯贝格
奥格斯堡
威尼斯

俄罗伦萨

罗马

科西嘉岛

撒丁岛

热那亚

佩拉

亚得里亚海

咸海

花剌子模

石国/塔什干
索格底亚那
撒马尔罕
马尔吉
布哈拉

君士坦丁堡/伊斯坦布尔
卡尔西翁
尼亚波城
安卡拉

特拉布宗

高加索

杰尔宾特
巴库

里海

克拉斯诺沃茨克
土库曼巴什

尼萨
马尔哈德
尼沙普尔

吉尔吉斯坦

铁尔梅兹
哈努姆
梅尔夫

科林斯
迈森尼

西西里岛

墨西拿

克里特岛

爱琴海

埃尔祖鲁姆

道亚巴克尔

尼姆鲁德

厄尔布尔士山脉

伊斯法罕
北贾德河

塔什波斯坦

巴姆

锡克利

伯罗奔尼撒

雅典

斯巴达

马鲁拉

阿勒颇
乌加里特
贝鲁特

推罗

加沙

叙利亚沙漠

拉塔基亚

西顿
耶路撒冷

埃德萨

哈兰

萨摩萨

帕尔米拉

杜拉-欧罗

巴比伦
库法

库斯

扎格罗斯山脉

埃克巴坦那

乌尔
巴士拉

波斯波利斯

塔伊波斯坦

伊斯塔赫

基什

亚历山大
瓦迪那特伦
开罗

科尔马

安捷诺波利斯

麦地那

多哈

卡拉奇
巴巴拉孔

吉达
麦加

红海

阿拉伯海

印度洋

麦罗埃

阿杜利斯
耶哈
阿克苏姆城
达哈

赤道

索法尔

地中海

塞浦路斯

地图1　横跨欧亚非三大洲的丝绸之路所经之处（全图）。（书中地图系原文插附地图）

鄂霍次克海

贝加尔湖

伊尔库茨加

诺彦乌拉
翰耳朵八里 克鲁伦河 乌兰巴托

巴泽雷克

阿尔泰山

哈耳朵八里

戈壁沙漠

斯克
巴尔喀什湖
拜西庭
天山 准噶尔盆地
乌鲁木齐 到失八里
吉尔吉斯 高昌
阿克苏 吐鲁番 哈密
龟兹 焉耆 库尔勒 敦煌 瓜州 酒泉
尔平纳 塔克拉玛干沙漠 塔里木盆地 若羌 且末 文殊山
喀什 莎车 和阗 米兰 甘州/张掖
于阗 安迪尔 尼雅 阿尔金山 凉州/武威
桑珠达坂 昆仑山 祁连山
丹丹乌里克 柴达木盆地 兰州
青海湖 炳灵寺

鹦鹉泉 阴山
贺兰山
呼和浩特 云冈石窟
鄂尔多斯 大同 五台山
太原
安阳
西沟壁
河中/秦州 洛阳
法门寺 龙门石窟
长安/西安 徐州

北京

日本海

韩国
德库须/首尔
奈良 京都
日本
东京

细节见地图5 和地图6

青藏高原

德里
鲁伯尔

喜马拉雅山
雅鲁藏布江
拉萨

巴连弗邑

桑奇
加尔各答

塔尔考拉石窟
奥兰加巴德石窟
阿旃陀石窟
埃洛拉石窟

孟加拉湾

金奈
本地治里
阿里卡梅度

曼都

成都

江陵 淮南 上海
杭州
马王堆
株洲
衡阳

贵港 广州
香港

南海

海南岛
北部湾

东海

顺化

吴哥窟

●	地点
〜	河流

0   400   800   1200千米

底图 ©MAPS IN MINUTESTM 2003
由伦敦 ML 设计制图

鄂木斯克

巴泽雷克

阿尔泰山

巴尔喀什湖

准噶尔盆地

塔拉斯河

锡尔河/贾沙特斯河

拜尔兹

乌鲁木齐　别失八里

比什凯克　碎叶城　伊塞克湖

高昌

哈密

费尔干纳盆地

汗腾格里峰

吐鲁番　阿拉沟　罗布泊沙漠

石国/塔什干

天山

焉耆

龟兹

敦煌

索格底亚那　苦盏　安集延

阿克苏　塔里木河

塔里木盆地

罗布泊

撒马尔罕　马尔吉兰　奥什　费尔干纳

喀什

米兰

楼兰

布哈拉　片治肯特

伊尔克什坦　塔什库尔干

塔克拉玛干沙漠

阿尔金山

柴达木盆地

马尔吉阿纳　穆格山

帕米尔高原

和田河

安迪尔

铁尔梅兹　阿伊　哈努姆

莎车

于阗　尼雅

昆仑山

木鹿　巴尔赫

萨尔哈德

蒂拉丘地　大夏
（巴克特里亚）　兴都库什山

桑珠达坂

喀喇昆仑山

青藏高原

巴米扬　卡比萨　夏提欧

胡勒姆河

丹丹乌里克

巴格拉姆　喀布尔　犍陀罗

斯瓦特河　塔克西拉　斯利那加

杰勒姆河

喀喇昆仑山

拉合尔　鲁伯尔

印度河

雅鲁藏布江

拉萨

德里

恒河

喜马拉雅山

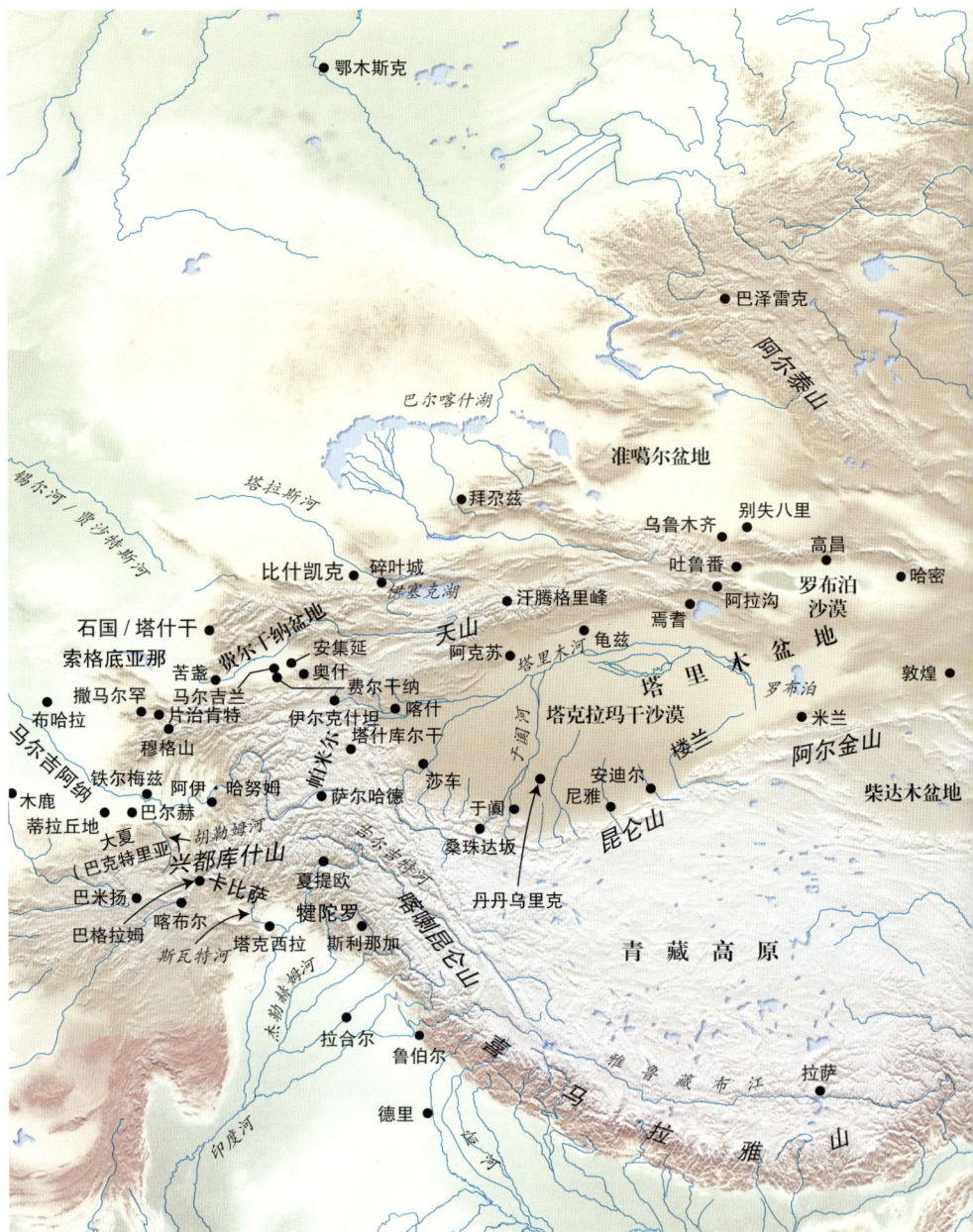

地图 2　东亚和中亚丝绸之路所经之处，包括第一章提及的地点

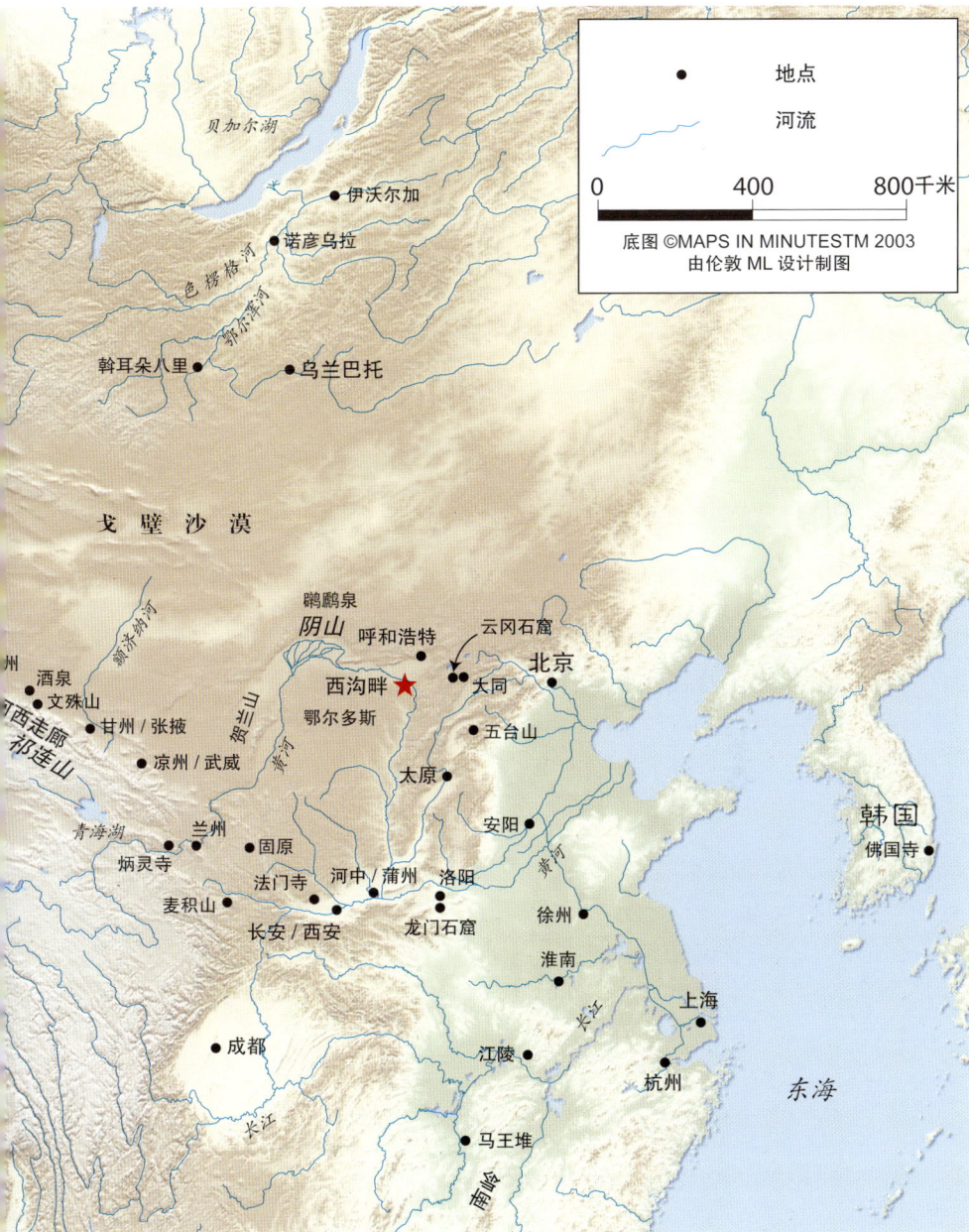

地点

河流

0 400 800千米

底图©MAPS IN MINUTESTM 2003
由伦敦 ML 设计制图

贝加尔湖

伊沃尔加

诺彦乌拉

色楞格河

斡耳朵八里

鄂尔浑河

乌兰巴托

戈 壁 沙 漠

额济纳河

鹧鸪泉

阴山

呼和浩特

云冈石窟

北京

州

酒泉

文殊山

甘州/张掖

贺兰山

黄河

西沟畔

大同

河西走廊

祁连山

凉州/武威

鄂尔多斯

五台山

太原

安阳

青海湖

兰州

固原

炳灵寺

法门寺

河中/蒲州

洛阳

韩国

佛国寺

麦积山

长安/西安

龙门石窟

徐州

淮南

黄河

成都

江陵

长江

上海

马王堆

南岭

杭州

长江

东海

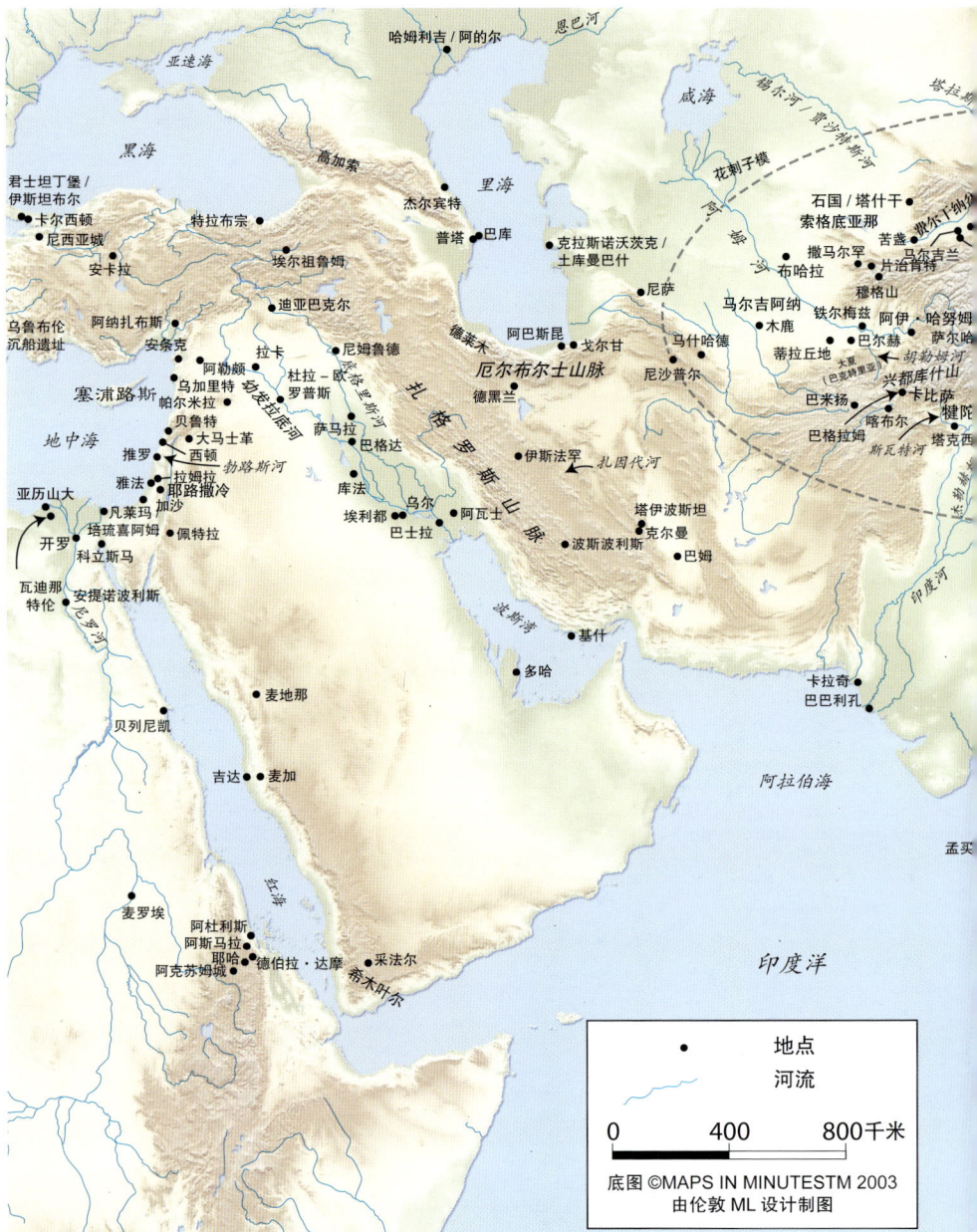

哈姆利吉 / 阿的尔

恩巴河

亚速海

咸海

锡尔河 / 药沙穆特斯河

塔拉斯

黑海

高加索

里海

花剌子模

君士坦丁堡 / 伊斯坦布尔
尼西亚城
安卡拉

杰尔宾特
普塔
巴库

石国 / 塔什干
索格底亚那
苦盏
黄牛干城怛罗斯
片治肯特

特拉布宗

克拉斯诺沃茨克 / 土库曼巴什

撒马尔罕
布哈拉
穆格山
铁尔梅兹
木鹿

卡尔西顿

埃尔祖鲁姆
迪亚巴克尔

尼萨

乌鲁布伦
沉船遗址

阿纳扎布斯
安条克

拉卡

阿巴斯昆
戈尔甘

马尔吉阿纳

阿伊·哈努姆
巴尔赫
萨尔哈

塞浦路斯
阿勒颇
乌加里特
帕尔米拉

尼姆鲁德

穆莱木

马什哈德

蒂尔丘地

巴米扬
胡勒姆河
大夏
巴克特里亚
兴都库什山
卡比萨
犍陀

阿瓦士

杜拉 - 欧罗普斯

幼发拉底河

阿巴斯昆

德黑兰

尼沙普尔

厄尔布尔士山脉

巴格拉姆
喀布尔
斯瓦特河
塔克西拉

贝鲁特
大马士革
西顿
推罗
雅法
拉姆拉
耶路撒冷
加沙

萨马拉
巴格达

库法

底格里斯河

扎格罗斯山脉

伊斯法罕
扎因代河

地中海

约旦河

埃利都
乌尔

凡莱特
培琉喜阿姆
科立斯马

乌鲁克

巴士拉

塔伊波斯坦
波斯波利斯
克尔曼
巴姆

卡拉奇
巴巴利孔

亚历山大
开罗

佩特拉

安提诺波利斯

瓦迪那
特伦

基什

波斯湾

多哈

麦地那

阿拉伯海

孟买

贝列尼凯

吉达
麦加

麦罗埃

红海

阿杜利斯
阿斯马拉
耶哈
阿克苏姆城
德伯拉·达摩

采法尔
希木叶奈

印度洋

印度河

| | 地点 |
| | 河流 |

0   400   800千米

底图 ©MAPS IN MINUTESTM 2003
由伦敦 ML 设计制图

地图 3　横跨亚洲大陆的丝绸之路所经之处，包括第二章提及的地点

巴尔喀什湖

准噶尔盆地

戈壁沙漠

拜尔兹

乌鲁木齐　别失八里

什凯克

碎叶城　伊塞克湖

高昌

阴山　鹓鹀泉

吐鲁番

汗腾格里峰

阿拉沟　沙漠

哈密

呼和浩特　云冈石窟

天山

集延

费尔干纳

阿克苏　龟兹

焉耆

北京

克什迦

喀什

塔什库尔干

莎车

塔里木河

塔里木盆地

罗布泊

敦煌　瓜州

酒泉

河西走廊

西沟畔

鄂尔多斯

大同

五台山

太原

塔克拉玛干

楼兰

文殊山

甘州/张掖

是欧

于阗

尼雅

安迪尔

昆仑山

阿尔金山

柴达木盆地

祁连山

凉州/武威

黄河

安阳

斯利那加

桑珠达坂

丹丹乌里克

青海湖

兰州

炳灵寺

固原

法门寺

河中/蒲州

洛阳

龙门石窟

徐州

合尔

鲁伯尔

喜马拉雅山

青藏高原

麦积山

长安/西安

淮南

细节见地图5
和地图6

成都

江陵

长江

马王堆

德里

雅鲁藏布江

拉萨

巴连弗邑

南岭

桑奇

加尔各答

贵港

广州

泉州

香港

皮塔尔考拉石窟
奥兰加巴德石窟
阿旃陀石窟
埃洛拉石窟
巴贾石窟

南越国

北部湾

海南岛

南海

孟加拉湾

顺化

金奈

本地治里

阿里卡梅度

吴哥窟

曼泰

地图 4　西亚的海陆丝绸之路所经之处，包括第三章提及的地点

巴尔喀什湖

锡尔河/贾沙特斯河

塔拉斯河

拜尔兹

比什凯克 碎叶城
伊塞克湖
天 山
汗藏捧里峰
龟兹

石国/塔什干
索格底亚那
歌尔干的征地
阿克苏
塔里木河

花刺子模
苦盏
马尔吉兰
安集延
塔里木征地
奥什
费尔干纳
伊尔克什坦
喀什
塔克拉玛干沙漠
于阗河

布哈拉
片治肯特
撒马尔罕
塔什库尔干
莎车
丹丹乌里克

阿姆河
穆格山
帕米尔
于阗
桑珠达坂
昆仑山

马尔吉阿纳
铁尔梅兹
巴尔赫
阿伊·哈努姆
萨尔哈德

木鹿
蒂拉丘地
昆都士

大夏/巴克
特里亚
兴都库什山
吉尔吉特
喜马拉雅山
乌铎伽汉茶城/
摁扎法拉巴德

赫拉特
巴格拉姆
乌德格拉姆
卡比萨
尚拉山门
2
巴拉比昆
4
咯布尔
斯瓦特河
1
5
犍陀罗
斯利那加

巴米扬
贾拉拉巴德
3
6
9
布色羯逻伐底城/贾尔瑟达
白沙瓦
阿姆鲁
克·达拉
7
8
布西发拉斯姆

印度河
拉合尔

鲁伯尔
兴
都
库
什
山

德里

喀布尔河

恒河

地点
河流

0   400千米

底图©MAPS IN MINUTESTM 2003
由伦敦 ML 设计制图

1 萨哈考特
2 戈格达拉
3 明戈拉
4 巴利格拉姆（塞杜沙里夫）
5 伊利姆山（奥诺斯？）
6 奥诺斯
7 沙泊斯伽梨
8 达摩拉吉卡
9 塔克西拉
10 贾乌利安

卡拉奇

巴巴利孔

阿拉伯海

桑奇

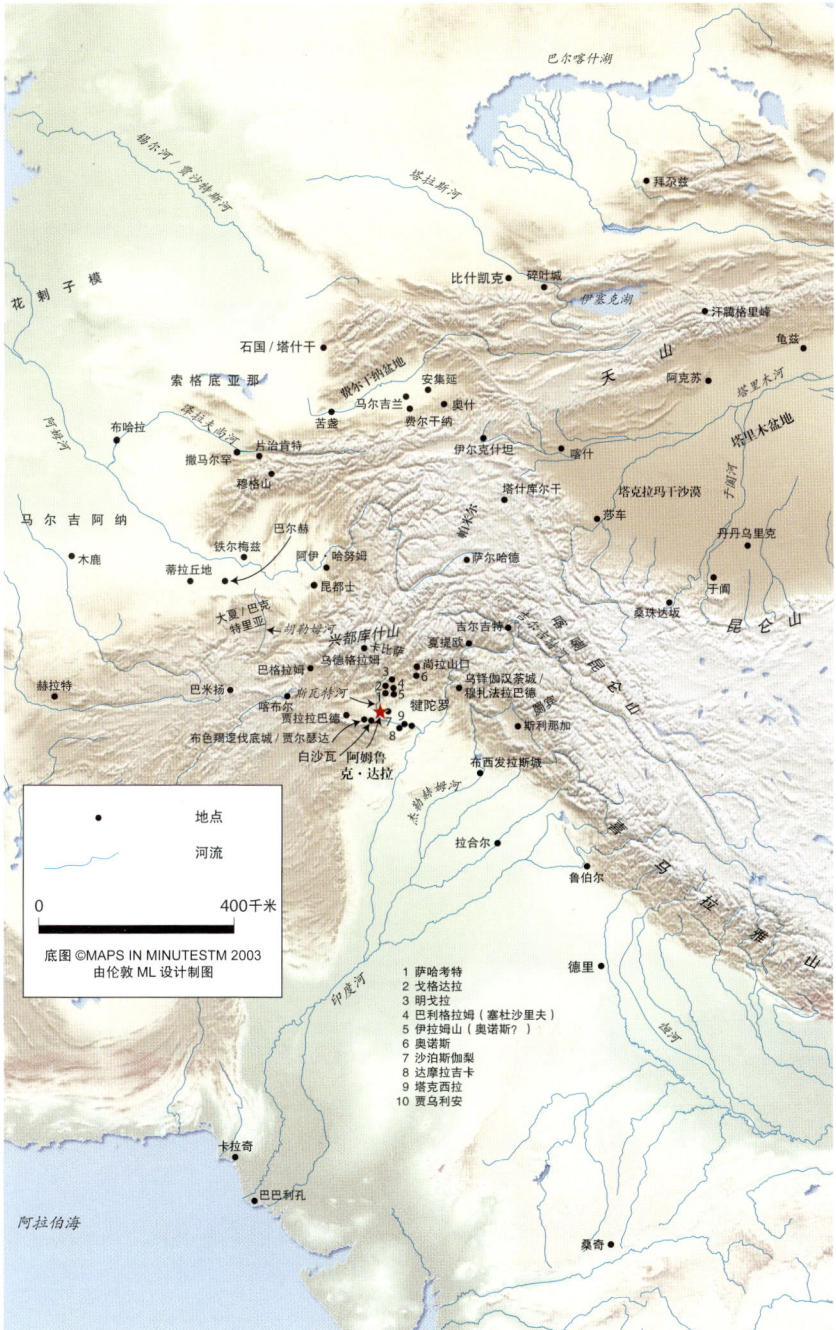

地图 5　东亚与中亚丝绸之路的局部细节，包括第四章提及的地点

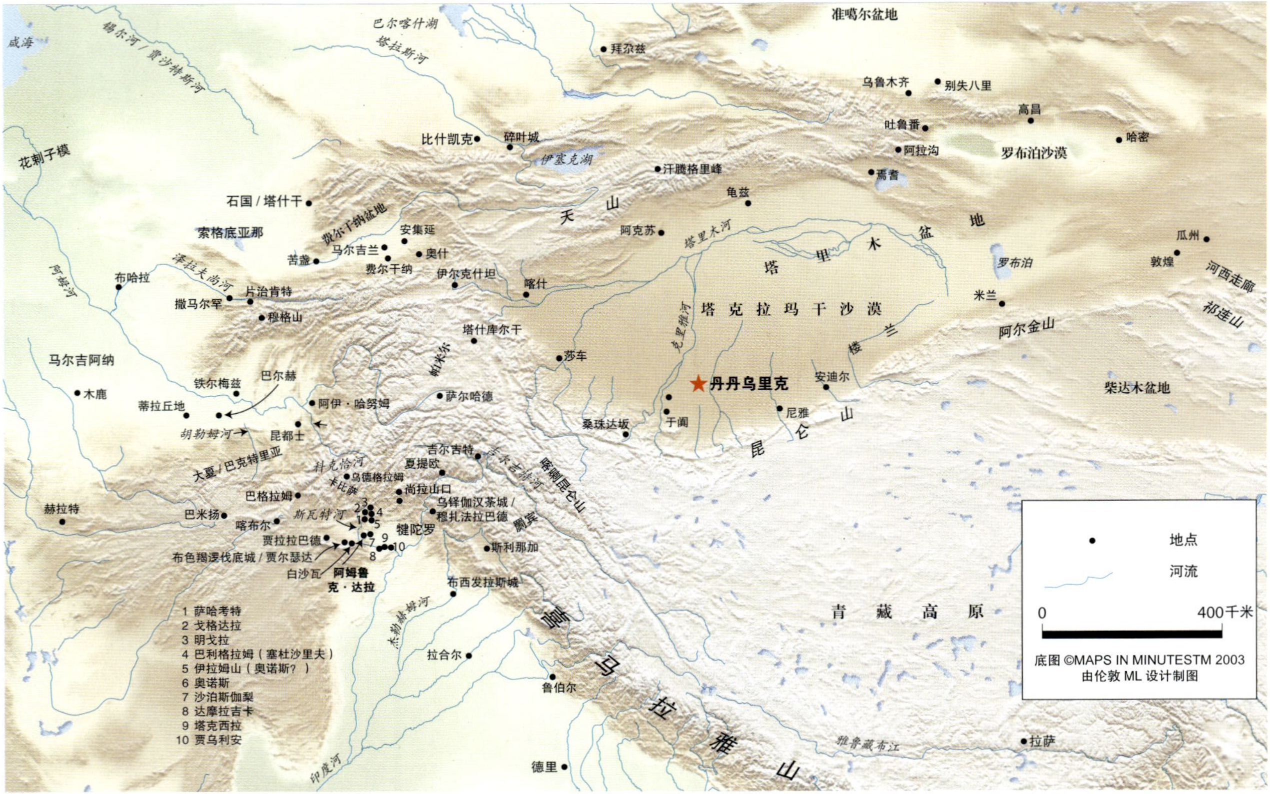

地图 6　东亚与中亚丝绸之路的局部细节，包括第六章提及的地点

图例：
- 地点
- 河流

400千米　0

底图 ©MAPS IN MINUTESTM 2003
由伦敦教 ML 设计制图

主要地名：
准噶尔盆地、巴尔喀什湖、额尔齐斯河/黄河纳特河、花剌子模、咸海、马尔吉阿纳、木鹿、赫拉特、巴米扬、巴克特里亚/大夏、昆都士、巴达克山、帕米尔高原、索格底亚那、撒马尔罕、铁尔梅兹、赛拉丘兹、石国/塔什干、费尔干纳、浩罕、奥什、楚河、碎叶、怛罗斯、伊塞克湖、比什凯克、那林河、喀什、叶尔羌、莎车、于阗、尼雅、安迪尔、丹丹乌里克、塔格拉玛干沙漠、塔里木河、克里雅河、阿克苏、龟兹、库车、汗腾格里峰、焉耆、天山、吐鲁番、高昌、别失八里、乌鲁木齐、拜城、哈密、敦煌、瓜州、河西走廊、祁连山、柴达木盆地、罗布泊、米兰、楼兰、若羌、昆仑山、青藏高原、拉萨、喜马拉雅山、雅鲁藏布江、德里、儒伯尔、拉合尔、旁遮普、印度河、克什米尔、斯利那加、布劳尔/达尔达、白沙瓦、犍陀罗、贾拉拉巴德/那竭、喀布尔、塔克西拉、阿姆河、阿富汗斯坦

编号地点：
1. 萨珊考特
2. 安格拉拉
3. 明古沙拉
4. 巴叶格拉姆山（蓬杜沙诺夫）
5. 伊拉地山（奥诺斯）
6. 奥雕斯
7. 沙迦斯伽阿
8. 马泰斯吉卡
9. 雾壳西拉
10. 贾马利安

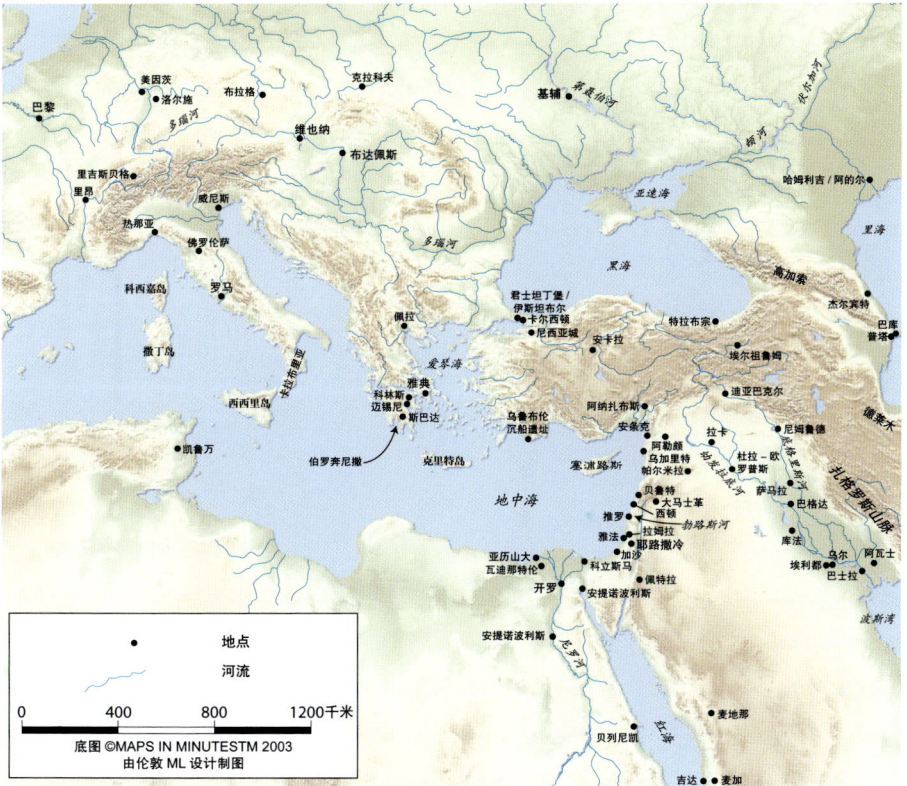

地图 7　欧洲、北非和西亚的丝绸之路枢纽，包括第七章提及的地点

地图（地名标注，自上而下、自左而右）：

云冈石窟　大同　五台山　广州　香港　南海
呼和浩特　西阿特　阿尔多斯　太原　应县　马王堆　海南岛　北部湾
额济纳　阴山　鄂尔多斯　阿房/西安　洛阳　龙门石窟　贵港
贺兰山　河西走廊　西安　长安/西安　法门寺
哈密　瓜州　兰州　凉州/武威　麦积山
罗布泊沙漠　敦煌　酒泉　甘州/张掖　青海湖　成都　长江
哈密　武威　阿拉沟　海　西　走　廊　兰州
柴达木盆地　祁　连　山
罗布泊　米兰　阿尔金山
碎叶　阿拉沟　楼兰
吐鲁番　疏勒　塔里木盆地　塔克拉玛干沙漠　安迪尔　青藏高原　拉萨　山
比什凯克　天　山　伊塞克湖　库车　昆　仑　山　雅鲁藏布江
伊宁　乌什吐尔番　阿克苏　丹丹乌里克　尼雅　和田（于阗）　孟加拉湾　加尔各答
石国/塔什干　碎叶　巴楚　莎车　巴米扬石窟
喀什　巴楚　桑珠达尔　巴基斯坦
马尔坎达　伊尔克什坦　叶城　怒江　巴德米石窟　阿旃陀石窟　埃洛拉石窟
布哈拉　塔什库尔干　蒲犁昆仑山　桑奇　巴哈巴拉石窟　埃洛拉石窟
兴都库什山　喀布尔　澜沧江　德里
卡比萨/巴米扬　萨珊德　怒江
夏瓦拉　舍卫城
犍陀罗　斯利那加　怒江　鲁哈尔　孟买
巴克特拉　拉合尔　德干　桑奇
特洛斯　拉萨拉坡

底图 ©MAPS IN MINUTESTM 2003
由伦敦 ML 设计制图

图例：
地点（●）
河流（—）

比例尺：0 — 800千米

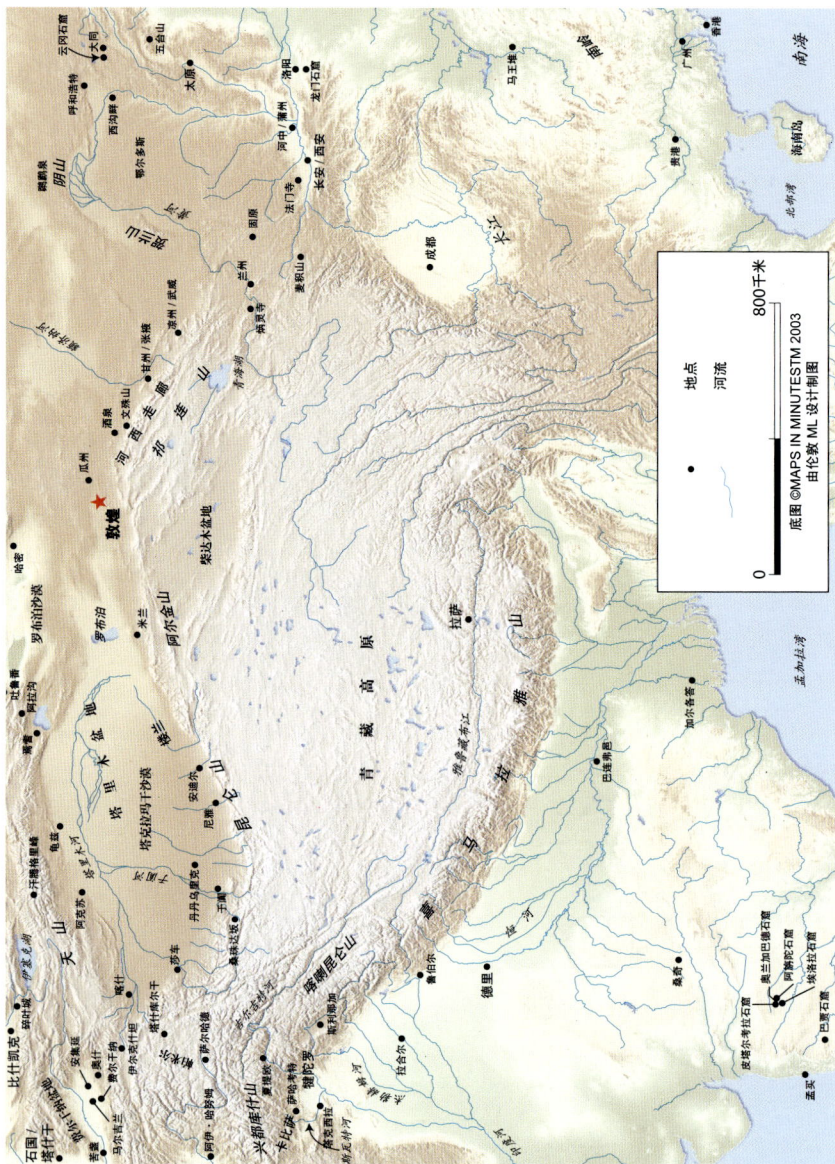

地图 8　亚洲的海岸陆丝绸之路所经之处，包括第九章提及的地点

后浪出版公司

⬤ Susan Whitfield ［英］魏泓 著 王东 译 ⬤

SILK,
SLAVES
AND STUPAS

十件古物中
的丝路文明史

Material Culture of the Silk Road

民主与建设出版社
· 北京 ·

致 谢

　　这本书是我从事丝绸之路器物和景观研究工作数十年的成果。由于这个想法在很多年前就成形了，所以我无法列出在本书构思过程中所有帮助过我的人，更记不得帮我实现想法的全部人的名字，这通常是无意的。后者包括长期以来帮助我的学者、旅行家、摄影家、策展人、文物保护人员、科学家、考古学家等，他们中很多人来自前几个世纪，他们的作品在给我提供信息的同时，还鼓舞了我。在丝绸之路的旅途中，我还遇到很多人，有司机、向导，还有其他人，比如款待我的当地家庭。我很难做出选择，所以在此向他们所有人致以谢意。

　　很多人为我提供了专业的帮助，并在近期帮我审读了在他们专业领域内的章节，指出了我的错谬和纰漏。在每章伊始，我会说明他们的贡献，感谢他们付出的时间和学术上的慷慨支持。其余错谬的责任全部由我承担。当然，我必须感谢在写作此书时支持我的朋友和同事。另外，我也必须感谢加利福尼亚大学出版社的工作组，包括那些自由职业者，感谢他们为此付出的所有努力，尤其是帮我查证那些难找的漏掉的脚注。

最后，我必须感谢很多非人类实物，也就是鼓励我完成此书的物质材料。它们有的是这里的主角，有的是小角，但更多的是配角，虽藏于幕后，然不可或缺。

目 录

引　言

　　我们被物质包围，我们被历史包围。但我们很少用构成
环境的文物来理解过去，很少像阅读书籍一样去阅读物体，
即理解创造、使用和废弃它们的人和时代。

——斯蒂文·卢巴和大卫·金格里

（Steven Lubar and W. David Kingery）

《物质的历史》

（*History from Things*）

　　本书是关于丝绸之路上的物质的著作。从创造叙事的意义上
说，物质或器物在和我们对话。[1] "这是一个用于盛放我的茶水的
容器"，这个叙事虽然简单，却不仅依赖这件器物的特性和背景，
还依赖我们自身的特性和背景——这是一场对话。最初的叙事，
可能只讲述了这件器物与一个人之间发生的诸多故事的其中之一，
而不涉及它与其他经历、知识、信仰和文化背景不同的人之间的
联系。一件容器可能会被不同的人视为饮用器，但有人认为它是
酒器，有人则把它看作水器。脱离了器物最初的环境，即被制作
的时空，它可能再也不能引发它的制作者原本的叙事。宗教和礼

仪用品通常是这种情况。历史学家和考古学家努力地去理解一件器物更多的背景，目的是再现这件器物的叙事和它的"传记"或历史，即它是何人、何时、为何、如何制作的？它是何人、在何地、为何、如何使用的？它去过别的地方吗？它是否被改造、转变、破坏、修复？我们不得不承认，在无法得知器物背景的情况下，我们对上述问题的回答有时可能是完全错误的。[2]

通过器物而不是人和事件来叙述历史，并不是一种新方法，然而在过去的 20 年中，这种方法在世界历史的教学和普及中变得越来越重要，[3] 在商品史领域尤其成功。[4] 这种方法也已经被越来越多的学术机构采用，尤其在近代史领域。[5] 其中，非传统史料不仅仅局限于商品，还涉及日用品、装饰物、工具和建筑。[6]

本书聚焦于人工制品，而不是原材料，但对器物或物质的定义比较宽泛，包括商品，"自然的"和有生命的物质（如人、马、骆驼），还有人类创造的复杂的物质（如珠宝、玻璃、绘画、建筑）。本书也不排斥文本。我不赞同将文本与其他物质区分开来的观点，这种观点认为，文本"与人类创造的其他物质不同……不是中立的表达"，而是"活跃在社会关系的生产、协商和转变过程中"。[7] 我认为，人类创造的非文本的器物，同样也活跃在社会关系的生产、协商和转变过程中。因此，本书采用历史考古学的方法。如约翰·莫兰德（John Moreland）所述："过去的人们通过特定历史环境中的器物、声音和文字，表现他们的社会习俗，构建他们的认同。"[8]

对一些历史学家来说，用一件重要的器物来理解过去的诱惑之大，就像通过一位伟人来理解过去一样；另一些历史学家则用普通但数量众多的陶瓷残片来理解过去。本书尝试采用折中的视角，多数章节虽各自围绕一件器物展开，但通过研究与之相关的器物和人来考察它的背景。本书选取了具有复杂叙事的器物，并对其"深描"（thick description），即把每一件器物放在它的时空下进行细致分析。[9]

器物和人的移动，对于丝绸之路这个概念而言是必不可少的，本书所选的大多数器物都曾沿着丝绸之路移动。但是这样的器物，无论是日常用品或奢侈品，还是商品或非商品，绝大多数都已经消失很久了——食物、酒、药品消耗殆尽，奴隶、大象、马匹已经死去，织物、木器、象牙早已腐烂，玻璃器、陶器也已破碎。[10]只有在极少数的情况下，比如在金属器或玻璃器窖藏中，或在随葬有贵重物品的墓葬中，器物才能被有意或无意地保存下来。本书所讨论的器物中有三件就是在墓葬中得以保存（第一、二、五章）的。对于其他器物的存在，文本通常是唯一的证据，不过考古材料和文本都是极其零碎的。

在本书中，器物不是中立的表达，也没有失去活力——它们变化，也影响变化。这就是物质文化研究方法与丝绸之路的关系所在。通过考察器物如何与它们所遇到的文化，即制造、搬运、接收、使用、售卖和废弃它们的文化相互影响，我们可以获得看待那些时代那些文化的新视角。本书参考了最近关于"物质"的讨论，包括物质与人类（本身也是"物质"）的相互作用、物质文化研究的常用方法，还包括物质和人类的相互依赖，即它们之间的"纠结"（entanglement）。[11]

本书将背景设定在一个具有这种纠结特征的时空下，选取的大多数器物至少有一种文化背景，并与不同文化和时代的物质（包括人）相互纠结。我不局限于讨论器物原本的情况，并在很多时候把故事带到现在，研究各式各样的关系，包括器物与文物保护人员、策展人、学者、收藏者、劫掠者以及其他人的纠结。

本书讨论的器物中包括若干奢侈品或具有纪念碑性的器物，它们是耳环、壶、丝绸、《古兰经》和佛塔。这对耳环（第一章）发现于匈奴境内的一座墓葬中，展现了在"匈奴"和"汉"这些名称下被忽略了的各种文化的特征和材料。[12] 人们在讲述它们的故事时，经常会采用一种截然对立的方式，即草原民族和定居民族、游牧者和农耕者、野蛮人和文明人。我特别希望避免这种粗略而无用的叙述方式，[13] 并在接下来的讨论中对这种简单的区分和贴二元标签的做法提出质疑。这种情况有时也出现在贸易与朝贡、官方贸易与私人贸易等方面。本书旨在表明，一些问题的真实情况远比人们对它的表述复杂。本书还将为读者指出这种不确定性，并给出参考文献以供读者深入阅读。

对于本书讨论的所有物质的故事而言，环境是必不可少的部分。环境为技术的发展、物品的开发制造和民族的迁徙提供原料、条件和动力。[14] 例如，不断变化的环境就是第一章耳环的故事的催化剂。有学者认为，匈奴起源于阿尔泰地区，公元前 4 世纪时由于气候变化被迫南迁 [15]，继而迫使原来居住在此地的月氏人向西迁移。西迁的月氏人建立了嚈哒帝国（约 450—550），他们很可能就是第五章讨论的巴克特里亚壶的生产者。

第一章提出的另一个同样复杂的问题是，物质是何人、在何地、为何人制作的？技术、原料、样式和工匠都在传播或移动，我认为这是丝绸之路的一个重要特征。在这种情况下，我们只能猜测耳环究竟在何处制造，并且不得不接受，将来的发现可能会挑战这些观点。换言之，在很多情况下，当我们研究丝绸之路物质文化的时候，我们的基础是不牢固的。

由于被埋葬在墓中，耳环保存了下来。本书讨论的另外两件器物也是这样，即希腊式玻璃碗（第二章）和巴克特里亚壶（第五章）。这些器物都被发现于贵族墓葬中，它们很可能被视为来自"外国"或"异域"的物品，并且人们可能认为以此随葬可提高墓主人的社会地位和世界性。我们也可以反过来推断，世界性在墓主人所处的社会是被肯定的。

关于巴克特里亚壶的章节提出了一个重要的且经常被忽视的问题，即非物质文化遗产在丝绸之路上传播的作用。器物本身在罗马和萨珊容器中有原型，但它发展出了自己的风格。与之类似，容器上描绘的故事（很可能是特洛伊战争史诗集的一部分）也发展出了自己的风格，尤其是其中对帕里斯拿着两个差异很大的苹果的描绘。当然，我们没有证据说明当地人有任何关于罗马容器和特洛伊战争史诗的知识，制作这件器物的工匠和它最初的主人很可能只把它看作一件地地道道的当地产品，上面描绘的也是当地的故事。然而，当它向东移动并来到中国时，它必然被视为异域的，因为它来自"西方"，不过这个"西方"指的是中亚，而不是欧洲边境。

关于希腊式玻璃碗的第二章讨论了玻璃和玻璃工艺，这与丝绸之路上的养蚕技艺形成了鲜明而有趣的对比（见第八章）。在欧亚的很多地区，玻璃的原材料是很容易得到的。玻璃工艺也出现了，人们至少掌握了烧制原材料使之转化的技术，也懂得使用熔剂来降低烧成温度。该工艺至少在公元前1千纪时就在欧亚大陆发明或传播。但是丝绸起源于东亚，而玻璃工艺则是在与欧洲相邻的西亚逐步完善后，东传至萨珊波斯，再至中国和朝鲜。南亚的传统可能是独立发展的，但也一定受到了自西亚传入的玻璃器的影响。此外，不同于丝织工艺和丝织品已经被丝绸之路上各主要文明掌握和推崇，玻璃工艺在中国的发展并不顺利。可能是因为其他材料，比如玉和越来越精美的陶瓷，满足了中国社会对半透明且坚硬材质的美学需求，就像玻璃满足了陶瓷技术落后的其他社会的需求一样。然而，贵族墓葬中出现的玻璃器、佛教中玻璃器的重要地位，以及中国不同时期对玻璃工艺的采用和实验，都说明玻璃也受到一些人的推崇。

丝绸是本书中的核心部分，它的故事正在不断发展。我在第八章中选择了一块晚期的丝绸（8—10世纪）来讨论，这样我可以从它们在中国的起源来探讨丝织工艺（栽桑、养蚕和纺织）的传播。从整个历史时期来看，丝绸并非总是贸易的主要物品，甚至在一些贸易网络中，丝绸也不是主要的商品。尽管如此，丝绸仍非常重要。在整个时期，其原料和成品自始至终都在交易，而且价格很高。我们还可以看到，随着原料和技术在中国以外的地区传播，新的纺织工艺得以发展。

丝绸和玻璃，都是佛教故事的一部分，在宗教活动中扮演着重要的角色。在第四章对阿姆鲁克·达拉佛塔（Amluk Dara Stupa）主塔的讨论中，我们进一步探讨了佛教。作为一个建筑体，该佛塔并未在丝绸之路上移动，但它反映了佛教的传播和斯瓦特河谷不断变化的环境、文化、宗教和政治景观。它还使我们讨论了建筑形式传播的复杂逻辑。

第六章讨论的木板画，也描绘了一个佛教故事。但我选择它，是因为它还讲述了另外的叙事，特别是马的重要性，以及丝绸之路上经常被遗忘的小国所扮演的角色——此处讲的是于阗。这幅画还描绘了一种在整个于阗地区常见的，但我们仍没有弄明白的图像程序，这表明学者在理解丝绸之路上还有很远的路要走。

本书选择了三件有文字的器物，因为它们的文字内容都有不同的文化背景。第三章讨论了一处贵霜钱币窖藏。钱币集文本和器物于一体，因此钱币学是一门跨历史学和考古学的交叉学科，这一点不足为奇。在许多社会中，钱币确定了其他史料中的年表、统治者的姓名，有时还填补了历史空白。对贵霜帝国而言，钱币是重建其年表的主要史料。钱币铭文使历史学家可以重建统治者的年表，不过在把年表起点置于何处的问题上还存在很大争议。[16] 目前发现的贵霜人自己留下的文字记录非常少，仅凭邻国（如东汉［25—220］）史书中记载的统治者的名字难以重建贵霜的年表。因此，与许多其他有文字的社会相比，对贵霜历史的理解更多地依赖考古学。此处讨论的这批钱币窖藏还有另外一个故事。它们不是发现于贵霜或作为贵霜贸易伙伴的邻国境内，而是在千里之外、今天埃塞俄比亚境内的一座基督教修道院里。它们去到埃塞俄比亚的原因仍不明确，不过这一事实足以说明此时已经存在跨越海陆的长距离交通路线。

本书讨论的第二件文本（第九章）来自中国，该地的文本和考古证据都很多，而且有时候两者可以互证，例如商王世系的问题。中国有大量的文本，包括记载详细的政治史书。中国的历史学也将这些文本置于首位，在考古学证据和其他证据之上，不过何肯（Charles Holcombe）指出："贸易、佛教和外国人是中国传统的主流历史学家很少提到的三个问题。"[17] 传世文献代表的是知识分子和官方贵族的观点。而考古出土的文本残片，没有受到同样的选择，因此它代表了社会中另一些人的观点。这里讨论的是一本印刷历书的残片，是当时很受欢迎的禁书。这一章研究文本在文盲或半文盲居多的社会的作用，并认为它们也能和这些群体"对话"。

第三件文本是一件圣物，即贵族制造的蓝色《古兰经》中的一页（第七章）。这件伊斯兰文本是用金和银将阿拉伯文写在靛蓝色兽皮纸上的。它的出处和创作灵感都不确定，而且引来了很多争论。类似的文本在千里之外的东亚佛教中也有发现，有人提出两者可能存在关联。

尽管我已经努力涵盖更多的话题，但仍有一些难免被忽视。我本想讨论音乐、医药和食品，却没有实现，也没有专门讨论军事问题。不过，我决定讨论奴隶问题，这是经过深思熟虑的。在丝绸之路上，不论哪个时代和文化都存在奴隶，他们无疑是丝绸之路贸易的一个主要部分。尽管如此，他们往往只在丝绸之路的历史上被顺带提及。

我研究丝绸之路上的物质已经30多年，但当提出更多关于这些器物的问题时，我仍然惊讶于自己缺乏对它们的物质性的理解或兴趣。有时候是因为不确定它们的质地和工艺——我们已经失去了过去工匠所掌握的技术，而且难以重现这些方法，有时甚至无法找到原材料。但通常这看起来是一件缺乏趣味的事情，要么找出答案，要么质疑在没有任何证据的情况下做出的假设。

这导致在很多情况下，对器物质地的描述，往好处说是粗略，往坏处说是不准确。举例来说，在很多西方中世纪手稿的目录中，都称其材质为"vellum"（制作精良的兽皮纸）。这仅仅告诉我们纸的工艺上乘，但并没有指出是由哪种动物的皮制成（见第七章）。同样的情况也见于用"麻纸"和"桑皮纸"来描述东亚中古时期写本的纸张。这些都是粗略的名称，通常表明纸张的质量，而非它的主要纤维，因此经常被误解。几个世纪以来，人们在识别文本内容上做了更多的工作，而很少关注兽皮纸或纸张本身的鉴定。[18]

在中国出土的大多数玻璃器中，明显有很多对其描述不准确的例子。这些玻璃器的年代大约在汉代，且被认为是外来的。尽管这样的玻璃器有一些已被确定是希腊的，还有一些很可能是在当地生产的，但经常被标注为"罗马"。[19]

在2009年我策划的一项展览中，我认为第二章讨论的玻璃碗的惯常记录"罗马"是正确的。但当我开始仔细地研究玻璃的时候，便发现自己的判断是错误的，就像在我学术生涯的很多其他时期，我必须质疑我认为自己知道的事。本书就是这个过程的一部分：尝试去接受丝绸之路历史中的很多不确定性和物质文化，同时通过"聆听"丝绸之路上的许多物质，去发现一些微小而牢固的基础，并在此之上进一步研究和认知。

第一章

草原耳环

　　这对耳环（彩图 1）出土于一座公元前 2 世纪的女性墓。[1] 墓主人可能是匈奴政治联盟下某一部落或属国的贵族，这一联盟在很大程度上控制着北方草原。[2] 这对耳环的质地为黄金，镶嵌有半宝石和透雕的椭圆玉石，展现了匈奴和汉两大文化中多种文化的艺术和审美。匈奴和汉，长期以来是东亚邻国，两者的关系是理解丝绸之路东段早期历史的核心，却经常被简化为一种对立关系。这对耳环讲述了一个更为复杂的故事，与外交、贸易、通婚，以及技术和文化交流有关。它正处于这些文化重新谈判领土和国际关系变化的时期，这一过程导致了长距离欧亚贸易路线，即丝绸之路的扩展。这对耳环还反映了整个丝绸之路地区上，沿着欧亚大陆生态界线分布的内欧亚民族和外欧亚民族相遇的故事，以及他们与其他物质或器物之间的交流。[3] 除此，我们也不能忽略这对耳环可能是某个人的珍贵财产。我们不可能通过她的眼睛来看待这对耳环，但作为研究物质文化的历史学者，我们要努力理解她所生活的那个世界，那个塑造了她对周边事物的认知和反应的世界。

匈奴和草原

大部分居住在欧亚北部的游牧民族没有书写的需求，[4] 因此，他们的历史均由在他们南边定居的邻人来记载。邻人是游牧社会外部的人，他们倾向于按照他们自己的标准来解释游牧社会。[5] 在这些早期社会中，并没有专业的人类学家从游牧民族自身的角度去理解他们，[6] 而且在这些历史记载中，他们还往往被看作对定居民族的一种威胁。因此，考古学很重要，它为理解这样的社会及其复杂性提供了另一个视角。例如，在哈萨克斯坦的拜孖兹（Begash）遗址发现的农作物小麦和粟，推翻了早期游牧民族没有农业文化这一较早观点。由此，迈克尔·弗兰凯蒂（Michael Frachetti）得出结论："草原游牧民族早在公元前 2300 年就已经有了农作谷物。"并说："这可能在小麦传入中国的过程中发挥了重要作用，也在公元前 3 千纪中期粟传入西南亚和欧洲的过程中起着必不可少的作用。"[7] 遗址中已发掘的两座城址也表明并非所有的草原居民都住在帐篷里，他们也并不是终生不断地迁徙的。换言之，这片土地上存在很多的文明和生活方式，但这些都是由环境塑造的。

还有证据显示，中国最早的文明就已和草原存在联系，而且受到草原文化的影响。这可以在宗教中看出，比如甲骨占卜，又可见于引进的农作物小麦、商代（约前 1600—前 1046）晚期墓葬中发现的马车，以及环首兽头刀和铜镜。杰西卡·罗森（Jessica Rawson）注意到早期中国存在产自美索不达米亚的玛瑙珠，她认为这些玛瑙珠是由草原民族带过去的。[8] 正如吉迪恩（Gideon Shelach-Lavi）总结道："我们不应该低估草原民族在向中国社会

传播文化方面的重要作用……中国社会会有选择地接受那些适合贵族身份和定居生活方式的文化特征。"⁹

然而，这种情况在公元前 1 千纪的后半段发生了变化。此时，一种对立的情况开始出现在汉文史书中，即历史上所谓定居的、文明的汉文化与其邻近的草原文化之间的二元对立。狄宇宙（Nicola Di Cosmo）等人主要依靠考古资料，认为在匈奴作为游牧骑兵于公元前 1 千纪晚期兴起之前，汉人还没有遇到过这样的威胁。¹⁰ 直到那时，生活在汉朝北边的主要还是有文字的、徒步作战的农耕民族。有人则不同意这一观点，指出那时的汉文化很有可能已经接触到一些半游牧民族，¹¹ 与匈奴部落联盟的相遇改变了当时中原地区各个统治国家的贵族的看法。在此之前，贵族们似乎都认为，只要被文明的力量征服，天下所有人就都能被开化。但此后，他们的看法愈发倾向于一种二元论观点：匈奴成了"他者"，一个"天性"就与汉人迥然各异的民族。¹²

汉文史书对他者的强化，无疑是出于将带来巨大威胁的民族妖魔化的需要，如金鹏程（Paul Goldin）所述，这也回应了秦帝国（前 221—前 206）构造的"汉民族"概念，"没有他者，就没有自我。称自己为汉人，也就意味着称别人为非汉人。新的王朝不得不虚构一个无法和解的对手，而匈奴恰好就在这个合适的地点、合适的时间出现"。¹³ 谢尔盖·米那耶夫（Sergey Miniaev）注意到，中国早期史料对北部邻人的称谓很多，第一次提到匈奴是在《史记》中，但其中记载的公元前 318 年的相遇很可能不实，是后人添加进去的，或"'匈奴'也可能是对畜牧部落的统称，这在当时很常见，毫无任何民族文化意义"。¹⁴ 塔玛拉·金（Tamara Chin）认为，司马迁避免了"人类学修辞"，没有把汉人对他者的征服写进汉人"在文化和道德上具有优越性的叙述"中去。[15] 她认为，这种修辞是在秦之后，随着汉武帝（前140—前87在位）开疆拓土而出现的。成书于1世纪的下一部史书《汉书》，则将汉人的征服牢牢地置于其中。[16]

其他定居者的文化也不得不通过给他者命名或贴标签来讲述他们的故事。从这些史书中，我们对定居者文化的了解难免要多于他者。公元前5世纪的历史学家希罗多德使用了斯基泰（Scythian）一词，波斯阿契美尼德王朝（前550—前330）则把他们的草原邻居称为塞种（Saka）。早期的汉文史书对他们北边的民族也有数个称呼。由此，围绕这些被如此称呼的民族的起源和族属问题，人们展开了大量的讨论。匈奴方面的讨论焦点在于，匈奴可能等同于历史学家和考古学家所说的匈人。[17] 然而，许多学者仍持怀疑态度。如金鹏程所言："'匈奴'是一个政治术语，没有理由证明它曾指代一个具体的族群，相反，的确有很多理由证明它不是……通过在匈奴统治区域的发掘，我们还发现了很多不同的文化。"[18]

汉文史书记载了居住在黄河大拐弯（位于今鄂尔多斯一带）东北部及其腹地的定居民族、游牧民族和骑兵。[19] 许多学者提出，正是在公元前4世纪晚期与这些民族的相遇，使得赵国（前403—前222）的一位统治者将他的步兵变革为骑兵。[20] 在此之前，马一直被用来拉车或驮载货物，尽管有育养计划，但中国始终没有足够的马用于军事。[21] 骑兵的采用，也使服饰改革和武器改革成为必要。在接下来的1000年里，马成为中国北方生活中必不可少的一部分，这不仅仅体现在军事方面，在文学艺术上，马也是常被颂扬的对象（见第六章）。

公元前 221 年，秦建立了中国第一个大一统王朝。据汉文史书记载，约公元前 209 年，随着秦军势力扩展至鄂尔多斯的北部和西部，秦朝边境上各种各样的游牧部落在冒顿单于的领导下联合起来。汉文史书称这些部落为匈奴。[22] 在冒顿的带领下，他们向周边扩张，将北方的其他部落（位于今蒙古国境内）也纳入联盟中。匈奴向西迁至塔里木，将被汉人称为"月氏"的民族赶走，并对塔里木的一些绿洲国家实行统治。[23] 向南，他们轻而易举地打败了新建立的汉朝（前 206—220）的军队，将他们从秦朝先前占领的土地上驱逐出去。[24] 汉朝派遣使节协商和约，与汉人那时和其他邻国缔结的和约一样，其中包括汉人公主与外族首领的和亲。[25] 汉匈双方都接受了和约，承认彼此之间地位平等，并以汉朝和前朝修建的长城划定部分边界。此外，汉人还同意定期向匈奴提供包括丝绸和粮食在内的物资馈赠。汉人史官记录了匈奴首领的话："故约，汉常遣翁主，给缯絮食物有品，以和亲，而匈奴亦不扰边。"[26] 金云缙（Hyun Jin Kim）认为，这表明此时的汉朝成为匈奴联盟的附属国。[27]

汉武帝时，这种平衡又一次发生了变化。他成功实现了领土扩张，向东北进据今天的朝鲜一带，向西进入塔里木盆地，向南征服南越国（前 204—前 112；见第二章）。汉武帝计划与被匈奴驱逐出塔里木的月氏结盟，攻打匈奴。他的战略是，月氏从西侧、汉军从东南侧共同发动攻击。然而，派去磋商此事的使者张骞并没有成功——张骞在途中被一个匈奴人抓获，在匈奴生活多年，但亦因此获得了很多情报。[28] 尽管如此，汉朝仍发动了战争，虽然取得了胜利，但也为此付出了很大的代价。对汉朝而言，战争的最终价值是很有限的，因为他们不可能守住草原地区。匈奴联盟崩溃后，公元前 53 年，汉朝与已经分裂的匈奴的其中一支，即南匈奴缔结和约，南匈奴的首领对汉朝称臣。至此，汉匈之间的权力关系发生了彻底的转变。尤锐（Yuri Pines）认为，游牧民族自身具有不容小觑的力量，并且他们不愿意接受汉人的定居生活方式，于是使得汉人与游牧民族的相遇"成为中国政治史、文化史和民族史上最具意义的事件"。[29]

在丝绸之路时期的欧亚大陆上，这样的相遇绝不仅见于匈奴和汉人之间，其互动的方式也并不单一。定居民族的历史学家常常把他们与游牧民族之间的关系简化成冲突或对立，事实上这些关系要复杂得多。与汉人一样，罗马人也建造了用于抵抗外族入侵的边墙、堡垒等防御体系。[30] 在希腊的史书中，北方的游牧民族是典型的"他者"。被称为斯基泰的民族，一直以他者的形象出现在从希罗多德到拜占庭的史书中。[31] 再往东，波斯阿契美尼德王朝被一群从东北方来的游牧民族打败，这群游牧民族建立了帕提亚帝国（前247—224）。帕提亚人成功地采用了一种新的定居生活方式，同时还保留了自己的军事实力，甚至对罗马边境造成威胁。[32]

那么，这对耳环属于匈奴，还是汉呢？用这种方式来标记它有意义吗？要回答这些问题，我们需要探究匈奴和汉背后的复杂联系，以及墓葬（发现耳环的西沟畔墓）所揭示的这些关系的各个方面。

西沟畔墓

西沟畔位于鄂尔多斯的东北边缘，黄河在此处开始向南拐弯。

它的纬度与在其东边的北京大致相同。[33] 西沟畔墓发掘于 1979 年。
遗憾的是，其考古报告比较简略，大多数墓葬没有图，出土遗物
也缺乏详细介绍。墓葬的位置分散，这表明它们可能分属不同的
葬地，年代上也可能有很大差异。其中最早的墓葬，年代约为公
元前 300 年或可能更早，更晚期的墓葬和居址则被考古学家断代
为公元前 2 世纪，正处于匈奴联盟时期。[34] 公元前 2 世纪的 9 座
墓葬中有 4 座没有被盗，[35] 其中 M4 因其随葬品最为丰富而引人
注目。这里讨论的耳环就出自该墓。

M4 位于遗址南部，距离一个可能是居址的遗迹不足 1 千米。[36]
这座墓葬没有图示，但据描述是一座土坑墓，墓主为女性，仰身
葬，头向东北。随葬品中金器最多，此外还有用银、铜、玉、石
和玻璃制成的装饰品，其中有用琥珀、玛瑙、水晶和青金石制成
的项链，舞人纹、虎纹和龙纹石佩饰，三翼式铜镞和青铜马。耳
环则是置于墓主头部的精巧头饰的一部分（图 1）。

这对耳环由两块卵形的透雕玉佩制成。[37] 这两块玉佩并非完
全相同，但上面均刻画有蜷曲的动物，一个头朝侧面，一个仰面
向上（图 2），它们通常被认为是龙。玉佩周边包有联珠纹薄金
边。玉佩之上，有环将之与金牌饰相连，金牌饰周围也饰以联珠
纹，内部镶嵌有石鹿。另有方形镶嵌金串珠，用精美的链子连接
成串，垂于两侧。大多数的镶嵌物都已经脱落，留存下来的有蚌
壳、水晶、玛瑙、琥珀和玻璃。[38]

饰有鹿形图案并在其中镶嵌绿松石的金片是被锤揲成形的，
且以金珠点缀。锤揲是金器制造中最简单的工艺，早在这一时期
之前的草原地带和定居的人群中已有发现。联珠纹即在平面上将
金珠连在一起的装饰，是一种更先进的技术，也见于很久以前的

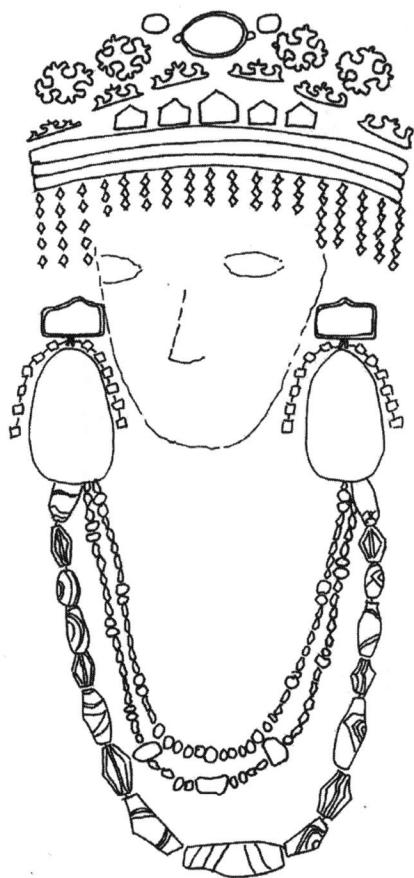

图 1　包含草原耳环的头饰复原图。采自田广金、郭素新（1986，图 4）

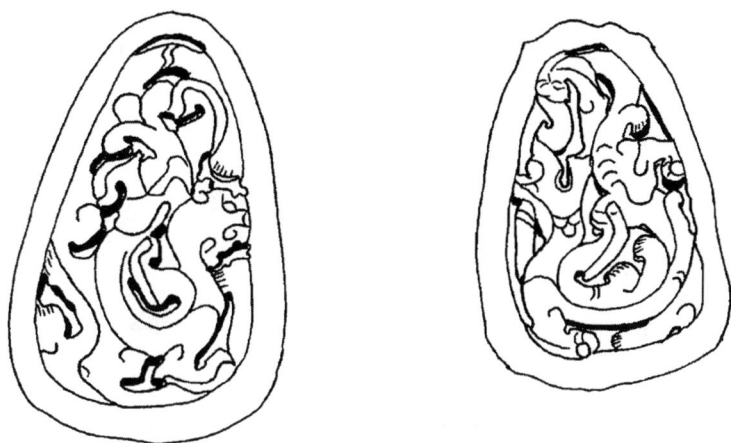

图 2　耳环玉佩上的纹饰。采自 A.Kessler (1993: 62, fig.35)

草原地带和定居社会的边缘地区，如希腊和古代中国的边疆。[39]
孙志新根据南越王赵眜（南越国的第二任君主，前 137—前 122
在位，卒于公元前 122 年）墓出土的联珠纹金饰，认为历史上可
能存在一条经由南亚进入中国的海路。[40] 南越国是占据现在中国
南方沿海地区和越南北部的一个国家，有证据显示，南越有一条
海路连接南亚，甚至更西的地方（见第二章）。此外，古埃及和美
索不达米亚文明，以及比这些文明更早的草原地区都发现有联珠
纹，这表明可能还有很多条传播路线。[41]

　　与 M4 一样，M2 也有包括腰带牌饰（图 3）在内的金银器，
以及残缺的马头、羊头和狗头骨。遗址内其他公元前 2 世纪墓葬
的随葬品则没有这么丰富，一般是武器、工具、马具和装饰品，
以及动物骨骼。在遗址地表发现的农具以及其他遗物，表明此处
可能是一个居址，进一步说明这里曾经存在一个从事农业生产的
半游牧社会。M2 和 M4 随葬品的丰富程度表明它们是贵族墓葬，

图 3　M2 出土腰带牌饰上的纹饰

而在其他墓葬中，随葬之贫乏则说明了明显的社会分化。[42] 狄宇
宙指出："晚期游牧社会的复杂性在该遗址中体现得淋漓尽致。"[43]
这对耳环的形制、质地和纹饰，以及其他随葬品，仅是这个复杂
社会的一部分。

铜镜和腰带牌饰：贸易与交流

在沿生态界线分布的墓葬中发现的两类物品——铜镜和腰带
牌饰，很好地说明了草原文化与中原文化的身份认同、两者之间
的相互影响等学术领域的研究现状。铜镜长期以来就与汉文化联
系在一起，腰带牌饰则与草原有更密切的联系，但最近这种观点

受到了挑战，有人提出了更加复杂的模型。

过去很长一段时间，大多数人都认为铜镜独立起源于中原的商（殷）文化。经过仔细的研究，现在很多学者认为铜镜是从中亚传至中原的。[44] 在这一经过修正的观点中，张莉提出草原和中原之间存在两条早期的路线。[45] 第一条路线，以河西走廊上的齐家文化（约前 2200—前 1700）为媒介。河西走廊位于今天的中国西北部，是丝绸之路非常重要的一部分。铜镜从中亚北部的巴克特里亚–马尔吉阿纳文明体（Bactrian-Margiana Archaeological Complex，简称 BMAC）向北传至阿尔泰，然后向南沿着古弱水（今黑河）到达其在祁连山的源头。祁连山形成了河西走廊的南界，样式和工艺就从这里传入二里头文化（约前 1900—前 1500），即今天的洛阳附近，黄河以南的中原地区。

在二里头文化中晚期，一条新的传播路线出现了，张莉认为它取代了弱水路线。这条路线被称作"北方地带"，范围包括鄂尔多斯地区及其以东、以南的周边地区。贺兰山将这条路线与弱水路线分割开来，张莉进而认为中原与河西走廊这一周文化（前 1046—前 256）的发源地在此时的联系并不十分密切。[46] 她注意到，其他文化通过北方地带横穿草原地区，然后与中原文化相互交流。这种交流不仅见于该路线上的墓葬出土物，也可以在中原地区发现的器物（即商代青铜器）中看到，同时商墓中也有来自草原的器物。然而，铜镜在此时的中原地区消失了，直到商文化之后的周文化时期才重新出现，并且很可能又一次由草原传入，但这次的风格与之前不同。所以我们可以看到，传播的模式不是单一的，也不是只有一条路线，传播及其影响的范围是在不断变化的。如果我们承认这一点，就能清晰地看到从草原到中原的文化输入。

M2 发现的腰带牌饰，是从黑海到鄂尔多斯的草原地区墓葬
中常见的典型饰物，也是一直以来备受学界争议的主题（图3）。
由牌饰做成的腰带不是草原上任何一个民族特有的，它既是一种
实用性的服饰，也是社会地位和更多其他内容的象征。[47] M2 的
牌饰是金质的，展现了一头猛兽攻击另一只动物的画面，即一头
老虎在攻击一只野猪。这种动物捕食的主题在斯基泰-西伯利亚
文化中也有发现。它在草原上传播开来，并在公元后的 1000 年里
广泛流行，[48] 常见于金腰带牌饰、剑鞘、带扣和其他易携带的物
品上。[49] 但动物捕食并不是草原上独有的主题，它还出现于公元
前 4 千纪晚期的埃及，以及 1000 年之后的西亚。乌尔王陵（约前
2650—前 2550，位于今伊拉克南部）出土的一件银制化妆盒的盖
子，就饰有狮子攻击公羊的主题。[50] 从公元前 1 千纪开始，这种
主题就被各个与草原接壤的帝国在各种各样的媒介上描绘出来，
例如公元前 9 世纪亚述古城尼姆鲁德（Nimrud）的方尖碑，公元
前 700 年左右的吉威耶宝藏（Ziwiye treasure，位于今伊朗和伊拉
克边界）中的金银器，公元前 6 世纪阿契美尼德王朝首都波斯波
利斯的石雕，以及公元前 4 世纪希腊古都佩拉的狄奥尼索斯神庙
中的马赛克、马其顿墓葬中的绘画和伊特拉斯坎石棺（Etruscan
sarcophagus）上的雕刻。[51] 人们都渴望看到一条简单的传播线
路，如艾达·科恩（Ada Cohen）在讨论亚历山大大帝（前336—
前323在位）时期的艺术作品中这一主题时说道："为了解释它
在希腊世界存在的原因，人们有一种难以抑制的冲动去假设文化
之间存在相互影响。"[52] 科恩还指出，从法国散文家蒙田（1533—
1592）开始，作家们已经注意到这一主题在人类社会中具有普遍

的感染力，它在不同的时期出现在不同地方。[53] 她认为，更有意思的是探讨该主题在不同文化中的意义和描绘方式，观察它们之间是否有交集，以及如何产生交集。[54]

匈奴到底在多大程度上受到了分布在其西边草原上的斯基泰–西伯利亚文化的影响，这一问题还未有定论。有些学者认为，匈奴是该文化的延续，也有学者认为，尽管匈奴受到了一些影响，但它与斯基泰–西伯利亚文化完全不同。[55] 无论是哪种情况，西沟畔墓和许多其他墓葬显示，匈奴也使用腰带牌饰。它们是草原服饰的一部分，用来将骑马者的短上衣保持在合适的位置，也用作一个便携的存储空间，以放置匕首和其他必需工具。中国古代的传统服饰是长袍，不适于骑乘，也不需要这样的腰带。[56] 不过我们也能在中原看到草原风格的腰带牌饰，分别在位于中国东部徐州狮子山的楚王刘戊（前 174—前 154 在位）墓和中国南部南越王赵眜墓（见第二章）。刘戊墓的牌饰是金质的，与里海以北乌拉尔河畔的俄罗斯波克罗夫卡（Pokrovka）2 号墓地发现的鎏金铜牌饰、西安郊外汉墓出土的腰带牌饰和现藏于纽约的两件鎏金铜牌饰十分相似。[57] 爱玛·C. 邦克（Emma C. Bunker）认为这些牌饰可能起源于中国北方，并进一步指出，这种设计为迎合中国人的口味而做出调整，"攻击场景的活力几乎消失在对图形的处理中，图像转变成令人愉悦的样式"。[58]

徐州刘戊墓和西沟畔墓出土的腰带牌饰，背面皆有汉字说明牌饰的重量和主题，这支持了它们是在汉朝作坊里生产或者至少是由汉人工匠制作的观点。[59] 此外，西沟畔 M2 一件牌饰的背面有用布压印的痕迹，这表明它的制作工艺是失蜡失织法。[60] 在林嘉琳（Katheryn Linduff）关于这几件器物的研究中，她认为那是"汉人的发明，专门为了提高生产效率，以应对外国（草原）市场"。[61] 匈奴时期这些墓中出土的其他器物都是鎏金的，因此邦克认为它们也都制造于汉朝的作坊。[62] 如果事实的确如此的话，我们就会看到一件草原风格的器物及其主题（如饰有动物捕食主题的腰带牌饰）不仅见于中原地区，也存在于迎合汉以外市场的器物生产中。有证据表明，面向草原市场的产品制造很可能始于公元前 4 世纪至公元前 3 世纪秦统一之前的诸侯国。[63] 其他地点的发现，则证明了这些物品通过贸易、朝贡或劫掠等方式移动到更远的地方。

腰带牌饰的发现，不仅表明各诸侯国的工匠在为草原市场生产物品，还显示各诸侯国的人也对这些物件产生了兴趣，不过他们有时候会修改牌饰上的主题。[64] 它们大量出现在贵族墓葬中，例如南越王墓中的金牌饰和玻璃牌饰（见第二章）、楚王墓中的大量金牌饰，这说明它们是财富和权力的象征。军事领袖无疑也是匈奴贵族，但他们还参与了贸易——获得财富与社会地位的另一种方式。[65] 狄宇宙说道：

> 贵重物品的大量累积，反映了贵族体现自己身份的一个"网络模式"。游牧民族的贵族逐渐与其他远距离地区的贵族取得联系，并从中获取政权的合法性和权力。贵重物品的交换，包括贸易和朝贡，成为贵族积累财富的主要渠道。而这些财富，宣扬和巩固了家族权力的延续。与外国的联系、象征某国贵族社会地位的外来物品，标志着在特定群体之间形成了一种象征体系，这种体系颇似"网络模式"，而非"共同体模式"。[66]

匈奴不仅从他们的汉朝获得物品。诺彦乌拉（位于今蒙古国南部、色楞格河畔的另一处匈奴遗址）墓葬出土的纺织品中，不仅有汉朝和当地制造的毛毡，还有几乎可以确定是在中亚或西亚制造的织物。[67]诺彦乌拉还出土了一枚希腊–巴克特里亚银质徽章，被当作马具重新利用。高勒毛都 2 号墓地（位于今蒙古国境内）也在匈奴的领土范围内，出土了一件罗马玻璃碗。[68]这些器物的年代为公元前 1 世纪晚期至 1 世纪，晚于鄂尔多斯墓葬。这些墓葬也与西沟畔的土坑墓和其他鄂尔多斯遗址不同，有埋在地下深处的木椁室，并以斜坡墓道连通地面。属于贵族的主墓葬周边还有若干陪葬墓，其中埋葬了贵族的追随者。[69]

耳环只是这段历史的一部分，它们可能生产于中原或草原地区的作坊。又或，玉牌饰由熟知这种材料的汉人工匠在中原或草原地区设计并制作，然后卖给或赠予匈奴，匈奴工匠把它们加入了这件精美的头饰中。玉和龙常与中原文化联系在一起，但与本书讨论的大多数其他主题一样，它们的故事并非那么简单。

玉和龙

几种不同的矿物都被称作"玉"，早期中国最有价值的软玉发现于中国东部的长江三角洲。[70]不过，一些被认为是玉的东西其实并不是软玉，而是蛇纹石或大理石。[71]从新石器时代开始，这些玉或石头不仅被用来制造武器和工具，还用于制作礼器和丧葬器，例如"璧"，一种正中有孔的扁圆形玉器。[72]墓葬中发现的玉器几乎都没有使用痕迹，这可以证明它们是礼器。然而，由于墓葬之外的玉器能保存下来的特别少，我们无法确定实际生产了多少其他用途的玉器，以及其中有多少早已丢失。[73]

玉是一种坚硬的石头，需要用砂来打磨。[74] 这些早期玉器都是昂贵的珍品，其精良制作证明了当时的工匠具有高水平的技艺并投入了大量的时间和精力。中国出土玉器的产地仍然有很大的不确定性，但软玉的产地应该包括西伯利亚的贝加尔湖和塔里木盆地的和田地区（见下文和第六章）。因此，一些玉器很可能是从3000多千米外的和田进口到中原地区的。[75] 也可能是因为这一点，再加上制作它所需要的技艺和时间，才使得它对中国早期的统治者而言非常珍贵，就如同青金石对于埃及法老一样。玉有从白色到黑色的各种颜色，最透亮的玉是半透明的。而用来描绘其颜色的词语，如羊脂白、鸡骨白、橘皮黄、翠羽绿、鸡蛋黄、象牙白、鸭骨白、羚羊黄、鱼肚白、虾子青、菊黄、玫瑰紫等，则反映出中国人对不同颜色的玉的审美。[76]

软玉也包括发现于蒙古国和东西伯利亚的碧玉。邦克讨论了一件透雕玉佩，认为它可能是用产自东西伯利亚的碧玉雕琢而成的，并且很可能在草原上生产。[77] 因为玉石硬度大，所以最有可能的加工玉器的方法，是用石英砂、碎砂岩和碎黄土来打磨，这些材料的主要成分是石英。[78] 但在这些玉器被制成之前，金属材料已经开始投入使用。碧玉佩饰的图案，与伊沃尔加（Ivolga，乌兰乌德［Ulan-Ude］附近）匈奴遗址和东西伯利亚发现的青铜腰带牌饰几乎相同，还与在西西伯利亚鄂木斯克（Omsk）附近的锡多罗夫卡（Sidorovka）一个墓葬出土的镶嵌金牌饰（非透雕）类似。最后的这个遗址，年代在公元前3世纪晚期至公元前2世纪，碧玉佩和青铜牌饰的年代则略晚。目前已知有一群汉人工匠曾在伊沃尔加工作，所以这件碧玉佩很可能是出自他们之手。[79]

软玉、青铜和金牌饰上均有一种被称为龙的动物，蜷曲、长角、头似狼首，现在经常被认为与匈奴有关，更有人提出，这是汉朝更细长的龙的原型。[80] 该野兽也发现于公元前 3 千纪晚期和公元前 2 千纪早期的中亚艺术中，但萨拉·屈恩（Sara Kuehn）在研究东方基督教和伊斯兰教中这种野兽的图像时指出："它是人类最古老的图腾。"[81] 她认为，它不仅见于匈奴艺术中，也是贵霜帝国（见第三章）的建立者月氏人的装饰图案。耳环的其中一块玉佩（图 2）上的动物轮廓有类似狼的特征，也有着长鼻子和角，相似的雕刻和描绘亦见于诺彦乌拉匈奴墓出土的器物。[82] 而耳环另一块玉佩（图 2）上的动物，昂首向上，较小的耳朵更像老虎，与另一件玉佩相比不太像上述被称为龙的野兽。这种野兽经常和老虎一起出现，比如上文提到的伊沃尔加腰带牌饰上就有这样的图像组合，但有时会是一只身体长而蜷曲、头为虎首的动物，用邦克的专业术语来说，是"猫科野兽"（feline dragon）。[83] 西沟畔 M2 的腰带牌饰上的虎（图 3）就带有这种蜷曲的特征，它的身体几乎蜷成一个圆圈。

对这些玉器进行的科学检测很少，大多数对其产地的鉴定都是基于它的风格，但这些都未成定论。例如一些学者认为，位于河南安阳洹河沿岸的妇好墓出土的 755 件"玉"雕，很多都由和田软玉制成。[84] 妇好是一名商代贵族妇女，是商王的妻子，葬于公元前 1200 年前后。而科学检测显示，妇好墓中的"玉器"用了多种类玉的石头，如大理岩型软玉"安阳玉"（一种开采于中原河南山上的糟化石）。其中几乎没有软玉，而且它们的产地也不确定。[85] 上文在谈到铜镜的传播时，提到此时的草原地区和中原之间的河西走廊路线并不活跃，而是被北方地带路线取代。这一观点也支持了妇好墓科学检测的结果。尽管如此，和田玉还是可能在北方广泛传播，通过塔克拉玛干和天山传至草原地区，然后传到中原。

几个世纪后，托名为管仲（约前720—前645）所作的早期文献《管子》提到，月氏是为中原提供玉料的民族。月氏人居住在河西走廊，他们所处的位置使其可以很好地控制玉料的贸易。这也表明，此时这条路线又重新开放了。而在耳环所处的时期，月氏被匈奴驱逐，从而将控制这条重要路线并给中原提供玉料的美差拱手让给了匈奴。这也是秦和其后的汉王朝想要控制这条路线的重要原因。汉朝成功之后，大量的和田玉进入中原，汉墓中的玉衣就是例证。[86] 此外，汉朝还在鄂尔多斯的北部、武威到敦煌西北（河西走廊）修建了长城来保护这条路线。[87]

草原上的女性

值得注意的是，西沟畔墓群迄今发现随葬品最丰富的墓葬是一座女性墓。丧葬方面的男女平等并非仅见于西沟畔一处，林嘉琳讨论了鄂尔多斯西南部的倒墩子墓地。依据出土的古钱币，倒墩子墓地的年代可定为公元前2世纪末至公元前1世纪。此处发掘了27座墓葬，其中9座是女性墓，7座是男性墓。这些墓葬有土坑墓，与西沟畔一样，仰身葬，头向西北；还有土洞墓，其中的女性墓葬中设有用来放置牛、羊和马等殉牲的墓室。在男性墓和女性墓均发现有腰带牌饰、刀、钱币和贝币，而珠饰、金耳环则仅见于女性墓，但没有一座墓的随葬品比得上西沟畔。林嘉琳认为倒墩子墓地的主人是跨文化群体，势力小于西沟畔的墓主人，但此处的男女在丧葬方面是平等的。她总结道："因此，要解释倒墩子遗址的丧葬习俗体现的匈奴社会的复杂特性，简单的视角是不够的。研究匈奴或其他民族时，汉文史书仅给我们提供了一个单一的视角，考古学研究则让我们对这些群体有了更丰富、更细微的认识，比如研究年龄和性别这些因素如何影响个人的丧葬礼仪。"[88]

实际上，从公元前 2 千纪开始，随葬品丰富的女性墓葬在别处也有发现，上文提到的妇好墓就是一个明显的例子。妇好墓随葬有许多草原饰物，这令一些人认为妇好来自草原。通婚，则是相邻民族之间常见的交换方式：有如汉匈和亲之盟这种出于外交目的的正式通婚；也有作为战利品被劫掠而来的女性，她们在自愿或非自愿的情况下成为俘虏者的性伴侣（见第十章）；也可能仅是相邻民族混杂而居的自然结果。[89]

在研究草原上女性的地位时，另一座女性墓非常重要。它位于今阿富汗和土库曼斯坦边界的蒂拉丘地（Tillya Tepe），年代为 1 世纪中叶。学者们认为这是月氏人的墓。在这座女性墓中有西伯利亚刀和一把战斧，墓主人被描述为"女战士"。对于这一定论，卡伦·鲁宾逊（Karen Rubinson）在其关于性别与文化认同的文章中进行了有趣的讨论。她简要地回顾了关于草原女性地位的研究，并指出在很多女性墓葬中都发现有武器。然而，她在其他人之后提出了一个重要的观点，并引用费尔多拉·麦克休（Feldore McHugh）关于丧葬习俗的研究。"将随葬品的意义简单地等同于墓主人生前使用的这件物品的功能，这样的做法很危险。"[90]麦克休举出一个例子：在某一文化中，墓葬中随葬的矛和战斧代表墓主是一个未婚男性，而非战士。鲁宾逊在此基础上，认为蒂拉丘地的一些随葬品意在表明文化认同，而非墓主的角色。这种认同体现在月氏人从游牧生活向更稳定的生活方式的转变过程中。[91]

随葬品除了能彰显墓主一生实际的财富和社会地位，也可能反映墓主强烈的愿望，比如他们在世时所渴望的财物。当然，其中还存在一些问题，那就是死者是否有选择随葬品的机会，或者说墓主的丧葬事宜是否由其他人决定。所以，墓中可能会有被认为是"异域的"或"外国的"物品，例如第二章讨论的希腊式玻璃碗和第五章讨论的巴克特里亚银壶。

关于这里讨论的草原耳环，仍然有很多问题没有得到解答。西沟畔 M4 的女性是它最初的主人吗？还是它几易其手，最终作为她的社会地位的标志而被放入墓中？如果她戴耳环的话，她在什么时候戴？耳环是何人在何处制作的？我们可以说，耳环很有可能是为居住在今中国北部草原地带上一位女性贵族制作的。我们也可以说，无论是由汉人工匠还是草原工匠制作，抑或是他们共同制作的，这对耳环都反映了两种文化的元素和那个时期二者的频繁交流。

那么，这为我们留下了什么呢？鉴于耳环的材料和复杂的制作工艺，我们可以推测，它是财富和社会地位的标志。但除此之外，它与其他考古材料一样，依旧存在很大的不确定性。我们无法确定它由何人在何处制作，不清楚它是整体制作还是分体制作的，也不知道制作它是出于贸易、朝贡还是礼仪目的。我们更不知道西沟畔墓所属的民族是怎么获得它的，是通过购买、劫

掠，还是其他方式？他们把它看作自身文化的一部分，还是外来
文化？

近现代的历史

这对耳环一直埋在地下，直到 1979 年才被发现，并在 1980
年的考古报告中被讨论。墓葬的位置在现在中国境内，当时由中
国的考古队发掘，耳环也因此成为中国收藏的文物。没有哪个民
族会宣称自己是西沟畔人或者匈奴的后代，认为这些文物属于他
们的文化遗产。而越过国界，俄罗斯的考古学家在他们国家境内
发掘所得的草原风格器物，同样归俄罗斯所有。

耳环是鄂尔多斯博物馆的藏品，在内蒙古博物院（1957 年建
于呼和浩特）展出。自 20 世纪 80 年代，中国经常将这对耳环送
到国外展览。随着"文化大革命"之后中国博物馆的重新开放，
国外的博物馆策展人得以接触 20 世纪 50 年代以来中国出土的大
量文物，而在此前这是很困难的。他们充分利用了这个机会。这
对耳环第一次外借展出，是在 1994 年 3 月洛杉矶举办的一个关
于内蒙古文物的展览上。[92] 随着这个展览，这对耳环还去了纽约、
纳什维尔，直到 1995 年 9 月到达维多利亚，还于 1997 年在艾伯
塔展出。[93] 该展览以"成吉思汗"为标题，借助于大家熟悉的名
字来吸引观众。尽管策展人很清楚展品的年代和出处存在很大的
差异，但许多观众并不会留意这些文物反映的文化复杂性，也不
会注意到它们与成吉思汗之间微弱的联系。不过这个展览还是为
学者提供了观摩一系列文物的机会，因为这些文物之前并未在北

美展出过，而且它们反映了这种复杂性，尤其是草原文化对中原文化的影响。

草原艺术曾在苏联时期的博物馆和学术机构中得到大量展示，而大约在此时，它也开始在北美受到越来越多的关注。[94] 纽约的亚洲协会美术馆在 1970 年展出了来自西伯利亚的文物，但那是美国的藏品。此后的 1975 年，大都会艺术博物馆举办了一个展品借自苏联博物馆的展览。[95] 1999—2000 年，又有两个关于这些藏品的展览在美国举办：第一个是"斯基泰黄金：古代乌克兰珍宝"（Scythian Gold: Treasures from Ancient Ukraine），在北美巡展后又去了巴黎；第二个是"欧亚大陆的金鹿：俄罗斯草原上的斯基泰和萨尔马提亚珍宝"（The Golden Deer of Eurasia: Scythian and Sarmatian Treasures from the Russian Steppes），2000 年在大都会艺术博物馆开展。[96] 此时，苏联已经解体，很多收藏这些文物的博物馆已经不再处于苏联的控制下。前一个展览就是来自苏联的加盟共和国之一乌克兰，乌克兰于 1990 年独立。后一个展览则是由俄罗斯人组织，展示了俄罗斯博物馆的藏品。[97]

当这些展览聚焦于欧亚草原的西部地区时，人们还开始关注东部地区。大都会艺术博物馆对此策划了一个展览并出版一本相关图录，两者展示的都是北美的私人藏品，而不是中国的藏品。[98] 然而，当斯基泰文化成为早期展览的焦点时，北美已经开始筹备以匈奴文化为主题的大型展览。[99]

在 2002—2010 年之间，所有的中国省级博物馆都重建了，巨大的现代化建筑取代了旧的馆舍。[100] 新建的内蒙古博物院于 2007 年开放，规模是旧馆的 10 倍。这对耳环正在其中展出。此时，公元前 1 千纪晚期的草原文化被加上了"丝绸之路"的标签。[101]

2008 年，这对耳环如期在布鲁塞尔一个关于丝绸之路的展览上展出，展示了草原文明的风格与特征。[102]

关于匈奴的考古发掘和学术研究，将继续揭示匈奴统治下各种文化复杂性的新证据和新发现。这对耳环，是否会在将来展示这种复杂性的展览中出现，是否会继续占据文化腹地，我们拭目以待。

第二章

希腊式玻璃碗

彩图 2 未能充分展示此件物品。[1] 尽管它的外壁已经被侵蚀得粗糙不平，但内壁仍然保留玻璃原本的深蓝色。年代测定、器型和口沿下的凹槽都表明它是一件晚期的希腊式器物，很可能制作于黎凡特（Levant）。我们可以想象，2000 多年前它刚从作坊里出来的时候，崭新、光滑、无瑕。但它"得宠"的时间并不长。一个世纪或更短时间之后，它和两件类似的碗一起被埋葬于中国南方的横枝岗墓中，直到 1954 年该墓被发掘时出土。它在短暂的一生中，大多数时间可能是在一艘或多艘船的船舱深处度过的，它们与船上的其他货物一同穿越印度洋和南海。我们看到的从中国出发、运载大量瓷器的船只，方向与此相反，它是那成百上千的器物之一吗？它是专门为了贸易而制造的吗？为何它又被置于墓中？在解决这些问题之前，我们先来看看它是怎么制造，以及在何处制造的。

这件和另外两件碗的产地问题，还未能下定论。最初的中国考古报告对它们的描述很简单，认为它们来自中国境外。中国考古学家通常把这种早期玻璃称作罗马玻璃，这种说法与 2009

年在布鲁塞尔展览的玻璃器有关，[2] 而罗马只是对西方的一个泛称。从这件碗的年代、形制、口沿下的凹槽和磨损程度来看，朱利安·亨德森（Julian Henderson）认为它是希腊晚期制作于黎凡特的器物，与黎凡特出土的许多其他玻璃器相似。这一观点似乎是可信的，因为还有其他证据表明曾有希腊晚期或罗马早期的碗输入中国。[3] 然而，此时的中国也有玻璃制造业，碧姬·博雷尔（Brigitte Borell）认为这件碗可能是中国西南或越南等地的产品。[4] 研究过去的器物需要面对很多不确定的情况，而新的分析技术，例如同位素分析法，或许能回答我们的一部分问题，但不可能解决所有问题。

玻璃的起源

玻璃可以用天然材料制成，并且只需要加热就能完成转化，例如沙土中的硅石和草木灰，后者可用作助熔剂来降低硅石的熔化温度。如果原料都具备的话，那么火山爆发、核爆炸、小行星坠落，甚至普通的事件如干草堆燃烧，都可以生成玻璃。[5] 人类在创造出玻璃之前使用的是黑曜石。这是一种在熔岩流（富含硅）迅速冷却之后产生的火山玻璃，因为含有铁和铝，所以这种脆弱且透亮的物质呈黑色。目前已发现有公元前 70 万年的黑曜石制品，它们有类似燧石的断裂面，被制作成锋利的刃和箭头。一些外科医生直到现在还在使用这种材料制作手术刀，用它磨出来的刃要比钢材更加锋利和平滑。[6] 天然玻璃还用于装饰。据说，法老图坦卡蒙（卒于公元前 1323 年）胸甲上的圣甲虫可能由一块玻璃

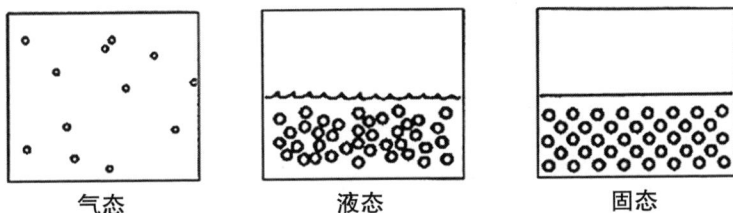

図4　气体、液体和固体的内部结构。采自康宁玻璃博物馆（Corning Museum of Glass）展览"玻璃是什么？"，2011 年 12 月 2 日，www.cmog.org/article/what-is-glass

雕刻而成，这块玻璃是陨石坠落在埃及的沙漠时形成的。[7]

　　大多数的人造玻璃都是由二氧化硅和助熔剂制成的，但是其制作过程意味着，它的内部分子不像其他固态材料的晶格一样有规律地排列。原料中硅原子和氧原子之间的化学键被破坏，其他的原子，例如钠和钙，则随机分布。所以，玻璃被称为非晶态固体，既不像普通晶体，也不是液体（图 4）。塑料也是一种非晶体材料。

　　玻璃制造是人类发明的三大无机材料技术（其他两项是陶器制造和金属器制造）中最晚出现的一项。在玻璃出现之前，同样的材料和技术用于釉砂、埃及蓝等透明材料的制作。釉砂是一种坚硬的、带有色釉的物质，表面反光。与玻璃一样，它以硅石和草木灰为原料，只是烧成温度在 200℃左右，低于玻璃的烧成温度。而且釉砂是一次烧成的，玻璃则需要两次，一次先烧成原始玻璃，再一次制作成珠子或其他物品。釉砂发现于公元前 4000 年左右的美索不达米亚、公元前 4 千纪的埃及和大约公元前 2700 年南亚的早期哈拉帕（Harappan）遗址。[8]

　　埃及蓝被认为是最早的人工颜料，是由硅、黄铜合金锉屑或碎矿石、氧化钙和一种助熔剂在重复的高温烧造下制成的。它很可能是在模仿青金石。青金石是一种从现在的东阿富汗矿区出口到约 5000 千米之外的埃及的石头。[9] 埃及蓝大约出现于公元前 2500 年，稍晚的例子显示在今天叙利亚的乌加里特（Ugarit）也有埃及蓝的制造。直到 400 年前后，埃及蓝还在继续使用。[10]

目前所知的最早的人工玻璃（形式为珠子），发现于美索不达米亚北部，年代为公元前 2500 年前后。[11] 原始玻璃是钠钙玻璃，由熔炉中少量的草木灰和二氧化硅制成。二氧化硅自身的熔化温度在 1700℃ 以上，但当它与碱性物质（如苏打）混合在一起时，熔化温度可以降低到大约 1000℃。这种碱性物质就叫作助熔剂。这样烧成的玻璃碴被再次烧造，并通过各种手段制成珠子，比如在熔化的玻璃周围缠绕表面覆有黏土涂层的金属丝。这些玻璃珠有各种颜色。烧制时加入一些原料，玻璃就可以上色并且变得不透明。这样制作出来的玻璃珠，有一些就会与绿松石、青金石等半宝石相似。[12] 位于今天伊拉克境内的埃利都（Eridu）遗址出土的原始玻璃，年代在公元前 2300 年左右，就是由硅和草木灰，以及一种富含钴的材料制成，这种材料使玻璃呈蓝色。[13]

图坦卡蒙的覆面上含有青金石，还有当地制作的深蓝色玻璃。替代品的出现，很可能是因为青金石的稀缺和高昂成本。此前，玻璃技术已经传入埃及，可能是由美索不达米亚的工匠带到那里的。与图坦卡蒙覆面玻璃成分相同的玻璃珠，也发现于法国北部和斯堪的纳维亚，这是早期玻璃贸易的证据。[14] 一些学者认为，印度河流域也存在玻璃技术，一些此前被划分为石头的珠子实际上是经磨损的玻璃。虽然还没有确凿的相关证据，但考虑到印度河流域在公元前 2700 年前后已经存在含硅釉砂的生产，那么玻璃的制造也应在情理之中。[15] 关于这一地区玻璃生产的有力证据，可以追溯到公元前 1450 年至公元前 1200 年。此外，印度河流域的哈拉帕文化和美索不达米亚地区的文化也应该存在海上和陆上的联系。[16]

最早的玻璃容器，而非珠子，也发现于美索不达米亚北部，年代约为公元前 1500 年，很可能是在胡里安人建立的米坦尼王国生产的。[17] 它们都由卷芯法制备，原料为硅石和草木灰。[18] 要通过这种方法制成玻璃容器，熔炉内需要有大量玻璃溶液，而且温度要达到大约 1150℃至 1200℃。熔融玻璃裹住用动物粪便和黏土做成的芯子，玻璃丝则用作表面装饰。有色玻璃也开始有系统化的生产：在其中加入锑元素就能形成不透明的白色、黄色和绿松石的颜色，加入钴元素则形成深蓝色。这些步骤都需要进一步的技术革新：玻璃需要专门加热，这样锑或者其他物质的晶体才得以形成；然后必须缓慢冷却，从而形成不透明的效果。这样生产出来的玻璃也会更加结实。但是并非所有的原料都产自当地，所以还需要其他产地供应原料。这一时期，还可以见到模制的大理石纹马赛克玻璃兴起，这反映了进一步的技术革新。

与珠子、容器成品一同出口的，还有未经加工的玻璃（原始玻璃碴或玻璃块），它们输向已经发展出玻璃工艺的邻近文化，那里的人就可以生产出他们本土的玻璃产品。在土耳其西南海岸靠近卡什（Kas）的地方发现有一艘公元前 14 世纪的沉船，丝绸之路开通之前欧亚大陆西部和非洲之间的贸易和交流网络，由此可见一斑。[19] 沉船上发现有来自波罗的海的琥珀，来自非洲的鸵鸟蛋、黑檀木和象牙，刻有纳芙蒂蒂（Nefertiti）名字的埃及金圣甲虫，塞浦路斯陶器，迦南珠宝、石榴、莳萝和杏仁（还有一只隐匿在船上的家鼠）。另外还有来自塞浦路斯的 345 块铸铜块（每块重 23 千克）。这很可能是一艘居住在地中海东海岸的叙利亚－巴勒斯坦人的商船，这艘船位于其一般航线上，即从叙利亚－巴勒斯坦出发向西北航至塞浦路斯，再从那里到达爱琴海，偶尔向西航至撒丁岛，然后通过北非或者埃及返回。[20] 船上货物还包括 175 件半透明的钴蓝和宝石绿的玻璃块，直径在 15 厘米左右。从文献记载可知，这叫作麦克库石（mekku），科学分析显示它与埃及和迈锡尼的玻璃相同。[21] 此外还发现有大约 9500 件玻璃珠和 75,000 件釉砂珠，以及用红玉髓和其他半宝石制成的珠子。其中大部分应该是用于贸易的，但也有一些可能是船员的个人财产。[22] 学者还认为，沉船上发现的 1 吨锡可能采自中亚。[23]

　　在接下来的 1000 年里，西亚和欧洲的不同文化都有了玻璃技术。公元前 13 世纪至公元前 12 世纪，玻璃首先在希腊生产。公元前 11 世纪至公元前 10 世纪，玻璃生产扩展到意大利北部，之后玻璃技术传至欧洲其他地方。[24] 大约在公元前 800 年，欧亚大陆西部的玻璃制造出现了显著的发展，大量使用富含钠的泡碱或天然碱等矿物，取代了之前作为碱性物质的草木灰。泡碱发现于开罗西北方沙漠的边缘，在一个名字为瓦迪那特伦（Wadi el Natrun，泡碱河谷）的地方。对于制造玻璃所需要的碱而言，泡碱是一种更加纯净、密度更大的原料，而且与草木灰不同，不需要提前准备。早在公元前 2000 年的埃及，它就用于尸体防腐，不过相对罕见。但它在黎凡特和欧洲用作玻璃中的碱性材料长达 1500 年。罗马学者老普林尼（约 23—79）记载了人们开始在勃路斯河（Belus River）附近生产玻璃的故事："一艘载有泡碱的（腓尼基）船来到海滨，船上的商人们下船后开始在沙滩上做饭，但是没有石头来支撑他们的炊具，他们就从船上拿出泡碱放在炊具下。当火燃烧起来的时候，海滨的沙子和泡碱混合在一起，一种新的半透明物质的溶液开始流淌。这就是玻璃的起源。"[25]

希腊历史学家斯特拉博（Strabo，前 64/63—24）也记载了这片区域的玻璃制造，他发现了另一处在地中海沿岸、西顿（Sidon）附近的沙地，位于上述沙地的更北边。过去 20 多年在贝鲁特（Beirut）的考古发掘为此地的玻璃制造和玻璃加工提供了证据，还发现了数以千计的玻璃容器。[26] 这些容器的年代为希腊晚期，其中就有那件希腊式碗的类型，即蓝色的半球形碗，口沿下饰一道凹槽。这些碗是模制的，即把熔化的玻璃液倒入模具中，或直接在模具里加热玻璃原料。[27] 尽管这里也出土了没有装饰的碗，但带凹槽装饰的碗最为常见，而且凹槽很可能不是模制的，而是用轮子切割形成的。[28] 这样的碗，在该区域内所有类型的聚落中都有大批的发现。[29] 鲁思·杰克逊–塔尔（Ruth Jackson-Tal）认为，这表明"社会的大多数阶层都可以用这类碗"，它们倒扣着一摞一摞地存放，主要用于饮酒。[30] 玻璃容器成了餐具的一种选择，比金银器更受欢迎，因为它们不会散发某种气味。[31] 它们也更便宜，这标志着此时的玻璃生产发生了一种变化，即"从数量较少的、用卷芯法制备的奢侈化妆品容器，向大量的、更简单的模制饮酒器的转变"。[32] 亨德森认为，由于硅石（形式为沙）很容易得到，成本主要在于炉子中的燃料、泡碱（仍然是主要的碱性助熔剂），以及结渣处理技术的发展。而把一个扁平的圆盘放在模具上来制造碗，模子还可以再次利用，这是一种快捷且成本低廉的方法。[33]

这件碗的玻璃可能是在贝鲁特发现的一个窑炉内生产的，或者是在黎凡特或北非的一个玻璃制造中心生产的。虽然容器与玻璃的制造不一定在同一个地方，但考虑到这种形制的容器在那时的黎凡特随处可见，我们推测那里一定也生产了数百甚至数千件类似的容器。尽管关于这件器物的许多问题还没有答案，但科学分析已经可以确认它的原料产地和成分。

科学检测

古代玻璃的化学成分是很复杂的，在不同的材料组合中有许多不同的化合物。着色材料和不透明材料中的碱性熔剂，以及沙子、石英等基础成分中就含有各种各样的氧化物。此外，杂质中的其他氧化物也与各种矿物颜料一起被发现。直到20世纪60年代，各种各样的分析方法都被用来鉴别这些成分，但从那时起，更有效的技术出现了。这些技术包括X射线荧光光谱分析（XRF）、扫描电子显微镜（SEM）、质子激发X荧光技术（PIXE）和各种光谱学的方法。各种技术分析结果之间都有细微的差异，所以通常是几种技术同时使用，相互印证和补充，再得出结果。[34]但是，孤立地对一件玻璃器进行化学分析不一定能极大增加我们对它的认识。要了解不同时代不同地域的玻璃生产情况，我们还需要从各类资料中搜集和核对数据。在作坊遗址发现的材料是关键的部分，对于理解贸易模式来说也同样重要。

过去半个世纪的分析大大增加了我们对玻璃的认识。例如，约公元前800年开始使用泡碱，约公元前500年中原地区开始生产玻璃（下文会讨论）。中原的玻璃使用氧化钡和钾铅氧化物作为助熔剂，与发现于欧亚大陆和北非的钠钙玻璃不同。这些分析方法可以确定一件碗的玻璃材料是在希腊地区还是在中国制作的。有人已经对中国南方的横枝岗墓中出土的一件玻璃碗做定性的XRF 分析，无须提供大量的信息，就可以显示出构成这件玻璃器的所有元素。该分析显示，这件玻璃器含有碳酸钾、铅和钡，还有二氧化硅和各类碱。[35]

20 多年前，亨德森就注意到"两个不同地区的玻璃器，使用了同样的技术传统，但在原材料上有细微的差别，那么这两种玻璃器可能含有可识别的不同微量元素，而且很可能存在不同的稳定同位素特征"。[36] 从那以后，同位素分析技术逐渐发展，能加深我们对玻璃和其他材料的理解。[37] 希腊玻璃中锶元素和钕元素的相对含量，可用于区别制作玻璃的两种不同的沙子。[38] 正如亨德森指出的那样，西顿和勃路斯河滩上的沙子，可能在成分和同位素上存在差别，这不但表明存在两种材料来源，还提供了一种可证明玻璃分制于两个地区的方法。[39] 但这些沙源还有待分析。而微量元素的分析已经为不止一处希腊中期的玻璃产地提供了证据，其中一个产地可能位于意大利。[40] 在发现和理解更多、更详细的有关玻璃生产、玻璃器制造和贸易的问题上，这些具有巨大潜力的研究方法仅仅是一个开始。

然而，要研究本章讨论的这只碗，我们仍然依赖它的风格、形制和年代，当然也必须参考 XRF 分析提供的基本信息。前几项信息显示，它是一件制作于黎凡特的晚期希腊碗，XRF 分析的结果则对这一假设提出了质疑。由于缺少进一步的信息，这些结果未能成为定论。但可以确定的是，它们指向了某种可能性。正如博雷尔指出，我们也不能排除它是在中国制作的。

亚洲的玻璃生产

上文提到，在南亚印度河流域的文化中发现有釉砂，并且有公元前 2 千纪早期玻璃生产的迹象。[41] 公元前 1 千纪的证据则并不完整。在旁遮普的鲁伯尔（Rupar）发现了公元前 1 千纪初期的高铝玻璃，而在北方邦的哈斯蒂纳普尔（Hastinapura）发现了公元前 1 千纪中期的高钾玻璃。[42] 东南亚也发现有公元前 400 年的钾钙玻璃，尽管这一时期印度和东南亚的玻璃作坊遗址尚未确定。但在公元前 200 年前后，印度东南海岸的作坊就已经在生产玻璃珠了。这些珠子现在被称为印度–太平洋珠，曾被卖到东南亚和东亚，以及非洲。[43] "印度–太平洋珠可能是所有时期中传播最广泛、似乎无处不在的贸易品。"[44] 其成分具有高铝、低钙的特征。

钾玻璃继续在东南亚生产，包括北部湾（位于今越南东北部和中国西南部）附近的遗址。对这一时期南亚和东南亚钾玻璃的详细分析，区分出这些玻璃的几个亚群，这表明当时有不同的生产地点，其中可能就包括中国西南部的一个作坊。[45]

玻璃珠还发现于亚洲的其他地方，包括塔里木盆地公元前 1000 年的墓葬和公元前 5 世纪的中原地区。[46] 科学分析显示，这些绝大多数是钠钙玻璃，说明它们是从西亚进口的。但有些珠子比较粗糙且含有铅和镁，于是有学者认为，这一时期的中亚地区可能也开始生产玻璃。[47] 在其他塔里木遗址发现的玻璃可以追溯至公元前 5 世纪以前，呈现出更加复杂精湛的工艺和更多样的成分，包括碱石灰。但其他的例子，以氧化钡、钾铅为主要助熔剂的特征则很明显。这种玻璃可能是从中原地区引进的，因为使用这些材料的玻璃技术仅见于这一地区，而尚未在其他地方发现。

玻璃在中国相对较晚的出现和氧化钡的使用都是值得关注的特点。在公元前2千纪末，中国陶工就在1000℃的高温下用陶窑烧造灰釉陶罐，公元前1千纪初期的烧造温度则更高。釉是一种类似玻璃的透明物质，美索不达米亚地区的陶器施釉技术就被认为是从玻璃技术演化而来的。[48]然而在中国，釉的使用似乎要早于玻璃。[49]陶器技术在中国继续发展，在公元前1千纪末生产出施半透明釉的原始瓷。这种器物既坚硬也能够盛放高温液体，并促进了瓷器的生产。瓷器介于透明和半透明之间，具有类似玉的特征。中国南方制作原始瓷的材料包含细云母和水云母，其中含有6%至10%的氧化钾，烧造时氧化钾会将黏土中的二氧化硅融合成坚硬玻璃，使原始瓷变得结实。[50]所以，这种技术可以用于玻璃制造。

早在公元前1000年，中国可能已生产了一种人造颜料，叫作中国蓝或中国紫。这种颜料一直使用了约1000年。它的成分与埃及蓝类似，只是合成温度较之更高。伊丽莎白·菲兹胡（Elisabeth West FitzHugh）和琳达·齐切尔门（Lynda Zycherman）认为，中国蓝（由硅酸铜钡制成）可能是在制造玻璃时偶然发现的。然而，目前还没有强有力的证据来证明公元前1000年的中国已经制造玻璃。[51]目前发现最早的中原地区制造的玻璃是公元前800年前后的钾钙玻璃珠，这些珠子后来被长江中游5世纪的铅钡玻璃和钾玻璃取代。[52]中国紫则用于装饰在公元前1千纪下半叶墓葬中发现的玻璃珠。[53]

直到公元后的最初时期，铅钡玻璃仍在中原地区的玻璃器中占主导地位，而且在中国内陆、北部草原、西北部草原、中亚和南部沿海都有发现。布里尔（Brill）和其他人认为，钡带来的混浊效果产生了一种类似玉的玻璃，并且这种玻璃是被当作玉器的替代品而制造的。[54] 铅则使得玻璃更加明亮，而且降低了熔化的温度。[55] 干福熹认为，中国人使用铅作为助熔剂是很自然的，因为他们在青铜工艺中使用铅这方面上有长期的经验。在长江流域还发现有大量的铅矿石和钡矿石。[56] 此外，鉴于中国使用硝石和碳酸钾的长久历史，用它们代替助熔剂来制造钾钙玻璃也并不奇怪。[57] 玻璃器则是用模具制造的，只需要再次应用已经很成熟的青铜器制造技术。

因此，证据显示中国在公元前 800 年前后开始生产玻璃，但采用的是本土的技术。这是否意味着中国工匠会用他们熟悉的工艺来模仿外国的产品？他们又是因为什么想要生产它呢？如上所述，玻璃生产有其审美目的或者经济目的。尽管有人可能会提出经济上的观点，认为它是作为玉器的替代品而出现的，但没有理由可以证明中国的玻璃生产成本会低于原始瓷的成本。西里尔·史密斯（Cyril Smith）则在结构主义的语境下提出了技术发展源于审美的观点。这一观点很有趣，也让我们认为，在美索不达米亚、欧洲和埃及，满足了人们审美需求的是玻璃，在中国则主要是经高温烧制的陶器。[58]

玻璃美学

为什么生产玻璃？是什么将它与其他材料区别开来？或许正如史密斯所说，"对装饰品的渴望"推动了对釉砂这种物质的原料、工艺和构造的发现，以及玻璃技术的发展。[59] 埃及蓝的发明就受到了人们对深蓝色颜料审美欲望的驱使，也有可能是出于经济方面的需求。引入埃及的青金石曾刺激了人们的审美，但一直不能满足他们的需要，因为原料须从千里之外进口，成本之高和统筹之难让青金石始终处于相对稀缺且价格高昂的状态。而蓝玻璃可以代替这种稀有的石头。之后，东南亚出现了一种半透明的棱柱形玻璃珠，与在南印度发现的绿柱石相似。[60] 绿柱石代表佛教的七宝之一，经常用于装饰佛舍利盒，玻璃也时有发现，可能是前者的替代品（见第四章）。

在中国的早期文化中，玉是最有价值的石头，代表着皇家和宗教的权力（见第一章）。[61] 从新石器时代开始，玉就被加工成武器和工具，还被制作成礼器。大量的玉可能是从距中原 3000 多千米的和田进口的。[62] 这一点，再加上制作玉器所需要的工艺和时间，使得玉器对于中国的统治者而言，其价值相当于埃及法老眼中的青金石。

因此，在中国发现的早期玻璃器应该是模仿玉器而制的，如玻璃璧。[63] 考虑到玉器的价值和价格，人们可能会寻求其他可以模仿它的材料。尽管玻璃有一些玉器的特性，比如半透明和坚硬（玻璃的莫氏硬度为 5.5，玉器是 6），但它更加脆弱，或许更重要的是，从审美的角度来看，玻璃与玉器的触感不同。作为无定形的物质，玻璃触感温暖，而玉器是晶体材料，握在手里最初是冰凉的，之后才逐渐变得暖和。和田的采玉人在河中赤足工作，据说就是因为他们能够凭借脚的感觉来鉴定玉料。[64]

沈雪曼认为，早期中国社会不知道该把玻璃分到哪一类。他们将物质分为金、木、水、火、土五种元素。陶器的元素显而易见，它是由土制成、由火转化的。但是几百年来，中国人仍不清楚玻璃的元素，他们曾将玻璃与陶器、金属、宝石（尤其是玉），甚至与水比较。[65] 这种不明确的状态体现在采用外来语为之命名上。汉代出现的"琉璃"一词被用来指代釉料，还有不透明的玻璃和宝石。"琉璃"这两个字都是"玉"字旁。它可能源于梵文"vaiḍūrya"，意为蓝色或绿色的石头，包括青金石。"玻璃"一词与之类似，是汉语中最初用来表示半透明物体的一个词。[66] 它可能也源于梵文"sphatika"，指代水晶或者石英。[67] 几乎可以肯定的是，这两个词都是随着佛教传入中国的。但我们并不知道此前中国人用什么词来指代玻璃。

布拉金（Cecilia Braghin）认为，玻璃技术是"中国的边缘化传统"，玻璃生产"似乎受到了进口玻璃器的推动"。[68] 这是不是因为玉器和陶器的传统在中国发展较早，从而覆盖了玻璃的审美领域，使得玻璃被看作一种没有新发展的材料呢？玉器和陶器的数量相对较多，在玻璃引进中国之前，玉器和陶器的技术已经经过了几千年的发展。在布拉金的论述中，中国玻璃制造的原动力来源于西亚的玻璃珠。希腊碗（在中原地区以及南方沿海墓葬中均有发现）的到来使玻璃制造重新兴起。汉代的两则文献提到，皇帝从中亚和位于现在中国南方的王国进口玻璃（见下文）。这支持了布拉金的看法。3 至 4 世纪的炼丹术文献《抱朴子内篇》也提到玻璃制造于南方，并认为它不是在中国发明的，而是进口的。汉文史书也认为，玻璃制造是外国工匠所为。例如，《北史》记载了 5 世纪中叶中亚商人的到访。[69]《隋书》则记载了粟特工匠家庭的后裔何稠，他被认为复兴了当时中国的玻璃技术。[70] 贵族墓葬中的玻璃器告诉我们，即使玻璃从来不是中华文化的核心，但它仍然是一种极具价值的器物。[71]

中国南方墓葬

出土玻璃碗的墓葬位于现在的广州，年代为西汉（前206—25）。该地区的历史十分有趣。中国的第一位皇帝秦始皇（前246—前210在位），最初是战国诸国之一的诸侯王，在征服了其他国家、统一中国之后，于公元前221年称帝。他继续向南扩张秦朝的版图。南方有着与中原的农耕文明或西北的草原文明截然不同的文化，那里的人被统称为越人。南岭以南的地区则被称作"南越"。[72]秦朝在此地的军事将领名为赵佗，秦朝末年，他宣布南越独立。南越国的领土包括沿海的狭长土地，延伸到现在的越南，还有现在中国的广西和广东地区。其首都位于番禺，在今广州市内，南越王墓就在此发现。[73]赵佗、其孙赵眜以及后来的三位君主都保持了南越国的自治权，直至公元前112年汉朝派兵推翻他们的统治。此后，尽管该地区发生了多次起义（最著名的当数公元40年的征氏姐妹起义），但这些起义都没有成功，这片区域仍处于汉朝的统治下。

在1954年横枝岗墓的考古发掘简报上，墓葬的年代被定为西汉后期，这表明其年代很可能是在南越国灭亡之后，但考虑到该地区人口的多元性，墓葬还存在一些遗留问题。当赵眜墓在附近被发掘后，随葬品随即反映出草原、西亚、越南和中原文化对这一地区的影响。其中有数量惊人的玉器，最夺目的则是墓主身上穿的玉衣。这是古代中国的一种传统，专门为皇帝及皇室成员打造，据说可以保持尸身不朽。赵眜的玉衣由2291块玉片组成，其中有许多是从其他玉器上拆下来或改造而成的。墓中还有玻璃珠和22块带鎏金铜边的蓝玻璃牌饰。牌饰长10厘米，宽5厘米，

其中 5 对被包裹着相向放置在一个竹容器内，2 块发现于姬妾的
墓室中，6 块则在主墓室。这些玻璃是中亚制造的铅钡玻璃，而
牌饰，从形制、规格和位于遗体中部的位置来看，应该是带饰，
这在草原上很常见。古代中国的男性都是着长袍的，草原的骑马
者则穿短袍，这样更适合骑乘，而且便于在腰带上悬挂佩刀和其
他装备。赵眜的家庭来自北部草原民族和定居民族相遇的地方，
倪克鲁（Lukas Nickel）认为他可能有混血血统，这"使他喜欢
饮酒用的角器、游牧风格的袍子和带有外国装饰风格的盒子"，所
有这些物品都和他葬在一起。[74] 这可以为这些牌饰的出现做解释，
不过玻璃的使用仍然不太常见。此外，墓中还发现有玻璃珠、项
链和玻璃璧。

同时期还发现有 2000 多座墓葬，其中一些在广西合浦和贵港
附近，同样位于南越国境内，而且更靠近今越南边境。许多墓葬
都随葬有玻璃珠子，只有 11 座有玻璃容器，包括 1 件或者 2 件弦
纹玻璃碗（图 5）。[75] 另外，这些与中原地区的墓葬中发现的另一
件蓝绿色的碗，最初都被认为是罗马的。[76] 后者现在仍然被认定
为早期罗马玻璃，说明玻璃容器此时的确传到了中原。[77]

博雷尔认为，这些墓主的身份仅次于最高统治者。这些模制
的玻璃碗，形制特别，与罗马和希腊的不同。另外，分析结果显
示它们是钾玻璃，镁含量低，这说明钾的矿物来源可能是硝石。
博雷尔还确信这些是当地的产品，并通过海路从该区域出口。类
似的物品也见于印度南部的阿里卡梅度（Arikamedu）遗址。她
认为，此地的玻璃制造开始于西汉中晚期，在南越国灭亡之后。
南越王墓中使用由中原地区进口的玻璃，表明了这种材料的珍贵，
并且很可能是在这种刺激下，当地开始生产玻璃。但当地的玻璃

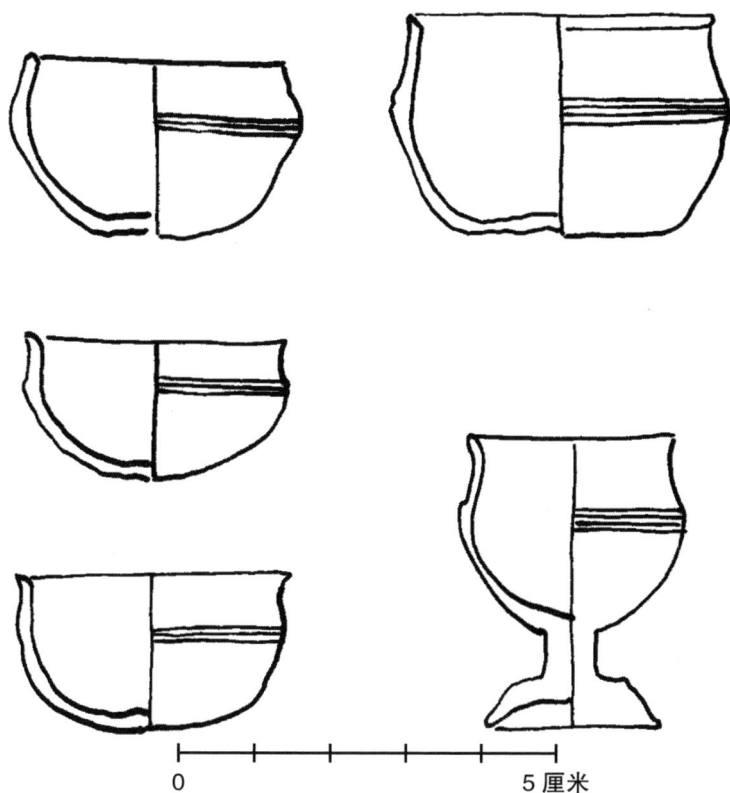

图 5 广西合浦和贵港墓葬中出土的玻璃碗形制。采自 Borell (2011: fig.3.1)

生产也有可能是受到南亚、东南亚，或更远地方的影响。

对横枝岗墓出土的一个碗的初步科学分析显示，其中含有碳酸钾。基于此，博雷尔认为它可能是当地作坊的产品。然而，碳酸钾的存在与希腊式玻璃碗并不矛盾，在没有进一步的证据下，形制、色彩、磨损程度和纹饰等仍然指向它是希腊式玻璃碗。如果我们暂时忽略一些不确定因素并接受上述观点，那么接下来的问题则是：这些碗是怎么来到广州的？

对其他墓葬出土的玻璃珠的分析则显示，它们可分为四种不同的类型，包括当地的钾玻璃和中原地区的铅钡玻璃。博雷尔得出结论，这证明了"一个复杂的跨区域交流网络"的存在。[78] 大部分这种交流，几乎可以肯定是通过海路实现的。

海上贸易路线

海上贸易路线最早连接了非洲和欧亚大陆。例如，在公元前3千纪，印度河流域的哈拉帕文明和美索不达米亚地区就已经存在贸易关系。[79] 在公元前1千纪后半期，印度的香料就可以通过阿拉伯半岛南部的港口到达希腊。[80] 几个世纪之内，船员们都是利用季风航行。希腊历史学家斯特拉博讲述了一个叫作欧多克索斯（Eudoxus）的人在托勒密八世·欧厄葛特斯二世（Ptolemy VIII Euergetes II，前145—前116在位）治时，从埃及红海两次返程。[81] 利用季风，人们更容易进入印度南部的港口，再从那儿到达东南亚。

在印度南部本地治里（Pondicherry）附近，阿里卡梅度商埠遗址的考古发掘显示，这一港口从公元前3世纪开始发展，有一种产自希腊化时期地中海地区的特殊类型的轮制陶器（rouletted ware），公元前2世纪中叶，这种器物开始在阿里卡梅度被模仿制造。[82] 此处还发现有未完成的东南亚风格玛瑙坠件，毕丽娜（Bérénice Bellina）指出，这很可能是向东南亚出口的仿制品，那里的印度进口商品十分常见。[83] 该遗址还有大量当地生产的玻璃和石头珠子，也被广泛出口。[84] 而在这里发现的进口玻璃容器，尽管数量不多，却同时存在希腊的钠钙玻璃和中国南方的钾玻璃。[85]

中国的西南海岸和越南北部海岸与北部湾接壤，这一海湾被海南岛及海洋环抱。沿海发现的岩画说明越人已经习惯于航海。1975 年在广州中山四路的发掘揭示了一处公元前 3 世纪的造船遗址。据估计，这里的造船业可以建造 29 米长、3 至 6 米宽、载重 25 至 30 吨的大船。[86] 汉代的官修史书描述了一条路线，即从顺化（位于今越南境内）附近，通过马来半岛，经缅甸和位于印度东海岸的金奈，到达现在的斯里兰卡岛。[87] 据说，中国人携带丝绸和黄金，以换取珍珠、宝石和其他物品，包括碧琉璃，即玻璃。[88] 一句晚期的诗歌展现了该区域在贸易（包括奴隶，见第十章）方面的持续重要性："舶载海奴镮硾耳，象驼蛮女彩缠身。"[89]

赵眜墓中的一件容器上描绘了四艘船，清晰地呈现了航海中必不可少的船舵（图 6）。[90] 在其他的汉墓中，也发现有用黏土和木头制作的河运和航海船只的模型。

很有可能的是，本章主要讨论的这件希腊玻璃碗通过海路运输，与它的两件同伴在那时从红海或波斯湾的一个港口出发，途中经过印度，并可能数次停靠在其他陆地，最后到达中国南部。我们可以初步确定这件玻璃碗制作于公元前 2 世纪晚期或公元前 1 世纪早期，并在公元前 1 世纪埋葬在墓中。但无法得知的是，它是否在制作完成后就直接出口，花费一年或更多的时间才到达最终的目的地。考虑到这件碗与其他两件类似的碗被一同发现，可以推测它们应该是一大批玻璃货物的一部分。但这些碗是怎样被墓主人或他的家人获得的？它们的意义是什么？在随葬之前，它们是否被使用过，还是专门用作随葬品？

以上这些和其他更多的问题，很可能永远没有明确的答案。

图 6　南越王墓出土铜提筒上的线刻船纹。采自 Erickson, Yi and Nylan（2010: 166）

然而，由于玻璃原料在同位素方面可以呈现出不同的地理特征，加之完善后的同位素分析法和最近几十年发展出来的微量元素分析，所以我们可以由此确认材料的产地，进而得知可能的玻璃产区。同位素分析还能支持（或反对）我们的假设，即这件碗是希腊时期的并制作于黎凡特。在墓葬、造船遗址或其他遗址发现的其他物品也可能支持这一观点，或提供更多关于这件器物的信息。它的故事尚未结束。

　　如果这是一件希腊器物的话，那么它就是一个日常的饮用杯子，而不是一件奢侈品。但远在希腊之外的中国南部，这种器物十分罕见，无疑会被认为是外来的并被看作奢侈品。它原来的用途可能会因此发生改变。类似的情况可能发生在 14 世纪，那时中国瓷器通过海路运往欧洲。在中国，这些瓷器是很平常的日常用具，或者是专门为外销而制作的器物，远不是奢侈品。而一旦到达欧洲，它们就获得了一种新的更高的地位。[91] 这件玻璃碗，可能正是因为它具有外来奢侈品的特征，所以才得以随葬墓中，就如同李贤墓中的银壶和萨珊玻璃碗（见第五章）。彼得·弗朗西斯

（Peter Francis）在其关于亚洲玻璃珠贸易的研究中，认为"一件产品离开它的原产地越远，就越容易被当作奢侈品"。[92]另外，很多墓葬中的玻璃仅以玻璃珠的形制出现，而不是完整的器物，这也告诉我们一些关于墓主身份的信息，比如考古队认为他是一位贵族。

　　玻璃碗的出土墓葬是在广州东北部的横枝岗同一个小冢下发掘的三座墓葬之一。通过墓葬的结构、规模和随葬品，可以确定它们的年代为西汉中晚期。[93]这三件玻璃碗的碎片发现于一号墓。一号墓的墓室最初在地面以下 6 米，朝向南和东南，保存下来的墓道完全被细沙填满。墓室底部有两条沟槽，用于放置支撑木椁的枕木。棺木已腐朽无存，仅留下一些黑色的痕迹。

　　大多数的随葬品放置在墓室的北部和西部。其中有 71 件陶器、1 件青铜鼎、3 件玻璃碗和 1 件玻璃璧。其中一件碗放置于墓室北部，另外两件与璧和青铜带钩一同放置在棺木旁。除此之外，仅见的另一件玻璃器是二号墓的绿色带钩。[94]

　　埋在墓中 2000 多年，玻璃碗发生了很大的变化。它没有像有机材料一样腐烂和消失，但其表面和成分受到了长期埋藏在地下的影响，所以看起来与它最初生产出来的样子有很大差异。这种所谓的磨损在随葬品中很典型，在钾玻璃上比钠钙玻璃更加常见。同一墓葬出土的玻璃璧在发掘时没有保存下来，碎裂成粉末状，这表明它可能是磨损严重的钾玻璃。但这件碗上的磨损状态与黎凡特制造的其他钠钙玻璃是一致的。

　　潮湿是腐蚀发生的主要原因，因为它逐渐过滤掉物质中的碱性离子，代之以水分中的氢离子。这经常发生在埋葬后的几年内，然后一个新的循环开始了。所以我们经常可以在玻璃表面看到不同的腐蚀层，它们厚薄不一，从 1 到 25 毫米不等。有时这些腐蚀层可以对玻璃起到保护作用，减缓潮气进入玻璃本体的速度，一定程度上防止了玻璃的进一步恶化。[95] 该地区的墓葬湿度较大，这并不奇怪。墓中没有发现任何有机材料，遗体和木棺椁都已完全腐烂便是明证。发掘者注意到，墓道中的沙子中可以证明用海沙包裹木椁是当时的一种习俗。他认为，正是沙子中的水分导致了木材的腐烂。

这件玻璃碗，最初是实用器，后来是外来奢侈品，现在则是一件具有审美价值和历史价值的文物。在中国的语境下，它还被认为是一件很有价值的物品，所以它不再保存在当地或省级的博物馆，而是被送往北京的中国国家博物馆（前身为中国历史博物馆），成为那里的藏品。作为古代欧亚大陆上跨区域联系的证据之一，它在"丝绸之路"的语境下也有着非常重要的意义，并多次出现在数个展览和出版物上，尽管还被错误地标记为"罗马"。[96] 它的故事的新篇章刚刚开始书写，还有很多关于它的秘密尚待揭示。

在这件物品被制造和运输的过程中，一个新的因素出现了，即佛教对玻璃的使用。它将影响中国对玻璃的使用和价值认定。[97] 这将在之后的第四章讨论。

第三章

贵霜钱币窖藏

6世纪，在当时是阿克苏姆王国（约100—940，位于今埃塞俄比亚境内）领土的高原地区中，一处陡峭的台地上有一座基督教教堂和一座修道院（彩图3）。尽管没有任何记载，但该地应该还有一座圣殿。在修道院的庭院中发现有一批窖藏，其中有100余枚金币，很可能装在一个用黄金和绿色石头装饰的盒子里。此时的贵霜王朝已统一了中亚，这些钱币铸造于丝绸之路腹地，年代可追溯至2世纪早期到3世纪初。[1] 最早的钱币有磨损的痕迹，但年代最晚的钱币，即6枚贵霜国王韦苏特婆一世（Vasudeva I，190—230在位）时期的金币是崭新的，没有使用痕迹，这表明它们在韦苏特婆一世在位期间或下一任国王即位不久后就被带至阿克苏姆。那么，这些钱币的首次铸造是在何地？为何、如何被铸造？它们是怎么到达东非的？又为何最终出现在基督教的场所？另外，它们现在何处？为了回答这些问题，让我们从它们在故乡的故事开始说起，即1世纪贵霜帝国的崛起和贵霜货币的使用。

贵霜帝国

与其他丝绸之路上的帝国类似，贵霜帝国的崛起与跨越欧亚大陆生态界线的民族迁徙有关，这条生态界线将欧亚大陆分成南北两部分（见第一章）。北部，也就是大卫·克里斯蒂安所说的"内欧亚大陆"，也称作"亚洲内陆"，是干旱的大陆性气候，无法持续发展大面积的农业。内欧亚大陆的大多数地方长期以来都是各种农牧混合民族的家园，每年他们一次或多次迁徙以寻找牧场，并建立了小型聚落。[2] 克里斯蒂安将与外欧亚大陆接壤的边疆地区称作"内欧亚大陆发展的原动力"，这里生活着主要依靠农业、建立了大型城市的定居民族。[3] 汉文史书中的"月氏"，就是这样一个生活在内欧亚大陆的农牧民族。[4] 他们是生活在天山附近的一个部落，也分布在今天中国西北部的河西走廊。曾有人将月氏与在塔里木盆地以西发现的早期墓葬联系在一起，然而这只是一种假设，并没有进一步的证据可以证明。即使月氏确实是一个民族，我们也只能猜测他们的语言和民族特征。[5] 汉文史书中关于月氏人的记载，是发生在他们已经被北方的侵略者驱逐出河西走廊之后的故事。侵略者是另一个草原游牧联盟，汉文称之为匈奴（见第一章）。他们在公元前 3 世纪时向南扩张，穿越戈壁沙漠，直至月氏故地。[6]

要了解这段早期历史，我们只能依靠中国的文献记载。[7] 这些记载都是第一手资料，主要来自朝廷使节张骞（卒于公元前 114年）。公元前 138 年，汉武帝派遣张骞寻求与月氏的联盟，共击此时也在侵犯汉朝西北边境的匈奴。张骞回国后所汇报的情报被记载在《史记》和《汉书》中。后者由班彪及其子女班固、班昭编篆而成。班彪另有一子班超，也参与了《汉书》的编撰。班超是军队的高级将领，与匈奴交战数十年，官至西域都护。从汉开始，《西域传》一直是官修史书的重要部分。

这些史书中的张骞传记记载，张骞在出使途中被效忠于匈奴联盟的部族抓获，10 年后才成功逃离，其间他与一名当地妇女成婚并育有一子。公元前 126 年他到达月氏，但从史书中他的陈述可知，那时月氏人已经迁离。[8] "始月氏居敦煌、祁连间，及为匈奴所败，乃远去，过宛（位于今费尔干纳盆地），西击大夏（巴克特里亚）而臣之，遂都妫水（阿姆河，旧称奥克苏斯河 [Oxus]）北，为王庭。" [9]

在史书中的别处，这部分记载更为详细：匈奴人杀掉了月氏王，匈奴单于冒顿之子以其头为饮器；一部分月氏人南迁，但大多数人首次向北跨越天山，定居在伊犁河谷和楚河河谷，位于今哈萨克斯坦和中国的边界上。[10] 张骞出使西域时，或许认为月氏人还居住在这片区域，靠近匈奴领土的西部边界。但很可能在公元前 2 世纪中叶，月氏人被自草原来的其他入侵者赶出了新的家园，再一次西迁。汉文史书记载，这一批入侵者名为"乌孙"。最终，月氏人定居在粟特人（居住在阿姆河以北）和大夏人（居住在阿姆河以南，即今阿富汗北部）之间。此地离他们的宿敌很远，所以张骞的出行距离比他预想的要更远。为了寻找月氏，张骞不得不继续向西，他带回来的情报通常被认为推动了汉朝向中亚地区的发展。[11]

张骞在月氏和阿姆河以南的巴克特里亚王国待了一年，回国后，肯定讲述了很多故事。遗憾的是，汉文史书十分精练，对每一个域外国家仅有一段简短的描述。[12] 例如《史记》对月氏的记述也很简单："（月氏）行国也，随畜移徙，与匈奴同俗。控弦者可一二十万。"[13]

汉文史书还记载，月氏人征服了这片新的土地后，迅速占领了阿姆河以南的地区，包括希腊化城市巴克特拉（今巴尔赫，见第五章）。但他们与这一地区的许多首领维持了联盟的关系：

> 大夏在大宛西南二千余里妫水南。其俗土著，有城屋，与大宛同俗。无大长，往往城邑置小长。其兵弱，畏战。善贾市。及大月氏西徙，攻败之，皆臣畜大夏。大夏民多，可百余万。其都曰蓝市城（巴尔赫），有市贩贾诸物。[14]

这里我们看到了内欧亚大陆的一群农牧人——月氏人，被迫离开自己的家乡，最终跨越生态界线定居在以农业和城市为特征的外欧亚大陆。[15] 我们希望能有更多这一时期的考古材料和历史文献来补充汉文史书的记载，但令人沮丧的是这两者都很少。[16] 其中一些主要的材料是钱币。[17]

公元 1 世纪中叶，月氏的一位地方首领掌握了全部的权力，标志着贵霜帝国的开始。这位首领丘就却（Kujula Kadphises）将领土向南扩张至卡比萨（Kapisa）地区（今巴格拉姆［Bagram］）、塔克西拉（Taxila）和克什米尔，他的继任者则继续入侵印度北部。在其统治末期，丘就却还派一支军队到塔里木盆地。这些记载都见于《后汉书》。

> 后百余岁，贵霜（位于巴达赫尚［Badakshan］及其附近地

区）翎侯丘就却攻灭四翎侯，自立为王，国号贵霜。侵安息。取高附（今喀布尔）地。又灭濮达、罽宾，悉有其国。[18] 丘就却年八十余死，子阎膏珍（威玛·塔克图［Wima Taktu］）代为王。复灭天竺（位于今印度北部），置将一人监领之。月氏自此之后，最为富盛，诸国称之皆曰贵霜王。汉本其故号，言大月氏云。[19]

月氏带来的稳定局势使贸易增长成为可能。人们可以自索格底亚那（Sogdiana）出发，向北打开贸易市场；向南到达印度，再从那里到达巴巴利孔（Barbarikon，位于今巴基斯坦卡拉奇附近）并进入印度洋路线；向东至塔里木盆地，继而从那里进入中国腹地；向西则至帕提亚，再从那里前往罗马。米华健（Millward）注意到，对塔里木盆地而言，这是"一种再三出现的现象……一个游牧王室及其追随者缔结成一个联盟，建立帝国，统治定居的居民"。[20] 对欧亚大陆上一直以来存在的长距离贸易而言，贵霜联盟的崛起无疑是促进其发展的最重要的因素。丝绸之路就是一个显著的例子。须再次引用克里斯蒂安的话，丝绸之路让我们看到"内欧亚大陆在欧亚和世界的历史中扮演着一个核心的角色"。[21]

文献记载和考古材料的不足妨碍了我们对中亚帝国的理解。[22] 这些材料能提供的信息非常有限，比如在宗教问题上。据说，贵霜国王信奉琐罗亚斯德教的东支，但也支持其他宗教，用林思瀚（Raymond Lam）的话来说，是一种"影响深远的文化和宗教上的兼收并蓄"。[23] 佛教也是他们所信奉的宗教之一。古印度孔雀王

朝（约前 322—前 180）的国王阿育王（约前 268—前 232 在位）
最初推动了佛教的传播，他将佛教定为国教，立誓将这种信仰传
播到世界各地。根据传统，他将他的儿子和女儿派至斯里兰卡，
又遣高僧至中亚、西亚、东亚和南亚。斯里兰卡石窟寺上的碑铭
可以说明此时佛教传到了斯里兰卡。[24] 由此可见，从最早的时期
开始，佛教就倾向于长距离的传播。[25] 塔克西拉原来是孔雀王朝
的城市，位于印度和塔里木之间贸易路线的交叉口，后来成为贵
霜帝国的都城之一。孔雀王朝末期，这片区域成为佛教的一个主
要中心，其中塔克西拉的达摩拉吉卡（Dharmarajika）和斯瓦特
河谷的明戈拉附近的布特卡拉（Butkara）有著名的佛塔（见第四
章）。公元前 2 世纪初，孔雀王朝衰落，卡比萨（或犍陀罗）地
区的希腊国王弥兰陀将其王国扩张至喀布尔和斯瓦特河谷。[26] 巴
利文《弥兰陀王问经》（Milinda Pañha）记载弥兰陀成为佛教徒，
还讲述了他和印度佛教高僧那先比丘（Nāgasena）的辩经。

　　丘就却治时，即 1 世纪贵霜帝国初期，古城（位于今阿富汗
贾拉拉巴德［Jalalabad］附近）周围有佛寺和佛塔。[27] 威玛·迦
德菲塞斯（Wima Kadphises，2 世纪早期在位）统治期间，佛教
向西北传入喀布尔地区，之后再向北进入巴克特里亚。贵霜王借
用希腊和印度宗教中的偶像来表现他们的神祇。例如，丘就却在
铸造钱币时，选用希腊神祇赫拉克里斯来表现贵霜的神祇崴狩
（Wesho）。崴狩还以印度神祇湿婆的形象呈现。迦腻色伽时期佛
陀才出现在钱币上，这是唯一对印度的"神"的直接表现。贵霜
钱币不仅提供了与贵霜人信仰有关的信息，还使得贵霜王世系的
构建成为可能。[28]

贵霜钱币

从人类早期社会开始，货币就是必需的，很多有价值的物品如牲畜、黑曜石、谷物和丝绸都曾充当等价交换物。早期社会还使用几乎没有价值的物品，如贝壳、珠子，来交换更有价值的货物。专门为了交换而制造的钱币在公元前 700 年至公元前 500 年之间出现在爱琴海周围的城市、印度和中国，各地区的钱币似乎是各自独立发展的。在贵霜帝国崛起时，被贵霜人征服的邻近地区都在使用钱币，也有来自罗马等更遥远社会的钱币在流通。

钱币的用途远大于简单的等价交换物。钱币还是权力和威信的象征，有人认为它是宣示统治权和正统性的手段。[29] 丹尼尔·米雄（Daniel Michon）的观点是，作为入侵者，月氏人铸造一种与此前的统治者所发行钱币类似的钱币，代表了权力的接续，而非更替。他认为，月氏在众多流行的钱币中选择了这一种，是故意为之。例如，他们选择了正面有骑马者图案的钱币，是因为他们认为自己是马背上的民族。[30] 然而，克力布（Joe Cribb）认为钱币图样的连续性是为了便于流通，已有图像被再次利用也是出于这个原因。他说："骑马者的图样在贵霜人到来之前就是钱币设计的标准图样，所以贵霜人只是简单地复制它，并不一定是故意暗指'马背上的民族'。"[31]

丘就却的名字迦德菲塞斯仅见于钱币和一则巴克特里亚语铭文上，但作为贵霜帝国下各月氏部族的领导人，他在中亚史乃至世界史上都非常重要。他在统治期间既铸造铜币，也铸造银币。两种钱币形式各异，都是在已有钱币的基础上产生的，也反映了已有货币制度的多样性。[32]

他的继任者威玛·塔克图仍然只生产银币和铜币，但减少了钱币的种类。在第三任君主威玛·迦德菲塞斯统治时期首次出现了金币铸造，[33] 但这并不是创新。在罗马，以及卡比萨（或犍陀罗）和巴克特里亚地区的希腊化国家已经有了金币铸造，前者的金币是最后流通到印度的。根据目前的理解，贵霜使用的技术应该来自后两者而非罗马，另外还有他们自己新发展出来的技术。但从形制上看，他们可能借鉴了当时的罗马金币。哈利·法尔克（Harry Falk）认为，威玛·迦德菲塞斯刻意仿照了奥古斯都（前27—公元 14 在位）时期罗马钱币的标准，不过没有完全一致。[34] 在重量方面，罗伯特·布雷西（Robert Bracey）认为他们跟随的是巴克特里亚标准，而这个标准源于希腊金币。[35]

威玛·迦德菲塞斯时期的金币虽然用同样的方法铸造，但有很多种形式，可以划分为五个不同的时期。[36] 在阿克苏姆窖藏中发现的双倍金币（这些金币重 16 克，是标准的两倍，故得此名）其年代属于第 4 期，应该正处于威玛·迦德菲塞斯统治期间，而且是产量最多的时期。[37] 布雷西注意到，威玛·迦德菲塞斯时期的钱币很少发现于此后各任国王统治时期的钱币窖藏中，这可能是因为当时这些钱币的产量低或者流通时间短。从这个方面来看，阿克苏姆窖藏即使不是例外，也是不寻常的。它们很可能铸造于巴尔赫。[38] 每一时期都需要制作新的正面和反面模具，所以布雷西认为，每一时期都有一段时间，各种工匠集中进行生产，而除此之外，他们可能很长一段时间不铸造钱币。[39] 模具上的佉卢文铭文和图像由不同工匠制作，可能是由他们使用已有的模板或亲手绘制而成。希腊刻印铭文的制作，则是在模具上钻孔以标记字母的端点，再把这些点连成线。制作钱币时需要将正面的模具固定在一块铁板上，而将反面的模具固定在一个模盒中。每制作一枚钱币，金坯都要置于正面模具和反面模具中间。工匠击打两次反面模具在金坯上留下印记，然后将钱币取出检查，如果印记不够清晰，则需要将钱币重置其中再次击打。为了留下清晰的印记，工匠击打时都需要花费很大的力气，很可能是双手持锤。因此，钱币和反面模具会被固定住，或者由另一名工匠用手把它们放好。其他的铸钱作坊则会用带链子的模具或套筒把它们固定在正确的位置上，但有证据显示，这两者贵霜人都不用。这些模具可能比铸好的钱币大一半。

　　下面讨论钱币的金料来源。在泽拉夫尚（Zerafshan）盆地、费尔干纳盆地、贵霜北部和东部的索格底亚那和大宛，还有北边的草原地区都发现有黄金。贸易在内外欧亚大陆的生态边界上很常见，草原上的马匹、黄金被用来交换谷物、丝绸和其他商品（见第一、六和八章）。然而谷物被消耗了，黄金被重新铸造，这些贸易的证据几乎没有保留下来，但这个来源不能被否定。[40] 有人认为阿拉伯南部也是黄金的来源地，还有人提出，长期以来很大一部分黄金来源于罗马的金币。在一则经常被引用的文献中，1 世纪的罗马历史学家老普林尼估算，罗马帝国每年花费 1.5 亿塞斯特斯（sesterce）从印度购买丝绸、宝石和香料等奢侈品。[41] 然而，尽管在印度南部发现了钱币窖藏，但在贵霜领土范围内几乎没有发现罗马钱币。此外，最近的分析显示，罗马钱币与贵霜钱币的黄金来源不同。[42] 或许我们应该更多地考虑本土的金矿。如法尔克指出，有大量的证据表明，贵霜地区，现在的阿富汗东部的山上存在黄金，并且被河流冲刷下来。[43] 在巴尔赫以西的蒂拉丘地墓葬中也发现了大批黄金窖藏。[44] 1978 年负责此地考古发

图 7　威玛·迦德菲塞斯钱币，发现于德伯拉·达摩（Debra Damo）窖藏。采自 Göbl（1970）

掘的考古学家维克托·萨利安尼迪（Victor Sarianidi）声称这些是贵霜人的前身、月氏统治者的墓葬。[45] 然而，由于随葬品中有帕提亚、塞种–萨尔马提亚（Saka-Samaritan）、鲜卑和汉朝的物品，所以墓葬到底属于贵霜还是月氏尚存在疑问。但无论蒂拉丘地墓葬埋葬的人与这些文化是否有关，或是否来自这些文化，都反映了 1 世纪中亚各文化之间的密切联系。[46] 萨利安尼迪还宣称，这些黄金出自本地的河流。最近对数件黄金的分析支持了这一观点。[47]

　　阿克苏姆窖藏中发现的 5 个双倍金币的正面有威玛·迦德菲塞斯的侧身像，面向右边（图 7）。[48] 他留着胡须，戴着王冠和高高的尖帽，盘腿坐在云上，肩部有火焰升起。他的朝代标志或徽记（tamgha）位于左侧（图 8）。徽记可能是从游牧民族的部落符号发展而来的，例如在牲畜身上烙印作记，这是又一重要的贵霜遗产。[49] 钱币上的铭文用希腊语和希腊字母写成，翻译过来是"国王威玛·迦德菲塞斯"。反面是贵霜的神祇崴狩（有时与印度神祇

图 8　钱币上的贵霜王徽记

湿婆联系在一起）。[50] 他右手持三叉戟，左手拿着兽皮，站在公牛的前面。公牛经常被认为是南迪，也就是湿婆的坐骑。崴狩左侧的符号是南迪的蹄印（nandipada），有时被认为与佛教三宝相关，但布雷西强烈反对这一点，将这种形象和符号的出现归因于模仿。"因为它出现在其他钱币上，所以也出现在这里。虽然它具有某种意义，但那并不是它被使用的原因。"[51] 反面的铭文用普拉克利特语（Prākrit，一种印度语言）写成，使用的是中亚的犍陀罗字母。[52] 上面写着"伟大的王中之王，世界的领主，伟大的领主，威玛·迦德菲塞斯，救世主"。

从一枚钱币我们可以看到中亚文化复杂性的缩影，包括各种民族、语言、神祇和符号的相遇和融合。这不是一种偶然或随机的文化融合，而是统治者对某个符号、某种语言和某位神祇的刻意利用和改造，从而对他治下的民族，也对邻近的和更遥远的文化传递一种信息。

下一任国王迦腻色伽时期的金币也以各种各样的形式出现，但不能确定窖藏中的 5 个金币属于多少种类型。[53] 迦腻色伽治下，一些钱币的反面上首次出现了佛像，而在此之前描绘的都是当地神祇，以及伊朗、印度或希腊神祇。罗伯特·戈布尔（Robert

图 9   迦腻色伽一世钱币，发现于德伯拉·达摩窖藏。采自 Göbl（1970）

Göbl）指出，窖藏中没有表现佛像的钱币，但其中一枚钱币上
有蓄须的迦腻色伽形象，他的头向左转（图 9）。与所有佛像钱
币上描绘的一样，他是站着的。他戴着一顶高高的尖帽，左手持
矛，右手拿棒，正在侍弄他右侧的火坛。铭文不再用希腊语，而
是当地的巴克特里亚语，这仍然是一种改编的希腊字母。上面写
着"王中之王，贵霜王迦腻色伽"。[54] 前一任国王的钱币上的希腊
词汇"βασιλεύς"经常被译为"国王"，此时则被替换为伊朗语中
的国王"shah"，并在此后继续使用。钱币的另一面是太阳神密特
拉，面向左站立，带有头光，左手持剑，右手伸展呈祈祷状。右
侧的巴克特里亚语铭文用希腊字母标明他的名字"Miiro"，迦腻
色伽的徽记在左。

胡韦色迦（Huviška）时期的钱币是窖藏中数量最多的一部
分，105 枚钱币中有 88 枚属于这个时期，至少可以分为 7 个类型
（图 10）。[55] 这一时期的钱币正面都有胡韦色迦的半身像。他在这些
钱币上带头光，面朝左，左手持利矛置于肩上，右手握有权杖。[56]

图 10　胡韦色迦钱币，发现于德伯拉·达摩窖藏。采自 Göbl（1970）

用改编后的希腊字母写的巴克特里亚语铭文，内容是"王中之王，贵霜王胡韦色迦"。背面有各种各样的男性神祇和女性神祇。窖藏钱币上的神祇形象都来自伊朗众神，有法罗（Pharro）、娜娜（Nana）、阿克多索（Ardoxsho）、密特拉、蒂耶罗（Terio）和阿沙伊克肖（Ashaeixsho）。[57]

　　窖藏中年代最晚的钱币是 6 枚金币，属于韦苏特婆一世统治时期，其上有面朝左站立的国王，左手持矛，右手侍弄火坛（图 11）。另一面是崴狩和一头公牛。尽管这一时期的历史还很模糊，但一般认为这是贵霜帝国的危机和财政紧缩时期。印度北部的很多领土都丢失了，西边的老邻居帕提亚（与月氏类似，最初也是来自草原的定居者）被萨珊王朝代替，开始了阿尔达希尔一世（Ardashir I，224—242 在位）的统治。他从北面和西面威胁着贵霜的领土。一些记述告诉我们，此时韦苏特婆一世需要寻求盟友以应对这些威胁，联合亚美尼亚国王霍洛斯一世（Khosroes I，217—252 在位）共同对抗阿尔达希尔。汉文史书也记载了一次外交访问，即 230 年有使节到达中国北方的魏国宫廷，这很可能是韦苏特婆派来的。[58] 但此后是否形成联盟、谁和谁结盟，我们并不知道。然而，考虑到窖藏中仅有 6 枚韦苏特婆统治时期的钱币，

图 11　韦苏特婆一世，发现于德伯拉·达摩窖藏。采自 Göbl(1970)

或可推测窖藏是在韦苏特婆统治早期、与萨珊的战役开始之前，因为一次非常普遍的外交活动而留在贵霜的。

　　如果这一贮藏有韦苏特婆及其前任国王钱币的窖藏是跨越印度洋运送的外交礼物，那么它可能来自贵霜的都城之一，可能是白沙瓦或夏都巴格拉姆。同一运输任务中无疑还有许多要送给外国统治者的其他珍宝。它们可能从这些城市出发，沿着繁荣的交通路线到达印度河流域或印度河的一条主要支流，[59] 再从那里顺流而下。亚历山大大帝时期就有一条与此相关的记载。公元前 326 年晚期，亚历山大大帝沿着这条路线回家，首先到达杰赫勒姆河（Jhelum River），在那里他建立了尼西亚城（Nicaea）。在同年更早的时候，他还在河对岸建立了布西发拉斯城（Bucephalas）。亚历山大大帝聚集了 800 艘船，其中很多船是新造的。季风结束后的 11 月，河流通航的时候，他们出发了，由腓尼基人、塞浦路斯人、卡里亚人（来自土耳其西南部）和埃及人划船，这些人都是航海民族。士兵则在两岸陪行。10 天的航行之后，他们到达杰赫勒姆河与阿什基尼（Ashkini）的汇合处，几艘船在那里失去了控制，很多人溺毙了。继续顺流而下的时候，他的军队遭到袭击，亚历山大也在接下来的战役中受了重伤。但他幸存下来，并最终获得战争的胜利。在缓慢行进的过程中，他还不得不应对其他的战役。直到公元前 325 年，军队才到达海洋。[60]

在贵霜最强大的时候，其统治范围沿印度河延伸至海洋，所以水路上的延误风险较小。[61] 但韦苏特婆可能没有自己的舰队，而是与当时很多的外交使团一样，在河道航行时先搭乘商船，然后在巴巴利孔换乘一艘海船渡过印度洋。

印度洋贸易

第二章简要讨论了直到公元前 1 世纪时在印度、红海和波斯湾之间的海洋贸易。1 世纪，此贸易继续存在，并且由于新的参与者的加入，贸易出现了增长。在北印度和中亚，贵霜帝国为陆上贸易和海上贸易营造了良好的环境。这是丝绸之路发展和成功的一个主要因素。贵霜提供的稳定局势，让从草原到印度的南北路线、从伊朗高原到塔里木的东西路线变得安全。从北方出发经过吉尔吉特（Gilgit）的路线上，在印度河谷上游一个名为"夏提欧"（Shatial）的驿站发现的岩刻是此贸易存在的显著证据。[62] 这些题记大多以粟特文写成，是撒马尔罕、片治肯特和贵霜北部其他城市的商人留下的。另外也有巴克特里亚语、中古波斯语和帕提亚语的题记。这条路线，从巴格拉姆和塔克西拉等贵霜都城向南通往印度河谷，再到达巴巴利孔港。大量相关的考古、历史文献证据可以证明此时贵霜和罗马之间存在贸易，最显著的是在巴格拉姆考古发掘中发现的罗马青铜器、玻璃和象牙。[63]

其中一个主要的文本证据是《厄立特里亚航海记》(*The Periplus of The Erythraean Sea*)。这是一本佚名的印度洋贸易手册，用希腊语写成，可能由一位 1 世纪中期的埃及商人创作。尽管此时贵霜帝国并没有扩展到巴巴利孔港，但在巴格拉姆等地发现的器物很可能是通过这条路线进入的，并在离海不远的一个内陆点进行贸易。《厄立特里亚航海记》列举了在那里贸易的货物，有玻璃，还有宝石、乳香、织物、银器、酒和钱币。[64]其他文献补充了这一观点。尽管来自亚洲的货物早已消失，但学者们坚持认为，这些日常贸易"以商业利润为目的，以钱币的使用为便利，并以积累的资本为保障"。[65]此时人们已学会利用季风航行。夏季时，亚洲大陆的热气上升，所造成的真空被来自海洋的空气填充，这样就形成了从西南方向吹来的强风。冬季的情况正好相反，气流改变了方向，形成东北风。赤道风、东南信风等则补充了这一气候系统。夏季，船只可能在西南季风的帮助下从红海口、东非海岸和阿拉伯南部出发；冬季起航的船从南亚东海岸港口出发，从巴巴利孔到达塔普罗巴奈(Taprobane，今斯里兰卡)，渡过波斯湾和红海。最早的时候，停靠的海岸是可供选择的，船只可以在不同港口之间跳转。

在印度洋的西边，船只来自红海、阿拉伯南部和波斯湾。自红海来的船，不仅包括从北部港口出发的罗马船只，还有阿克苏姆制造的船只。阿克苏姆是一个东非王国，位于现在的厄立特里亚和埃塞俄比亚境内。[66]

阿克苏姆帝国

3 世纪时，阿克苏姆是一个重要的政治和贸易强国。波斯的宗教创始人摩尼（约 216—274）将阿克苏姆与波斯、罗马和中国并列，称之为当时世界的四大国。[67] 2 世纪较早的时候，《厄立特里亚航海记》注意到阿克苏姆作为一个象牙市场的重要性："尼罗河岸边所有的象牙都被带到这里，途中穿过辛奴姆（Cyenum），然后从那里到达阿杜利斯（Adulis）。"这是阿克苏姆帝国的首都阿克苏姆城的选址原因。阿克苏姆城在海岸以西相对较远的地方，对于要带着货物穿越苏丹草原和尼罗河谷的内陆猎象者来说，它是一个枢纽。[68] 这座城市还位于水源丰富的肥沃土地上。阿杜利斯在《厄立特里亚航海记》中被描述为一个"大的村庄"，3 世纪时它成为重要的港口。从阿克苏姆出发，需要花费 8 至 10 天时间翻越高原才能到达滨海平原和这个港口。

尽管阿克苏姆有一门书面语吉兹语（Ge'ez），也使用希腊语，但那一时期的文献并没有保存下来。在阿拉伯半岛南部发现的铭文中，可以得知与韦苏特婆统治同时期的阿克苏姆国王的名字。铭文使用的文字只有辅音，没有元音，在这种形式中，阿克苏姆国王的名字被标记为"GDRT"。[69] 其读音暂定为"Gadarat"。大约在 230 年，DBH（可能读作 Azaba 或 Adhebah）接任了他的王位，此时是韦苏特婆统治末期[70]。尽管阿克苏姆仅在国王恩督比斯（Endybis，约 270—300 在位）治时才开始铸造钱币，但此前他们对货币的概念是很熟悉的。《厄立特里亚航海记》提到，他们进口黄铜是"为了将其切割用作货币"，进口钱币也是"为了外国社群的使用"。恩督比斯统治时期，人们开始铸造金币、银币和青铜币，这些钱币很可能是基于罗马钱币设计的。其正面是国王的头像和当地谷物苔麸（*Eragrostis tef*）的茎秆，顶部有一个圆形和新月形。金币的铭文是希腊文，而银币和青铜币上用的是吉兹语。这说明后两种钱币供当地使用，而前者用于国际贸易。

阿克苏姆的考古学不仅揭露了复杂的宫殿建筑，还发现了这一时期最为显著的大型石墓（推测是皇家墓葬）。这些石墓以带雕刻的巨型石柱为特征，其中最大者重 517 吨，竖立起来可达 32.6 米高，可能是那时人工所能开采并竖立的最大的整块岩石。[71] 它由采自附近山上的花岗岩制成，可能是用大象运输的——不过现在这里已经没有大象了。石柱上刻有当地高大的多层建筑的形象，由此可以知道这些建筑由装饰华丽的花岗岩建成，有镶嵌式的外立面、缩缘式的墙壁、木制的横梁和高大的台阶。阿克苏姆那些年代可上溯至 2 世纪的考古遗址也有力地证实了这一发现，几处被暂定为宫殿或大型贵族居址的大规模建筑群，表明这是一个拥有大量财富的社会。[72] 墓葬或其他遗址中的发现，比如罗马玻璃、印度-太平洋珠子等，显示了从阿杜利斯向南和向北发展的贸易。[73]

尽管文本材料和考古材料都很有限，但依旧反映了阿克苏姆很可能有外国人，包括贸易者、宗教人士和外交人员。我们推测，这些钱币是贵霜派遣的外交使团直接送给阿克苏姆的礼物，也可能是送给其他人的礼物而在这里被拦下了，又或许根本不只有一处窖藏。[74] 因此我们可以想象，贵霜使团经过漫长的海上旅程后，在阿杜利斯上岸，从此开始他们的内陆旅程，或许有当地官员和士兵的陪同，或许他们加入了一个贸易团队。礼物被递交之后，可能被放入皇家珍宝中，并在这里历经了几代国王的统治。一个世纪之后，国王厄查纳（Ezana，约 333—356 在位）改信基督教，阿克苏姆钱币的圆形和新月形符号被十字代替。在接下来的几个世纪中，阿克苏姆人建造了许多教堂，并捐资修建修道院。

据记载，5世纪晚期，9位基督徒为避免451年的卡尔西顿公会议（Council of Chalcedon）之后的迫害，从罗马帝国各地来到阿克苏姆。这次大公会议由东方教会召开，宣称基督只有一个位格，但兼具神、人二性。但基督教会的很多教区都不接受这个教义，这导致了东方教会的分裂。不接受这个教义的教会通常被称为东方正统教会或旧东方教会，阿克苏姆教会与科普特（Coptic）教会、叙利亚教会、亚美尼亚教会、马兰卡拉（Malankara）教会一样，均在其中。更晚的传记记录了这9位基督徒，包括扎米凯尔（Aragawi Zä-Mika'el）和老扎米凯尔的生平，不过有很多矛盾的地方。

传记记载，扎米凯尔是罗马王子耶沙克（Yeshaq）和埃德娜（Edna，一个埃塞俄比亚名字）的儿子。在他14岁的时候，帕科米乌（Pachomius，约292—348）给他取了这个名字，他跟随帕科米乌在埃及成为修士。[75] 其他基督教徒也加入了帕科米乌建立的新式修士团体，男修士和修女形成了一个享有共同财产的社群，这个社群由一名男院长和一名女院长主持。这打破了早期隐士的禁欲主义传统。后来扎米凯尔的母亲埃德娜也成了这里的一名修女。之后，扎米凯尔去了罗马，又从罗马去到阿克苏姆——此时的阿克苏姆已成为基督教王国。他邀请他的8个信徒一同前往。他的父母也加入了他的队伍。在阿克苏姆，他们受到了国王的欢迎。[76] 在宫廷居住了12年之后，他们才分开去乡下传播福音。扎米凯尔及其母亲，还有一个名叫马泰沃斯的门徒去了提格雷区（Tigray）的埃嘎拉（Eggala）。在那里他决定与德伯拉合作，在一处壁面陡峭的高地上修建一座修道院。但他无法爬上峭壁，一条生活在高地上的巨蟒就将尾巴垂下，把他拉了上去。在国王加布拉·玛斯卡尔（Gabra Masqal）的命令下，修道院建立起来了，其间还修筑了一条大型坡道来运输建筑材料。但修道院竣工后，坡道马上被拆除，使得从那面险峻的峭壁爬上去成为唯一的通行方式。扎米凯尔的传记还提到，他的母亲埃德娜也成为这个修士群体的一部分，这表明在帕科米乌最初的修道院中可能存在修女。[77]

传说国王给修道院捐赠了很多珍宝。这可能是钱币来到此处的另一种可能性。此时国王是否将钱币赠予修道院，我们无法得知，但答案可能是肯定的。当然，这座修道院也可能是在一座已有的圣殿的基础上修建的，而这些钱币早已在那儿了，又或者直到后来这些钱币才去到阿克苏姆。对于这些问题，我们可能永远也没有答案。

在整个基督教世界的教堂里都发现有珍宝（见第八章），现在的埃塞俄比亚也不例外，据说约柜藏有基督教最大的宝藏之一。根据传说，这个镀金的木箱里有摩西从西奈山上获得的十诫石板，以色列人一直带着它，直到耶路撒冷的圣殿建成，才把它存放在圣殿中。埃塞俄比亚的传说还记录，在国王所罗门时期，约柜被所罗门与女王示巴的儿子曼涅里克（Menelik）带离耶路撒冷。它一直保存完好，最后被供奉在阿克苏姆的锡安山圣玛丽亚大教堂（Church of St. Mary of Zion）中，这座教堂是 1960 年皇帝海尔·塞拉西（Haile Selassie）专门为此而建的。据说约柜现在藏在教堂附近的珍宝楼中，只有高级祭司才可以瞻仰。

尽管大多数人认为这个故事有点可疑，但这个宝藏可能确实包含一些古代珍宝，就像埃塞俄比亚的许多其他教堂一样。在德伯拉·达摩就发现了其他珍宝，其中包括一枚阿克苏姆阿尔玛（Armah，614—631 在位）钱币、年代约为 8—10 世纪的阿拉伯金币和银币，以及很可能起源于埃及、年代在 6—12 世纪的织物。[78] 几个世纪以来，我们的钱币很可能一直安全地存放在那里。然而，口述史和史书讲述了在那几个世纪中，德伯拉·达摩和阿克苏姆的基督教遗产面临的两项重大威胁。

第一个威胁主要出现在口述史中，发生在约 10 世纪中叶古迪特（Gudit 或 Judith）女王统治时期。同时代的阿拉伯旅行家、地理学家伊本·哈乌嘎勒（Ibn Hawqal）在他写于 977 年的著作《地球图像》（Kitāb Ṣūrat al-'Arḍ）中提供了一些证据。"阿巴斯王国（habasha，今埃塞俄比亚）现在已经被一个女人统治很多年了。她杀掉了阿巴斯的国王哈达尼（Haḍani，来自吉兹语 haṣani）。直到今天，她完全独立地统治她的国家和位于阿巴斯南部、哈达尼统治时期的边疆地区。"[79]

古迪特据说来自阿克苏姆的犹太教群体，犹太教和基督教已经在那里共存几个世纪了。传说她杀掉国王，夺了王位。此时按照惯例，王子们被流放到一些山顶居址，如德伯拉·达摩，以防止他们重新获得权力。[80] 古迪特女王去到那里，像加布拉·玛斯卡尔一样建造通往山顶的坡道，杀掉这些流亡的王子，除去了她的竞争对手。[81]

第二个威胁已经得到证实。它发生在阿克苏姆帝国灭亡很久之后，始于 1529 年，那时邻近的阿达尔王国的穆斯林苏丹艾哈迈德·伊本·易卜拉欣·加齐（约 1506—1543 在位）入侵了埃塞俄比亚。他被称为"格兰"（Gragn），在阿姆哈拉语中意为"左手的"。在这次入侵中，很多教堂和修道院被毁坏，包括锡安山圣玛丽亚教堂，据说很多教堂的珍宝也被劫走了。[82] 埃塞俄比亚人寻求葡萄牙人的帮助，后者于 1541 年派遣了一支军队，入侵者最终被驱赶出去。如保罗·亨策（Paul Henze）指出，尽管这些事件发生在几个世纪之前，但它们仍然活在埃塞俄比亚的文化中。"艾哈迈德·格兰在埃塞俄比亚的破坏从来没有被遗忘。每一个信奉基督教的高地人小时候都听过格兰的故事。海尔·塞拉西说，在他自己的记忆中，'经常有埃塞俄比亚北部的村民指出，一些城镇、城堡、教堂和修道院遗址是被格兰毁坏的，仿佛这些灾难就发生在昨天'。"[83]

　　侵略期间，皇帝达维特二世（Dawit II，1508—1540 在位）被迫离开都城，在德伯拉·达摩的修道院避难。1540 年，他在附近发生的一场战役中受伤死去，被埋在修道院。一个葡萄牙人米格尔·德·卡斯坦霍索（Miguel de Castanhoso）记载，达维特二世死后，他的遗孀仍在此处，并在此后一年间一直被格兰围攻。但格兰并没有成功进入德伯拉·达摩，只要读到卡斯坦霍索对这个地方的描述，就会明白个中缘由。

　　　　山峰周长四分之一里格（league），顶部有两座池，冬季可以储存很多水，足以满足在上面居住的所有人（约 500 人）的需求。他们在那里种植小麦、大麦、粟和其他蔬菜等必需品，养殖山羊和家禽。那里还有很多蜂箱，因为有足够的空间。因此，这座山不会因为人们缺乏食物和水而被攻下。山峰之下的山区则是这样的：呈方形，悬崖部分的高度是葡萄牙最高的塔的两倍，接近山顶时更加陡峭；下方呈伞状，看起来像是人造的，向外延伸直到四周山麓，所以从高处看时，没有一个人可以在山脚处藏身。由于周围没有任何褶皱和转角，所以除了那一条狭窄的小路，没有其他上山的路了。这条小路就像一条制作粗糙的旋梯，通过这条小路，一个人可以艰难地攀登至某一处，然后就无法前行了，因为没有路了。再往上是一座大门，距离小路的终点10至12英寻（1英寻＝1.8288米），门前有保卫人员。除了用篮子，没有人可以上下山。[84]

葡萄牙人到达德伯拉·达摩的时候遇到了达维特二世的遗孀，她陪同他们来到她儿子加拉德沃斯（Galawdewos）皇帝的宫廷。他们的军队联合起来，将葡萄牙的火器藏在德伯拉·达摩，并在火器的帮助下最终于1543年的一场战役中打败了入侵者。[85]

这些事件可能会损毁那箱钱币窖藏。或许此时这些钱币还未送给修道院，皇帝避难时还带着它们。或许这些钱币已经在修道院里了，被存放在宝库中，此时可能被转移到峭壁上的一个壁龛内以防被劫走。但我们甚至不知道它被发现的具体日期，只是据说大约在1940年。意大利考古学家安东尼奥·摩尔蒂尼（Antonio Mordini）发掘了这个遗址，并留下如下记录：

那年（1940）年初，一位年轻的僧人受托修缮一面用来支撑台阶的小墙，登上这条台阶，就能从女修道院的公墓区通向这座教堂。他在台阶下面发现了一个很小的自然洞穴，其中有一个木盒子，还有11块小金牌、12条长度不一的小型金带，以及数量可观的金币。这些钱币、金牌和金带（推测是盒子装饰的一部分）被带往阿斯马拉（Asmara），女修道院的院长塔克拉·阿布·塔斯费（Takla ab Tasfai）把整批东西都卖给了一位意大利珠宝商，之后这位珠宝商又把它卖给了一个知识分子，后者对这批宝藏很感兴趣。[86]

此处提到了这个盒子。与钱币相比，我们掌握的关于盒子的证据较少，因为我们至少可以确知钱币的起源。一开始，人们根据木头、金子、绿宝石和钱币发现于同一个地方，猜测它们最初是一个盒子和其中放置的物品。摩尔蒂尼是极少数能看到这些珍宝的人之一，对这一推测很有信心，并描述道："它们由 10 个小牌组成，有的是长方形，有的是正方形。一个大牌子是六边形的，略呈金字塔状。12 条大小不一的金带都用浅浮雕装饰有葡萄藤和特殊的花卉纹。"

1943 年，摩尔蒂尼再次来到藏有盒子的地方，经过筛查泥土发现了这个盒子的更多遗存，包括几片木头和约 30 颗金钉。"很明显，这些钉子应该是用来把牌子和金带固定在盒子上的。"其中还有一些绿宝石薄片，但他没有马上辨认出来。摩尔蒂尼还发现了一些陶片，他认为这些陶片是阿克苏姆时期的。在之后的一篇文章中，俄罗斯学者别尔津娜（S. I. Berzina）认为该盒子是在印度制作的，与内维尔·奇蒂克（Neville Chittick）发掘的盒子类似。[87]然而据我所知，该盒子的碎片被发现后，没有被拍照或画图记录，所以这个结论也只是暂时性的，不是最终结论。大卫·菲利普森（David Phillipson）提供信息，说之后该盒子被丢弃了，所以我们不可能再更多地了解它。[88]推测钱币是装在盒子里的十分合理，所以我们预期这样丰富的窖藏还会放置在某种容器中。但这个盒子是最初的容器还是后来使用的容器（或许钱币被移动过）？最初的容器起源于何地？这些问题的答案还有待探索。

售卖修道院的珍宝并非罕见，直至今天还存在这种事情（见第九章）。幸运的是，它们被卖掉后摩尔蒂尼还有机会研究它们。[89] 1959 年之前，摩尔蒂尼发表了他的原始记录。我没能找到意大利珠宝商和那个知识分子的身份，但两者可能在档案中有记录。根据 1939 年阿斯马拉的人口调查，该城市共有 98,000 人，其中有 53,000 名意大利人，而厄立特里亚国总共有 75,000 名意大利人。阿斯马拉的意大利人中应该有一些珠宝商。那个知识分子的民族属性不能确定，但在档案中可能会有一些相关信息。据我所知，这是关于这些钱币最后的记录。它们可能在私人的收藏中完好无损地保存着，也有可能已被熔化成金子，实现它们作为黄金的价值。[90]

无论这些钱币的故事是什么，也不管它们是怎样传播的，它们都反映了丝绸之路的许多方面。它们是在内欧亚大陆历史的"原动力"中，由一群在流亡中可能已经适应城市定居生活的农牧民创造的，反映了贵霜陆上和海上贸易的重要性。尽管早期的钱币可能是作为货币流通的，但年代较晚者很可能不做此用途，而是被当作珍宝收藏着，不做标记，也没有磨损。丝绸之路上的商人通过陆运、河运和海运，把它们从中亚带到东非，途中它们可能被放在一个木盒子中。后来它们属于一座基督教教堂，并在那里保存了数个世纪。我们唯一希望的是，它们仍然被当作珍贵的藏品。这样的话，即使大多数人接触不到它们，但它们依旧能和它们的收藏者发生纠结，续写它们的故事。

第四章

阿姆鲁克·达拉佛塔

　　该佛塔的普什图语译名为"野柿山",反映了它所在的斯瓦特河谷富饶多产。佛塔位于一处台地,从台地上可以俯瞰斯瓦特河的一条山涧支流(彩图4)。雄伟的穹顶矗立在方形台基上,从山顶斜坡的楼梯可以到达台基。[1] 塔后耸立着伊拉姆山(Mount Ilam),据说是印度神祇罗摩在森林流亡时的故乡,因此成为今天印度教一年一度的朝圣中心。[2] 它还被认为是亚历山大大帝的著名战役遗址奥诺斯(Aornos)。[3] 不过,此塔是一座佛教建筑,要理解它为何修建,在佛教消失于此处的 1000 年里是如何保存至今的,我们首先需要追溯佛教在该地区的历史。

斯瓦特河谷的佛教

　　兴都库什山是中亚和南亚的分界线,斯瓦特位于兴都库什山腹地的科希斯坦(Kohistan)。斯瓦特河沿着峡谷向南流,直至河谷变宽。它注入古城布色羯逻伐底城(Pushkalāvatī,今贾尔瑟达

［Charsadda］）和白沙瓦平原附近的喀布尔河。不足 200 千米后，喀布尔河流入印度河。印度河穿过塔克西拉古城，并在古代贸易港口巴巴利孔遗址处向西南流入印度洋。驶向波斯、阿克苏姆和埃及的船只就是从巴巴利孔出发的。还有一条路线是，从斯瓦特沿着喀布尔河向西，到达卡比萨再沿着印度河向北深入中亚。从斯瓦特向北，还可穿越吉尔吉特河谷，再从那里到达中亚北部的王国和塔里木。古代岩画记录了人类在这条路线上的活动。在梵文诗集《梨俱吠陀》中，斯瓦特被称作"Suvastu"，意为"清澈湛蓝的水"，这反映出这些水来自兴都库什山的冰雪融水。河流的下游与犍陀罗相邻。犍陀罗是印度文献《摩诃婆罗多》和《罗摩衍那》中记载的一个王国，以布色羯逻伐底城为中心。斯瓦特河的中上游和横跨印度河的土地，都是一个独立国家乌仗那国（Udyāna）历史的一部分。[4]

由于它穿过中亚的山地将印度北部及其之外的王国和帝国联系起来，所以它是一块战略要地。它经常形成大帝国的边界，因为印度的统治者无法从这里越过高山向北扩张，山北的统治者也无法向南扩展进入印度平原。然而，早期的入侵者之一来自远方。亚历山大在他的中亚战争中，曾在此有过一场著名的战役。他的军队从巴格拉姆的亚历山大城（他在卡比萨王国建立的城市）向东出发，进行了多次战役，以获得他对这片区域的控制权。有一些战役就发生在斯瓦特河谷，最终以亚历山大和他的军队成功包围奥诺斯而结束。奥诺斯位于一座看似固若金汤的陡峭的山上，山顶平坦且有泉水灌溉，当地人在此处避难。经过 150 多年的研究，学者们才能确定伊拉姆山就是那场古代战役的发生地点。在众多关于这一地点的推测中，还有一个地方的可能性最大，即皮尔萨尔山（Pir Sar）。它位于印度河谷西部，斯坦因（Aurel Stein，1862—1943）在调查该区域后认为这里才是奥诺斯遗址所在。尽管有一些人同意斯坦因的观点，但目前大家的共识倾向于伊拉姆山，因为从阿姆鲁克·达拉佛塔步行到伊拉姆山山顶仅需一天。[5]

亚历山大离开后，孔雀王朝向西北拓疆至犍陀罗。孔雀王朝的首都在东南方，位于恒河流域的巴连弗邑（Pataliputra，今巴特那［Patna］）。之后的孔雀王朝国王阿育王，在公元前 260 年左右的一场血腥战役后开始弘扬佛法，并把诏令刻在当时国境内各处的岩石和石柱上。在斯瓦特和印度河之间的沙泊斯伽梨（Shahbazgarhi，位于今马尔丹［Mardan］附近）就有两处这样的铭文。[6] 铭文采用当地语言普拉克利特语（Prākrit），这种语言也叫作犍陀罗语，用新创造的佉卢文字母书写。直到 3—4 世纪，佉卢文字母还在中亚使用。[7] 传说阿育王还向各方派遣使团，包括地中海沿岸和塔里木盆地，他的儿子和女儿则被派往现在的斯里兰卡岛。斯里兰卡的石窟寺铭文可证明佛教曾在此时到达该地。[8] 因此，从早期开始佛教就具有长距离传教的倾向。[9]

据《大般涅槃经》，佛涅槃后，舍利被分成八份，分至佛陀曾经生活过的八个王国。佛塔是为了收藏舍利而建造的。[10] 尽管至今没有发现最初建造的佛塔，但它们很可能是形制简单的土堆，即在世界上许多文化，包括佛教出现之前的印度中常见的土堆墓。[11] 在阿育王之前，佛塔可能使用木材和其他材料建造，更注重结构。

传说阿育王将这些舍利进一步分到帝国境内的 84,000 座佛塔中。[12] 现存最早的佛塔可以追溯到这一时期，例如桑奇佛塔（图 12）。阿育王造的佛塔虽然都以石头砌面，但还保留着基本

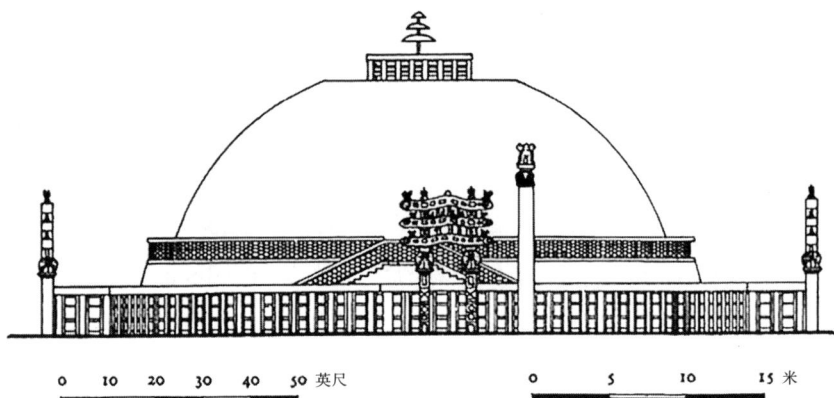

0　10　20　30　40　50 英尺　　　　0　　　5　　　10　　　15 米

图 12　桑奇佛塔立面图。采自 Rowland（1977: 78）

的形式，即类似于一个围绕核心或轴线（即刹杆［yasti］）而成
的土丘。有时这个核心是有形的，比如树干。穹顶上有一伞盖
（chattra）。[13] 装有舍利的塔室通常在基座中心。穹丘周围还留有
绕行的空间。

　　在接下来的几个世纪中，佛塔的功能范围扩大了：有的是为
了收藏高僧的圣骨；有的用于存放佛及其弟子使用过的圣物；有
的是为了纪念佛及其弟子一生中的行为和事迹；也有佛塔象征佛
教信仰的各个方面，或作为圣殿而建。佛塔被看作佛的化身，同
时也是人们的信仰中心。有学者认为，塔克西拉的达摩拉吉卡佛
塔是孔雀王朝时期的建筑，但大部分学者认为其年代不早于公元
前 2 世纪，也就是说这座佛塔是在孔雀王朝灭亡之后修建的。它
的年代判断主要依据在那里发现的钱币，这些钱币属于随后的印
度–希腊王国。[14] 在阿姆鲁克·达拉以北大约 16 千米处，即现在
的明戈拉，有布特卡拉 1 号佛塔遗迹。该佛塔被认为与达摩拉吉
卡佛塔属于同一时期，或可能早至公元前 3 世纪。[15] 库尔特·贝

伦特（Kurt Behrendt）认为，布特卡拉 1 号佛塔是一个"地方性的佛教中心，相比之下，在其南边 210 千米处的达摩拉吉卡佛塔更加重要，它服务于大都市"。[16] 在明戈拉地区古城址发现的考古证据，让我们注意到布特卡拉作为一座城市圣殿起到的作用。[17] 我们也已经看到，佛教向北传到了中亚的城镇和村庄。那么，这一过程是怎么发生的呢？

通观整个早期佛教世界，我们会看到在佛教徒与商人之间产生了相互依赖的共生关系，佛教得到传播的同时，贸易也获得了增长。佛陀被称为"伟大的商主"（mahasarthavha），保护和引导他的追随者从轮回世界走向涅槃，到达彼岸。刘欣如认为："人们丰富的长距离贸易经验为他们提供了灵感，让他们将佛陀看作旅行者和商人的向导。"[18] 据信由于阿育王的派遣，僧人首次来到这片区域，但这一地区以其在重要贸易线路上的位置，在接下来的数百年中，无疑为佛教在这片山谷中扎根并发展提供了巨大帮助。尽管在整段发展历史中有很多入侵者和政治变革，统治者也不总是积极支持佛教（尽管几乎没有灭佛的证据），但实际上，正如一名学者所说："佛教的繁荣，可能是因为佛教机构在战争期间没有受到劫掠，并因此还能为过路的商人群体提供一个安稳的临时住所。"[19]

接下来的几个世纪见证了巴里果德（Barikot）地区的多次政权更迭，考古学也证实了这一点。在公元前 1 世纪末，印度-希腊人被试图控制这条重要通道的印度-斯基泰人和印度-帕提亚人取代（尽管不能确定他们的统治是否一直延伸到斯瓦特河谷）。考古发现反映了该地区的历史，可见到希腊风格、伊朗风格和南亚风格的纹饰，钱币上的铭文也经常使用两种语言，即希腊语和普拉克利特语。[20] 在印度–斯基泰人和印度–帕提亚人统治者的支持下，公元 1 世纪时佛教变得越来越重要。一件带有佉卢文铭文、由页岩制成的圣龛可证实这一点。从铭文可知这件器物的年代为公元 5 年或 6 年，其中存放着佛骨舍利，并由一名印度–斯基泰王子因陀罗跋摩（Indravarman）供养，意在为他的大家庭求得福报，祈求他的帝国安乐富饶。[21] 已知最早的佛教文献，是使用佉卢文字母书写的犍陀罗语桦皮写经，年代也在 1 世纪。其中提到了印度–斯基泰人的统治者阿斯帕跋摩（Aspavarman）和吉霍尼迦（Jihonika，又名泽奥尼塞斯［Zeionises］）。[22]

1 世纪中叶，贵霜帝国控制了该地区（见第三章），在此处和向西至今阿富汗地区的佛塔中都发现有贵霜钱币。在建筑内发现的钱币有助于判断佛塔扩建的年代。例如，根据布特卡拉 1 号佛塔内发现的印度–希腊王米南德一世钱币（即弥兰陀王，公元前 2 世纪末或之后），可确定布特卡拉 1 号佛塔第 2 期的年代。巴利文文献《弥兰陀王问经》记载弥兰陀王成为一个佛教徒，并讲述了他与印度高僧那先比丘的辩论。在这份文献中，那先比丘解释，佛陀"像是商队首领，因为他带领人们离开沙漠，走向重生"。[23] 印度–斯基泰统治者阿泽斯二世（Azes II）钱币反映了较晚阶段佛塔的建造，贵霜王胡韦色迦钱币则表明在他统治期间，佛塔加建了带柱子的方形台基。[24] 所有这些重建的建筑，有力地说明了贵霜帝国时期佛教在该区域的繁荣发展，也说明有富人赞助了已有佛塔的扩建和新佛塔的建造。

佛塔通常位于僧侣机构的中心，所以佛塔的扩建也表明了僧侣团体的壮大。贵霜王胡韦色迦及其继任者韦苏特婆在其统治期间举行了很多佛教活动。第三章讨论的东非钱币窖藏就发现有胡韦色迦钱币和韦苏特婆钱币。阿姆鲁克·达拉佛塔也是在这时修建的，即2或3世纪。尽管只是猜测，但第三章讨论的装钱币的盒子很有可能就是通过斯瓦特，再转运到印度河流域和海洋上的。

直指天空的佛塔建筑

基础建筑设施的需求伴随着宗教群体的发展壮大而增加。倘若王国的贵族（统治者和富人）支持宗教团体，那么建筑会修建得高大宏伟。这不仅是对诸神的崇拜和赞美，还反映了当地贵族的权力和财富。宗教建筑在规模和范围上的扩大，取决于宗教群体的财富和赞助水平。无论是英国的乡村教堂、伊朗的清真寺，还是印度的佛塔，都会被频繁地重建。尽管建筑的平面空间会扩大，但最引人注目的还是建筑的垂直高度。所以，最初的低矮的诺曼教堂塔被拆除，代之以更高的、占地面积更小的塔式建筑。这一建筑后来又被尖顶建筑替代，由于建筑和工程技术的发展，这些新式建筑能够达到新的高度。[25] 高耸的尖顶不仅让建筑在世俗环境中变得更加突出（在几千米范围内它都能被看见），而且据一些学者说，"它还是超自然力量的象征，让信徒内心充满对天国的极度向往"。[26]

同样的纵向发展过程在佛塔建筑上也可以见到。阿育王时期，在桑奇或北印度其他地方发现的原始半球形佛塔或古典佛塔，圆形的台基上是穹顶。同样的形制在犍陀罗地区也可以见到，例如布特卡拉的早期佛塔，但这在南印度比较特殊。后来形制开始多样化，从半球形的、相对低矮的穹顶变成更细长或纵向发展的抛

物线形状，再加上哈米嘎（harmika，穹顶上的一块方地）和伞盖
（常被当作雨伞或阳伞）后，佛塔的高度就增加了（图12）。自
1956年以来一直在斯瓦特发掘的意大利考古学家认为，斯瓦特河
谷佛塔的建造者更注重选址，以让佛塔有"尽可能完整的侧景"，
并确保佛塔能"不受阻挡地直指天空……这能使它看起来更加宏
伟"。[27]台基也可以帮助佛塔提升高度，而且在崎岖的山地上提供
了一个平台。进一步而言，"色彩、鎏金、图像和雕刻等元素，都
会为建筑的侧景增光添彩……如此神圣的建筑群景观，让信徒从
远处看时就能立即被主要的建筑吸引。它就这样矗立在信徒面前，
张开怀抱欢迎他们的到来"。[28]

　　年代序列还未能确定，但有证据显示，在贵霜时期（见第二
章）前不久的1世纪初，犍陀罗地区的佛塔出现了早期发展，它
们有单个或多个方形台基或阶地（而非圆形台基），例如塞杜沙里
夫1号（Saidu Sharif I）佛塔。[29]与其他的犍陀罗佛塔类似，它
是用石头建造的，表面涂有石膏和灰泥。这种"阶地佛塔"逐渐
在整个中亚地区占主导地位，在接下来几个世纪里发展得越来越
复杂，而且东传至塔里木盆地和更东边的地区。[30]以上就是阿姆
鲁克·达拉佛塔设计和建造的背景。

阿姆鲁克·达拉

　　阿姆鲁克·达拉佛塔位于斯瓦特河谷的东部，斯瓦特河沿
着一条当地叫作阿姆鲁克·达拉瓦（"瓦"[Khwar]是普什图语
"湍流"的意思）的河由西北流至西南方向。佛塔东南距一处同名

村庄近 1 千米。阿姆鲁克·达拉瓦东南部有用巨石筑起的堤坝，形成了一个用来蓄水的大型水库，这可能自古有之。佛教遗址则遍布整个区域。当时最大的佛塔坐落在一个略呈方形的台基或阶地上，台基高 6.97 米，边长在 32 米至 35 米之间，背面有阶梯通向上方。这是当时占主导地位的阶地佛塔的典型。台阶的核心部分，由一层水平的片麻岩和夹杂着大量灰浆的深色片岩石板组成，灰浆则由黄色黏土和石灰岩碎片混合而成。它用尺寸约略一致、带有精美装饰的花岗石砌面，花岗石之间的空隙用薄薄的片岩填充，表面涂上灰泥之后再粉刷。台基的地面用大石板铺成。圆形的佛塔台基也用同样的方法装饰，北侧另有一条楼梯通向第二层。第二层之上还有两层，也是圆形的。它们表面抹有灰泥，顶部均有用片岩托架支撑的突出的石板。

直径约 18 米的半球形穹顶坐落在台基上，高 10 余米（图 13）。在穹顶底部地面上发现的 6 块圆形石板，应该是穹顶中轴上方伞盖的一部分。考古学家从 2012 年开始在此工作。奥利维里（Luca Olivieri）估计这儿最开始至少有 7 块石板，最大的石板（被置于最下面）直径超过 7.5 米且完工后的重量应该在 3 吨左右。哈米嘎和伞盖会使佛塔增高 8.8 米，这样佛塔的通高就达到了 35 米左右。[31]

楼梯的左侧（东侧）是一座小佛塔。它的装饰与大佛塔相同，所以它们很可能是同时修建的。这样的形制在别处也可见到，如巴利格拉姆（Baligram，即塞杜沙里夫）和贡巴图那（Gumbatuna），两者都在斯瓦特。[32] 另有三个台基，一个朝西北，两个朝东南，其中一个很可能是寺院建筑，而且每一台基上可能都有一座小的佛塔。去往伊拉姆山的小路位于遗址的北部，西部

图 13　阿姆鲁克·达拉佛塔立面图。采自 Olivieri (2014: fig. 3)，由意大利驻巴基斯坦考古代表团的马特罗（F. Martore）绘制

则是一个池塘，稍微远一点是酿酒遗址。很多较小的、次要的建筑遍及整个区域，很可能是后期由财力稍小或地位稍低的人出资修建的，包括塔克西拉的达摩拉吉卡佛塔和布特卡拉 1 号佛塔。前者的证据表明，它们是和主要的佛塔在同一世纪修建的，而且位于信徒众多的地方。[33] 更远的地方有居住址，可能是隐居者的家。[34] 附近的石头房子里还有很多同时期的绘画。

　　阿姆鲁克·达拉佛塔是一座纪念性的建筑，尤其是当它涂上灰泥并粉刷之后，就像中世纪的大教堂俯视整个欧洲一样，它也在这片区域的景观中占据最重要的地位。相比而言，它几乎与 12 世纪初的英国伊利大教堂（Ely Cathedral）的尖塔等高，仅比罗马万神殿低几米。考古学家斯坦因指出，这里有大约 400 座佛教建筑，而阿姆鲁克·达拉佛塔是他在斯瓦特河谷调查的所有佛塔中最大的。[35] 最先由此想到的问题就是：它是怎么修建的？尤其是，建造者是如何将哈米嘎和沉重的石伞盖置于 30 米高的建筑顶部的？

　　奥利维里在他关于此地考古工作的报告中讨论了这个问题，也将朔彭（Gregory Schopen）和岛田的成果考虑在内。朔彭曾在总体上研究过佛教建筑的统筹工作，岛田则曾研究印度早期的佛教赞助。[36] 首先我们需要考虑，谁负责构思、设计，又是谁负责监督建筑工程？另外，赞助人是个体出资者、当地的贵族团体，还是僧人自身？我们很可能永远无法得知这些问题的答案，因为没有与这一佛塔有关的已知文献为我们提供信息，佛塔本身也没有铭文。然而，在其他例子中发现有文献和铭文。例如，文献记载，阿育王和其他统治者提倡在国内修建佛塔，还可能提供了资金。另外，一位 7 世纪的僧人玄奘，回到中国后得到高度赞赏，他请求皇帝在都城长安修建佛塔。他还规定了佛塔的形式，即模仿迦腻色伽一世的大佛塔。在这种情况下，是一位卓越的僧人提出了设想，统治者则是赞助人。其他佛塔上也有铭文。例如，印度中央邦的潘戈拉里亚（Pangoraria）佛塔刹杆上有铭文，写明佛塔是由一名尼姑及其弟子捐赠的。[37] 但是，岛田认为很少有证据表明统治者在此时出资修建佛塔。铭文表明，佛教建筑（至少在早期）都是在神职人员和"众多来自社会各界的集体捐赠者"的支持下建造的。[38] 岛田认为，佛塔是"集体赞助的建筑"。[39] 桑奇 2 号佛塔和其他藏有僧人舍利的佛塔的建造者和主要出资者，似乎也是僧侣和尼姑。因此，他们可能出于供奉舍利的目的在该区域建造了一个或多个小佛塔，不过他们在主佛塔的筹资方面所起的作用尚未可知。

为什么人们会将主佛塔建在这个位置？选址不仅要考虑地形，还要邻近人们。像这样一个复杂的建筑，不仅需要赞助人来促成其最初的建造，还需要当地社群和朝圣者对其供奉和维护。上文已经讨论过佛教和贸易之间的密切联系。这座佛塔与许多其他佛塔类似，均位于重要的贸易路线上，即丝绸之路——通过海路和陆路连接远距离地区的交通网络中的一条干道。[40] 它不仅位于从白沙瓦平原到斯瓦特河谷的主要路线上，还位于穿过大山向东进入印度河流域、东南进入喀布尔流域的路线上。[41] 从当地的聚落分布来看，它距离一座村庄只有不到 1 千米，离巴里果德（一座较大的城址）也不远，北部是乌德格拉姆（Udegram）和布特卡拉。[42] 它还位于去往另一座神圣遗址伊拉姆山的路线上。所以，过路的商人、朝圣者很容易就能到达这里，而且它也很容易被其他路过的旅行者看见。[43]

朝向也非常重要，佛塔很可能计划朝向南，偏向日出的方向。然而，它实际上朝向东北偏北，与天文学上的北方相差约 35°。这表明佛塔是在秋分后日照方向小于东南偏东 40° 时设计的。[44] 佛塔的首选朝向是东或北，但也经常受到山形的影响而发生变化。[45]

寺院及其中心佛塔的位置还依赖景观。考古学家斯坦因在 1926 年冬末来到斯瓦特河谷时，很好地描绘了此地的富饶多产。"我们走在幽深的小道上，沿途都是篱笆，盛开着报春花一样的花朵，树枝低垂，尽管上面还没有叶子。不知怎么，让我想起了德文的小道。蓝色风铃草一样的花和其他春天的信使，将光明传播到这小小的梯田上。"[46] 从 1956 年起就在这里工作的意大利考古学家认为，"整个建筑与周围的自然环境融为一体。由此彰显了它的魅力、重要性和美，所有这些元素在最初设计和之后扩展时都被纳入了考虑的范围"。[47]

朔彭认为，寺院与印度人心目中的理想花园有非常密切的联系。他们认为，花园里要有树木或者令人欢愉的树林，1世纪时通用的词汇就可证明这一点。他写道："佛教僧侣……试着将他们的建筑与花园融合，或实际上把它们看作花园的一类。"[48]许多旅行者都注意到，从花园或寺院能看到的景观是一个重要的选址因素。所以，斯坦因这样描述斯瓦特河谷下游的另一个遗址："它是一个令人愉快的例子，证明古代僧人懂得如何选择一个神圣的地点，将他们的寺院建筑置于此处。从这里可以俯瞰富饶的河谷通往塔纳（Thāna）的壮丽景色，周围是如画般岩石嶙峋的支脉，一簇簇冷杉和雪松高高耸立，罕见的春天正在靠近。所有这些结合起来让他们选择了这个地点。即使是那些不在涅槃中寻找极乐的人，也会非常喜欢它。"[49]为了观赏特别的景观，建造者还在特定位置摆放了一些石制的或其他材质的座位。

为了说明论点中的"通用词汇"，朔彭列举了一个描述花园的经典梵文的例子。花园中种有树木，树上的鲜花盛开，"鹅、鹤、孔雀，还有鹦鹉、八哥、杜鹃和野鸡"的叫声在回响。他将此与一则关于佛教寺院的文献相比较，佛教寺院有"各种各样的树，鹅、鹤、鹦鹉、八哥、杜鹃和野鸡的叫声，还有各种各样的花和水果"。[50]佛寺的梵文是"vihara"，意为"快乐的土地或花园"。与花园类似，寺院位于居址外围，但靠近居址。在印度，特别是对于富裕的女性来说，两者都是观光旅行的焦点。[51]实际上，同一文献指出两者都与"神的居所"相似，这让人想起中亚佛教洞窟壁画中的极乐世界。佛塔和寺院也有壁画装饰，用于吸引朝圣者和潜在的捐赠者。[52]

大多数佛塔本身都不是一个复杂的建筑体，用奥利维里的话来说，是"演变后的土堆"。他还指出，是佛塔的规模使其修建变得复杂。[53]虽然核心（刹杆）没有出现在最后的建筑体中，但它很可能首先作为基准被建造起来。但除此之外，我们几乎不知道它们的建造和装饰工序。[54]奥利维里认为，随着建筑增高，附近的石坡可能开始用作运输材料的通道。当然，他的团队在修复工程中曾尝试在竹脚手架上升起巨大的加工好的花岗石，但并未成功。彼得·罗克韦尔（Peter Rockwell）曾研究斯瓦特地区的石作工艺，也认为"犍陀罗技术的神秘之一是，他们懂得如何举起并放好巨大的石片"。[55]奥利维里还质疑了"佛塔是从底部到顶部简单建造起来的"这种假设，并表明实际的建筑工序比这更加复杂。[56]

但在建造之前，须先获得材料。当地的遗址显示有开采石料的证据，石头经常被切割成需要的形状，而非在开采后加工成型。在阿姆鲁克·达拉北边的戈格达拉（Gogdara）就有这样一个采石场，它明确显示有被切割成伞盘形状的岩石。萨哈考特（Sakhakot）则有页岩的采石场，几乎可以确定这里的石料是用来制作雕刻品的。[57]奥利维里认为，在塞杜沙里夫1号佛塔可以看到，有一些材料可能是在遗址附近的峭壁上开采的，这样可以增加建筑的可用面积。[58]

那么，谁来组织这些工程呢？一些文本材料记载，僧人和集体捐赠者参与了佛塔建造的其他方面，比如购买材料和监督建造者。另一则文献则记载了建造寺院的故事，还列出了参与建造的人：有负责监工的僧人（navakarmika），还有制砖工人、建筑大师、木匠、泥水匠、画匠和散工。[59]从其他文献，我们也可以得知，僧侣有时也充当散工，每天结束工作时满身泥土。[60]据说佛陀曾要求，"当建筑工程未完成时，僧侣必须帮助建造"。[61]寺院的布局不仅由传统决定，有些也是由僧人当场决定的，而这在地形多变的山区也是必不可少的。

社群中的阿姆鲁克·达拉佛塔

除了赞助人、建造者和有技术的工匠，周边社群的普通人扮演着什么角色呢？必须记住，他们并不都是佛教徒。没有证据表明佛教成功（甚至尝试）改变了所有当地居民的信仰。奥利维里引用许多人的研究成果，指出"佛教……并没有普度众生的抱负，至少在这样的背景下，它的主要目标是那些与它立场一致的政治精英、拥有大量土地的当地贵族、商人和工匠，换言之，就是城市居民"。[62]几乎可以确定，在佛教出现之前的当地宗教习俗，即"大众的"宗教，还在这片区域内流行。事实也有可能是，佛教的纪念碑像一些劝善的精神一样融入了当地的这种信仰体系，这在许多当地岩画上对佛塔的描绘中可以看出。用奥利维里的话来说，它们很可能是文化差异的标志，"代表了乡村社群在面对快速的改革时他们的心理反应。这些改革影响了他们领土内最有特权的领域"。[63]

意大利考古团队调查了该区域内同时代的其他遗迹，不仅有建筑遗迹，还有酿酒厂遗址和绘有岩画的石房址。他们认为，在佛教鼎盛时期，也就是阿姆鲁克·达拉建造时期，当地贵族控制着这片区域，他们与佛教徒群体共分一杯羹。在斯瓦特河上游更远处的马拉坎德（Malakand），2世纪后期的铭文显示，这片地区中的一部分土地很可能已有农业生产，还存在灌溉基础设施。有一些土地可能继续由当地人耕种，但并非所有人都信仰佛教。佛教的游方僧慧超（704—787）记载了稍晚时期这里的居民信教的情况，尽管他们在这一问题上没有别的选择。"百姓村庄，多分施入寺家供养，少分自留，以供养衣食。"[64]

在更早的时期，即使情况不完全是这样的，当地居民也可能在获得和生产必需物资方面为寺院提供了劳动力。除了农产品，他们可能还提供了食物，比如水果和蜂蜜。人们还可能参与灯油和酒的生产。[65] 这些生产是由僧人还是俗世的人控制？俗世的人只是劳动力（或者奴隶），还是控制着生产，然后将产品卖给寺院？这很难弄清楚。[66] 而在信奉佛教的其他地方，我们可以看到，寺院控制着当地居民需要的面粉磨坊和榨油作坊，还扮演着银行的角色，发放高利息的贷款。[67]

斯瓦特河谷生长有葡萄。在河谷的高海拔地区发现的20个大池证明了此地的葡萄汁生产。据此估计，该地区每年可以生产6000到8000升葡萄汁。而在佛教建筑附近发现的池子没有出水口，这说明它可能是用于发酵的，而不仅仅是通过压榨来获取汁液。相应地，也可说明当地佛教徒是饮酒的。[68] 在一处有岩画的居址内也发现有一个这样的压榨设备，这表明当地居民也参与了酒的生产，并且也许将酒卖给寺院。

石房址的绘画与1千纪的佛教徒生活是同时代的。图像展示了当地农业仪式、葡萄酒生产、北山羊祭祀、仪式性狩猎和萨满习俗。萨满习俗在今天的斯瓦特中下游地区仍然存在，而且与说卡菲尔语（Kafir）和达尔德语（Dardic）的人有关。[69] 但这一地区中这种有绘画的居址在 1 千纪末就消失了。与此同时，佛教活动也在显著衰落。这意味着该区域发生了包括人口减少或迁徙在内的普遍性衰落吗？晚至 13 或 14 世纪的建筑为此提供了一些证据（至少有一份现存记载可支持这一点），但无法表明在这 1000 年中佛教的活动达到了怎样的水平。

佛塔信仰

上文讨论过，在阿姆鲁克·达拉建造时，无论从字面意义上，还是从比喻意义上，佛塔的核心都是舍利室。尽管阿姆鲁克·达拉的舍利被劫掠或者丢失已久，但在附近的遗址（如卡尼斯卡 [Kaniška] 和贾乌利安 [Jaulian]）发现了其他的舍利盒。白沙瓦附近的卡尼斯卡佛塔，年代为 127 年，里面发现的舍利盒是一个带有铭文和装饰的鎏金铜盒，高约 18 厘米，底部有一个六边形的水晶盒子，里面有三块骨头碎片。[70]

贾乌利安在印度河的东岸，斯瓦特河的东南方，塔克西拉附近。贾乌利安 AII 佛塔（4—5 世纪）的舍利室，3.2 米见方，高 1.13 米，内部有一个大小正合适的 1.11 米高的佛塔模型。佛塔由灰泥制成，带有七层伞盖。它被涂以蓝色和红色，镶满了石榴石、红玉髓、青金石、绿宝石、红宝石、玛瑙、紫晶和水晶。[71] 内部有一个中空的管子，底部为腐朽的木盒子，由四根铁钉支持，其中有青金石、象牙、金叶、水晶、金珠、珊瑚和一些绿色的铅玻璃，其中一些被视为佛教七宝。[72] 木盒子中还有一个更小的鎏金铜圆盒，里面是用相同材料制成的更小的圆筒。圆筒中只有粉尘，但我们可以推测这应该是舍利遗存。

这座佛塔是寺院的公共部分。我们可以看到，它的大小和位置是专门设计的，目的是吸引朝圣者和捐赠者。很多佛塔表面都会镀金，这样可以让穹顶在天空下显得更加突出。人们还会用丝绸做成的旗帜给佛塔"穿衣"，与给佛像穿衣十分类似。僧人宋云在 520 年左右到达此地。他注意到塔里木盆地的于阗国有这样的习俗："后人于此像边造丈六像者，及诸像塔，乃至数千，悬彩幡盖，亦有万计。"[73] 人们用墨水在供品上写下祷文，他可以从这些祷文来判断供品的年代。他提到，有一面旗帜上的文字是在一个世纪前的法显时代留下的。这说明佛塔上的丝绸在于阗干旱的沙漠气候中保存了下来。而在潮湿的斯瓦特河谷，这样的供品很快就会朽烂。

朝圣者可能会买花环用作佛塔的装饰，买香在佛塔或寺院中用黏土模具制作的佛塔模型前烧。他们还会将残存的佛教写本放入佛塔的壁龛内——很多古代的写本就是以这种方式保存下来的，不过不是在气候潮湿的斯瓦特。一则晚期的藏文文献列举了向佛塔献供的好处。尽管有些可疑，但它被认为由莲花生大士（又被尊称为咕汝仁波切）创作。一般认为莲花生大士出生于斯瓦特，并将佛教带到了西藏。[74] 这份藏文文献介绍了一些信徒展现虔诚的方式，[75] 还有 100 种供奉佛塔的形式，以下仅列举其中 13 种：

> 谁绕大塔而行，谁便获得七种有如神仙的快乐：尊贵种姓、美好相貌、大喜悦、美德与理解力、势力与成功、无病、极长寿。
>
> ……

谁向大塔供花，谁便得安乐和满足、成功和健康。

谁供香，谁便得成就清净行业。

谁供灯，谁便得照亮无明的黑暗。

谁供香水，谁便得解脱焦虑和痛苦。

谁供献食品，谁便得于禅修生活中远离饥饿。

谁向大塔供音乐，谁便得将法音传遍十方。

谁供养锐钹的声音，谁便得深厚的悟解力和成功。

谁供养叮当铃声，谁便获得柔和、甜美的声音——神圣的梵音。

......

谁向大塔的圣像供养法衣，谁便得受用美好的衣服。

谁给大塔涂垩，谁便得白皙而有光泽的肤色，得到快乐、成功、健康，并得支配人、天及魔。

谁供养乳脂、奶和奶油，谁便会拥有随欲宝牛和一群牛。

谁供养糖浆、蜜糖和糖，谁便得天厨之妙食。[76]

重建和改造

与大多数宗教建筑一样，随着新的捐赠者和朝圣社群要求改变或扩建建筑以展现他们的虔诚，作为朝圣中心的佛塔经常被扩建或重新装饰。阿姆鲁克·达拉也不例外。奥利维里注意到，从3世纪到9世纪，阿姆鲁克·达拉被频繁地重建过至少6次。佛塔的再次开发，也告诉我们这一时期佛教在斯瓦特的状态。

所有的改造年代并不清楚，但很可能在贵霜时期，最初的蓝色片岩装饰被替换为含有甘珠尔石（Kanjur）、壁柱等元素的装饰，这是犍陀罗–科林斯类型的晚期变化形式（图 14）。雕刻的壁柱和托架正好放在预留的空间内，再涂上灰泥和在表面绘画。楼梯的重建也大约在此时。奥利维里认为，楼梯可能是在地震中被破坏的（地震在该区域并不常见）。[77] 新的楼梯建在原有楼梯残留部分的顶部，所以更长、更高，但也丢弃了原有建筑的对称性。

4 世纪时，贵霜王朝在此结束，但建筑景观显示，佛教仍然在斯瓦特河谷继续繁荣发展。政治景观则并不那么明朗。钱币证据表明，该地区此后受到了贵霜–萨珊和萨珊的影响或统治，其后自 5 世纪开始，则可能陆续受到寄多罗、嚈哒、突厥沙希和印度沙希的影响和统治。大约 403 年，僧人法显在去印度途中曾居于此地，并留下了一份文献：[78]

> 渡河便到乌苌国（即乌伏那国）。乌苌国是正北天竺也。尽作中天竺语，中天竺所谓中国。……俗人衣服、饮食亦与中国同。佛法盛甚，名众僧住止处为僧伽蓝，凡有五百僧伽蓝，皆小乘学。若有客比丘到，悉供养三日，三日过已，乃令自求所安常。传言佛至北天竺，即到此国已。佛遗足迹于此，迹或长或短，在人心念，至今犹尔。及晒衣石、度恶龙处亦悉现在。[79]

佛足迹和晒衣石都被认定为今位于斯瓦特河上游的两处遗址。[80]

法显及其同伴在乌苌国夏坐。夏坐是印度佛教僧人躲避夏天雨季的一种宗教习俗。[81] 坐讫他们继续顺河而下，至河流下游。法显描述了此处佛教的盛行，并发现了佛割肉贸鸽处。割肉贸鸽

图 14　1926 年的阿姆鲁克·达拉佛塔，斯坦因摄。大英图书馆照片 392/309（129），大英图书馆委员会

是数百个佛本生故事之一的尸毗王本生故事主题。[82] 法显发现，当地人在此处建造了一座佛塔，并以金银装饰。[83] 又据其记载，5日之后，他到达犍陀罗国——推测是塔克西拉地区。

法显的记载描绘了佛教社群的繁荣，考古学也支持这一点。考古发现显示，尽管朝代更迭，但佛教的资助及其机构仍继续存在。在法显到访这片区域的 10 年或 20 年后，该区域处于来自北方寄多罗王朝的不同统治者的控制之下。这是第一批被称为"伊朗匈人"的侵略者。文献和考古证据的不足与混乱，意味着无法确定所有这些统治者的统治年代和范围。例如，虽然钱币可以提供最好的证据，在斯瓦特也发现了寄多罗钱币，但这并不意味着寄多罗人统治过这片区域。在寄多罗时期，人们雕刻了大量的泥塑佛像和菩萨像，其中一些高度超过 12 米，但这些雕像都不在斯瓦特。

467 年，寄多罗人被赶出巴克特里亚，可能是萨珊和嚈哒联盟所为，后者是所谓的"伊朗匈人"联盟（见第五章），他们很可能在斯瓦特附近掌权 10 年或更久。阿尔罕（Alkhan），嚈哒联盟的一部分，也越过大山控制了犍陀罗。[84]

在这一时期，我们可以看到很多阿姆鲁克·达拉的重建活动。新楼梯的中心建了一座小庙，其侧边有半圆形的壁龛，很可能用于存放还愿的佛塔。有证据显示，在楼梯的改造工作之后，佛塔曾有一段时间被弃用或忽视，可能是因为此时僧人群体和赞助人过少，佛塔得不到后期的维修保养。据悉嚈哒人并不支持佛教，可以猜想这段时间处于嚈哒时期。统治中国北方的北魏（386—534）朝廷所派遣的使者宋云和惠生，在会见嚈哒统治者后记载，嚈哒的大多数人"不信佛法，多事外神"。[85]

　　然而，桑山正进指出，僧人们没有提到任何对佛教徒的迫害和对佛教建筑或佛像的破坏。[86] 在北边会见嚈哒之后，宋云的团队向南越过大山至乌苌国。[87] 他们在乌苌国见到了"晨夜礼佛"的当地国王，参观了法显提到过的佛教胜迹，如佛足迹，甚至还捐资在以尸毗王本生故事遗址知名的山上建造佛塔。他们的记述表明，在这个山区王国中，佛教继续蓬勃发展并受到资助。[88]

　　葛乐耐（Frantz Grenet）提出，嚈哒曾统一中亚，并第二次大兴佛法，"其影响远比贵霜时期的第一次要深远"。[89] 他指出，佛教在这一时期的影响达到了前所未有的程度，比如在塔克西拉西北约 1000 千米的木鹿（今梅尔夫）也发现了佛塔，木鹿也是嚈哒所征服的地区之一。[90] 当然，还有证据表明，此时的中亚仍然有贸易往来，北方的商人（尤其是粟特人和巴克特里亚人）在夏提欧和印度河上游的其他地方留下了铭文。考虑到佛教和贸易的共生关系，佛教在这一地区和中亚腹地（包括塔里木盆地）的盛行就在意料之中了。

　　另一份现存文献则记载了另一位僧人玄奘的旅行，并为我们描绘了一个很不一样的画面[91]。与亚历山大一样，玄奘从卡比萨出发向西，大约在 630 年行至犍陀罗。他注意到，"邑里空荒……僧伽蓝千余所，摧残荒废，芜漫萧条。诸窣堵波颇多颓圮。天祠百数，异道杂居"。[92] 此时犍陀罗以东至印度河岸是卡比萨的一部分，由巴格拉姆管辖，而印度河以东的领土由克什米尔管辖。至于乌苌国是否也由卡比萨管辖，尚不清楚。

　　根据对玄奘行程的记载，接下来他沿着印度河向北，从乌铎伽汉荼城（Udabhanda，今穆扎法拉巴德［Muzaffarabad］）涉川（他没有说是哪里）越山至斯瓦特河上游的乌苌国。尽管这条路线存在争论，但如果他走这条路的话，他很可能穿过尚拉山口（Shangla Pass），并途经印度河西岸的皮尔萨尔。玄奘以"花果茂盛"来评价斯瓦特河谷的肥沃。[93] 但他注意到，斯瓦特河岸上"旧有一千四百伽蓝，多已荒芜。昔僧徒一万八千，今渐减少。并学大乘，寂定为业，喜诵其文，未究深义"。[94] 这份文献也提到了佛足迹石和佛洗衣处。玄奘还注意到河谷南端的一处遗址"醯罗山"，也就是法国考古学家阿尔弗雷德·富歇（Alfred Foucher，1865—1952）所认为的伊拉姆山。[95] 斯坦因进一步发现了玄奘描述的其他遗址，包括巴里果德和古木巴台（Gumbutai）。[96] 阿姆鲁克·达拉则不在此列。

尽管玄奘的描述很荒凉，但乌仗国和斯瓦特下游地区仍然崇佛，不过不在南边的犍陀罗。考古发现支持了这一点，此时斯瓦特有遗址被重建。如上所述，玄奘看到的部分建筑的损坏，可能是由地震引起的，而不是人为的破坏。[97] 然而，佛教无疑已由盛转衰，资助也比前期少，难免导致了众多佛教建筑被忽略。但在这一时期的某个时候，阿姆鲁克·达拉台阶中部还修建了数个方形圣殿。[98]

玄奘之后，现存的相关文献还包括慧超的著作。慧超在 727 年从印度回国的旅途上经由克什米尔到达犍陀罗，描述了截然不同的景象。如上所引，他看到国王"大敬"佛教并要求大多数村庄和百姓供养寺院。他继续说道："足寺足僧，僧稍多于俗人也。"另一位旅行者悟空补充了佛教文化的兴盛。他大约在 751 年访问此地，[99] 是唐朝派往克什米尔外交使团的一员。使团回国时，他由于生病滞留于此，直到 20 余年后才回国。他可能加入了当地的佛教社群，并因此延误了归程。

　　玄奘访问期间，佛教可能在一定程度上衰落了，但随后又在8世纪中叶复兴。但有一位学者质疑玄奘是否真的到访乌苌国。他认为，这条记载来源于其他材料，[100] 编者之所以将乌苌国加入玄奘的游记中，是因为中国佛教界非常熟悉它。

　　我们没有关于8世纪晚期至9世纪的记载，但即使在这段时期的某些时候阿姆鲁克·达拉仍在使用，佛教最兴盛的时期也已经过去了。土和岩石掩埋了阿姆鲁克·达拉佛塔一半的台基，曾经干净的灰泥和绘画很可能正在脱落和褪色。当时统治斯瓦特的印度沙希在紧挨着主体佛塔台基的地方建造了一座军事瞭望塔。[101] 尽管该佛塔还被一个小的社群继续使用了一个世纪左右，但它最终很可能在9或10世纪时被废弃，结束了它作为宗教纪念碑的一生。

被忽视的一千年

　　在接下来的一千年内，即10—20世纪，阿姆鲁克·达拉发生了什么，我们几乎什么也不知晓。也许值得注意的是，它在斯瓦特流行除佛教之外的宗教时仍然幸存下来。如上文所述，当地宗教在佛教盛行的整个时期很可能一直存在，但从印度沙希时期开始，其他宗教代替了佛教——主要是伊斯兰教。从突厥人建立的伽色尼帝国（977—1186）于1105年占领白沙瓦开始，斯瓦特的人们很可能越来越伊斯兰化。在乌德格拉姆附近的遗址（位于阿姆鲁克·达拉和巴里果德的北部）发现了铸造于拉合尔的伽色尼钱币。[102] 考古发掘证明，这一地区从伽色尼统治开始到13世纪均被伊斯兰占领，如建在已有佛教建筑顶上的建筑。[103] 在山腰下稍远的地方还发现了清真寺的遗存，其中包括 1048 年重建清真寺时的铭文，这让它成为该地区年代最早的清真寺。此外还有一片墓地，其中大约有 50 座穆斯林墓葬，年代为 10 世纪和 13 世纪。一些穆斯林居址内的铺地砖已被确认为佛塔伞盖的残片，这可能是因为伞盖结构不稳而掉落，或者被地震或洪水震落，然后被人们从地上捡走重新使用了。

在斯瓦特更早的历史中，政权更迭相当频繁。乌德格拉姆发现的铸造于白沙瓦的钱币，证明了突厥人统治的另一个帝国花剌子模（1077—1231）的存在。蒙古人把他们从撒马尔罕故地驱逐到南方，但很快蒙古帝国（1206—1368）也来到这里。此前，西藏有一位信徒，即上文提到的莲花生大士，据信出生在乌苌国，是将佛法传至西藏的关键人物。一份西藏僧人的游记手稿也被发现了，其中记载此地是这位西藏僧人朝圣的核心，他大约在蒙古人入侵时，也就是 1260 年前后到达此地。[104] 在这里，他被叫作邬坚巴，意为"来自乌苌国"。与其他旅行者一样，他看到河谷和伊拉姆山草木之盛，"地上覆盖着各种颜色、各种气味的花和草……东边是伊楼山（即伊拉姆山）……世上没有哪种草药不能在这里找到……沙罗跋（Sarabhas）和羚羊在此地悠然闲逛。有许多葡萄园，各种色彩华美的鸟儿发出美妙的叫声"。[105]

他从伊拉姆山沿河向北上行，很可能抵达了乌德格拉姆，看到此地及相邻的一个聚落仅有 100 座房子。这表明，前几个世纪的遗址此时几乎已经被废弃，考古学证据，或者说正是较少的考古发现支持了这一推测。然而，邬坚巴还看到一尊旃檀佛像立在此处，他为旃檀佛献供，并成功募集到其他人的捐资。这反映了此时仍然有一些人崇信佛教。

成吉思汗死后，该地区成为察合台汗国（1222—1683）的一部分。但由于斯瓦特河谷处于察合台汗国的边疆地区，帝国对该地的控制程度尚不清楚。而从巴布尔（Babur，1526—1530 在位）开始，该地区受莫卧儿帝国（1526—1857）统治。尽管莫卧儿帝国一直持续到 1857 年最后一任皇帝被英国皇家军队废黜，但斯瓦特很可能享有一定程度的自治权，并在大多数时候由当地的可汗和纳瓦布（nawab）统治。

近现代的考古和劫掠

阿姆鲁克·达拉能在被严重忽视 1000 年后仍然保持这样完整的状态，说明在此期间斯瓦特的非佛教居民并没有蓄意损毁佛教遗迹。第一个访问此地并做了考古记录的人是出生于匈牙利的学者和考古学家斯坦因，他支持上述观点。[106] 他在拉合尔为英属印度工作期间，于 1926 年来到斯瓦特（自 19 世纪 90 年代，他一直努力争取这次行程），并记录下他对该佛塔的第一印象（图 14）。

让考古学更加欣喜的是，在（伊拉姆山）恢宏的背景下，矗立着一座大佛塔……它建造精细，是我见过保存状况最好的佛塔。与此前我考察过的佛塔不同，它没有被寻宝者盗挖……这座宏伟建筑的精美半球形穹顶依然矗立着，穹顶直径约 20 米，石面几乎完好无损……除原属于穹顶基座的巨大圆形石伞盖外，没有其他构件掉下来。其中的四层伞盖如今堆放在方形塔基上。最大的伞盖，直径足有 4 米。试想，将它升至原来的高度，难度应不亚于古代埃及工匠的工作。[107]

斯坦因看到，穹顶北侧、楼梯顶端处有损坏，他认为这是劫掠者企图破坏的结果。但奥利维里认为这是穹顶边上附加的大石龛坠落所导致的。斯坦因还注意到，已经发现的洞没有向穹顶内部延伸。因此我们可以推测，这时的舍利盒还是完好无损的。1933 年斯坦因重新回到这里，获得发掘批准。但他从马上摔下来后受伤了，发掘计划受到阻碍。[108]斯坦因在 1941 年重新访问此地，但在阿姆鲁克·达拉没有进一步的工作。

另一份关于该佛塔的记录是意大利学者图齐（Guiseppe Tucci，1894—1984）留下的。他在 1955 年访问此地，被批准进行考古发掘，并做了初步的调查。陪同他调查的卡罗利（V. Caroli）画了两张草图，平剖面图各一份，但此时他们并没有做任何发掘。[109]

在巴基斯坦考古与博物馆部的指导下，该佛塔于 1958 年至 1959 年进行修缮。[110]修缮主要针对第二层，采用了当时的干预修复方法，使用了原工艺和原材料，使人很难分辨出哪里是原来的建筑，哪里是新修的。

1957 年，卡罗利回来了，但这次是与多梅尼科（Domenico Faccenna，1923—2008）一起。多梅尼科从 1956 年开始，花了大半辈子的时间在斯瓦特做考古工作。接下来的几十年，大量工作围绕这一佛塔展开：很多意大利的团队在这里工作；更多的修缮是考古与博物馆部在 1968 年完成的；1993 年桑山正进访问了此地[111]；2012 年至 2015 年，奥利维里带领的意大利团队在此进行了系统的考古发掘，而且出版了完整的报告。

20 世纪考古学家的关注无疑给佛塔带来了更大的损害，因为这使劫掠者认识到了该遗址的重要性，以及任何遗存的潜在市场。我们不知道舍利盒是何时遭窃的，但在佛塔北侧有一个巨大的洞和通道。这很可能是 20 世纪诸多此类盗窃活动的其中之一。2011 年，大规模的盗窃达到顶峰，最终才被警方制止。2012 年 2 月，该佛塔被划为保护单位。2016 年，整个考古区域由省级考古机构掌管。在 2012 年 4 月发掘开始时，考古队员所发掘的地层中 90% 都曾被非法挖掘者干扰，并因此混进了其他材料，使得地层划分几乎不可能开展。另外，为方便小推车进出和搬运出土物，非法挖掘者还修了墙和坡道。只有一小部分区域没有被干扰。

然而，21 世纪仍然存在更大的威胁。2007 年，塔利班控制了斯瓦特河谷。尽管巴基斯坦军队已在 2009 年把他们驱逐出去，但他们仍然活跃在该地区，这在 2012 年明戈拉女生马拉拉·优素福扎伊（Malala Yousafzai）枪击案中可见一斑。阿姆鲁克·达拉经受了 1000 年的忽视，在洪水和地震中幸存至今。尽管遭遇劫掠，但它依然保持着它的雄伟。然而在 21 世纪，塔利班对巴米扬佛教遗址的破坏行为，无疑给该佛塔和斯瓦特地区的其他佛教遗址带来威胁。

尽管如此，在沉寂多个世纪之后，该遗址的佛教活动开始复兴。从 2012 年起，已有数千名观众，大多是不丹、韩国、斯里兰卡和泰国等地的佛教僧团，在阿姆鲁克·达拉转塔、祝祷，还开展其他的礼仪活动。

第五章

巴克特里亚壶

在今中国西北的一座 6 世纪将军墓中发现的鎏金银壶（彩图 5），很可能是在嚈哒统治时期的巴克特里亚地区（位于今阿富汗北部）制作的。[1] 它展示了萨珊波斯的技术和受到印度影响的古希腊文学形象。因此，关于这件壶的叙事不仅涵盖了丝绸之路的地理范围，也提出了很多有趣的问题，尤其是使用器物来界定丝绸之路上的文化认同。这件器物历史悠久，它的前身可以追溯到其实际制作时间的 1500 年前，并远在其生产地西边。而自从被埋葬，它在它的出产地以东的中国西北度过了 15 个世纪。所以，要理解这件壶、它的前身、它的制作和它的一生，就需要理解丝绸之路的"心脏"，即 500 年左右的中亚巴克特里亚地区，这件壶可能的生产地。[2] 本章将它称作巴克特里亚壶。

巴克特里亚和嚈哒

巴克特里亚，在今阿富汗北部，位于兴都库什山以北、阿姆河以南。[3] 河水从山上流下形成冲积平原，在这里，灌溉可以支持以绿洲城镇为中心的广阔农业区。首府巴尔赫位于巴克特里亚西部的巴尔赫河或班达米尔河（Band-e Amir River）畔，它的城堡位于这一区域的一个小山丘上。巴尔赫以东的城市有胡勒姆河（Khulm River）畔的胡勒姆、昆都士河（Kunduz River）畔的昆都士和位于科克恰河（Kokcha River）与阿姆河交汇处的阿伊·哈努姆（Ai-Khanum）。巴克特里亚位于交叉路口，向西通往木鹿、里海和波斯，向北穿越阿姆河铁尔梅兹（Termez）河段去往粟特和草原，向东沿着河谷进入塔里木盆地和中国腹地，向南可到达巴米扬盆地、喀布尔和印度。其中向南的路线是最容易翻越兴都库什山的路线之一。

巴克特里亚位于中亚的心脏位置，这意味着其历史上有很多的统治者。在公元前 1 千纪，阿契美尼德王朝将这块辖地称作巴克特里亚，并将这里的人称为巴克特里亚人。但"巴克特里亚"这个名字，现在也用来指代在公元前 250 年左右来到这里统治的人，他们接受了很多希腊的习俗，因此也被称作希腊–巴克特里亚人。同时代的罗马历史学家写道："极其繁荣的巴克特里亚帝国，城池千座。"[4] 巴克特里亚语的语言和文本（改自希腊语）幸存于之后的贵霜帝国（见第三章）。在 6 世纪之前，巴克特里亚是嚈哒帝国的中心。嚈哒，在许多文献中都有提及，但其准确的起源仍未确定。嚈哒人很可能是从北部进入巴克特里亚，[5] 并从萨珊手里抢过这一地区的统治权。他们在此建都，使用巴克特里亚语并发行带有巴克特里亚语铭文的钱币——巴尔赫长期以来都是一座铸币城市。[6] 在 5 世纪晚期和 6 世纪时，嚈哒的疆域得到扩展，南至犍陀罗，北至粟特，东至塔里木盆地。[7]

从 5 世纪中叶开始，嚈哒在中亚的地位越来越重要，亚美尼亚、阿拉伯、波斯、拜占庭、中国和印度等史书都曾提到它。[8] 但为什么我们对他们知之甚少呢？原因在于文献证据很零散且偶有抵牾之处，而目前的考古材料又非常有限，[9] 以至于他们的起源、族属、语言都尚未确定。[10] 但他们很好地说明了丝绸之路研究中的许多问题，特别是当我们很容易优先考虑材料更加丰富的民族和文化的时候。而可以确定的是，嚈哒的军队很强大。这在他们对其他地区的征服，以及生活在丝绸之路两端地区的同时代观察者的记载中都可见到。中国历史学家赞扬了他们的弓箭手，而亚美尼亚历史学家帕普的拉扎尔（Lazar of P'arp，约 500 年）记载："即使在和平时期，仅仅看一眼或者提一嘴嚈哒，人人都会提心吊胆，更没有人敢在战争中公然对抗嚈哒。所有人都清楚地记得嚈哒给雅利安王和波斯王带来的灾祸和战败。"[11] 他们从北方的草原地区而来，威胁着定居民族的帝国。除此之外，我们对他们知之甚少。拜占庭历史学家凯撒里亚的普罗科匹厄斯（Procopius of Caesurea，约 500—560）将他们与另一个草原联盟，即匈人联系起来，此时的匈人已在向欧洲边境推进。[12]

　　尽管嚈哒人属于匈人民族，而且也被这样称呼，但他们并不与我们所知道的匈人混杂或联系在一起，因为他们与匈人没有接壤的边境，也不相邻而居……与其他匈人民族不同，他们不是游牧民族，而是很早就定居在肥沃的土地上……他们是匈人中唯一有着白皮肤的人，但并不丑陋。他们也有着与其他匈人民族不同的生活方式，不是过着野蛮的生活，而是由一位国王统治，拥有法治的国家结构，对他们自己以及邻国奉行公道，不比拜占庭和波斯差。[13]

"白色皮肤"这一点，让很多历史学家感到困惑。但在金云
缙对欧亚大陆上的匈人研究中，他指出这一描述的出现是因为他
们的名称是"白匈人"。但这并不是指他们的肤色，而是象征他们
在部落中的位置。他们用颜色标示四个主要分区，白色指的是西
部的匈人。[14]金云缙认为，有足够的证据将嚈哒人与匈奴联系在
一起，前提是嚈哒与匈奴一样，是一个囊括很多不同民族的政治
联盟，"考虑到草原政治实体和朝代的混杂属性，上文提到的所有
民族和'种族'群体（突厥人、蒙古人和伊朗人）在一定程度上
很可能都属于白匈人嚈哒的国家"。[15] 456 年至 559 年，中国北方
的统治者在他们的宫廷接待了嚈哒使者，但汉文史书同样也没有
确定他们的种族起源，有的史书认为他们起源于塔里木盆地的吐
鲁番，其他史书认为他们来自康居（位于今哈萨克斯坦南部）。韦
节，一位 7 世纪被派往中亚的唐朝使节，谈到这一令人困惑的问
题时说道："亲问其国人，并自称挹阗。……此或康居之种类。然
传自远国，夷语讹舛，年代绵邈，莫知根实，不可得而辨也。"[16]
考古材料也没有提供太大的帮助，主要因为除了钱币，能用
于确定嚈哒遗址的材料非常少。"睡头"习俗可能是判断族属的一
项依据。这种习俗是在婴儿时期用夹板或布包裹头部使头部变长。
据描述，这是此时的匈人传统。人们一般认为，随着匈人的迁
徙，这种习俗也向西传播，[17]并被发现于从中亚草原到欧洲多瑙
河流域的墓葬中。嚈哒人也与此习俗有关，但相关证据还无法令
人确信。首先，关于该习俗的起源还存在争议。尽管罗马时期与
这些"畸形的"匈人有关的参考文献、钱币上的图案，以及匈人

图 15 一位阿尔罕王的银币上显示了他畸形的脑袋。采自 Alram (2016: 17)

生活时期和区域内头骨畸形的尸体，都显示这一习俗与匈人关系密切，但也有观点认为它起源于多瑙河流域，然后向东、西两个方向传播，可能和匈人没有什么关系。[18] 其次，问题在于嚈哒人是否确实有"睡头"的习俗。相关证据仍然很大程度上基于钱币上的人像（图 15）。然而，一些学者认为这样的钱币属于阿尔罕匈人，并用它们来区分嚈哒和阿尔罕族群。[19] 考古证据的问题还在于，如果没有其他证据来鉴别墓葬，而我们仅因为存在头骨畸形的尸体就认为是嚈哒墓葬，那么我们就会陷入"循环定义"的险境。[20]

目前钱币是我们理解的关键，几乎是众多不确定性中唯一的稳固基础。尽管也有争论，但钱币与同时代相邻帝国的文献相结合，可以勾勒出一个基本的年代叙事。[21] 作为 5 世纪中叶就出现的中亚大国，嚈哒迅速扩张。[22] 根据一些材料，嚈哒在萨珊皇帝卑路斯一世（Peroz I，459—484 在位）尚是王子时曾帮助过他[23]，但最初与邻国萨珊的这段和平时期很快就结束了，可能是因为嚈

哒占领了巴尔赫。[24] 卑路斯适时地发动了战争。他在第一场战役
中就被俘虏了，后来只能依靠拜占庭皇帝支付的部分赎金才得以
脱身。[25] 第二次战役，他又一次被打败和俘虏。萨珊没有足够的
钱来赎他，他将儿子留作质子以换取自由。[26] 为了筹集足够的钱
来赎回儿子，卑路斯一回国就强征人头税。[27] 尽管如此，卑路斯
还是再次发动了战争。嚈哒的回应则表明他们自认为是与萨珊势
力平等的政权："你和我缔结书面和约，加盖印章，你们承诺不向
我发动战争。我们划定共同的边界，双方不再怀有敌意地跨越国
界。"卑路斯在这次冲突中被杀。接下来的几年中，双方和平相
处，嚈哒还帮助新的统治者卡瓦德（Kawad，488—496 在位）收
复了萨珊的领土。嚈哒使用卑路斯铸造的最后一批钱币（卑路斯
治时铸造的第三种钱币）作为通用货币，后来将其替换为模仿这
种形制但饰有畸形头骨统治者形象的钱币。[28]

　　与此同时，他们继续扩展，5 世纪末时远至塔里木盆地的吐
鲁番，大约在 509 年向北进入了粟特地区。[29] 然而，他们的统治
非常短暂。随后的萨珊皇帝库斯鲁一世（Khusrow I，531—579
在位）与突厥军队结盟（这次结盟是由库斯鲁和突厥可汗之女通
婚达成的），560 年左右他们在布哈拉（Bukhara）的一次决定性
战役中打败了嚈哒。[30] 菲尔多西（Ferdowsī）的诗歌描述了这场
战役。其中突厥人由他们的"哈冈"（即可汗）领导，伽特法尔
（Ghátkar）则带领着嚈哒人：

　　　　且听哈冈与嚈哒的战事，

　　　　……

　　　　伽特法尔这时也已经听说，

中国哈冈那边有大的动作。

于是从嘛哒人中征召大军，

大军起动顿时地暗天昏。

从巴尔赫、沙坎南、阿姆和扎姆，

到处征集来武器和第拉姆。

从特尔姆德、维塞城、哈特兰，

四面八方征集了大批兵员。

在绵亘的山峦广阔的平地，

大军像蚁阵蝗群一样稠密。

当中国哈冈越渡塔拉克河，

就像有刀剑从天空中降落。

大军在玛伊和梅尔格集聚，

太阳似被巨鸟的翅膀遮蔽。

……

不知这战事将会怎样收场？

不知日月之光照在谁头上？

两支恋战的军队整整一周，

互相间你攻我挡死战不休。

战死者的尸体一堆又一堆，

血染的泥土像紫荆一样黑。

数不清的矛，数不清的大棒，

仿佛有纷纷乱石自天而降。

浓浓风烟使太阳隐而不显，

漫漫尘沙迷住苍鹰的双眼。

第八天狂风对伽特法尔劲吹，

> 本是朗朗白日突然乌云密布。
>
> 败局终于降到嚈哒人头上,
>
> 一副多年未曾见过的惨相:
>
> 战场到处是伤员不计其数,
>
> 其余的不是被杀就是被捉。[31]

萨珊人和突厥人以阿姆河为界,划分他们之间被征服的领土。梅南窦(Menander Protector)曾提及此事,在 568 年突厥使者抵达拜占庭君士坦丁堡时,查士丁二世(Justin II,565—578 在位)问道:"你们已经征服了嚈哒的所有军队吗?""是的,所有军队。"使者回答。[32]

嚈哒人是谁?他们怎么看待自己,又怎样选择将自己置身于中亚的希腊化世界?同时代的其他国家怎么看待他们?他们会通过改造器物(如这件壶和钱币)来坚持自己的观念吗?魏义天(La Vaissière)认为他们没有很强的民族认同:"与那时所有的部落群体一样,他们是政治和氏族关系错综复杂的混合体,而不仅仅是一个族群和语言实体。"[33] 但这并不意味着其他人不会以一个族群来看待他们,也不意味着他们不会以此来定义自己,尤其在将自己与其他民族区分时。[34] 希安·琼斯(Sian Jones)在她的族属研究中指出:"族属认同基于自我以及与他者之间变化不定的、因势而异的和主观的认定。它植根于持续的日常实践与历史经验之中,但也易被改造和截断。"[35]

魏义天认为,4 世纪时在巴克特里亚建立寄多罗政权的民族和所谓的嚈哒人,可能都在 4 世纪下半叶的同一批次中从草原迁徙到了中亚,而不是像其他人认为的分数次迁徙。[36] 从同时代的少许记载和零星的发现可知，有一个部落联盟几乎马上就与萨珊结盟，并在沙普尔二世（Shapur II）时的一场战役中帮助萨珊。因为他们所铸造的钱币上有铭文 kydr，所以他们被称为寄多罗。他们很可能在巴尔赫建都，后又在 4 世纪晚期和 5 世纪初时向南拓疆至犍陀罗。有一些证据证明，他们与南边的印度笈多帝国（约 320—550）、西边的萨珊有冲突，其后一个名为嚈哒的联盟崛起。

在寄多罗时期，嚈哒人似乎没有马上采用完全定居的生活方式，也没有全盘接受贵霜的制度和语言（见第三章）。贵霜和寄多罗一样，也曾是该地区的统治者。519 年，僧人宋云经过此地，他看到人们"以毡为屋，随逐水草，夏则随凉，冬则就温"。[37]据此可知，嚈哒人在 6 世纪早期继续过着部分游牧的生活。

宋云的行程曾远至巴尔赫南部，这表明他是在夏营时遇到嚈哒人的。[38]如果所谓的寄多罗人和嚈哒人大约同时迁徙到中亚，那么后者之前的草原生活方式将使其自身有别于同行迁徙的寄多罗人，因为寄多罗人已开始融入当地文化。[39]如希安·琼斯所言，族群认同的形成，通常就是将自身群体与其他群体区分开来的过程。相似的情况可见于鲜卑人的历史。鲜卑人从草原进入今天的中国北方地区，建立了北魏（386—534）。鲜卑的统治者们推行汉化政策以进一步融入汉人的世界，比如向南迁都、穿汉服、说汉语。这引起了其他鲜卑人的反抗，他们建立了另一个政权（见下文的讨论）。虽然我们对鲜卑人的了解远多于对寄多罗人或嚈哒人的了解，但这样的假设也不无道理——嚈哒人继续采用游牧的生活方式，这也是对曾与他们有着相同经历的寄多罗人的反抗，他们希望通过这种方式区分自身和他者。

　　但魏义天指出，此后不久，"嚈哒人变成了巴克特里亚人"。[40]
在 6 世纪上半叶后期，普罗科匹厄斯看到他们过着定居生活，与
仍然游牧的匈人不同。这一点可以在嚈哒人的统治末期得到确认。
梅南窦记录了粟特使臣和拜占庭皇帝之间的一段对话："他们居住
在城市还是乡村？""尊敬的阁下，那些人住在城市里。"[41] 在巴尔
赫的短暂统治期间，嚈哒似乎接受了已经存在的巴克特里亚文化
的很多方面。巴克特里亚语手稿反映了一个井然有序的管理体系，
其中他们以巴克特里亚语为官方语言，并且征税。[42] 但他们的一
些早期国王的姓名使用伊朗语，这表明他们也受到邻国萨珊的影
响。[43] 我们还知道，在控制这一地区后，嚈哒人马上使用萨珊的
铸币厂生产货币，最初使用旧铸范，之后才换上新的铸范。

　　物质文化方面，除了钱币，几乎没有其他材料可以确定是属
于嚈哒的。这是我们缺乏知识，还是遗存数量的确很少，抑或是
嚈哒融入已有文化的结果？也可能三个因素都有，但这一结果限
制了我们对嚈哒统治时期的器物的理解和阐释。我们看到，与嚈
哒同时期的人也在努力地寻找他们的定位，汉人认为他们的成分
混杂，而普罗科匹厄斯将嚈哒人与匈人联系起来，尽管两者存在
很明显的差别。

　　嚈哒人对宗教的态度并不明确，他们对于已有的宗教，尤其
是佛教的态度，是很多讨论的主题。但有证据显示，巴尔赫有琐
罗亚斯德教、佛教、摩尼教和基督教的社群，还受到印度的印度
教影响。[44] 我们尚未知道嚈哒人自己的宗教，但普罗科匹厄斯提
到他们将死者葬入墓中，常有陪葬者。尽管在该地区已经发掘了
很多遗址，但很难分辨哪些是嚈哒遗址。出土物也很零散，其中
有壁画、雕像和金属器皿。[45]

中亚的矿产和金属工艺

中亚的地质史特别复杂，由此产生了丰富的金属和矿产资源。丝绸之路上主要的青金石矿位于今巴尔赫东边、科克恰河流域的巴达赫尚（Badakhshan）。[46] 在阿姆河河谷还有很多金矿。嚈哒人继承并延续了已有的采矿、铸币和金属加工等技术。最初的嚈哒钱币基于萨珊王卑路斯一世的钱币铸造——嚈哒在 485 年打败了卑路斯一世。银币背面上有卑路斯一世的半身像和铸币厂的名字 baxlo（巴尔赫），半身像前另有铭文"eb"，被解释为 ēbodalo（嚈哒）。出现在其他嚈哒钱币上的相同字样支持了这一解释。[47] 将具体的金属器与嚈哒联系起来则更加困难，但目前暂定为嚈哒器物的奇勒克（Chilek）碗（图 16）和现藏于大英博物馆的一件类似器物展现了高超的工艺水平。

这件碗在 1961 年发现于撒马尔罕附近的奇勒克村。[48] 上面描绘了 6 位女性，底部有一个半身像，类似阿尔罕钱币上的国王像，均锤揲而成。另一件相似器物是银鎏金的，1912 年入藏大英博物馆时的登记信息是，它被发现于斯瓦特河谷。[49] 它描绘了骑马打猎的 4 个场景，其中一位不跨马镫的骑手将矛刺向他的猎物，与第八章所讨论的丝织品上的主题构图类似，这在此时的整个西亚和中亚很常见。大英博物馆将它的制造工艺定为铸造，而非锤揲。

嚈哒掌权后，马上就开始铸造钱币。钱币是在萨珊铸范的基础上制成的，这使人们更加相信嚈哒人继承了他们所重视的金属工艺传统，并将其用于实现自己的政治和文化目的。因此，他们也有可能制造其他器具，比如那些碗，以使图样可以满足新的赞助人的要求和品位。没有证据显示嚈哒此前有金属工艺，尽管在

图 16   奇勒克碗上的纹饰，底部有一个半身像。采自 Dani, Litvinsky, and Zamir Safi（1996: fig.18）

我们的理解中这一时期缺少证据并不能说明什么。最早期的金属工艺在欧亚大陆上的草原和定居社群中均有发现，而矿产资源的发现和控制，尤其是那些为制造更坚硬的合金（比如青铜）提供原材料的矿产，对于理解古代民族的迁徙和交会更为重要。[50]

在古代所知和使用的金属中，金和银是最软的。块金中发现的金通常是纯金，可以直接加工。而其他金属多数发现于矿石中，需要加热才能把它们从岩石中分离出来。这些技术在人类历史早期就已出现。到丝绸之路开通时，丝路上的所有民族都已经使用金属，用作武器、乐器、容器和饰品。然而，他们使用的金属和金属器的形式是有差异的。第一章已经讨论了草原民族的金器，而从西亚到中亚，金银器是贵族必备的装饰物。在古代中国，贵族则与青铜器、玉器紧密相关，它们的价值比金银器高。

此时的银主要从铅矿石中提取，少数也可能来自银矿石。提取的过程包括在还原和（或）氧化的条件下冶炼铅矿以生产铅金属，再通过名为"灰吹法"的方法提取银。用于提炼银的灰皿是一件浅盘、具有渗透性的容器，铅金属在强氧化条件下被置于灰皿中加热，从而形成氧化铅。氧化铅被灰皿中的渗透性材料（通常用骨头和碾碎的陶片制成）吸收，剩下的金属就是银了。这一步骤可能会重复几次，很可能在矿址附近进行。另外，在银中添加黄铜可以提高银的可塑性，黄铜可能也是从当地的矿获得的。

银器，比如这件巴克特里亚壶，用银和黄铜的合金制成。分析显示，类似这件壶的萨珊传统器物是锤揲而成的。[51] 一块银片被锤揲成正确的形状。器物上的装饰也经锤揲制成，所用的方法叫作敲花细工（repoussé，从内侧或在模具上捶打）。把手可能用失蜡法铸造。有时候，足和盖也会分开制作。没有浮雕的部分则是鎏金的，最初有浮雕的部分会镀金，但因为金层的流动性，5—6 世纪时鎏金更常见于背景部分。

这就是我们所知道的萨珊银器，这件巴克特里亚银壶很可能就制造于萨珊的邻近地区——该地区曾经被萨珊统治过。但巴克特里亚也有悠久的金属加工传统。阿契美尼德首都波斯波利斯的绘画中有巴克特里亚使节，他们进贡的是杯和碗，推测应该是巴克特里亚的产品。之后，巴克特里亚的器物都受到希腊式器物的影响，无论是金属器，还是陶瓷器。我们也不能忘记草原民族的金属加工技巧。该壶的形制和装饰元素表明了巴克特里亚传统与其他工艺传统之间的对话，这些元素使银壶更为独特。

　　该壶的形制见于 5 世纪的萨珊金属器中，但一些装饰元素与我们所知道的萨珊银器不同。第一，萨珊银器的柄的剖面通常是方形，末端为野驴头，顶部是一个球形的拇指托。而该壶柄的剖面为六边形，末端为骆驼头，拇指托为人头形。第二，典型的萨珊银器器身上仅有单节（register）*，此件则有两个。第三，该时期的萨珊银器颈部和足部通常是素面的，而此件饰有凹槽和联珠纹。现藏于大都会艺术博物馆的一件艺术风格为 6 世纪的鎏金银壶，是一件典型的萨珊银器，从中可以看出上述差异。[52]

　　此件巴克特里亚壶上的联珠纹和双节，在 4 世纪和 5 世纪的罗马器物中更加典型。我们已经发现了数套该时期的精美银器，在庞贝壁画等处也描绘有银质餐具。壶是这些器物组合中最常见的一部分，包括 5 世纪的塞弗所宝藏（Sevso Treasure）。[53] 这组银器包含一件狄奥尼索斯壶，高 41 厘米，表面的酒神巴克斯狂欢图像是鎏金的。这些出自古代希腊神话的场景装饰了大部分这类银器，巴克斯的纵酒狂欢尤其适用于盛酒的壶。另一件 1 世纪的罗马鎏金银壶则表现了特洛伊战争的场景。[54] 我们需要遵循这个传统来理解这件巴克特里亚壶的纹饰，但如此做的话，我们还需要回到丝绸之路开通的 1000 年前，向西去到 5000 多千米以外的丝绸之路边缘，到达古希腊。

特洛伊战争

　　古希腊经常被讲述、经久不衰的故事之一，就是特洛伊战争

---

*　即器腹顶部和底部的两周条带状装饰。——编者注

组诗。这个故事可能与史前的真实事件有关，讲述了特洛伊的帕里斯从海伦丈夫斯巴达的墨涅拉俄斯的手中劫走海伦之后，希腊军队对特洛伊的 10 年围攻。[55] 数份存世文献都讲述了该故事，包括被认为是公元前 8 世纪诗人荷马所作的两篇史诗《伊利亚特》和《奥德赛》。这些史诗仅记载了该故事的一些片段，前者讲述了两个主角，即国王阿伽门农和阿喀琉斯生命中的几个星期以及他们之间的纷争，后者描述了战争的英雄之一奥德赛回家的片段。另一组诗则叙述了这场战争的整个过程，但仅存一部分，而且主要存在于晚期文献的引文中。这些诗歌都被认为与口述的传说同时存在。

特洛伊战争组诗的图片在公元前 7 世纪初就已经存在，常见于公元前 6 世纪的希腊瓶子上，也见于壁画上。[56] 经常被描绘的片段是帕里斯裁决、劫掠海伦，以及海伦和墨涅拉俄斯的重聚。帕里斯是特洛伊的一位王子，年轻时受神谕，被要求选出最美丽的女神，并赠她刻有"送给最美的女神"的金苹果。当神的使者赫尔墨斯告诉他这个任务时，他正在山坡上放牧。三位女神来到他跟前等待评判，分别是赫拉、雅典娜和阿佛洛狄忒。阿佛洛狄忒向帕里斯承诺，她会帮他向最美丽的凡人海伦求爱并赢得海伦，尽管海伦此时已经嫁给了墨涅拉俄斯。由此，阿佛洛狄忒在裁决中获胜，帕里斯将苹果给了阿佛洛狄忒。

故事继续发展。帕里斯去斯巴达面见墨涅拉俄斯，而墨涅拉俄斯那时正好被叫去参加一个葬礼。墨涅拉俄斯外出期间，帕里斯在阿佛洛狄忒的帮助下成功引诱了海伦，并把她带回特洛伊。这引发了长达 10 年的特洛伊战争，最终特洛伊沦陷，海伦与墨涅拉俄斯重聚。

在公元前 1 千纪的希腊器物中，保存下来的罐子相对丰富。黑色人物形象的风格约在公元前 7 世纪末出现于科林斯，一个世纪之后被起源于雅典的红色人物风格取代，黑色和红色都在与背景的鲜明对比下展示了所绘的人物图像。两种风格都在希腊世界传播，且都绘有特洛伊战争，[57] 已发现的相关题材可上溯至公元前 4 世纪和公元前 3 世纪。现存的有关帕里斯裁决的场景以数种方式描绘，但通常是帕里斯在牧群中演奏里拉琴，女神们排队等待评判，而赫尔墨斯就在附近。苹果则很少看见。在这些早期的例子中，女神穿着传统的长及脚踝的希腊长袍——希顿（chiton）。该场景在其他媒介上也可看见，例如公元前 6 世纪中叶伊特鲁里亚墓葬中墙上的陶板。此时已经有青铜、金和银器的生产，但几乎没有保存下来，可能是因为它们被熔化后继续重复使用了。铸造和锤揲工艺也都在这一时期得到应用，铸范、模具和印章均发现于这一区域的手工业遗址内。[58] 这些遗存，包括希腊陶器，或有希腊神祇，但很少有证据表明是否装饰有特洛伊战争的场景。然而，在此期间该故事应该继续被阅读和讲述，因此在整个希腊世界妇孺皆知。

公元前 4 世纪，得益于后来被称为亚历山大大帝的马其顿国王的征战，希腊世界急剧扩展。亚历山大大帝在成年后的大多数时间都致力于向东开疆拓土，而且取得了巨大成功。他在公元前 329 年抵达巴克特里亚，用接下来的两年时间征服了该地区。在公元前 327 年胜利之时，他娶了一位新娘罗克珊娜（Roxana）。史学家通常认为她是巴克特里亚人，是奥克夏特斯（Oxyartes）的女儿。[59] 尽管亚历山大的统治持续不长，他在公元前 323 年死于巴比伦（可能缘于中毒），但他将希腊的语言、管理体制、建筑、艺术和文化带到中亚，对该地区产生了非常重要的影响，也就是所谓的"希腊化"。[60] 这种影响还可能波及更东的地区。一些学者认为，中国出土的真人大小的雕塑与此有关。秦始皇陵出土的兵马俑就是例证，表明希腊文化传播到了整个欧亚大陆。[61]

亚历山大去世后，巴克特里亚处于塞琉古王朝（前 312—前 64）的统治下，这一王朝在鼎盛时期曾扩张到地中海沿岸。希腊贵族统治着城市，他们都是来自故土希腊的新移民。因此，希腊化是一个持续不断的过程，从移民、外交人员、贸易者、士兵那里获得新的动力和想法，并被每一代人适应和吸收。但它并不会使当地的传统泯灭。例如，希腊阿提卡黑绘陶在塞琉古王朝早期可以看到，公元前 3 世纪时却消失了。而在美索不达米亚的希腊陶器被施以当地的绿釉，与此同时，当地典型的精美蛋壳器仍在继续生产。[62]

塞琉古掌控中亚土地的时间并不长，公元前 3 世纪中叶就被帕提亚人赶出巴克特里亚和波斯，之后则以叙利亚为基地实行统治。一位当地统治者在公元前 3 世纪中叶时宣称自己是索格底亚那、巴克特里亚和马尔吉阿纳的统治者，他于公元前 210 年与塞琉古国王的女儿的联姻，巩固了所谓"希腊–巴克特里亚王国"（前 256—前 125）的自治。[63] 塞琉古和巴克特里亚钱币上的国王肖像，采用了亚历山大的肖像风格，另一面饰有希腊传说和希腊神祇，如宙斯、阿波罗和赫拉克勒斯。尽管不能确定在接下来的两个世纪中不同势力在多大程度上保持统一，但希腊的影响无疑是存在的，例如 1 世纪掌权的贵霜（见第三章）就接受了很多希腊的文明，包括改自希腊语的文字和货币制度。[64]

长期以来，历史学家和考古学家一直试图解决同时代对希腊-巴克特里亚王国的富有的描述，与考古遗存贫乏之间的矛盾。希腊历史学家斯特拉博描述："巴克特里亚有城池千座。"但在整个 20 世纪，考古学家在被推测为巴克特里亚古城的巴尔赫什么也没有发掘到，所以法国考古学家富歇（Alfred Foucher，1865—1952）断言"巴克特里亚是海市蜃楼"。[65] 但 1964 年，在阿姆河与科克恰河交汇处、巴尔赫东部的阿伊·哈努姆发现了大型城市的遗存。其后保罗·伯纳德（Paul Bernard）率领的团队在那里发掘了十余年，他们认为城址是东巴克特里亚的都城。在英雄祠（heroon，建立者的纪念碑）、健身场、剧院和带有雕像的喷泉等典型希腊建筑遗存上，可见希腊文化的影响。[66] 但考古学家认为，大型的中央宫殿和上层贵族的居址明显受到伊朗观念的影响，寺庙和防御工事则受到美索不达米亚的启发。[67] 瑞秋·梅尔斯（Rachel Mairs）指出，从外部时空看，我们将巴克特里亚看作"这些彼此割裂的影响结果的总和，而没有充分注意到多种影响相互结合下所创造的、巴克特里亚政权和社群这个有机整体"，这是很危险的。[68]

除了在阿伊·哈努姆发现的科林斯柱和希腊神祇的雕像，饰有希腊式主题的金银器也有发现。其中最著名的就是巴克特里亚窖藏，被发现于蒂拉丘地 1 世纪的墓葬和寺庙中，时间正是希腊-巴克特里亚末期和贵霜初期。[69] 窖藏中有一件巴克特里亚的阿佛洛狄忒金像和一对耳环，耳环上饰有雅典娜的形象，并用希腊语刻有她的名字。[70] 其他暂定为希腊-巴克特里亚时期（尽管其出处尚未确定）的发现是三件容器，其上的图案被解释为古希腊剧作家欧里庇得斯（前 480—前 406）的作品插图，并且都由敲花细工工艺捶打而成。[71] 库尔特·魏茨曼（Kurt Wietzmann）认为，这些图像是以早期的希腊和希腊化例子为蓝本的，在那些例子中，这些故事常见装饰在容器上。[72] 但他还注意到这几件容器与被认为是原型的器物的差异，尤其是在人物的衣服褶皱上。"复制过程中，人物的动作和轮廓没有变化，但第一个变化通常出现在对衣物褶皱的处理上。纽约碗上妇女希顿的形制让人难以理解，而衣摆在地上呈波浪式展开表明它受到了东方元素的干扰。"[73]

希顿是典型的希腊服饰，由羊毛和亚麻制成，搭在肩上。妇女希顿长至脚踝，在胸部下聚拢，有时也用其他材料缠作腰带。在魏茨曼所描绘的那件容器上，希顿垂至脚下并在地上散开，这在大都会艺术博物馆的萨珊晚期壶中也可清晰见到。那件萨珊晚期容器上的女性裸露着乳房，手持容器、花等各式各样的器物在拱廊下舞蹈，通常与跟希腊酒神和戏剧之神狄奥尼索斯相关的场景一起出现。有学者认为，虽然这在古希腊有其根源，但它已经融入萨珊文化，成为古波斯水神和丰产之神阿纳希塔（Anahita）崇拜的一部分。[74] 其他人则认为，该图像虽然来源于罗马或希腊罗马式风格，但在萨珊波斯时期，它已经与当地的季节性节日联系在一起。[75]

尽管我们看到罗马文化吸收了部分希腊文化遗产，上文提到的 1 世纪罗马鎏金银壶上的特洛伊战争图像应该很容易被大多数人理解，但我们更难理解的是，曾经生活在亚历山大帝国边境的人们怎么看待这些图像。如果这种情况出现在希腊-巴克特里亚王国时期和 1 世纪的贵霜王朝崛起时期，那么它在几个世纪之后、嚈哒时期的巴克特里亚则会更为常见。我们不应该完全否定故事经久不衰的力量。例如，7—8 世纪索格底亚那绘画和文本的主题已被合理地认为是伊索寓言的变体。[76] 所以，当鲍里

斯·马尔沙克（Boris Marshak）和穴泽咮光认为巴克特里亚壶上的
场景是特洛伊战争组诗的片段时，许多学者都接受了这一观点。[77]
我们必须记住，这只是一个假设。尽管这些片段可以追溯到希腊
神话中，但它们也有可能是当时其他叙事的一部分，其制造者或
主人可能以一种我们并不熟知的方式来呈现它。只是我们无从
得知。

巴克特里亚壶

　　让我们回到巴克特里亚壶，具体看看它的图案。器腹的装饰
带上描绘了三个场景，每个场景均有一男一女（图 17）。据马尔
沙克和穴泽的鉴别，我们看到的分别是帕里斯裁决、劫掠海伦和
海伦归来。第一个场景所展示的是帕里斯和阿佛洛狄忒。在古希
腊艺术中，阿佛洛狄忒戴着金冠或一种叫作斯泰发耐（stephane）
的头饰，束着神奇的腰带，拿着苹果。其中的苹果暗示了这一场
景，也因此标志着她的美丽。阿佛洛狄忒通常半裸或全裸出现，
但此处的人物身着类似希腊希顿的长袍，一块布系在腰上并垂于
袍上，胸部下的带子可能代表神奇的腰带，而冕状头饰可能就是
斯泰发耐。与其他女性人物不同，她戴着耳环。她的左手手指触
摸下巴，右手的拇指和食指间拿着东西，但不像是苹果。而帕里
斯拿的两件物品应该是苹果，尽管在最初的故事中他只有一个苹
果要给出。他也穿着希腊风格的长袍，长袍垂至膝部，靴子则高
至小腿。

　　左边（顺时针方向）的场景被认为是劫持海伦。海伦衣着与

图 17　银壶上的图案

上述的阿佛洛狄忒衣着类似，但没有腰带和耳环。那位男性，除肩上的披风、头盔和同样的靴子外一丝不挂。男性用手指触摸女性的下巴，这在希腊艺术中被认为是典型的爱的手势。他的另一只手则搂着她的腰。尽管这里没有描绘船只，但海伦正抬起脚，似乎是要登船。

在第三个场景中，海伦戴着不同的头饰。她面朝上，姿势为印度艺术中典型的"三屈式"（tribhaṅga）。在同时代的菩萨造像，比如从印度和中亚其他地方、穿过塔里木到达中原这一路上的造像中都可以看到这样的姿势。人物衣褶在臀部上方，而不是希腊形象中常见的胸部下方，这也令人想起印度艺术，因为衣料褶皱的方式和紧贴腿部的设计常见于印度艺术。这里的海伦也用一只手的手指触摸下巴，不过是右手。她的左臂弯曲，手持小型容器，马尔沙克认为这是海伦和帕里斯之前从她丈夫那里偷来的珍宝盒。那位男性则被认为是她的丈夫墨涅拉俄斯。他拿着的矛和盾表明了他的勇士身份，不过他看起来像是倚靠在盾牌上，除盾牌外没有任何可见的支撑工具。他也穿着一件短式希腊长袍，但与妇女一样穿着凉鞋。然而，在这些图像中，有多少特征是被刻意选来标识人物及其情感或动作的？又有多少是在人们不理解其含义的情况下而被复制的呢？这都是一些尚待解决的问题。

去往中国的旅程

我们不知道这件巴克特里亚银壶是如何从它可能的产地中亚向东到达中国北方的，也不知道它是何时、何地、如何去到李贤将军（502—569）手中的。但我们知道一些关于李贤的事情。他是一个重要的人物，《周书》（记载了北周［557—581］的历史）和《北史》（记载了北朝的历史）都有他的传记。他的墓葬中埋藏有这件银壶，以及他和他妻子的墓志。所有这些信息都告诉我们，李贤于 502 年出生在今中国宁夏固原地区（也是其墓葬的所在地）的一个显赫家庭。该地区当时受北魏的统治，他的家族是移居到这里的。传记记载，他的十世祖俟地归越过阴山从草原向西南而来。[78] 阴山是中蒙戈壁沙漠的东南边界，以黄河最北部即环绕鄂尔多斯的大拐弯处为起点，然后向西北延伸。这片山脉东端还经过今北京以北，深入今东北地区。固原则在黄河大拐弯内，北与鄂尔多斯沙漠接壤。传记记载，定居固原之前，李贤的曾祖父已经接受了汉姓"李"，任宁西将军、陇西郡守。陇西即今甘肃省天水地区，位于丝绸之路一段重要主路，即从汉都长安到塔里木路段的更南边。李贤家族可能在他的父亲时迁居固原地区。我们不知道他们是否保留了他们自己的语言，甚至不知道他们的语言是什么，但可能属于阿尔泰语系。我们也不知道，他们是否在家里说汉语。但从传记看，他们并没有丢掉北方草原先祖留给他们的知识。

中国的文化很复杂，防备松懈的北部边境和西北边境经常受到侵犯，使得大批的侵略者和移民涌入中国境内。[79] 我们不应该认为统一是古代中国的常态，也不应该认为古代中国的每一个人都把统一看作标准和理想。自从 220 年汉王朝灭亡后，中国一直处于分裂状态。而在李贤时期，中国北方，以及向西至河西走廊的地区都处于北魏王朝的统治下。北魏的统治者是来自北方草原的鲜卑民族，在其统治期间，佛教在中国北方非常兴盛，所以北魏对我们理解丝绸之路上中国所起的作用有着非常重要的意义。在北魏两个都城平城（今大同）和洛阳附近的两座大型石窟群，云冈石窟和龙门石窟，就是他们赞助佛教的例证。随着北魏势力沿着黄河流域向西扩展至塔里木，朝圣者和贸易者的安全才得到了保障。

李贤出生时，北魏的统治以黄河流域的洛阳为中心，但帝国已陷入困境。北方的叛乱和内部派系间的斗争使得北魏于 534 年分裂了。局势动荡的原因之一是，北方地方首领与居住在都城的贵族之间日益扩大的分歧。前者仍然保持与草原的联系，后者则提倡汉化，与前者越来越疏远。494 年，北魏统治者将都城南迁至黄河边的洛阳附近，而且推行了一系列的改革，包括废除鲜卑朝服、学汉语和改汉姓。生活在草原的人们也被迁移到新都。推行这些政策的皇帝有一位汉人母亲，他的迁都和改革是汉化过程的一个信号，即脱离了与汉人隔绝的军事草原民族既有的族群认同。

这次动荡导致了北魏王朝的覆灭。固原位于接下来的西魏
（535—556）的领土内。西魏由实力强大的鲜卑军事首领宇文泰
掌权，他将都城建于长安。东魏（534—550）则控制了中国北方
的大多数领土，东至黄河东部，包括故都洛阳。西魏统治时期，
李贤的军阶得到提升，而且被委以掌控西边战略要地的重任。战
略要地包括敦煌，公元前 2 世纪末时汉朝首次在此建立了军事要
塞。他见证了宇文泰的儿子从对手东魏的最后一个皇帝手中夺取
皇权并建立新的帝国——北周。然而，黄河大拐弯的东部领土此
前属于东魏统治，此时仍然处于分治的状态。北周没有向东扩展，
而是向南扩张至今越南边境。接下来的两任皇帝也是宇文泰的儿
子，李贤在北周第三任皇帝宇文邕（561—578 在位）统治期间
去世。

作为一名驻守边境的军事首领，李贤一定去过很多地方。他
不仅会通过丝绸之路的贸易路线，还要前往都城汇报情况并接受
命令。我们不知道这件巴克特里亚壶是怎么到他手里的，但可能
性有很多种。例如，银壶可能是 456—559 年一位嚈哒使节把它当
作礼物献给北魏或北周朝廷的。我们还知道，此时的敦煌是丝绸
之路上一座繁荣的城镇，富人们开始在城镇周围为他们自己开凿
佛教洞窟。李贤是敦煌的首领，他也应该去过市场，有机会与往
来的商人接触。而作为地方长官，他可能会收到想要寻求庇护的
地方豪族送给他的礼物，他也有可能收缴赃物或在他统治区域内
他想要的物品。所以，我们不知道他是何时、何地、从何人处获
得了这件银壶，但我们可以猜测这只是他的家族诸多贵重物品中的
一件。[80] 他的孙女 9 岁时就去世了，她的墓葬也随葬有金银器。[81]

吴焯认为，李贤和嚈哒人之间可能有直接的联系。一位嚈哒

使者在 525 年前后途经固原到达洛阳。[82] 据说，嚈哒使者带了一头狮子作为外交礼品，但由于一场叛乱而滞留固原，叛乱结束后才抵达都城。狮子的命运没有被记载，但这并不是一份独特的礼物。据记载，吐火罗人在 7—8 世纪时向唐朝进贡狮子，635 年来自撒马尔罕的狮子还受到了皇家的赞誉。[83] 李贤此时只是一个年轻人，但考虑到他的家族地位，他们可能在使者被迫滞留期间会见并招待了使者。[84] 另外的可能性是，他的家人在此之后招待了其他前往都城的使者，或者李贤在驻守边境期间或在朝廷时遇见了嚈哒使者。直至 508 年嚈哒攻占塔里木盆地的焉耆和吐鲁番时，李贤才充分意识到，嚈哒人既是政治盟友，也是西魏边境的潜在威胁。

　　李贤是怎样看待和使用这件银壶的呢？是把它看作一件外来器物在正式的宴会上拿出来，为他的宾客盛满当地的葡萄酒，以彰显他的身份和丰富阅历，还是在不那么正式的场合使用？抑或是根本不使用？[85] 据我们所知，他应该是在去世前不久得到这件器物的，而且从来没有使用过。这些问题很有趣，但对此我们也只能做出猜测。同样让人十分感兴趣的是，李贤对银壶上的图案的看法。他知道特洛伊战争的故事吗，即使它已经被当地的神话同化？这些图像是否被解读为对另一个当地故事的描述？或者什么都没有解读，它只是被视为一个美观的或充满异域色彩的图案？要知道，并非所有人都会对他们所处的世界和他们所遇见的物品发问。实际上，这是一座合葬墓，也许李贤的妻子更加重视这件壶，对它更感兴趣。接下来的问题则是：为什么他们要随葬这件壶？对这一问题，我们还是只能做出猜测，尤其是在我们不知道最初的随葬品清单的情况下。[86]

　　据推测，李贤在长安去世后不久即于 569 年下葬。他的妻子吴辉死于 547 年，李贤下葬时她被从原来的墓（葬于她的家族墓地）中迁出，与李贤合葬。[87] 这件银壶从此一直放在墓中，直至 1983 年被中国考古人员发掘出土。[88] 此前曾有盗墓者闯入此墓，但当时墓顶已经坍塌，这件壶被掩盖并可能因此逃过一劫。但我们不知道盗墓者带走了什么，其中是否还有其他银器，因为目前只有李贤妻子的印章戒指、一件萨珊玻璃碗和一把萨珊刀在盗窃中幸存下来。现在，这件巴克特里亚银壶是宁夏固原博物馆的藏品，曾多次在中国和国外许多展览中展出。[89] 在固原博物馆，李贤墓也被复原展出了。

第六章

于阗木板画

彩图 6 所示顶部为三角形的木板上，绘有一匹花斑马和一头骆驼。骑马者和骑骆驼者均带头光，右手持一碗，佩剑位于身体左侧。木板背面有 5 个洞，很可能是用榫卯固定在墙上的。它被发现于丝绸之路东部于阗国的一处佛教遗址，遗址位于塔克拉玛干沙漠深处，名为丹丹乌里克，意为"象牙屋"。学者们对这件器物的年代持很多不同的观点，认为它可以追溯到 6—8 世纪。根据它的出土环境和在附近发现的器物，学者们认为它可能是一件佛教器物。头光进一步支持了这一观点，因为头光常见于圣人、神祇像，有时也见于犹太-基督教和佛教语境中的统治者。然而，一个世纪后，这种图像元素仍然令人困惑不已。[1]

这块木板画是考古学家斯坦因在 1900 年发现的，这次旅程是他四次中亚探险的第一次。[2] 此前瑞典探险家斯文·赫定（Sven Hedin，1865—1952）已经发现了丹丹乌里克，并在那里进行了初步的发掘。但是，斯坦因的发掘工作是对长期被塔克拉玛干沙漠掩埋的丝绸之路古城镇和寺庙的首次系统发掘。[3] 汉文文献记载，1 千纪时的于阗是一个繁荣的佛教王国。斯坦因来到于阗，是因为他认为于阗是印度文明、波斯文明和中华文明碰撞和融合的地方。他并没有失望。第一次探险后，他将于阗命名为"一个具有显著多样性的王国"。[4] 这块木板画就是这种多样性的例证。但我们首先需要考虑的是，它是被谁、出于什么原因制作的。要回答这些问题，我们需要从于阗国和于阗佛教入手，理解更多相关的背景。

于阗国

于阗是在 1 千纪时兴盛起来的绿洲王国，大约在 1006 年被喀喇汗王朝（840—1212）征服。喀喇汗王朝由操突厥语的游牧民族建立，起源于帕米尔高原西部。[5] 在 20 世纪早期的发掘之前，我们主要从汉文史书以及往返中国和印度之间路过此地的僧侣的记录处了解于阗。例如，《汉书》记载于阗"户三千三百、口万九千三百、胜兵二千四百人"。[6] 于阗的都城位于发源于昆仑山、向北流的两条河之间。两河名为白玉河和墨玉河（即玉龙喀什河和喀拉喀什河），不仅是灌溉用水的源泉，还是玉的产地。玉料也采自山中，公元前 1 千纪时就已经有玉外销，那时在中原地区就可见到于阗玉。[7] 于阗的繁荣昌盛有赖于这些玉和河流。

两河在城外交汇，合为于阗河。于阗河又向北流经塔克拉玛干沙漠，在一年中的某些时候可能消失在沙漠中。这条河提供了一条通往北边阿克苏地区（古姑墨国所在）和库车地区（古龟兹国所在）的可行之路。在这条深入沙漠的路上，一座堡垒修建在峭壁之上，从那里可以俯瞰沙漠，以防止北边敌人的入侵。从于阗国向西，可通往莎车国（位于今莎车县）。旅行者还可以继续向西北到达疏勒国（位于今喀什市），或向南通往青藏高原，又或者向西南到达帕米尔山口、兴都库什山和喀喇昆仑山，继而通向巴克特里亚和犍陀罗等中亚王国，再从那里前往北印度。于阗东边是邻国楼兰。而从于阗都城沿着蜿蜒的河流向东大约 240 千米，是小国精绝国（后称尼雅）。精绝国位于于阗国的边境，有时受于阗控制，有时则处在楼兰的统治下。

于阗早期的历史是不确定的。7 世纪的文献讲述了一个故事，即于阗国是由被阿育王赶出犍陀罗塔克西拉的流亡者建立的。但这种说法没有根据。[8] 7 世纪时已经出现了用当地语言于阗语书写的文献，于阗语属于中古伊朗语支。一些学者认为，于阗语取代了更早的藏缅方言。但两种语言的存在也不能支持犍陀罗流亡者的故事。[9] 然而，发现的公元最初几个世纪的青铜汉佉二体钱上铸有于阗国王的伊朗名字。[10] 这种钱币结合了贵霜（见第三章）和古代中国的两种钱币体系。[11] 东边的邻国楼兰兴盛于 1—4 世纪，有用佉卢文书写的普拉克利特语文献。这些文献和钱币表明，这些人是从犍陀罗迁居到塔克拉玛干南部的，但可能直到贵霜时期（1—3 世纪）才迁徙到这里。克力布在他的钱币研究中得出结论："在从印度–斯基泰和印度–帕提亚控制、转变为贵霜控制，尤其是紧接在转变后的时期内，钱币的发行者与巴克特里亚和西北印度的统治者有着密切的联系，不论是在政治、文化，还是在经济方面。"[12] 结合于阗木板画这一背景，钱币显得十分有趣，因为在铸有佉卢文的那一面上描绘有一匹无人骑乘的马或骆驼。在此前的印度–斯基泰、印度–帕提亚和贵霜钱币上也有马和骆驼。有一种汉佉二体钱则很可能是贵霜钱币的复制品，即是将新的图案印在贵霜钱币上，而且所有种类的汉佉二体钱都有一个贵霜人使用的徽记或部落符号（见第三章）。[13] 但这些钱币的重量分别是 3、6 和 24 格令（格令是历史上使用过的一种重量单位，1 格令约等于 0.0648 克），与中国古钱币的重量一致。[14] 所以，分布在帕米尔高原以西的贵霜明显对于阗产生了强烈的影响，同时于阗还与其东的中原的经济体制有联系，这对于于阗与中原在玉器和其他宝石上的贸易来说十分重要。

汉文史书记载，1 世纪时于阗向东和向西扩展，可能远至东部的精绝国和西部的莎车国。[15] 当汉朝军队自东而来时，其将领在于阗有过短期的停留（77—91）。2 世纪时，于阗国试图将其版图扩展到精绝故地，远至楼兰，但没有成功。3—4 世纪时于阗仍然稳定。260 年，一位来自中原的佛教僧人朱士行到于阗取经。发现并抄写完《大品经》梵本后，他想把抄本送回国内。他的传记记载，这件事最初受到了当地僧人的阻挠，当地僧人认为《大品经》的教义并非正统，由此可推测他们受到声闻乘（属小乘佛教）的教导。然而，朱士行还是设法把经典送回洛阳，自己则留在于阗。此后该经典在洛阳被译成汉语。282 年一位于阗僧人前往中原，带去了《大品经》梵本的另一份抄本。

此后，大乘佛教似乎开始占据主导地位。400 年，僧人法显和他的同伴在去往印度的途中抵达于阗，他将于阗描述为：

> 其国丰乐，人民殷盛，尽皆奉法，以法乐相娱。众僧乃数万人，多大乘学，皆有众食。……家家门前皆起小塔，最小者可高二丈许。作四方僧房，供给客僧及余所须。[16]

于阗国王让法显一行人居住在一座大型的大乘佛教寺院，据法显记载，该寺院有三千僧人。法显还提到另外的四座大寺院[*]，其中一座在城外，名为"王新寺"。该寺"作来八十年，经三王方成。可高二十五丈，雕文刻镂，金银覆上，众宝合成。塔后作佛堂，庄严妙好，梁柱、户扇、窗牖，皆以金薄"。[17]

于阗的繁荣并不只是依赖玉。法显的记录表明，于阗是一个贸易中心，尤其是半宝石的贸易。贸易品除了当地的玉，还包括青金石、绿宝石和从巴达赫尚穿越帕米尔高原向东而来的红宝石。在公元后的几个世纪，于阗还发展了丝绸业和造纸业（见第八章和第九章）。贸易带来了财富，镀金的佛塔得以修建，一些在市场上流通的半宝石可能用于装饰佛塔的舍利室。正如僧人宋云描述，佛塔还以人们用来还愿的丝织品作装饰："后人于此像边造丈六像者及诸像塔，乃至数千，悬彩幡盖，亦有万计。魏国之幡过半矣。"[18]

宋云是一位出生在于阗东边的敦煌的僧人，在518—522年西行朝拜，记载了佛教在于阗初创时的一个当地故事，即一名商人将一位僧人介绍给国王的故事。随后这位僧人在国王的赞助下建造了一座佛塔。[19]贵族对佛教的赞助，以及佛教与商人和贸易之间的紧密联系，已经得到很好的证明，是佛教在中亚、南亚和东亚成功传播的主要因素。[20]宋云还提到，于阗"妇人袴衫束带，乘马驰走，与丈夫无异"。[21]

在这一时期，嚈哒从他们的根据地巴克特里亚向外扩张，跨

---

* 应为十四座大寺院。此据章巽《法显传校注》，上海古籍出版社，1985年，第14页。章巽据下文"一僧伽蓝则一日行像"的记录，而行像为期十四日，所以认为是"十四座大寺院"。——译者注

越帕米尔高原直至塔里木，占领了疏勒和北部王国库车（见第五章）。宋云离开于阗后，从嚈哒的领土路过。尽管没有访问嚈哒的都城，但他注意到于阗派遣使节至嚈哒。嚈哒在于阗的影响程度并不确定，但作为盟国它是很重要的，因为嚈哒控制了很多在于阗市场上交易的宝石的矿藏。宋云的记录表明，该时期佛教盛于于阗。[22]

虽然于阗受到了邻近诸国兴衰的影响，但它仍然继续繁荣发展。从 7 世纪开始，它在不同时期处于唐朝（618—907）、吐蕃和西突厥汗国的统治下，它们的文化也因此产生了双向的影响，比如造纸术和丝织工艺自中原传入，而于阗佛教经典又传播到中原和吐蕃。从一些手稿的献词中可以看到，于阗还有一些印度裔的居民。[23]于阗语是一种东伊朗语，用婆罗米文字（一种印度字母）书写，于阗手稿的形式则是基于印度棕榈叶手稿，即波提（pothi）。

7 世纪早期的于阗很可能臣服于西突厥汗国，后者的政治中心在天山以北的草原。7 世纪，僧人玄奘在西突厥滞留数月后，吐屯（突厥的常驻部落统领）给玄奘颁发了过所。[24]玄奘在回程时访问了于阗，看到"国尚乐音，人好歌舞。少服毛褐毡裘，多衣䌷绸白氎。仪形有体，风则有纪。文字宪章，聿遵印度，微改体势，粗有沿革。语异诸国，崇尚佛法。伽蓝百有余所，僧徒五千余人，并多习学大乘法教"。[25]

632 年，于阗王遣使前往唐朝都城，结果是于阗成为唐王朝与西突厥外交谈判中的一枚棋子，于阗王质子于唐都并效忠于唐朝皇帝。但在于阗以南的西藏地区，一个新的政权吐蕃王朝建立。吐蕃王朝向北扩展并于 670 年占领于阗。此后，于阗就在唐王朝和吐蕃王朝之间的权力斗争中生存。7 世纪晚期至 8 世纪初期，唐朝在于阗占据主导地位，但随着中原爆发了安史之乱，唐朝被迫撤军，这使得吐蕃又一次进入于阗并从 8 世纪末开始控制于阗。此时，蒙古草原上的另一个突厥部落联盟回鹘取代了西突厥。但在整个这一时期，于阗王始终统治着这个塔克拉玛干王国。[26]

9 世纪中期，吐蕃王朝和回鹘汗国都衰落了。许多回鹘人南迁至塔克拉玛干，在于阗的南部和东部建立王国。10 世纪，于阗重新与中原往来，与占据敦煌的邻近政权的关系也很亲密。双方的统治阶层通婚。此时的敦煌莫高窟壁画上绘有于阗的供养人，敦煌藏经洞也是于阗文手稿的一个主要来源。这些手稿的一部分是佛教文献，也有几件世俗文献，例如一件于阗寺庙接收敦煌货物的收据。[27] 于阗再次向西扩张至喀什，还于 971 年遣使将在喀什战役中捕获的大象献给中原王朝。但这次战役只是与突厥联盟，即喀喇汗王朝（或称伊利克汗朝）的更大战争的一小部分，其后这一联盟统治了帕米尔以西、中亚北部的大部分地区。伊斯兰文献记载，喀喇汗王朝于 1006 年占领于阗，1009 年以喀喇汗（又称"黑汗"）之名遣使宋朝。

于阗的佛教

这一时期，佛教始终在于阗流行。[28] 最早的佛教遗存大约见于 3 世纪。[29] 当然，在法显访问的时期，于阗还存在大型寺庙，尽管那时丹丹乌里克尚不存在——考古学家通常将丹丹乌里克的初建时间定为 6 世纪。[30]

据 3 世纪的僧人朱士行记载，于阗早期的佛教是声闻乘。但现存的于阗佛教文献年代较晚，很可能在 700 年之后。这些文献用婆罗米字母书写（如玄奘所看到的），既有梵文，也有翻译成当地于阗语的。文献以大乘佛教为主体，很可能经由北印度的吉尔吉特到达于阗。但是于阗处于西北印度和中原的往来道路上，这条通道也是吐蕃进入中亚的主要路线。于阗的地理位置使得它在将大乘佛教从印度传播到中原和吐蕃的过程中起到重要的作用。于阗语文献在敦煌藏经洞也有发现，表明于阗佛教社群与更东的中原和吐蕃佛教社群存在联系。

几乎所有的于阗语佛教文献都是直接译自梵文文献，还有少数文献只见有于阗语，例如《赞巴斯塔书》（*Book of Zambasta*，图 18）。[31] 它基于印度文献，但并不是直译。其他文献，例如一部于阗语诗歌，也表明与印度的联系。这份文献本质上讲述了印度史诗《罗摩衍那》的故事，却用佛教的方式演绎——英雄罗摩和罗什曼那被转变为释迦牟尼佛和未来佛弥勒佛。

多闻天王是佛教中的北方护法，在于阗艺术和佛教中处于中心地位，对我们理解这块木板画也很重要。[32] 7 世纪的文献讲述了于阗的一个建国传说。开国国王在多闻天王寺庙中祈祷，求子以继承王位，这时一个男婴正好出现在佛像的头部。国王把他带回家，但男婴不肯进食。国王回到寺庙再次祈祷，于是地上出现了一只乳房。婴儿得到哺乳，开始茁壮成长。此后，这位国王建造了一座新的多闻天王庙，庙中到处都是罕见的珍贵器物——玄奘认为这是他所参观的寺庙中的一座。文献还认为，多闻天王是佛陀派来保护于阗的。

于阗的古代都城约特干位于现代城市以西大约 8 千米处，被

图 18 《赞巴斯塔书》残页。大英图书馆 Or.9614

几米厚的泥沙掩埋，几乎没有什么考古遗存。主要的发现除了一些鎏金的薄片，还有数百个小的红陶模型，其中大多是猴子，有一部分摆着性交的姿势。这些陶模的价值和用途仍存在争议。[33]但在约特干东北约 40 千米处，有一座重要的佛塔，即热瓦克佛塔（Rawak Stupa，不要与丹丹乌里克北部的聚落热瓦克混淆）。佛塔的每一面都有层层的塔基和阶梯，其风格可能源于西部，在犍陀罗地区可见，如白沙瓦河谷雀离浮图遗址的迦腻色伽佛塔、阿富汗巴尔赫的托普鲁斯坦姆（Top-i-Rustam）佛塔和塔克西拉的巴玛拉（Bhamala）佛塔（见第四章）。这些风格见于 3 世纪的文献《天譬》（Divyāvadāna）的描述：佛塔有 4 条阶梯、3 层平台、1 个蛋形穹顶和其他常见的元素。这种形式在热瓦克地区的发展，表明该地区与帕米尔高原西边的佛教邻国之间有密切且频繁的联系。[34]

　　佛塔外有一周彩绘围墙，围墙内外都立有纪念性的或真人大小的造像。门两侧的墙上有守门人像，造像双脚之间有一个身体裸露的小型女性像。学者认为，这描绘的是建国神话中的婴儿，正在被地上的乳房哺乳，守卫者则是作为护法的多闻天王。[35]丹丹乌里克遗址也发现有多闻天王像。这一遗址位于克里雅河

（Keriya River）和于阗河之间，在现代城市东北大约 100 千米处。[36]
丹丹乌里克正是发现这块木板画的遗址，其名意为"象牙房"。要
更多地了解这块木板画的背景，我们还要仔细考察斯坦因对这个
遗址的发掘。

发掘丹丹乌里克

1900 年 12 月 18 日，斯坦因到达丹丹乌里克遗址。他忍着牙
齿的剧痛，写道："它带给我的神经上的疼痛在夜里最为剧烈。"[37]
夜间温度降到约零下 18℃至零下 23℃，他在帐篷里和衣而睡，头
用裘皮大衣包裹着，一只袖子用来当作呼吸管道。从于阗河到这
里，他和他的人走了 5 天。向东到克里雅河则又需要 3 天路程。
斯坦因发现，尽管这个地方难以到达，还是有很多遗迹已经"被
寻宝者'探索'过了"，他的向导就是其中一个寻宝者。"老杜狄
到这荒凉的地方，好像到了家一般。自幼小的时候，他便常来此
地。埋藏的珍宝吸引他和他的家人反复来到这里，但每一次的艰
难漂泊都收获甚微。"[38]

丹丹乌里克应该曾有充足的水源来供给这里的大型聚落。美
国地理学家伊斯沃思·亨廷顿（Ellsworth Huntington，1876—
1947）在 1905 年调查过这里的策勒河（Chira River）古河道，随
后创立了关于中亚气候变化的一项理论。[39]与所有塔克拉玛干南
部的河流一样，这条河从克里雅河以西的昆仑山向北流，最后消
失在丹丹乌里克西北的沙漠某处。它应该流淌了数个世纪，保证
了这一聚落的发展。这一聚落面积超过 22 平方千米，核心区域面

积大约 4.4 平方千米。在某一时期，该遗址被废弃。斯坦因基于
所发现的年代在 781—790 年之间的文献和一些 8 世纪的唐代钱
币，认为废弃的年代在 800 年前后。[40] 目前还没有可以质疑这一
假设的新发现。斯坦因继而认为，由于中原发生内战，唐朝撤离
了驻边的军队，使得其在该区域统治结束，从而导致了遗址的废
弃。然而，就像其他遗址，丹丹乌里克可能还有其他的废弃原因，
例如河道变迁、水源减少，或者人口大幅度减少使得灌溉系统无
法维持。

　　丹丹乌里克的创建年代尚不确定。虽然它有水源，但水源并
不在主要道路上。然而，从已发现的佛寺数量来看，它不只是一
个小型农业聚落。它不是策勒河沿线上最边远的聚落，在丹丹乌
里克以北约 13 千米处，斯坦因还发掘了两座小丘（可能曾是佛
塔），名为热瓦克（不要与热瓦克佛塔混淆，热瓦克佛塔离都城
更近）。[41]

　　斯坦因到达丹丹乌里克后立即开始工作，发掘了墙上装饰有
很多灰泥饰件的小型佛殿（D.I，D 为丹丹乌里克 Dandan-Uliq 的
缩写，Ⅰ表示编号 1），随后又发掘了两座相邻的佛殿（D.II），内
有雕塑和壁画。斯坦因在主佛像的莲花座旁发现了三块彩绘木板
（尽管大部分已经褪色），他推测这些木板应该是作为还愿祭品放
在那里的。[42] 然而更有趣的是，斯坦因发现画上粘贴有手稿残件。
不知道承载还愿力量的主要媒介是最初的木板，还是手稿，抑或
两者都是。[43] 壁画上绘有各种各样的佛像，但对于北通道内壁上
的图像，斯坦因描述道："三排年轻人骑着巴克特里亚骆驼或者花
斑马，每排四至五人，每人的右手张开，持一个杯子。在一位骑
手的上方，一只鸟朝供品俯冲而下。"[44] 这些人物形象与木板上描

绘的一样。

　　他在相邻的佛殿（D.II.010, 79, 16, 21）发现了另外四块木板。它们也是佛教木板，但大多已褪色，其中一块木板上绘有象头神伽内什（Ganesha）。斯坦因依旧认为这些木板是还愿祭品。佛殿中还发现有一个小棉布包，内有人的牙齿和小块骨头碎片。斯坦因不解："它们也是还愿的祭品？还是到访者带来的所谓圣物？"[45] 殿中还有一尊穿着盔甲、脚踩小鬼的武士造像，左手持有被斯坦因认为是钱包的物品，斯坦因因此推测它是毗沙门天（即多闻天王）像。[46]

　　下一个发掘的遗址被斯坦因定名为 D.III，是一处小型居址，出土了第一批重要的手稿。其中有几件几乎完整的波提，模仿印度用绳将棕榈叶串在一起的书籍装帧形式，书页则被裁成长方形。它们主要用梵文写成，其中有大乘佛教的文献。斯坦因认为，该建筑是一座寺院，波提是寺院藏经阁的遗存。[47]

　　本章讨论的木板画被发现于斯坦因发掘的第 7 座建筑 D.VII。这是一座典型的木结构建筑，那时的本地村落还在继续建造这种建筑。它用榫卯结构连接白杨木构件，顶部铺上芦苇或柽柳，再覆盖黏土、涂以灰泥。D.VII 离 D.I—V 稍远，附近仅有一座佛殿（D.VI，图 19）。这座建筑由两个方形的房间构成，其中一个房间的墙上有壁炉，周围散落有模制的灰泥。斯坦因基于地表的遗迹和废弃物推测这是一座二层建筑，但顶层的地板早已坍塌了。他认为这块木板原来是高高挂在下层房间的墙上的，可能是顶层的坍塌让这块木板掉落下来，因此被发现时它在地板上，为废弃物所掩埋。另外两块不同形状的木板在附近被发现，其中一块双面都有绘画。同时还发现了数张纸片，上有汉字。[48]

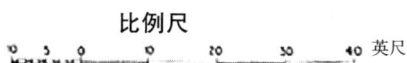

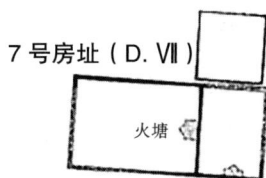

北

比例尺

10 5 0   10   20   30   40 英尺

7 号房址（D. Ⅶ）

火塘

6 号房址（D. Ⅵ）

刻有壁画

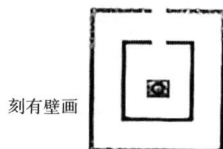

木泥墙······························· ━━━
完全毁掉的木泥墙················· ━━━
草墙······························· ━━━
火塘······························· ━━━
泥质雕塑底座······················ ━━━

图 19 丹丹乌里克遗址 6 号和 7 号房址平面图。采自 Stein (1907)

这些汉字写有 8 世纪晚期居住在这里的佛教僧人的名字，并表明这是一座更大的名为"护国"的寺院所辖的一处外部资产。其中一份文件是护国寺住持给其他僧人下达的命令，要求他们监督这处外部资产（包括它的土地）的维护。[49] 一张收据显示，在仰领，寺庙雇用的所有人都去刈草三天，只留下一个人灌溉农田。因此斯坦因得出结论，这处外部资产所在地叫作仰领，而这份命令来自更靠近中心地区的护国寺。尽管该遗址似乎很偏远，但仰领的居民并不贫穷。在这些文书中，还有一份借贷文书，说的是 782 年护国寺僧人虔英借给士兵马令庄 1000 文钱的事。该士兵以他所有的动产作为抵押，还须付给僧人 10% 的利息。[50]

斯坦因还在其他遗迹中发现了更多的手稿和木板，包括 D.X。其中一块木板上绘有三位人物，中间的人物被学者认为是"传丝公主"（D.X.₋₄）。[51] 另一块木板上也绘有花斑马和骑马者。D.IV 出土的一块木板上则描绘了当地传说中的"鼠王"。[52] 斯坦因于 1901 年 1 月 4 日离开丹丹乌里克，然而当他在北边的热瓦克发掘时，当地人仍继续此地的发掘，并在 D.XIII 发现了一个皱巴巴的纸团。纸团得到修复后，被确定是一封用希伯来字母书写的波斯语书信。[53]

这些木板和其他发现首先被送到英国驻喀什领事馆"奇尼巴格"（Chini Bagh）。探险结束后，斯坦因在 1901 年 5 月 12 日回到奇尼巴格。[54] 他得到俄罗斯官方的许可，可以通过土西铁路到达欧洲，带着他的发现回到英国进行初步的整理。在喀什，斯坦因将这些文物重新分装在 12 个大箱子里，以便长途旅行。它们被送到喀什的俄罗斯领事馆接受海关检查，并被妥善密封，加盖俄罗斯帝国的鹰章。5 月 29 日，斯坦因通过伊尔克什坦

（Irkeshtam），穿越大山，向奥什（Osh）出发，"6 匹健壮的矮种马驮着我的古物"。[55] 路上雨水较多，马匹必须涉过很多涨水的河流，这使得斯坦因每日都很焦虑，但这些马最终都安全通过了。10 天后，他到达目的地。短暂的休息过后，斯坦因开车仅用了 4 小时就到达安集延（Andijan）和铁路的起点。6 月 11 日，他乘坐火车离开，路上仅在马尔吉兰（Margilan）、撒马尔罕和木鹿有短暂的停留。从里海东岸的克拉斯诺沃茨克（Krasnowodsk，今土库曼巴什［Turkembashi］）出发，斯坦因和箱子乘船穿越里海，到达巴库（Baku），然后乘坐另一趟火车。他穿越英吉利海峡，在 7 月 2 日到达伦敦。回到英国后，这 12 箱子的发现被临时存放在大英博物馆，它们的俄罗斯关封依然完好无损。

　　这些木板是何人在何时、何地、为何制作的呢？同样的主题在于阗其他地方的佛寺壁画上也有发现。这些佛寺壁画应该是原地完成的，这说明这些木板也是在当地制作的，很可能也出自壁画画师之手。而在于阗以外的地区没有发现这种木板，这支持了上述观点。工匠可以随时从当地的杨树或果树处获得充足的木料，而这些木板可能是用建房子或做家具剩下的边角料制作而成的。画师在绘制壁画时也需要颜料，而这再次证明，木板制作是一件相对简单的事——可以用壁画剩下的颜料绘制木板画。[56]

　　我们对于阗的绘画活动知之甚少，不过胡素馨（Sarah Fraser）指出，在同时期的敦煌，绘画是一种依靠富人和虔诚的教徒赞助的职业。很多佛教壁画和纺织品上的绘画都有赞助者的姓名。我们不知道这里讨论的这件木板画是有人事先预定的，还是做好后出售给任何买家的。虽然它的制作非常简单，但展示了画师自信而熟练的手法。当木头制作成型时，就会被按照尺寸处理（多少用到某种黏合剂），为绘画提供空间。之后，木板会被涂成白色，用的材料可能是用于制作壁画基底的瓷土混合物，或当时使用频率较高的铅白。动物和骑马者会用明亮的墨线画出，然后用一层薄薄的红色和绿色颜料上色。[57]色彩还未经分析，但墨几乎可以确定是碳墨，也就是我们现在所说的印度墨。这一时期该地区的佛教洞窟壁画、便携的绘画和手稿的插图中所使用的红色和绿色颜料常常来源于朱砂和孔雀石，但也发现有紫胶、红花和呈红色的茜草等有机着色剂。

　　木板画的形制为我们了解它的制作目的提供了线索。三角形的顶部在佛教还愿的木板中很常见，既有绘画也有雕刻而成的，可能反映了佛塔的形状。佛塔模型也被用作还愿祭品（见第四章）。这样的形制不局限于佛教。在日本，顶部为三角形、表面绘有一匹马的木板叫作"绘马"，在神道教和佛教中被视为与神沟通的手段。[58]伊恩·里德（Ian Reader）认为这种木板源于神道教，可追溯至 8 世纪，最初上面绘有一匹马。"绘马"意为"马图"，马是神的信使，重要的神道教寺院很可能使用真马，但里德指出，"马的复制品或替代品既是供品，也是表达祈祷的手段，让各界人士都能向神传达他们的愿望和需求"。[59]在里德看来，这种习俗仅在 12 世纪的日本被佛教徒采用，而在此之前，中亚已经存在的、推测中国也有的还愿佛塔和顶部为三角形的木板，表明可能存在一种更早期的影响。

　　这件木板画不是掉落在佛殿中的，从它所出土的遗址和其背后的洞来判断，它被固定在一所居址的墙上。这所居址可能被居住在此处的僧人当作圣殿使用，居住的僧人离开后这件木板就被遗弃了。但这很奇怪，因为把它从墙上摘下来、带至新居是一件

彩图 1　草原耳环（见第一章），现藏于鄂尔多斯博物馆

彩图 2　希腊式玻璃碗（见第二章），现藏于中国国家博物馆

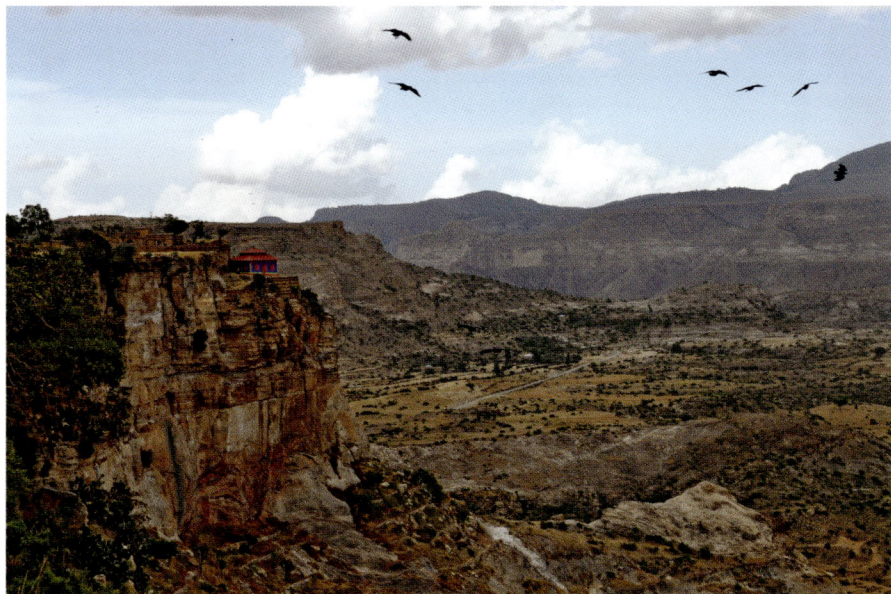

彩图 3　德伯拉·达摩修道院（见第三章）。照片由法比安·兰贝克（Fabian Lambeck）摄于 2011 年

彩图 4　阿姆鲁克·达拉佛塔（见第四章）。照片由意大利考古代表团及 ACT 项目提供，由爱德华多·洛利瓦（Edoardo Loliva）摄于 2012 年 6 月 15 日

彩图 5　巴克特里亚壶（见第五章），现藏于宁夏固原博物馆

彩图 6　于阗木板画（见第六章），现藏于大英博物馆，编号 1907, 1111.70, D. Ⅶ. 5。
照片由大英博物馆理事会提供

彩图 7　蓝色《古兰经》的书页（见第七章），现藏于多哈伊斯兰艺术博物馆，编号 MS.8.2006

彩图 8　拜占庭猎人丝绸（见第八章），现藏于里昂纺织历史博物馆，编号 MT27386。照片由皮埃尔·韦里耶（Pierre Verrier）拍摄

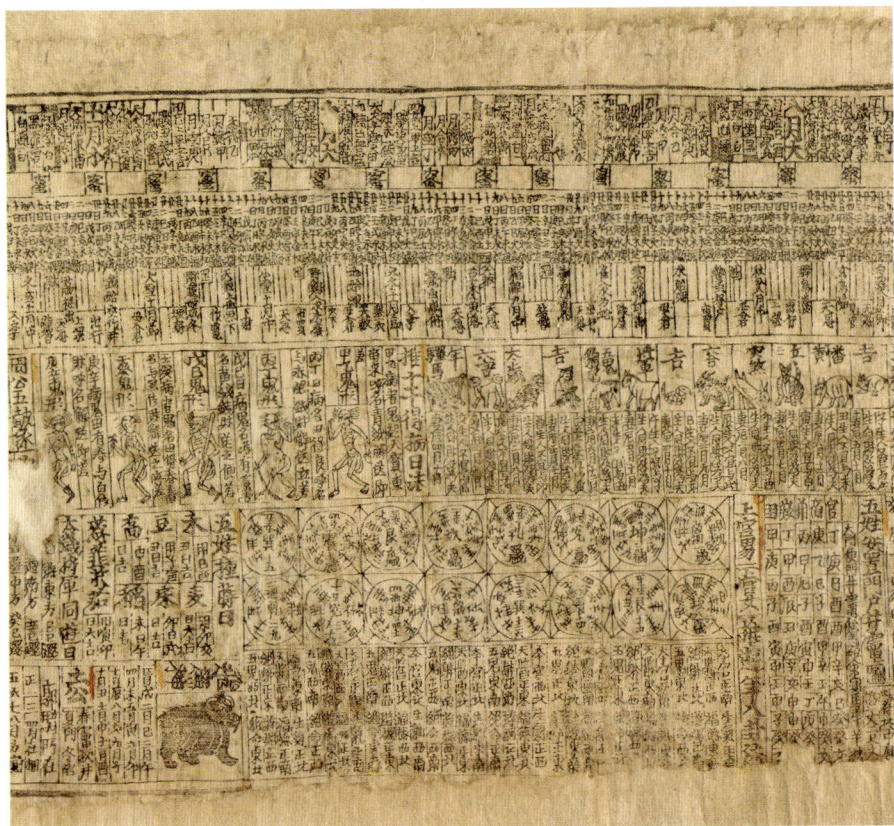

彩图 9　一份中国历日的局部（见第九章），现藏于大英图书馆，编号 Or.8210/P.6，照片由大英图书馆董事会提供

很容易的事。如果木板在佛寺里被发现，则很好理解——它们被留下当作供品。但丹丹乌里克出土木板的数量表明它们并不罕有，可能僧人离开时已经将其他木板带走了。

如果木板是作为一个室内神龛被挂在墙上的话，那么其上的图案对住在房子里的人一定是意义非凡的。它的图案也很独特，如上文所述，描绘了一只鸟飞入碗中的场景，同样见于斯坦因在于阗其他地方所发现的木板上。[60] 最近，在丹丹乌里克的另一处壁画上，以及于阗首都东边路线上的一座小佛殿（位于今达玛沟乡附近）里也发现有相同的图案。[61] 后者出现在墙体底部的装饰带上，与丹丹乌里克类似，其上也绘有各式佛像。尽管莫高窟和敦煌其他石窟寺的现存壁画数量众多，库车和吐鲁番附近的遗址也保留了不少壁画，但塔克拉玛干和戈壁沙漠上的其他绿洲王国还没有发现这样的图案。

在迄今唯一关于于阗艺术的综述中，乔安娜·威廉姆斯（Joanna Williams）为阐释这个图像提出了一种假设。[62] 简而言之，她将该图像与一则故事联系在一起。这则故事见于五世达赖喇嘛（1617—1682）的作品，是关于毗沙门天和白哈尔（Pekar）的。白哈尔是巴达霍尔（Bhaṭa Hor）地区突厥人的守护神，[63] 他变成一只猛禽，却被毗沙门天的一位侍从用箭射中。[64] 这段故事似乎见于一幅敦煌壁画中。[65] 除了于阗木板画，还有一个将骑马者与碗和鸟联系起来的例子，即在吐鲁番交河故城发现的一幅纸画。[66] 尽管在这个例子中，骑马者穿戴盔甲，浅浅的碗里还放有一个瓶子。另外，白哈尔的传记中还有一个片段，在吐蕃和回鹘边界一座佛塔的开光仪式上，一只大鸟栖息在一棵树上。

图齐将藏族文献中的巴达霍尔突厥人认定为最初居住在贝加

尔湖的民族，认为他们很可能就是回鹘人。[67] 他们于 744 年建立
回鹘政权（原称回纥，788 年改称回鹘），占领了贝加尔湖以南的
土地，包括现在蒙古国的大部分，远至天山以北和黑海以东。[68]
回鹘的统治持续了大约一个世纪，直到 840 年，他们被来自北方
的黠戛斯族（即柯尔克孜族）赶出故土。一些回鹘人南迁至塔里
木，但这次迁徙无疑发生在丹丹乌里克废弃之后。如果本章所讨
论的木板画的年代为 7 世纪或 8 世纪早期，那么此时回鹘人还居
住在北方遥远的贝加尔湖附近。

　　从前文提到的 7 世纪的玄奘记录中，可知于阗存在突厥人。
汉文史书中也有相关的记载："明年（725 年），于阗王尉迟眺阴
结突厥及诸蕃国图为叛乱，暹密知其谋，发兵辅而斩之，并诛其
党与五十余人，更立君长。"很难得知，木板画所描绘的场景是否
起源于突厥。相关的藏文文献年代较晚，并且很明确地将白哈尔
比作一只大型猛禽，与这里的图像并不一致。但它也可能是一则
突厥传说的于阗表达，只是其中一些元素被曲解了。

　　埃米尔·埃辛（Emil Esin）也在绘画中找到了几处突厥和回
鹘的主题，例如骑马者的服饰，是"游牧者的短裤、靴子和晚期
突厥石人穿的斯基泰短袍"，飘逸的长发上系着帔帛，额前有尖头
车轮状的饰件。[69] 他还认为，手中拿着一只杯子的人物形象在其
他突厥绘画中很常见，代表的是"具有超自然能力的皇室成员"。
花斑马也是皇室的骑乘工具，头饰中日和月的标志（圆形和新月
形）彰显了其重要地位。然而，这样的服装、飘逸的帔帛和日月
标志不仅局限于突厥艺术中。例如，骑马者的服饰在该地区有很
多发现，甚至唐代的贵族也穿这样的服饰。不难想象，于阗人也
可能穿戴这样的服饰。日月徽章的分布则更加广泛，它经常出现

图 20　虞弘石棺床上一个场景的局部

于佛教和摩尼教艺术中。

　　木板画图像或许还与粟特人有关。虞弘（卒于 592 年）很可能是出使萨珊波斯的粟特移民，6 世纪中叶时定居晋阳（位于今山西太原）。他的石棺床发现于太原，上面的图案反映了他的生活和信仰。[70] 其中一个画面显示，一位骑马者右手持一只碗（图 20），头顶飞着一只鸟。据我所知，此前从未有人将二者联系起来，但这很明显与木板上的场景非常相似。

　　当然，这块木板表示的还可能是一则起源于于阗的传说，在回鹘人迁入塔里木后又与回鹘人产生了联系，并在几个世纪后被藏族的历史学家记录了下来。而于阗的考古工作还将继续发掘新的遗址，取得新的发现，关于这块木板及其故事，我们将会有更多了解。

　　无论它的起源是什么，可以肯定的是，它描绘了于阗佛教中一个非常重要的场景，而这对当时的于阗人来说不需要多加任何解释。[71] 即使不考虑图像的整体含义，图案中的个别元素也反映了多种文化对于阗的影响和于阗在丝绸之路上的地位。其中有带有头光的人物、飘逸的帔帛、新月形和圆形的装饰、绒球和巴克特里亚骆驼（双峰驼），[72] 对每一项的讨论都会占用一章的篇幅。此处，我只简要地讨论一个元素——花斑马。

花斑马

　　骆驼通常被看作丝绸之路上动物的代表，马就算没有骆驼重要，也至少有着同样的地位。马对于草原聚落来说必不可少，其驯化可以追溯到至少公元前 3500 年。它使得青铜时代的大迁徙成为可能，这样人们才能从欧洲的边界迁徙到蒙古国、中国的塔里木地区和印度。DNA 采样显示，所有的马都源于同一种系的公马，母马的基因则是多样的。这表明在马的整个早期历史中，人们采用了引进野生母马至马群交配繁殖的做法。马被用于轻便的二轮战车，这改变了战争，并使一些民族控制了从美索不达米亚到阿尔泰的矿藏。这些矿石又被用来制作和装饰马具，马最终成为神话和艺术的一部分。我们在公元前 1 千纪的塔克拉玛干墓葬中发现了马镳、马鞍等马具残件。[73] 学者们还发现，在这一时期于阗南部的昆仑山上有骑马的游牧民族。[74] 丝绸之路开通之前，在邻近草原的地区，包括中国，马已经被用于建立骑兵军队。

马在丝绸之路的经济、外交、战争、艺术和文化方面都扮演着重要的角色。如托马斯·爱尔森（Thomas Allsen）所示，骑马狩猎成为皇室生活的主要部分，遍及内外欧亚大陆的帝国和王国。在不同的政权中，马都被视为取悦或礼遇高级外交访问者的理想对象。[75] 马球也有着类似的地位。从萨珊波斯到唐代中国，皇家马厩里饲养着许多打马球用的矮种马。

然而，尽管波斯阿契美尼德王朝和古希腊等许多早期欧亚帝国都在颂扬成功的养马和骑马技术，但这在古代中国较为少见。[76] 波斯王子总是热衷于骑马，古代中国的皇子却不懂马术。[77] 后者并非不习军事技艺，只是古代中国的传统衣服是宽袖、衣摆垂至脚踝的长袍，这会让骑马变得困难。他们也需要学习拉弓、驾驶战车等技能。[78]《汉书》记载，大约公元前 300 年的赵王是第一个建立骑兵军队的君主。[79] 此后，包括秦国在内的其他诸侯国也纷纷建立骑兵。最终秦国于公元前 221 年打败了最后一个诸侯国，统一中原，中国进入历史上第一个皇帝即秦始皇的统治时期。秦始皇陵中成群的兵马俑里包含了骑兵和战车，没有这些，秦始皇不可能成功。

始皇帝死后不久，秦国就灭亡了。新政权在打败其主要对手后，以"汉"为其国号。第一章已经讲述汉朝最终打败其北和其西的草原联盟匈奴的故事，其中一部分是，西汉使节张骞在公元前 2 世纪中叶被派往月氏（见第三章）。张骞越过费尔干纳盆地，那是处于中亚山脉和草原中的一片富饶绿洲。[80] 他在那里遇见了一种马，与汉朝的马差别很大。在汉帝国向西扩展并为保护路线而建立军事要塞之后，双方的外交使团和贸易团体开始互相往来，以维系联盟关系和保证货物贸易。汉文史书记载，对于中国人来说最重要的货物就是费尔干纳的天马。在整个中国历史上，马都是贸易的主要对象，而在这一时期人们主要用丝绸来购买。

考古显示，从新石器时代开始，在今天的中国境内就已经存在驯养后的马。公元前1千纪，就有关于马匹育种计划的记载。尽管如此，无论是培育新的可稳定繁殖的品种，还是通过培养现有品种为军队提供充足马源，中国似乎都不成功。[81] 公元前2世纪，一位汉朝官吏注意到汉朝的马比不上匈奴的马："上下山阪，出入溪涧，中国之马弗与也。"[82] 很大一部分原因是中国北方的平原主要用于农作，缺少合适的牧场。[83] 1000多年以后，另一位宋朝官吏写道："西北二敌所以能抗中国者，惟以多马而人习骑，此二敌之长也。中国马少，又人不习骑，此中国之短也。"[84]

顾立雅（H. G. Creel）指出，这段时期"中国的对外关系、军事政策和经济繁荣，以及它作为一个独立国家的存在，很大程度上都受到了马的影响"。[85] 马无疑备受重视，在文学、艺术和宗教中都能发现它的形象。此外，汉末以来中国北方的一些统治者其祖先来自草原，唐朝皇帝也被认为有突厥的血统。我们可以看到，唐代太子的墓室壁画中绘有马球图和皇室狩猎图，皇帝最喜欢的骏马也被表现在艺术中。尽管也有人反对皇室的狩猎活动[86]，但唐朝仍然不得不从回鹘和其他邻国手里购买数以万计的马匹。

但顾立雅认为，马似乎从来没有完全进入中华文化，仍然是"域外的"，不过中国人极其需要它。[87]"对大部分中国人来说，骑马仍然是有些奇怪的并且本质上几乎是外来的行为。这样的印象很难避免。马和骑马者，一般与北部和西部边疆联系在一起。很明显，中国艺术中的马夫和驯马者似乎总是被描绘为非中国人。"[88]

或许是因为在马术方面缺乏自信，中国人才发明了马镫。[89]
在马镫发明后，很多邻近地区的游牧民族还是继续骑乘无马镫的
马。一些资料显示，熟练的骑马者不需要马镫。[90] 在与于阗木板
画同时代、制作于波斯和拜占庭的丝绸和银器上所描绘的皇家狩
猎者，也都几乎没有马镫（见第八章）。

虽然于阗有时有汉人和唐朝驻军，但它远离中原的平原农业，
更多地受伊朗、印度和中亚文化影响。因此，马很可能是日常生
活中被普遍认可的一部分。[91] 于阗位于通向有着肥沃草场的北方
和西北方的路上，[92] 但马也可能是在于阗附近喂养的。斯坦因注
意到木板画上的马与当地的现代品种之间有相似性："马画得很
好，尤其是马腿和马蹄。它的颜色，白皮中带有大的黑点，让我
想起了北印度人直到近来都非常喜爱的黑白花斑的莎车马。"[93]

马的颜色非常重要。在印欧文化中，白色的马受到高度重视，
人们将它与太阳神联系在一起。[94] 它还出现在佛教等很多语境中，
佛陀离开他父亲的宫殿时就骑着白色的马，这与他的王子身份相
称。白马也一直是佛教的主题。例如，在佛教传入中国的传说中，
有两位僧人骑着白马从受月氏统治的阿姆河畔来到中原。更著名
的是，7 世纪的僧人玄奘也选择了一匹白马载他前往印度。

花斑马也有很突出的地位。希腊神话中，波塞冬将两匹永生
的马赞托斯（Xanthos）和巴利奥斯（Balios）给了珀琉斯，珀琉
斯的儿子阿喀琉斯后来在特洛伊战争中用这两匹马拉战车。[95] 这
两匹马是白色带花斑的。[96] 花斑马在中亚文化中也很重要。[97] 菲
尔多西的波斯史诗《列王纪》中的英雄鲁斯塔姆（Rustam），骑
着一匹来自贵霜（见第三章）的花斑马拉库什（Rakush）。拉库
什是从数以千计的马中挑选出来的，还生了许多美丽的带花斑的

马驹。在突厥社会，"北部的曷剌（即驳马国）、阿拉克沁鞑靼，北亚和东亚的拔悉蜜、Turkhsi、石汗那的乌古斯，以及木尔坦地区的 Qaiqaniah 突厥都专养花斑马"。[98] 拔悉蜜住在突厥阿史那部（又称"蓝突厥"）的北边，后来在回鹘人到达吐鲁番地区之前定居在吐鲁番地区。[99] 在塞尔柱文化中，用黑白相间的马拉的车象征时间的流转，黑色和白色的斑点则象征黑夜和白昼。9 世纪的回鹘文献《占卜书》有这样的话："我是骑着黑白花斑马的神，掌管白昼和黑夜运转。"[100]

11 世纪的突厥语词典编纂学家麻赫穆德·喀什噶里（Mahmud al-Kashgari）注意到，在不同的突厥方言中有不同词汇用来描述各种颜色和图案的花斑马。[101]

1000 多年前，一群僧人在于阗国中旅行，从首都的东北方走向沙漠。他们穿过绿洲边缘的小型农业聚落，沿着灌溉水道走了一周深入沙漠。最后他们去到一个聚落，那里有苹果园、杏树和沙枣树，还有很多小型寺庙的佛塔。僧人们居住在聚落边上一座两层的房子内，负责照看其中的一座寺庙及其土地，其中包括一片农田。他们扫地、割草、浇地、种田，可能还要主持当地的仪式，举行他们自己的私人宗教活动。在那里，他们可以沿着饰有壁画的走廊绕塔。

对一处佛教圣地来说，还愿祭品是日常生活的一部分。当地寺庙制作微型的黏土佛塔、木质或硬陶的板子卖给来访的朝圣者和信徒，以供他们献给寺庙。这同时促进了作坊的个体化。尽管板子上装饰有佛教的场景，但这些反映的是于阗的佛教。长久以来，僧人都在壁炉上方的墙上凿洞悬挂一些木板作为神龛，并以此装饰自己的小屋。他们离开后，木板被留了下来。随着时间的流逝，建筑坍塌了，它们从墙上掉下来被瓦砾掩埋，直到自远方而来的考古学家发现了它们。如今，它们躺在一座博物馆的库房里，远离它们原始的语境和用途。但现在它们仍然受到重视，不再是因为它们的还愿力量，而是因为它们记录了一个灭绝已久、仍鲜为人知的社会的历史和艺术。

第七章

蓝色《古兰经》

本章讨论的古物现在已经支离破碎，它的各部分散落在世界各地。它再也不可能完整呈现，即使以数字化的形式复原也不可行。这是一本精装的《古兰经》库法体（Kufic Script，阿拉伯文书法体之一）册子本（codex），可能有 600 张书页，文字为金书，写在靛蓝色的兽皮纸上，周边以银为饰（彩图 7）。[1] 此物为我们深入了解现代艺术和图书市场提供了视角，并提出了公共博物馆在与私人市场同台竞争时所面临的难题。但在考虑这件古物当下的困境之前，我们要先从讨论中古世界的图书制作开始，研究 1000 多年前它是何时、何地、为何而制造的。

图书的世界

当我们讨论（最广义的）图书的历史时，我们可以对希望永存于世的和那些只是使用一时的物品做简单的区分。例如，今天的一本出版图书和一份购物清单。尽管在这两个极端中间有一个很大的灰色地带，但宗教文本，尤其是各大宗教斥巨资按照教规制作的经典，如这本《古兰经》，通常是为了永垂后世而诞生的。[2]本章与宗教材料有关，而关于那些只是使用一时的文献，如历日，则见于第九章。[3]

随着伊斯兰文化在 7 世纪晚期发展和传播，它遇到了数个同样已有写本的文明，这些文明展示了欧亚大陆和非洲大陆上不同地区的图书在版式和装帧方面的多样性。[4]周边文化是如何影响伊斯兰图书文化的，影响的程度又如何，这很难查明。但在此时的欧洲、西亚、北非和东非，册子本在基督教传统中占主导地位。[5]册子本与现代印刷图书类似，纸张等材料通常对折并在一侧装订，这样书页就可以快速翻阅。[6]这是这本《古兰经》最初的装帧形式，而最早的《古兰经》很可能也用这种形式装订。[7]基督教和之后的伊斯兰教册子本则是将几张纸折在一起形成帖（quire），再按组在折边处装订，形成图书。书页由封面保护。[8]在当时的基督教世界，图书的制作主要由修道中心的神职人员（会写字的精英）控制。我们可以看到，无论是基督教东部还是西部教派，圣经统一采用标准的册子本形式。[9]著名的例子现在通常依照它们的发现地点和版式命名，比如"西奈抄本"（Codex Sinaiticus），一份发现于西奈山的 4 世纪中期圣经抄本。[10]

然而，册子本图书在经典领域和基督教传统中占主导地位，是300 年左右才出现的。[11]此前这样的文献主要是卷子本（scroll）。[12]最初的卷子本用纸莎草（*Cyperus papyrus* L）做的纸制成，这样的书在公元前 3 千纪中期的埃及就已经存在。[13]纸莎草在埃及帝国境内很常见，而且被广泛开采，不仅用于制作图书，还用于生产篮子、绳索和凉鞋等日常用品。但用它制作的纸张质地较脆、不易折叠。公元前 1 千纪末时，兽皮纸开始投入使用，并在之后几个世纪的西亚和欧洲基本取代了莎草纸。[14] 兽皮纸是指未加工的动物皮，主要是绵羊皮、山羊皮和小牛皮。[15] 较好的皮也叫 vellum，[16] 但该词并不专指某一种皮，有时指较好的兽皮纸，可能是绵羊皮、山羊皮或小牛皮，有时则仅表示小牛皮。[17] 这些兽皮是未经鞣制的，与革不同。[18]

玛拉基·拜特–阿里（Malachi Beit-Arié）认为，犹太人社群的文化水准相对较高，加上他们缺少中央集权的政治或知识机构，这造就了"希伯来语图书制作的独特性和个性化特征，消除了文本复制时的标准化"。[19] 换言之，他认为希伯来语图书以多种形式制作，而且受到当地文化的影响。但是我们看到，在基督教册子本普及之后的几个世纪中，卷子本仍然存在。这说明在犹太人的世界中，册子本似乎直到 9 世纪才取代了卷子本。现存最早的希伯来语册子本其年代可以追溯到 10 世纪，但这并不代表册子本对犹太人来说是陌生的。伊斯兰教、基督教和犹太人社群毗邻而居，而且有证据显示，他们在图书制作方面相互影响和分享。[20] 而所有现存的早期《古兰经》都是册子本。

随着伊斯兰教向东拓展，它开始与拥有其他宗教信仰的社群产生联系，如萨珊波斯的琐罗亚斯德教。琐罗亚斯德教起源于中亚，在公元前 1 千纪时传播到波斯，成为阿契美尼德王朝国王的信仰。与犹太教和基督教一样，它也关注圣言，即《阿维斯陀》（*Avestan*）。但这份文献的写本非常少，这让许多学者认为琐罗亚斯德教延续了口述的传统，所以《阿维斯陀》没有被抄录。[21] 尽管有证据显示，3 世纪时在皇室的赞助下，包括《阿维斯陀》在内的文献曾被书写，但现存最早的《阿维斯陀》写本的年代为 9

或 10 世纪，而且发现于中亚的一座遗址内。[22] 尽管只有一张纸被保存下来，但其底部的胶水痕迹可以证明，它最初很可能采用了垂直卷子本的版式。

许多宗教都依赖口头传播，其中包括从北印度发展起来的佛教。佛教经典告诉我们，历史上佛陀的学说是在他去世后的几个世纪后才被记录下来的。然而，认为口头传统和书写传统相互排斥的观点可能是错误的，更常见的情况是两者相互补充。[23]《古兰经》、希伯来经典和佛经，以及其他宗教文献，在宗教教学中仍是需要通过背诵来学习的。

现存最早的佛教写本发现于中亚，被写在桦树皮制成的纸卷上。[24] 然而在印度，佛教徒使用棕榈叶这种传统的书写材料来制作图书。他们首先在棕榈叶上刻上字母，再涂以墨水，然后用一根或两根绳子穿过叶片中心，将棕榈叶串在一起，最后把它们夹在两块木板中间。这种形式常被称为波提，后来传播到东南亚。而在其他地方，佛教徒似乎使用了当地材料。他们有时会保留印度的装帧形式，这在西藏的大纸波提中可以见到；有时也会采用当地的形式，如东亚的纸卷。[25]

几乎可以确定，佛教西传至萨珊波斯，或许还远至今天的土耳其，但是遗留下来的证据比较零散。[26] 伊斯兰社群在东迁时也应该接触过佛教和佛教文献。萨珊波斯还是另一个宗教摩尼教的起源地，该宗教尤重典籍。摩尼教创建于 3 世纪，其创建者摩尼很可能成长于美索不达米亚南部，那里有犹太-基督教浸礼宗社群，即厄勒克塞派（Elkhasaites）。摩尼教也向西传播至罗马-拜占庭世界，向东至中亚，再从中亚传到中国。佛教和摩尼教文献最初也是用叙利亚文（东阿拉米文［Eastern Aramaic］的一种）

书写，后被译成从 4 世纪的科普特语，到帕提亚语、中古波斯语、粟特语和突厥语等多种语言，既有卷子本，也有册子本。[27] 许多这些文本都有插图，这证实了早期文献中提到的用于教学的"摩尼绘本"是存在的。[28]

因此我们可以看到，中古图书的世界远比经常被提到的西方中世纪册子本要更多样。在这个世界中，伊斯兰抄写员、学者、教导者和赞助人各司其职，以各种方式参与伊斯兰教经典的编写。[29]

伊斯兰图书和《古兰经》

根据逊尼派传统，7 世纪早期先知穆罕默德所接受的伊斯兰教教义最初是以口头传播的形式保存的，这与琐罗亚斯德教和佛教等其他宗教类似。但逊尼派还认为，穆罕默德死后仅过了 20 年，在第三代哈里发奥斯曼·伊本·阿凡（Uthmān ibn 'Affān，644—656 在位）领导期间，一个权威版本以书写的形式保存下来，形成了《古兰经》。[30] 2015 年，研究人员对伯明翰大学所保存的《古兰经》册子本中的两张兽皮纸进行了 ^{14}C 测年，测年数据在 568 年和 645 年之间，[31] 但该结果尚未得到公认。有学者认为兽皮纸是被重复利用的，文本的年代相对较晚。但现存几件《古兰经》写本的年代都被认为是 7 世纪。[32]

《古兰经》用阿拉伯语写成，所使用的字母很可能是纳巴泰人（Nabataean）创造的。纳巴泰人于公元前 1 千纪中期在约旦的佩特拉附近建立了一个王国。已经发现的使用这种字母的阿拉米语铭文，其年代为 2 世纪。较晚的文本则写在莎草纸上，表明它已经向手写体发展。几个世纪后，这种字母演变成阿拉伯字母。最早使用阿拉伯字母的是一则三语铭文，分别使用了希腊语、叙利亚语和阿拉伯语，写于 512 年。

尽管《古兰经》之前的一些文献（以诗歌为主）保存了下来，但作为书面语的阿拉伯语是随着伊斯兰教的崛起而发展和繁荣起来的。[33] 最初的字母体系在阅读时会出现很多含糊不清之处。例如，它没有转写短元音，使得读者需要利用上下文来确定其含义。但在接下来的几个世纪中，这套字母体系逐渐完善。几乎可以确定，按照教规制作的书面版《古兰经》至少是推动它完善的一部分原因。《古兰经》写本所使用的字母直到 11 世纪才以伊拉克的库法为名，被称作"库法体"。[34]

蓝色《古兰经》就是在这样的背景下制作而成的。在讨论"何时制作"和"何地制作"之前，我们先来看一下它是"如何制作"的。因为学界还在争论它的制作时间和地点，而关于它的制作方法，尽管也有一些不确定性问题，但争议相对较少。

制作蓝色《古兰经》

蓝色《古兰经》由兽皮纸制成。尽管从公元前 2 世纪开始人们就已经使用兽皮纸了，但在欧亚世界西部，选择这种材料制作书籍是在 3 世纪。[35] 兽皮纸是用兽皮制作的，以小牛、绵羊和山羊的皮为主。小牛皮需要从死产或不足一周的小牛身上取，否则皮会变得太厚而不能使用；而发育完全的绵羊和山羊的皮则比较合适，因为它们比较薄。[36] 蓝色《古兰经》使用的是绵羊皮。[37]

制作兽皮是一项技术活，费时且费神。[38]首先需要将兽皮浸泡在石灰溶液中数日，待毛发脱落后再将兽皮绷紧在木框上（图21）。趁兽皮湿的时候还需要再一次刮去残余的毛发，进一步绷紧。但要注意不能绷得太紧，否则兽皮可能会被撕裂。尽管细小的破洞可以修复，但在已制成的书籍上还是可以看到破裂的痕迹。在兽皮晾干之前还可以用浮石擦拭，以使其表面更容易吸收墨水。如果晾干之后兽皮纸表面还有油脂，则不好上墨，那么就要用石灰、白垩或草木灰等含钙化合物以干粉或湿膏的形式处理。[39]一张皮通常可以制作 1 至 4 张书页，这取决于皮的大小和纸张的要求。蓝色《古兰经》由绵羊皮制成，每张书页的大小为 31 厘米 × 41 厘米。这说明 1 张大皮可以制作 2 张折页，每张都可对折，这样就形成 4 张书页即 8 个页面（图22）。[40]因此，像这种估计有 600 张书页的书籍，至少需要 150 只动物。[41]

这本《古兰经》被染成蓝色，染料提取自一种含有靛蓝的植物。靛蓝作为一种织物染料古已有之，并在这种植物生长的地方独立发展。[42]相关的例子发现于大约公元前 4000 年的南美洲、公元前 3000 年左右的中东，以及见于大约公元前 2400 年的埃及木乃伊裹尸布。[43]此后，在整个公元前 2 千纪，在布和毛织物上可以发现有更多使用靛蓝染料的例子。尽管许多其他植物中也含有靛蓝，但它作为一种染料主要来源于两种植物，即木蓝（*Indigofera tinctoria*）和菘蓝（*Isatis tinctoria*）。前者的利用率更高，但它是一种亚热带和热带植物，在欧亚大陆的北部和北非的大部分地区都不是原生的。菘蓝则见于欧亚草原和沙漠地带，生长在高加索地区、西亚、东西伯利亚，以及北非部分地区。它在整个欧洲都有栽培，其种子最早出现在新石器时代。直到公元前

图 21　表现兽皮纸制作者的版画。采自 Josef Amman，*Das Ständebuch* (1568)

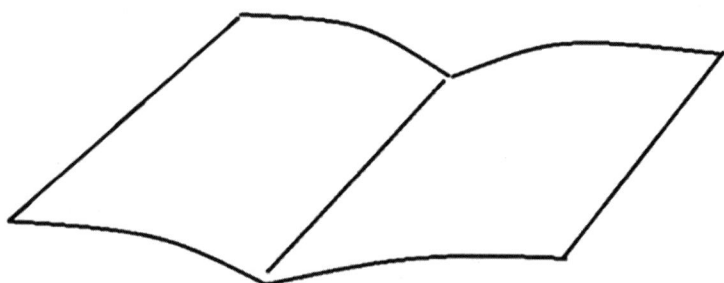

一张折页

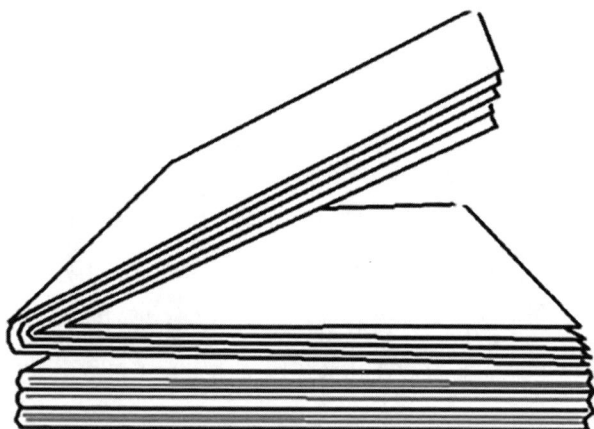

每部分由五张折页组成

图 22 由五张折页组成的贴。采自 Mar20（无出版日期）

1 千纪它仍被继续使用，但仅用于织物。然而，靛蓝染料主要的可检测成分在所有的来源中都很常见，无论是生长在土耳其的菘蓝还是来自印度的木蓝，所以分析检测无法确定染料的来源。[44] 我们也因此难以得知蓝色《古兰经》中的靛蓝来源于哪种植物。[45]

我们看到，6 世纪时人们会使用红紫色的兽皮纸制作圣经。[46] 在几个古代社会中，紫色染料都价格不菲，它们大多由煮沸的海螺制成。它的发现归功于公元前 14 世纪腓尼基古城提尔（Tyre）的公民，因此叫作提尔紫。[47] 由于制作少量的染料就需要大量的贝类动物，所以提尔紫的价格非常高昂。[48] 在公元前 301 年的罗马，1 磅染料就要花费 15 万迪纳厄斯（denarius），大概相当于 3 磅黄金。[49] 但此时人们也使用含有苔色素的地衣制成的紫色染料，一些文献记载了它们混合使用的配方。[50] 在罗马，紫色是社会地位的象征——元老院成员穿着紫色条纹的托加长袍（toga）和丘尼卡（tunica）。这样的传统延续到拜占庭。在拜占庭，紫色成为皇室的颜色，它的使用有着严格的限制。就是在此时，紫色开始用于书籍。虽然长期以来人们一直认为这些物品是用海螺染色的，但几乎所有的年代检测都显示，染料是由地衣制成的。[51]

现代的早期实验尝试使用与织物染色类似的方法给兽皮纸染色，最初并未成功，紫色没有附着在兽皮纸上，还引起了兽皮纸的回缩。但过去的很多技术并没有延续至今，今天我们通常致力于复原它们。刚开始实验没有成功的原因可能正在于兽皮纸的生产方式不同。而最近的研究十分成功，兽皮纸两面都能很好地上色，而且之后没有回缩。而另一种方法，即先在兽皮纸上染色再将其绷紧处理，同样也有很好的结果。[52] 一些中古写本上留有刷子的痕迹，说明使用的是第二种方法，但谢丽尔·波特（Cheryl Porter）检查了蓝色《古兰经》的几张纸，没有看到刷子的痕迹。尽管如此，她依据实验认为刷子的痕迹是在第二次涂染时消失的。[53] 她观察了表面有磨损的几张纸，注意到刷上去的颜色是浮在表面的。

兽皮纸染色后，接下来要制作蓝色《古兰经》的折页。[54] 上文已经提到它的尺寸非同寻常，还须注意的是文字的方向。这本册子用的是横版而非竖版，画的是风景画而不是肖像画。早期的册子本，无论是基督教还是伊斯兰教经典，通常都是竖版。晚期的伊斯兰教册子本也恢复成竖版。中期转成横版的解释之一，可能是因为采用了库法体，但考虑到早期伊斯兰教册子本相对缺乏，这个结论并不可靠。[55] 然而，我们看到 6 世纪采用竖版的希腊语写本比例与该《古兰经》相似，有的还被染成紫色。例如圣彼得堡紫色抄本（Codex Purpuresus Petropolitanus），共 231 页，每页尺寸为 32 厘米×27 厘米。但与圣彼得堡紫色抄本和大多数其他希腊语册子本不同，这本《古兰经》是单栏书写的。纸张在书写之前，可能先借助线框用刻针打点形成了 15 条线格，[56] 之后再添加文字。

人们最初认为，文字是用金色墨水写上去的，即金银字（chrysography）。[57] 这可以在基督教手稿中看到，伊斯兰文献，比如一本 10 世纪的书法手册中也有这种技术的相关记载。[58] 当时常用的是芦苇笔。芦苇在水中浸泡后被削出笔尖，笔尖的形状不仅有区域的差异，尤其是西班牙或北非与中部和东部大陆的差别，而且反映了不同书法大家之间的手法差异。[59] 目前已经发现配有墨水瓶的芦苇笔。

现存的许多《古兰经》都是用金书写的。然而，波特用显微镜观察了波士顿美术博物馆收藏的一页《古兰经》，结果显示它用的是金叶。[60] 抄写员用一些黏合剂（可能是阿拉伯树胶）贴上金叶，再刷掉松散的碎片，最后可能还要打磨。[61] 字母的轮廓则是用棕色的鞣酸铁墨勾勒出来的。[62] 这种墨自古以来就在使用。乔纳森·布卢姆（Jonathan Bloom）注意到，在阿拉伯人制作墨水的配方中，五倍子（gallnut）是鞣酸的来源，而在其他地方，人们还使用核桃壳和石榴树皮。[63] 鞣酸与硫酸亚铁混合之后可以制成鞣酸铁墨水。布卢姆认为，用棕色墨勾勒文字轮廓是为了清理金叶的"羽毛边"，这一点阿兰·乔治（Alain George）也注意到了。[64] 这份文献是由职业抄写员书写的，但我们对抄写员这个群体知之甚少，我们只知道他们不只是男性。一则文献提到，10世纪时在西班牙南部的科尔多瓦（Cordoba），有170名女性抄写员用库法体抄写《古兰经》。[65]

标题和标记符号是用银书写的。乔治和布卢姆对此有不同的解释。前者认为，这些银书与现有文献中的泥银装饰（silver-illuminated）书页一样，是后加的。[66] 而后者认为，它们与写本的其他部分同时存在。[67]

最终，他们在折页上取得了一致的看法，即折页（或称双开页）按照恰当的顺序组合起来形成帖，之后贴在封面内被固定起来（图 23）。但封面很可能散佚已久，我们并不清楚它的情况。艾莉森·奥塔（Alison Ohta）注意到，只有在马穆鲁克苏丹国（1250—1517）附近才发现有大量的封面，且年代在这本蓝色《古兰经》可能的制作时间很久之后。[68] 然而她指出，一些学者认为早期的封面和装饰受到了科普特文封面的影响。现存最早的伊斯兰文献封面是盒式木质封面，表面覆有皮革，年代为 9 世纪。[69]

这本《古兰经》的制作年代和地点尚不确定。学者们认为它的制作时间在 8 世纪晚期至 10 世纪之间，而关于其制作地点也有多种观点，包括伊朗、突尼斯、伊拉克、西班牙和西西里等地。[70] 布卢姆写于 2015 年的一篇文章回顾了此前所有的讨论。基于奥卡姆剃刀原理（Principle of Ockham's Razor），布卢姆认为最简单的解释应该最重要，即这本书制作于突尼斯。他引用了三个可能的

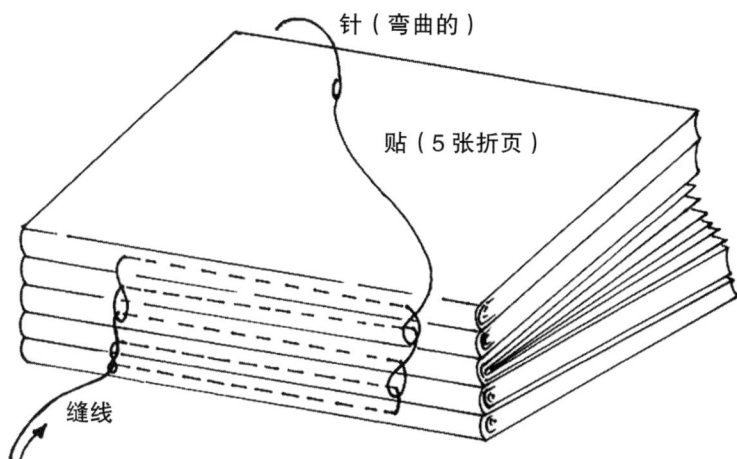

图 23 贴由线装订成册。采自 Marzo（无出版日期）

证据来支撑这个观点。第一，现存的另一件在蓝色纸上用金色墨水书写的《古兰经》，年代为 14 世纪。它采用了一种北非书体，即马格里布体（Maghribi script）。[71] 第二，凯鲁万大清真寺（the Great Mosque of Kairouan）的图书馆在 1293 年有过清点，清单上列有几件《古兰经》抄本，其中一件"大版，金书，库法体，深蓝色兽皮纸……章（sura）和节（verse）的编号，以及《同盟军》一章（aḥzāb）用银书写。外覆以木板，上有压花的皮革，内衬丝绸"。[72] 第三，几乎可以确定，拉凯达伊斯兰艺术博物馆（The Raqqada National Museum of Islamic Art，位于凯鲁万西南约 11 千米处）收藏的 67 页蓝色《古兰经》来自凯鲁万大清真寺图书馆。[73]

由于没有进一步的相反证据，所以上述该写本起源于突尼斯的观点即使不是结论性的，也是可靠的。凯鲁万大清真寺建于 670 年，是伊斯兰世界的学习中心之一，在 9—11 世纪期间尤为重要。[74] 该清真寺所在地区位于地中海贸易路线上，可方便到达埃及、西西里和黎凡特，也与伊斯兰世界的其他地方有着密切的联系。据说，那里的智慧宫在医学、天文学、工程学和翻译研究方面可以与巴格达的智慧宫媲美。[75] 上文提到的 1293 年的图书馆目录，说明大清真寺图书馆是从捐赠的图书发展起来的，其中包括《古兰经》。随着时间推移，当地学者和望族的捐赠又补充了馆藏。[76]

年代方面的证据也不能给出定论，尽管乔治和布卢姆分别有力地论证了该书的制作年代为 8 世纪晚期 / 9 世纪初和 10 世纪早期。我不打算讨论这些，因为这个话题远远超出了我的专业范围，但未来可能会出现更多关键性证据，检测分析技术也会提供更多信息。

最后就是为什么的问题。该问题至少可以分为两部分。在对时间和地点所知不多的情况下，我们无法具体阐释《古兰经》制作背后的推动力，只能猜测它是由一位非常富有的精英人士委托制作的。它的规格之大和装饰之奢华，还有"格外精湛的工艺"，表明它具有公开的、礼仪性的功能。也就是说，它不是为了私藏而生产的。[77] 制作过程中所用材料之丰富，不仅反映了赞助人的慷慨，还体现了真主的意志。[78]

但我们还必须寄望于新的证据以获得更多新的认知。接下来的部分关注的是为什么选择这种色彩方案。据我们所知，这种色彩没有前例，其后也仅有一份《古兰经》使用同样的色彩方案。因此，这将我们带到色彩的象征意义和美学的议题上来，并且提出了一些有趣的问题。

为什么是蓝色和金色？ 色彩的感知、美学和象征

当这份写本的书页第一次出现在西方藏书家的世界时，藏书家们就断定该写本来自伊朗东部的马什哈德（Mashad），是阿巴斯的哈里发哈伦·拉西德（Hārūn Ar-Rašīd，786—809 在位）去世时由他的儿子委托制作的，因为蓝色是丧服的颜色。[79] 尽管似乎极少有证据支持蓝色的出处和象征意义，其他学者还是接受了该观点，甚至为该观点添枝加叶。[80] 但最重要的是，这一观点为市场上的一份写本提供了出处。虽然这个出处尚不确定，但从那时起才有更多关于色彩方案的选择及其潜在影响的讨论出现，不过人们还未达成共识。

如上所述，拜占庭文化将紫色染料与皇家联系在一起，紫色不仅用在服装上，还用于皇帝的诏令。[81] 6 世纪时，紫色的兽皮纸已经用于制作用金和银书写的圣经。[82] 781—783 年有一则为当时伦巴德人（Lombard）的统治者——查理曼大帝（800—814 在位）制作的基督教文献，抄写员歌德士加（Godescalc）在其末尾写了一首诗：

> 金色的文字闪耀在紫色书页上，
> 雷神的国度是缀满星辰的天堂，
> 在玫瑰色的血液中展现出天堂的欢畅，
> 上帝在辩论中流露出恰如其分的光芒，
> 允诺给殉难者那丰厚的赏赐将要临降。[83]

在很多宗教中，夜空中星辰的排列都被比喻成神的金玉良言。

乔治否定了一些说法，即有着紫色和金色的图书对蓝色《古兰经》的色彩方案产生了潜在影响。基于圣经的紫红色和《古兰经》的深蓝色之间的差异，他认为"在明暗是感知色彩的基本方面的时期"，人们会强烈地意识到两种颜色之间存在明与暗的差异。但我认为这不足以完全否定一种潜在的影响。[84] 如上文诗歌所展示的那样，基督教手稿反映出人们对于光明和黑暗有着相同的看法，即使他们的美学观点不同。[85] 我们还须注意，随着时间的变迁，圣经的紫色可能发生了变化。尽管提尔紫不易褪色，但从地衣中提取的染料并不是这样的。[86] 此外，乔治还注意到紫色象征耶稣的血液，但这应该不会在伊斯兰语境中引起共鸣。[87]

　　深蓝色与金色一同出现的显著例子，在自然界的青金石中就可以发现。青金石，一种开采于今天阿富汗东部的矿石，至少从公元前 2 千纪开始就出口至北非和西亚。在伊斯兰世界中，青金石是价值很高的宝石和颜料，还被出口至基督教世界。[88] 金色的黄铁矿碎屑也经常被发现于开采的矿石中。[89] 蓝色和金色的组合在拜占庭镶嵌画、伊斯兰教的碑铭和其他的纪念碑铭中也有使用，比如圆顶清真寺（The Dome of the Rock）的铭文。[90] 在一则与伊斯兰世界有更密切联系的文献中，9 世纪的诗人伊本·鲁米（Ibn al-Rūmī）在称赞一个镶金黑檀墨水瓶时，将它比作一位"喜欢穿黄衣服"的黑皮肤非洲女性。[91] 劳伦斯·尼斯（Lawrence Nees）认为，这种配色还可能与"孔雀、所罗门，以及一种不是在罗马文化的基础上建立的统治概念"有关。[92]

　　圆顶清真寺早期的镶嵌画铭文是蓝地金字的，背景的颜色却被描述为深绿色。但绿色和蓝色的客观区别更多地依赖科学检测。一些人类学家和神经科学家认为，一个社会对颜色的命名与其社会成员分辨颜色的能力有关。[93] 很多被引用的实验都涉及这种感知差异，即那些缺乏描述蓝色的词汇的文化，很难区分绿色和蓝色。布卢姆认为，在古阿拉伯语中没有"蓝色"这个词。他注意到"azraq"一词在《古兰经》中仅使用了一次，指的是邪恶的蓝眼睛的人，而其他颜色被多次提及。布卢姆认为描述大海颜色的词是"khadra"，该词被我们翻译为"绿色"或"深色／黑色"。而在一些阿拉伯语文献中天空也被描述为 khadra，这就证实了他的观点。[94] 如上文所述，乔治认为把金色用在深蓝色上可以产生一种"光明对黑暗的共鸣"，这是理解这种色彩方案的美学和象征意义的关键。他引用了一本 9 世纪的叙利亚语百科全书，这本书认为所有色彩都基于"最普遍的白色和黑色"。[95]

进一步而言，在深色的靛蓝背景上书写较淡的金色的字，蕴含着对"明—暗"的审美。蓝色《古兰经》的制作，是以实物的形式表现文字的力量，旨在把不信道的人从黑夜带至白昼，从黑暗带到光明之中。文本自身也经常重复这样一种观念：[96]

> 真主是信道的人的保佑者
> 使他们从重重黑暗走入光明
> 不信道的人的保佑者是恶魔
> 使他们从光明走入重重黑暗
>
> ——第二章第 257 条 *

虽然所有这些说法似乎是合理的，但困难在于，如果这样的

---

* 中译文采自马坚译《古兰经》，中国社会科学出版社，1981 年 4 月，第 30 页。——译者注

色彩组合在伊斯兰世界有着公认的美学和象征意义，那么我们就会在整个伊斯兰世界看到更多这样的《古兰经》。然而，如上文所述，在现存的其他《古兰经》中只有较晚的一件是这样的。[97] 对此，我们可以提出各种可能的原因。第一，其他蓝色《古兰经》是存在的，但除了这件，其他都散佚了。第二，这样的《古兰经》制作难度大、成本高。第三，这样的美学和象征意义是区域性的，或者该书由一个与世隔绝的社群制作。如果我们接受这样的观点，即很多《古兰经》被藏起来了，只有极少数人能看到，那么第三种假设就更有可能成立。

接下来我会简要地阐述这些观点。

第一，我们已经在不同的地方发现了大量这一时期的《古兰经》。尽管不是没有可能，但整个伊斯兰世界没有一册制作精良的本子流传下来是不合常理的。那么，如果有其他本子的话，我们可以想象《古兰经》会对其他图书文化产生影响。

第二，成本和难度本身并不会成为制作的障碍。事实上，对于富有而虔诚的赞助人来说，成本和难度反而会是刺激他们赞助的一种动力，而且《古兰经》中也不乏制作精美、成本高昂的版本。另外，如上文所示，金墨的使用是十分普遍的，染色和涂刷的技巧并不难掌握，金色和靛蓝色也较为易得。我们可以看到很多本子都使用这两种颜色。

第三，蓝色／绿色和金色的美学意义并不局限于某一区域，这些色彩在伊斯兰建筑和用蓝色装饰的其他《古兰经》中也有使用。此时，北非的伊斯兰社群也没有与伊斯兰世界的其他社群隔绝。

然而，当蓝色和金色具有公认的美学和象征意义时，随着赞助人对更精致的装饰效果的青睐，纯蓝色的背景可能很快就失去了美学感染力。[98] 圆顶清真寺的早期铭文与蓝色《古兰经》的美学标准类似,方形的库法体仅打破了部分的绿色背景。但这明显与较晚期的碑铭不同,因为那时的库法体已变得更具装饰性。在11 世纪的《古兰经》写本中,库法体基本被一种盘曲的字体——纳斯赫体(Naskh)取代,形成了完全不同的一种美学标准。[99]

还有一点需要注意。几乎与此同时,罕见且珍贵的佛教经典在东亚出现,也是以靛蓝为底色,用金墨或银墨书写,尽管采用的是东亚常见的纸卷形式。[100] 这一时期中亚和西亚的伊斯兰世界与东亚佛教世界之间的联系还没有得到充分探索,但可以肯定的是两者之间必然存在联系和共性,因为它们都十分重视书法。[101]不过,尽管这种色彩方案在佛教和道教中算不上特别罕见,但仍是非比寻常的。[102] 它是委托制作这种写本的赞助人的一种选择,还被传播到日本、中国西藏和尼泊尔等地,作为一种美学标准继续留存于世。

拆分这本册子

2015 年,蓝色《古兰经》的一页出现在拍卖市场上,成交价为 365,000 欧元。[103] 这份写本是如何被拆开和分散的?而市场对它的保存、散布和学术价值有什么影响?

假如 1293 年时这份手稿保存在凯鲁万大清真寺图书馆,它第一次被拆开是在何时,出于什么原因?为什么有一部分会被移出清真寺,又是在什么时候移出的?如果没有进一步的证据,我们无法得知答案,但布卢姆假设这始于 16 世纪,即奥斯曼占领突尼斯之后。奥斯曼人可能将这一惊人且独特的发现拆开，把其中一部分带到伊斯坦布尔。该书华丽、罕见，奥斯曼征服者渴望获得它的一部分，这是可以理解的。目前保存于突尼斯以外的几乎所有书页都来自《古兰经》的第一部分，即第二、三、四章，所以他们可能是从整本书上拆下来的。那么，这就必然破坏了封面。[104]

一名瑞典外交官兼商人马丁（Fredrik R. Martin，1868—1913）声称他在伊斯坦布尔获得了几页蓝色《古兰经》，表明该书第一次受到了市场的关注。这是上述观点的重要基础。然而，如前所述，他售出的其中一页现存于哈佛大学，上面有波斯海关的印章。除此之外，没有其他证据可以把他售出的那几页与伊斯坦布尔或波斯联系起来，也无从证明这件手稿的拆开和分散发生在 16 世纪。

尽管海内外的图书市场一直存在，但把册子拆开售卖以获得更高利润的做法应该不早于 17 或 18 世纪。该做法始于一本圣经，该书现在被称为《洛尔施福音书》（Codex Auresh of Lorsch）。1563 年，洛尔施修道院被解散前不久，这份手稿被人从修道院图书馆带到海德堡。三十年战争期间，它于 1622 年被人从海德堡偷走。据说它被拆分成两部分，封面也被拆掉了。第一部分卖给了主教伊格纳茨·包贾尼（Ignác Batthyány，1741—1798），现藏于他在 1780 年创办、位于罗马尼亚的图书馆内，而第二部分和封底被收藏在梵蒂冈图书馆。封面则在伦敦的维多利亚和阿尔伯特博物馆。

历史上，书册被拆毁通常是因为它们不再受到某一社群的保护，这可能是政治或宗教变迁的结果。在世界上许多地方，修道院的解散意味着其藏书失去了安全的保障，或者说僧侣群体无力再保护它们。有些时候，有人会尝试去阻止这种破坏和分散。例如，1533 年，英格兰国王亨利八世（1509—1547 在位）委托约翰·利兰（John Leland）去查看和记录英格兰宗教场所的藏书。[105]1536 年，亨利八世通过了解散小型修道院的第一项法令，利兰给首席国务大臣托马斯·克伦威尔（Thomas Cromwell）写信求助，希望这些书在被带去德国之前能够得到抢救。信中说："德国人感受到我们不积极的态度，每天都派年轻的学者来破坏书，把书从图书馆中带出来，带回家，将这些书当作自己国家的文物。"[106]在他的努力下，他得到了另一位藏书家约翰·贝尔（John Bale）的帮助。约翰·贝尔支持解散修道院，但也为修道院图书馆这种意料之外的结果感到惋惜。他还为这些书籍编纂目录，并竭尽所能地购买一些书。"我也在诺里奇，我们的第二名城。那里所有的图书馆建筑都被杂货商、造蜡烛的人、卖肥皂的人和其他人改作他用……如果我能承担这些费用的话，我会尽可能多地把那里和诺福克，以及萨福克的其他地方的文物都保留下来。关于作者姓名和他们的作品名称，我会竭尽所能地为整个知识领域做一些事情。但事实上，我并没有这些钱。"[107]虽然皇家图书馆建造在这些书散佚之后，但它还是为很多书提供了一个"藏身之所"。

在非宗教语境下也有同样的情况，例如威尼斯共和国统治末期时其手稿藏品也受到威胁。[108]开罗戈尼萨文书（Cario Geniza）和敦煌藏经洞也是典型例子，人们致力于提供一个能长期保存文物的地方，使它们远离毁坏和散失。[109]

从 19 世纪开始，西方世界的很多人都渴望获得古代的手稿，美国和欧洲的考古学家、探险家和其他人都在寻求愿意出售的藏家。这也使得很多人前往埃及，搜寻圣经的早期本子。以查尔斯·兰·弗利尔（Charles Lang Freer，1854—1919）的藏品为基础，华盛顿史密森尼博物馆群的弗利尔美术馆（The Freer Gallery）得以成立。弗利尔总结了这种竞争的特点："我有点怀疑让别人知道我期待着访问埃及是否明智……因为如果真是为了寻求罕见的珍品，竞争会突然出现。"买家的发现会被媒体报道，而这必然会刺激竞争并提高价格。[110]

　　此时，很多书在买来时仍然是完整的，并且直到 19 世纪中叶也保存完好。然而，单页尤其是有图案装饰的书页的市场促使一些人寻求对他们的藏品的保护，以免书页分散。在 2015 年题为"破镜重圆"（Picking Up the Pieces）的勋伯格写本学研讨会上，阿内–玛丽·埃泽（Anne-Marie Eze）讨论到越南的写本，它们的卷头插画页在 1797 年威尼斯共和国灭亡之后就开始被拆散了。[111]美国艺术史学者查尔斯·埃利奥特·诺顿（Charles Eliot Norton，1827—1908）决定将他的藏书捐给近来在波士顿开放的伊莎贝拉嘉纳艺术博物馆（Isabella Stewart Gardner Museum），以确保它们得到完好保存。[112]研讨会上的其他论文则揭示了市场上其他册子本的命运。例如，15 世纪的《兰加托克日课经》（Llangattock Breviary），在 1958 年佳士得售出时是一本 513 页的完整册子，[113]但波士顿的买家古德斯皮德斯（Goodspeeds）将它拆开，开始在市场上以单页的形式售卖。在另一个例子中，1926 年威廉·蓝道夫·赫斯特（William Randolph Hearst）在苏富比购买了 13 世纪的《博韦弥撒经书》（Beauvais Missal），1942 年通过金贝尔兄弟（Gimbel Brothers）卖给了纽约商人奥托·埃格（Otto Ege），埃格将它拆开，开始以散页的形式出售。[114]

　　此外，拆分也有出于个人需求的情况。例如，詹斯·克罗格

（Jens Kroger）写到扎勒家族收藏的一份伊斯兰写本。[115] 弗雷德里克·扎勒（Frederick Sarre，1865—1945）在 1904—1931 年之间担任柏林伊斯兰艺术博物馆的创始馆长。二战期间，有人想买他的写本的一部分，但他拒绝了，因为当时的局势不稳定。虽然这份写本直到扎勒去世和战争结束都完好无损地幸存下来了，但之后还是被扎勒的妻子玛利亚和女儿玛利-露易丝·扎勒（Marie-Louise Sarre）拆开卖掉，以维持她们在瑞士的流亡生活。到 1986 年，柏林伊斯兰艺术博物馆才有能力买下仍留在她们家的 54 页。1988 年，她们又将版权页捐赠给柏林伊斯兰艺术博物馆。

我们可能永远也无法得知蓝色《古兰经》被拆分的原因，但这件事确实在 20 世纪早期已经发生了。在 1912 年的出版物中，马丁说明了这些散页的出处，即上文所提到的。尽管没有任何支持性证据，托马斯·阿诺德（Thomas Arnold）和阿道夫·格罗曼（Adolf Grohman）在 1929 年的出版物上还是接受了马丁的观点，并为此添枝加叶。在之后的很多年内，马丁的书页被卖给了波士顿美术博物馆（1933 年）、阿尔弗雷德·切斯特·比蒂（Alfred Chester Beatty，1967 年之前；现在都柏林的切斯特·比蒂图书馆）、哈佛大学福格艺术博物馆（Fogg Art Museum，1967 年）、西雅图艺术博物馆（1969 年）和萨德鲁丁·阿迦汗王子（Sadruddin Aga Khan，1982 年）。[116] 1933 年售出的书页，其成交价格为 85 美元。[117]

1976 年，伦敦举办了一个伊斯兰节，其中展出了蓝色《古兰经》的两张书页，都来自突尼斯藏品。一件在大英图书馆陈列，被标为出自 9 世纪的伊朗。另一件在海沃美术馆（Hayward Gallery）展出，其出处说是 10 世纪的突尼斯。这不仅引起了延续

至今的学术争论，还展示了这件蓝色《古兰经》，无疑为其创造了
更大的市场利益。达格玛·里德尔（Dagmar Riedel）认为，它使
得富有的美国个人和机构不再大批或整体购买伊斯兰图书或藏品，
因为它"展示了阿拉伯文手稿不仅仅是图书，还是伊斯兰文明的
一项文化成就"。换言之，一张单页也被认为是艺术品或文物，而
不是一份毫无意义的、脱离原境的文献。

　　因此，蓝色《古兰经》的其他散页（通常来源不明）开始出
现，而且在西方拍卖行中以越来越高的价格售卖，这一点也不奇
怪。其中一页马上就在苏富比拍卖。但在 20 世纪 80 年代早期，
这些书页就已经定期出现在市场上了。从 1984 年开始，有 30 多页
被拿出来售卖，大多数是由拍卖行拍卖并最终成为私人藏品。[118]
这一时期，尤其是随着多哈伊斯兰艺术博物馆（Museum of
Islamic Art in Doha，成立于 2008 年）等没有藏品基础的新博物
馆的建立，中东也加入了伊斯兰图书和艺术品的市场。多哈伊斯
兰艺术博物馆就藏有一页蓝色《古兰经》。

　　这些新博物馆的购买力把很多其他博物馆和图书馆挤出市场，
尤其是公共机构。同时，一些公共机构公布了准则，宣称不再购
入零散的书页。[119] 这一声明的目的在于阻止这些文物被进一步拆
分。然而，这些机构只是市场的一小部分，很多私人博物馆或收
藏家不可能被劝阻购买单页。另外，市场上来源不明的作品同样
引起了一个难题：为了给文物提供一个良好的保存和面向公众的
环境，公共博物馆是应该购买这些来源不清的作品，还是拒绝购
入，以反对劫掠者的行径？目前并没有解决的办法，这些机构更
多地站在道德立场上，而没有做出改变现状的实质性尝试。

　　引用达格玛·里德尔的话，拒绝购买单页的机构通常也继续

以单页的形式来陈列自己的藏品，而几乎只字不提藏品作为一本"纯粹的书"的背景。实际上，为了方便，有些机构甚至去掉了书籍的封面。2012 年，有三页蓝色《古兰经》在纽约展出。其中两页是从波士顿借来的，陈列在大都会艺术博物馆的"拜占庭和伊斯兰"展览上。另一页为迪拜的玫瑰信托（Rose Trust）所有，在鲁宾艺术博物馆（Rubin Museum of Art）中展出。里德尔在她的博客文章中指出，两个展览都没有向观众告知"因为无法解释这件独特的物品而引起的学术争端"。她还注意到两者在阐释这些文物的物质性上存在方法上的差异。大都会艺术博物馆没有把《古兰经》和染成紫色的拜占庭手稿放在一起展出，未能创造一种"并列式叙事，在此过程中，因果关系的可能性通过序列和语境得到暗示"。鲁宾博物馆却将《古兰经》与染成蓝色的佛教经典和其他写本放在一起，创造了这样的叙事。[120]

重组这本册子

20 世纪是这本册子被拆散的时期，21 世纪则是它以数字化的形式重新组合在一起的时代，很多项目也都利用了数字化和互联网的潜能，试图改变那些在过去被拆散的写本的面貌。[121]其中有考古藏品的重组项目，如国际敦煌项目，也有致力于单本册子本的项目，如《博韦弥撒经书》项目。[122]尽管很多机构最初持怀疑态度，但他们参与这些项目的愿望越来越强烈。蓝色《古兰经》是否能成立这样的一个项目还要拭目以待，但目前所知的现存书页仍然是分散的，不管在现实世界还是数字化世界都是如此。

第八章

拜占庭猎人丝绸

有些学者认为，丝绸并不像"丝绸之路"这个词所说的那样是贸易的关键，他们主张其他商品的影响力与丝绸相当，甚至更大。尽管如此，我们也不能轻易否定丝绸的重要性。丝绸之所以重要，其原因可能与它在经济或贸易总量上的实际排名（这尚未量化）无关，而更多地在于织物的故事和人们想要了解其秘密的渴望。在丝绸之路开通的初期，中国是唯一掌握丝织工艺的国家，但在几个世纪后，这项工艺就传播到丝路沿线的其他国家。本章讨论的这件物品是在拜占庭生产的，我们应该称之为"猎人丝绸"（彩图8）。拜占庭帝国可能在4世纪时就有自己的丝绸生产中心，当时这些中心使用进口的线。而拜占庭的养蚕业可能早在5世纪时就开始发展了，能够织出猎人丝绸上的复杂纹样的精密织布机则出现在8世纪。

因此，关于这件丝绸有很多故事可讲，除了丝织工艺的传播，还有图案所反映的文化对话和影响。该图案在丝绸之路上非常常见，即内有狩猎图像的圆形徽章。学者们对工艺和图案也有不同的解释，这表明我们与过去物品之间的对话经常发生变化，我们也因此难以得出定论。而随着这件丝绸西传，它先后被不同的帝王拥有，其功能和价值也在变化。从被赋予基督教背景下的宗教意义到成为当代博物馆的手工艺品，它也讲述了一些故事。

这件猎人丝绸展示了一对被树木隔开的骑马者，每人都神情自若，准备和下方的猎犬配合，用矛刺杀狮子。这一构图被置于装饰性的徽章之中。学者们根据它的织法和图案对它断代，但观点很不一致，从 8 世纪到 10 世纪不等。[1]这件丝绸并不完整，残高 73.5 厘米，宽 71 厘米。它是一件纬面复合斜纹织物，即织锦（samite），经线 Z 捻，一根为主线，另一根绕其捆扎。[2]纬纱退捻，染成蓝色、红棕色、黄色和浅蓝色。[3]

要理解这件丝绸，我们首先需要知道它是如何制作的，也就是要将它放进丝织工艺的发展和公元前 1 千纪它沿着丝绸之路传播的故事中去了解。尽管这个故事很复杂，而且充满空白和不确定性。

养蚕业的发展和传播

随着穿越中亚的路线的开通，蚕桑技术，即栽培桑树（*Morus sp.*），用桑叶饲养家蚕（*Bombyx mori*）以从蚕茧中获取丝线的方法，必然开始向中国以外的地方传播。这一时期的丝绸生产并不局限于中国，印度早在公元前 3 千纪中叶就有野蚕丝的生产。[4]在塞浦路斯发现的年代为公元前 2000 年的野蚕丝纤维，[5]是爱琴海地区在青铜时代就已经有丝绸的证据。[6]中国也生产野蚕丝，但关于早期专业家蚕养育和缲丝的唯一强有力证据来自中国，且现在的研究表明，这些技术可能早在公元前 2700 年就已经出现了。[7]

如穆特修斯（Muthesius）指出，"养蚕不仅曾经是，现在也仍是一项非常复杂和敏感的职业，需要大量的耐心和技巧"。[8] 直至丝绸之路开通时，中国在这项工艺方面已经有了长期的实践，人们采集白桑树（*Morus alba*）的叶子用来喂养经过选择性繁殖的家蚕，再用蚕丝制作出结实、精致的丝绸。[9] 蚕的幼虫会咀嚼大量的叶子，在不到一个月的时间内，它们的体重会增加 10000倍。[10] 用来喂养新孵化幼虫的叶子必须被撕得极小，因为这些幼虫仅比针刺的小孔略大，有时第一个昼夜还须每一小时就喂养两次。随着它们成长，叶子要大一些，喂养的次数也会减少。但这仍然是一项劳动密集型工作：蚕床上的粪便和老叶子要及时清理，同时人们还要检查蚕是否被感染，并保持养育环境的温暖和干燥。这一过程会根据蚕的情况而持续 4 至 5 周。中国的早期记载表明，养蚕是女性的工作，当时既有专门的蚕房，也有蚕室（即在室内开辟空间），她们将蚕置于托盘上养殖（图 24）。

除了这些技巧，养蚕还需要有充足的新鲜桑叶，因此需要种植健康的桑树——任何真菌或其他感染都会伤害脆弱的蚕。一棵桑树需要 3—6 年的成熟周期。桑树并不难种植，只需要温和的气候，以及平坦、湿润、肥沃和有充足光照的土壤。家蚕尤其喜爱吃白桑树的叶子，这样能产出最好的丝绸。这种树原产于中国北方，或许这是中国在养蚕方面领先的原因之一。[11] 中国农民还发明了嫁接白桑树的方法，由此提高了收成。

黑桑树（*Morus nigra* L.）则是一种完全不同的物种。它很可能原产于西亚的山区，但很早就在整个中亚和西亚栽培，据说还

图 24　17 世纪时对中国养蚕场景的描绘，背景中可见养蚕的托盘。采自《御制耕织图》（1696 年）

在公元前 2 千纪时传至埃及。黑桑树也流行于罗马时期的欧洲，甚至可能在前罗马时代就已经传播到北欧。而文献关于白桑树的早期传播语焉不详，直到近代这仍然是一个谜。[12] 例如，16 世纪和 17 世纪时的大英帝国企图发展丝绸工业，却以失败告终，这很大程度上是由这种困惑造成的——他们栽培的是黑桑树而不是白桑树。[13] 然而有证据显示，在印度河文明的哈拉帕遗址发现有公元前 3 千纪之前的白桑树，而西北印度和克什米尔的白桑树的年代为公元后最初几个世纪。[14]

　　一旦蚕开始吐丝作茧，3 至 4 次蜕皮后，就必须让蚕缺氧而死，或者通过降温阻碍它们继续成长、进化成蛾，这样蚕茧就不会被破坏。之后，蚕蛹会被油炸吃掉，目前这在中国依然是一道佳肴。接下来需要缫丝，这是另一项需要高超技艺和谨慎处理的任务。人们会将蚕茧放在一盆水中加热，理出少量的绪，然后把它们卷绕在一起。绪越多，丝线和最后形成的丝绸就越重。丝线可长至 900 米。[15] 此时需要把线轻轻地缠绕在一起，即加捻。其中经线需要更大的捻度，每一米要加捻 2000 至 3000 次，这一步就需要纺轮来实现。加捻的方式有两种：一种叫 S 捻，捻向绕着字母 S 的中心斜面；一种叫 Z 捻，捻向绕着字母 Z 的中心斜面，即与 S 捻反向。在中国内地生产的线中，S 捻更加典型。[16] 这样，丝线就制作完成了，其后会被染色、售卖或者用于纺织制造。

经常有人认为，中国把丝织工艺当作工业机密，企图垄断。而拉施克（M. G. Raschke）等学者提出了合理的质疑，他指出，文献记载公元前 2 世纪时汉朝的移民将养蚕技术带到朝鲜半岛，3 世纪时又尝试将该技术教给匈奴联盟中的邻近民族，两晋时期（265—420）则将蚕和桑树送给邻近的鲜卑。[17] 中国早期的法规仅有一部分保存了下来，但这部分条款中并没有提到丝绸是禁止出口的材料。

公元前 1 世纪，汉朝开通了向西的固定贸易路线，这促进了丝织工艺的进一步传播，也使得市场对丝绸的需求增加。赵丰认为，随着中亚的纺织工人可以接触到中国丝绸，并试着仿制中国丝绸，此时确实出现了这样的趋势。汉朝沿着贸易路线向西在塔里木的戈壁和沙漠上建立了军事城镇，还从内地迁来农民。其中一些人可能就掌握着养蚕的技巧，尽管在沙漠的环境中种树可能要多花一点时间。[18] 20 世纪的考古学家斯坦因在 1—4 世纪的尼雅遗址看到了干枯的桑树枝，这说明该地区丝绸生产的年代可以追溯到这一时期。[19] 这些绿洲王国也是一些印度人的家，他们可能也带来了他们自己的丝织技艺。[20] 锦，即一种多彩经面复合平纹丝织品，出现在中原的时间要比这里早 1000 年。[21] 它的生产不仅需要技艺高超的织工，还需要复杂的织布工艺。在 1 千纪早期，当地的中亚织工没有可以在经线方向上织出重复图案的高级织布机。所以，当他们试着仿制中国锦时，只能在纬线方向上织出有限的图案。尽管这种织法中有一些图案（比如龙）是典型的中国图案，但纬线织的图案和经线上的 Z 捻让这些丝绸与中国织造的丝绸有着明显的差异。[22]

中国边疆地区及周边有更早的来自中国的丝绸。在今俄罗斯境内的巴泽雷克草原墓葬和塔里木的阿拉沟（吐鲁番附近）墓葬发现的中国丝绸，年代为公元前 5 世纪至公元前 3 世纪。经常有报道说，更西的地方也发现有中国的丝绸，但这些信息尚未得到确认。例如，曾有一个令人振奋的消息称，在大约公元前 1000 年的埃及墓葬中出土了中国丝绸，该发现的新闻还见于出版物上。[23] 但之后此事出现了争论，没有人再引用该发现。[24] 其他所谓的发现同样受到质疑。例如，公元前 8 世纪至公元前 6 世纪的北欧哈尔施塔特（Hallsatt）墓葬中所发现的丝绸，现在被认为是野生丝绸，并不是由中国的家蚕丝和缫丝技术所制。[25]

如果丝织工艺沿着陆路从中原西传，在公元后最初几个世纪到达塔里木的话，那么寻找丝绸生产证据的下一个地方就是西邻的贵霜帝国（见第三章）。贵霜帝国包含北印度，见证了佛教的兴起及其向塔里木盆地的扩展。丝绸在佛教中的重要性，以及佛教和贸易的密切关系，在书中其他地方已经讨论得很详细了，但这会让人联想到，贵霜是使用丝绸的。[26] 然而几乎没有这一时期的印度或贵霜织物被发现，而且迄今为止在中亚发现的几件丝绸也都被认为是产自印度的。所以，关于贵霜对丝绸的需求和丝绸工艺在贵霜的发展，我们很难得出任何定论。

　　与贵霜西境接壤的帕提亚帝国也缺乏相关证据。众所周知，帕提亚人是中国丝绸的消费者，但几乎没有证据可以说明他们自身发展了丝织产业。[27] 织物的证据，包括考古发掘所得的几件，几乎都是重棉纱、亚麻或羊毛，[28] 其中一条年代为公元前 1 世纪的丝带则很可能是进口的。[29] 然而有证据显示，帕提亚人通过控制陆上贸易获得了中国丝绸。罗马人则试图绕开帕提亚，以海运的方式通过印度的港口运输丝绸。[30] 而贵霜帝国的崛起对帕提亚的贸易控制造成了威胁。贵霜不仅控制着从中国向西前往帕提亚和向南到达印度港口的路线，还设立了自己的金本位制，通过印度港口与罗马人贸易。这可能刺激了帕提亚丝织行业的发展，但没有物质遗存来支持这一点。要织造出精良的织物不仅要发展复杂的纺织工艺，还要使用适于丝线的织布机，因为丝线比其他纤维要好得多。另外，织布机还需要熟练的织工操作，这样才能织出当时中国丝绸上的复杂图案。与此相比，继续从中国人手里购买丝绸似乎更加可行、更加划算。那么，从印度到帕提亚的丝绸有多少呢？这仍然是个未知数。

　　然而，从帕提亚再往西，在底格里斯河和幼发拉底河附近、古代美索不达米亚文明的土地（今伊拉克和叙利亚所在）上，我们在帕尔米拉（Palmyra）的墓葬中发现了 2 世纪的中国丝绸，也在杜拉-欧罗普斯（Dura-Europos）城址发现了 3 世纪的当地复合织物。[31] 尽管后者的年代可能在帕提亚人控制这座城市（它从 165 年开始成为罗马帝国的一部分）之后，但这仍表明此地存在纺织工业。从 1 世纪末开始，帕尔米拉成为丝绸之路上一个繁荣的商业中心。此地一则 137 年的碑铭提到了奴隶、紫色丝绸和香水，而其他文献证明了当时有丝绸、玉器、麦斯林纱（muslin）、黑檀、熏香、香料、象牙、宝石和玻璃的贸易。[32] 帕尔米拉商人从红海港口出发经商，同时在里海东岸的木鹿也有代理商。[33] 因此，在贵族墓葬中发现中国丝绸并不稀奇，这些贵族可能是通过海港或从木鹿的商人处获得中国丝绸的。

这里已发现有各种各样的纺织品，包括罗马和波斯的纹织物（tapestry），还有绸、缎和平纹纬锦（taquete）等丝织品。也有证据显示，该地区还有羊毛和亚麻的纺织中心。但用羊毛、亚麻和野生丝绸产出的线比家养蚕丝要短，这导致了不同织布机的出现。这些织布机所织造的一般是纬面图案。[34] 与塔里木的情况一样，在杜拉-欧罗普斯发现的纺织品说明，3 世纪时当地的织工开始仿制中国丝绸。纺织史学家根据对杜拉-欧罗普斯织物的分析指出，当时的人使用了一种与中国提花机不同的机器——通常被称为西方提花机。

织布工艺

织布机是从简单的手工织布发展而来的，就像许多复杂的机器设备一样，它的运转即使用图片也很难描述清楚。但它的发展与丝绸的传播是分不开的，我们不能在一方缺席的情况下理解另一方。首先，我们需要将目光移回到中国上来。中国与其他纺织中心不同，很早就已经发明了织布机，可以用这种工具来处理缫

图 25　一台简单的中国踏板织布机。来自《御制耕织图》（1696 年）

丝得来的纤长且结实的丝线。它们的长度使得经面图案成为可能，而它们的纤细则意味着纺织出来的图案可以既复杂又精致。

　　一台最基础的织布机会把线拉紧，经线从织工的手中出来。织工将纬线穿过经线，一根在上，一根在下。这就是最简单的织法，叫作平纹组织。如果线两根在下，那么就是斜纹组织。织布机很快就发展出一种新部件，可以提起一些经线，这样就可以在两套经线之间产生一个口子，这个口子称作梭口（图 25）。织工将含有另一条纬线的梭子从梭口穿过去，确保这根纬线紧贴之前的纬线，然后提起另一套经线，重复这个过程。要织出图案，则需要提起不同的经线。公元前1千纪中期，中国就出现了提花杆，可以用它织出图案。[35] 图案所需的不同经线被分别系在不同的杆上，踏板（蹑）将传动轴抬起，按照图案所需的组合拉动提花杆，这样就可以将纬线引入由此产生的梭口。丝绸的宽度受织工的操作范围限制。织工须放入含有纬线的梭子，并且操作踏板，所以当时的宽度通常是50厘米。[36] 而一卷或一匹丝绸的长度大约为9米。[37]

为织出更加复杂的图案，需要不只一套或一层经线和纬线，由此产生了复合织法。可能早在公元前8世纪，中国的织工就能够织出锦——多彩经面复合平纹织物。[38] 这一时期织出的主要纹样是重复的小型几何纹和动物纹。[39] 公元前5世纪后，锦就已经很常见了。到2世纪时，中国出现了三大丝绸织造中心，此时云纹和动物纹是最常见的纹样，汉文吉祥语也偶尔出现在丝绸上。塔里木地区就发现有许多这样的锦。操作带踏板的织布机是一项复杂的工作，当时的一段文字反映了这一点："霍光妻遗淳于衍蒲桃锦二十四匹，散花绫二十五匹。……霍显召入其第，使作之。机用一百二十蹑，六十日成一匹，匹直万钱。"[40]

蒙古国北部诺彦乌拉的一座墓葬出土了多彩经面复合平纹丝绸，这引起了学界对织机类型的讨论。其结论是，这是一种多综多蹑织机，也就是提花机的前身。[41] 这种织机需要350个综杆，织工使用这些杆提出纹样。这件丝绸的年代为公元前1世纪后半叶，中国很可能在此后不久就发明了提花机，不过我们所知的最早相关史料的年代在2世纪。[42] 提花机需要一至两名助手来代替踏板，使用提花束综提起经线（图26）。[43] 他们就是后来的挽花工。一篇2世纪的汉赋《机妇赋》描述了挽花女工爬上织机顶部操作束综的场景。[44] 但在这一技术仍在发展和完善的早期阶段，纹样

图 26　一台中国提花机。采自《御制耕织图》（1696 年）

复杂的丝绸可能还是由脚踏提综织机和多综多蹑织机结合提花机织造的。[45]

　　3 世纪，在中国的塔里木地区、中亚和远在西边的叙利亚杜拉-欧罗普斯发现了纬面复合平纹织物，即平纹纬锦。它们大部分由羊毛和亚麻织成，纹样复杂。由于羊毛和亚麻的线比中国的丝绸短，所以其织机也与中国的不同，纹样一般都在纬线上。塔里木地区织物上的人物、葡萄藤和玫瑰花等纹样表明，它们受到的影响主要来自西边的邻国，而不是中原。赵丰认为它们是在中亚（巴克特里亚或犍陀罗）织成的。[46] 在杜拉-欧罗普斯的发现中，有一小块几何平纹纬锦，这是西亚所知年代最早的一块。[47] 它表明当地的织工在仿制中国织造的丝绸。但我们不知道杜拉-欧罗普斯的织工使用的是当地生产的丝线，还是其他地方的丝线。另一件叙利亚平纹纬锦则是用羊毛织成的，上有狩猎场景。[48] 赵丰认为两者都是在模仿中国锦，但图案在纬线而非经线上。很多学者认为，这些纹样复杂的织物都是用一台提花机完成的，但因为纹样是纬面提花，所以这种提花机的类型和产地与中国所发明的不同，如上文所述，经常被称为西方提花机。[49]

　　因此，3世纪时，我们看到东亚、中亚和西亚都使用提花机生产复合平纹织物。中国织物是经面提花，中亚及其以西的织物则是纬面提花。此时的纹样仍然以几何纹、花卉纹或云中的小动物为主，显示出主要受到中原的影响。但也有一些更大的图案，例如狩猎场景，可能受到了印度的影响。

　　3世纪晚期，罗马帝国分裂成东、西两个部分，说希腊语的东部成为后来的拜占庭帝国。大约在330年，皇帝君士坦丁将首都拜占庭迁至现在的伊斯坦布尔，因此首都也叫君士坦丁堡或君士坦丁堡城。仅仅几十年后，基督教成为帝国宗教。拜占庭帝国的领土包括环地中海和黑海的大部分陆地，包含了早期生产仿中国丝绸复合织物的地区。此外，帝国还统治着北非和阿拉伯北部的省区，因此控制了红海北部的港口。他们和阿克苏姆王国（位于今埃塞俄比亚和厄立特里亚）是盟国，后者也从红海派遣商人（见第三章）。

　　关于养蚕技术传入拜占庭的流行说法是，550年前后查士丁尼一世（527—565在位）派遣基督教徒作为使节前往中国。与罗马帝国类似，3世纪的中国也分裂了。中国北方，包括塔里木和与中亚交界的地区，由来自东北草原的鲜卑民族统治。据说，基督教徒设法得到了蚕卵，并把蚕卵装入空心的手杖中带回国，由此开启了拜占庭的丝绸工业。然而有证据显示，在此前的5世纪，拜占庭已经开始栽桑养蚕。[50]我们无法得知这些技术是如何到达那里的，也不知道他们种植的是黑桑树还是白桑树，但考虑到拜占庭对丝绸的需求，那时应该存在强大的经济动力，促使他们掌握养蚕技术。[51]拜占庭可能接收了美索不达米亚和叙利亚地区的熟练织工，这从发现于杜拉-欧罗普斯的纺织品中可以看出。另外也有证据表明，北非存在纺织中心。安提诺波利斯（Antinoopolis）的墓葬出土了15万余件纺织品，有的年代在3世纪晚期。[52]其中大多数是用亚麻或羊毛织成的，此外也有平纹纬锦复合织物。尽管没有发现丝绸，但织物纹样也明显更多地受到罗马和科普特元素的影响。

　　而萨珊的情况不一样。224年，萨珊王朝从帕提亚人手中接管了拜占庭和中亚之间的土地。萨珊文献记载，沙普尔二世（309—379在位）治时丝织业已经开始了。沙普尔二世从美索不达米亚和叙利亚雇用熟练的织工，并在库兹斯坦（Kūzestān）建立了纺织中心。[53]有充分的证据表明，萨珊人通过控制与中国的海陆贸易接触到丝绸，而此前这在帕提亚人的控制下。6世纪中期，萨珊人垄断了塔普罗巴奈的中国丝绸贸易。拜占庭皇帝查士丁尼一世曾请他的盟国阿克苏姆向塔普罗巴奈派遣海商，挑战萨珊人的垄断地位。他建议他们与萨珊人低价竞争，买断所有的丝绸，并打算让他们以优惠的价格将丝绸卖给他。然而，阿克苏姆商人并没有成功，萨珊人仍然控制着从海路进口的中国丝绸。

　　萨珊人似乎还控制着早期从陆上运来的丝绸。科斯马斯·印第科普莱斯特斯（Cosmas Indicopleustes），一位6世纪的亚历山大港商人，曾在印度游历（因此，他的名字意为"科斯马斯，印度的航海家"）。他在 550 年注意到，波斯的丝绸主要是通过陆路而不是海路获得的。[54] 这一说法很快就受到了挑战。565 年，中亚城市布哈拉和撒马尔罕的粟特商人在他们的邻居突厥人的安排下与萨珊人接触，请求从萨珊境内通过，直接与拜占庭人进行丝绸贸易。萨珊人不仅拒绝了他们，还焚毁了粟特人带来的丝绸。与萨珊的第二次外交失败（粟特使节被毒杀）后，粟特人转而请求突厥人的同意，通过突厥领土从更北的草原路线前往拜占庭。突厥人同意了，粟特商团大约在 568 年到达查士丁尼二世的宫廷。[55] 通过这条线路，粟特人与拜占庭人建立了直接的贸易。此时，突厥人向汉人提供马，后者以丝绸回报，粟特人的许多丝绸又都是从突厥人手里获得的（见第六章）。与此同时，人物和动物图案逐渐代替了典型的中国纹样。图案有时被圆框环绕，有时独立呈现，这表明来自丝绸之路的影响开始进入中国。[56]

尽管文献证据表明萨珊有丝织业，包括记载了沙普尔二世从叙利亚雇用织工的文献，但遗憾的是该地区几乎没有纺织品的考古遗存被发现，更不用说丝绸。[57] 萨珊的养蚕业发展也存在疑问，但这一产业可能在 6 世纪时出现在里海沿岸，后来被移到伊朗的中心地区。10 世纪的一位旅行者，地理学家伊斯塔赫里（Eṣṭakrī）在他的记录中表示，那时伊朗高原的大多数区域都生产丝绸。然而，蚕卵仍然需要从木鹿运来。[58]

7 世纪，萨珊王朝被向东越过伊朗的阿拉伯哈里发打败，阿拉伯人接管并发展了丝绸作坊，开始生产带有他们的独特纹样的丝绸。这也是丝织业发展的重要时期，这一时期出现了纬面复合斜纹织物，即织锦。这种织物开始在拜占庭帝国占主导地位，而且相应的织法也用在本章所讨论的猎人丝绸上。赵丰解释道："从技术上说，它可以被认为是从平纹纬锦发展而来的……其基础织法从平纹组织变为 2∶1 的斜纹组织，也可能从斜纹锦发展而来……即将经线和纬线的方向都旋转 90°。"[59] 同时，随着养蚕和纺织中心在北非和亚洲建立，贸易、外交和其他方面的联系也继续通过陆路和海路维系，技术得以迅速发展，纹样和主题的传播速度也相对较快。与中亚织锦不同，典型的拜占庭织锦有两根主要的经线，而前者的经线以三或四根为一组。两者都采用 Z 捻，中国的织物则用两或三根 S 捻经线。很多织锦的纹样都是典型的萨珊纹样，即动物被置于圆框中。在塔里木发现的最早的织锦也是如此。

穆特修斯重新评估了此前被断定为 6—7 世纪、被归为"亚历山大里亚丝绸"的单经斜纹织物，其中包括这件莫扎克（Mozac）猎人丝绸。她得出结论，它们可能是在地中海东部的不同中心织造的，至少有一部分生产于拜占庭的皇室作坊，并且这些作坊"可能在这类丝绸的发展中扮演着重要的角色"。[60] 索菲·德罗齐埃（Sophie Desrosiers）最近对这件丝绸的再次检查显示，它属于织锦的一种，这种织物以一种特殊的方式将 Z 捻的红色经线连接起来。[61] 德罗齐埃赞同穆特修斯关于这件猎人丝绸制作于君士坦丁堡作坊的观点，但她认为这种技术直到 9 世纪早期才出现，所以对这件猎人丝绸的断代要比穆特修斯晚。

因此，在这件猎人丝绸诞生的时期，我们可以看到养蚕业和丝织业已经在亚洲出现，而欧洲还没有。[62] 尽管中国丝绸在亚洲还有市场，但工艺已经传入别的地区。拜占庭宫廷作坊及其用成对经线呈现复杂图案的织锦，对中国丝绸在中亚的发展来说是一个很大的挑战。中亚的织工采用他们的织布机、图案和色彩方案仿制拜占庭丝绸，就像几个世纪前他们仿制中国锦那样。[63] 织锦的织造也在西亚和中亚广泛流行。拜占庭皇室织工用的是家蚕丝，还使用可能带有综线的复杂提花机。考虑到猎人丝绸的复杂工艺和纹样，它可能是在这些拜占庭皇室作坊中织造的。[64] 丝线产自哪里尚不确定，它可能是在当地生产，也可能是进口的。但染色很可能在当地完成，因为明亮的红色、蓝色和黄色等色彩方案具有典型的拜占庭风格。[65] 而对这件丝绸的染料分析尚未开展。

主题和纹样

如同工艺在欧亚大陆传播一样，主题和纹样也在这片土地上传播。猎人丝绸上的联珠纹无论是出现在拜占庭、中亚还是中国的织物上，它都通常被认为起源于萨珊。这种设计发现于金属器、印章等其他质地的萨珊装饰艺术上，一些较晚的毛织品上也有这类装饰。联珠纹也见于萨珊图像中的衣服，尤其是在塔伊波斯坦（Tāq-e Bostān）和安提诺波利斯 4 世纪的石雕上。但康马泰（Matteo Compareti）认为，"这种神秘的联珠纹仍然代表着萨珊艺术的一个重要问题，特别是在织物制作领域内"。[66] 卡罗尔·布朗伯格（Carol Bromberg）认为建筑的装饰元素就可以证实萨珊人使用联珠纹，但这不能通过织物来证明。[67] 然而，联珠纹在索格底亚那、中国、拜占庭和伊斯兰时期的波斯被广泛应用于织物上。[68]

联珠围绕的是一个狩猎的场景，而不是静止的单个或成对动物。这也被认为是萨珊的风格，但同样得到广泛传播。[69] 再一次强调，这是一种见于萨珊和中亚金属器、岩画和印章等装饰艺术上的主题。[70] 在古代世界，狩猎是很普遍的，而猎人丝绸描绘了托马斯·爱尔森（Thomas Allsen）所说的"政治狩猎"。这种活动不仅是为了保证额外的蛋白质来源，也与皇家权力的展示和外交有很大关系。也就是说，它代表的是对能源的投入，而不是获取能源的手段。[71] 猎人丝绸上的骑马者都是皇族，这从他们以珠宝装饰的衣服和脸型中可以看出——他们的脸型与钱币上的皇族形象类似。[72] 因此，这是对皇家狩猎的刻画。我们可以得出结论，猎人丝绸上的图像象征着皇权，当然狩猎主题也反映了狩猎这项活动本身的流行。此时，皇家狩猎已经融入整个欧亚大陆的各种文化中。[73] 它不仅是皇权在国内消费生活中的象征，也是国际外交的一部分。[74]

尽管这个主题很常见，但马克西米连·杜兰德（Maximilien Durand）认为，两个着检阅服的皇帝形象与另一件丝绸，即冈瑟裹尸布（Gunther's Shroud，又称 Gunthertuch）上的形象最为相似，后者被认为描绘的是拜占庭皇帝约翰一世·齐米斯西斯（Jhon I Tzimiskes，969—976 在位）971 年征服罗斯后凯旋的场景。[75] 他认为这件莫扎克的丝绸很可能是在庆祝 965 年拜占庭皇帝尼基弗鲁斯二世（Nikephoros II Phokas，963—969 在位）两度打败阿拉伯军队，或庆祝 1017 年拜占庭皇帝巴西尔二世（Basil II，976—1025 在位）打败保加尔人。[26] 这使得这件丝绸的年代可追溯至 11 世纪，甚至 10 世纪，比此前穆特修斯（认为是 8 世纪）和德罗齐埃（认为是 9 世纪）的观点要晚。但杜兰德也注意到，赞同这一观点的人很少[77]。

被猎杀的狮子在这一时期具有很复杂的象征意义，丝绸之路上的很多文化都有这种图案。"作为食物链顶端的捕食者、牲畜的掠夺者，以及具有传奇力量的敌人，狮子一直被神话包围。"[78] 它可以代表国王的权力或者国王最强劲的敌人——无论现实层面还是精神层面。"在长达 4000 年的历史中，美索不达米亚和伊朗的艺术家们一直在描绘人类的君主与无所畏惧的野兽之王之间类似宗教上的联系，这在阿卡德印章中的吉尔伽美什纹样、赫梯人的狮子大门和表现国王与狮子搏斗的亚述浮雕中都有体现。"[79] 尽管亚洲狮在 1 千纪之初就已在欧洲灭绝，但从南欧、地中海沿岸，到阿拉伯半岛，东至波斯、中亚和印度都发现有它的踪迹。狮子王座出现在贵霜钱币、萨珊钱币和岩石雕刻上。[80] 虽然在东亚和东南亚没有发现狮子，但人们在 1 千纪初就开始描绘狮子的形象。佛教很可能在其中扮演了中介的角色。在佛教中，狮子是孔武有力的护法的象征。它被描绘在佛寺的入口处或佛像侧边。而在北非和美索不达米亚，狮子象征着动乱，杀掉狮子就意味着维护政治稳定和平定内乱。在基督教的语境下，圣人被描述为摧毁这种叛乱力量的猎人。"最初看似世俗的贵族形象被加入一个经升华了的宗教和保护主题。"[81] 拜占庭人与所有这些文化都有密切关联，他们继承了狮子的象征意义。毫无疑问，他们还将它改造，以适应自己的文化。[82]

我们对猎人丝绸上表现的其他场景也有一些讨论。第六章讨论了丝绸之路上马在很多文化中的重要性，此处我不再重复。但我注意到，这件丝绸上的马具与于阗木板画的类似。于阗的马尾被系上了，这里的马尾上也系有一条丝带。这种饰以丝带的动物可以在萨珊金属器和印章上看到，不过丝带通常系在脖子上。另外，猎狗在欧亚大陆十分普遍。它们常见于皇家狩猎和鹰猎的图像中，尤其是灰猎狗（Greyhound）和萨卢基狗（Saluki）。这件猎人丝绸上的两只狗看起来并不是这两个品种，[83] 它们可能与中世纪的欧洲猎獒阿兰（Alaunt 或 Alans）相似，这种猎狗以能抓住所有猎物而著名，据说被阿兰人从北高加索带至欧洲。阿兰人是游牧民族，他们中的很多人在 4—5 世纪时西迁至法国、西班牙和北非，因此这种狗在欧洲被称为阿兰。[84] 诺里奇的爱德华（Edward of Norwich，约 1373—1415）翻译了加斯东·德·富瓦（Gaston de Foix，1331—1391）对这种猎狗的记载："猎獒会欢快地奔跑，会咬伤马。它们会朝牛、羊、猪跑去，也会向所有其他野兽、人类或其他猎狗跑去。人们看到猎獒会咬死它的主人。在所有这些情况下，猎獒是奸诈且邪恶的，比其他品种的猎狗更愚笨、更鲁莽。"[85]

猎人丝绸的图像中最突出的是马镫。4—5 世纪，东部草原、中国、朝鲜和日本的骑马者在描绘中都佩有马镫（见第六章）。[86] 拜占庭皇帝莫里斯的《战略》（Strategikon）首次提到马镫。一些学者认为该书著于 6 世纪晚期。《战略》表明马镫是随着草原上的阿瓦尔人（Avar）传播的。[87] 但穆特修斯指出，尽管如此，其他保存下来的展现狩猎场景的丝绸上都没有马镫。[88] 除了普尔-伊·瓦孟银盘（Pur-i Vahman plate），马镫在表现狩猎场景的萨珊金属器中也很罕见。[89] 这种情况可能是延续旧有的狩猎纹范本导致的。伊尔凡·沙希德（Irfan Shahid）认为，有证据表明熟练的骑乘者也许不需要马镫，无论是为了骑乘时稳定身体还是为了上马，因为他们可以跳上马背。[90] 在这件丝绸制作的时期，现实世界可能开始影响到这些传统的主题，因此纹样上出现了马镫。这或许也可支持猎人丝绸年代较晚的观点。

外交和宗教中的丝绸

现在故事将我们从亚洲带至欧洲，欧洲此时处于丝绸之路这个伟大的贸易网络的边缘。尽管欧洲仍然没有自己的丝绸生产中心，但丝绸在那里受到重视，尤其受到宫廷和牧师的青睐。由于重量小且便于携带，它成为一种完美的外交礼物。如果纹样能反映出赠予者的权力，那么它就更加完美了。[91] 虽然我们不知道这件丝绸是不是出于这些目的而被制作，也不知道制作目的是否在委托前就已经确定，但至少可以说，它的织造是在它可能成为外交礼物的前提下完成的。

第一次提到这件丝绸的文献，与圣奥斯特雷莫尼乌斯（Saint Austremoine）遗骨从福维克（Volvic）的教堂转移或重新安置到莫扎克修道院有关。福维克在现在法国的多姆山（Puy de Domes），莫扎克修道院在其东 6.4 千米处。[92] 这次转移由国王丕平资助。据记载，他提供了一块丝绸用来包裹圣骨，然后在包裹上盖了他的印章并带着它们去到新的安置地。最初人们认为，这条记载中的丕平是加洛林王朝的国王矮子丕平（751—768 在位），即查理曼大帝之父，事情发生的日期被认为是 764 年 2 月 1 日。我们知道 757 年拜占庭皇帝君士坦丁五世（741—775 在位）遣使至巴黎北郊贡比涅的丕平宫廷。史官记载，使节携带的礼物中有一架管风琴，这尤其引人注目。[93] 除此之外当然还有许多其他礼物，包括纺织品。此时双方就君士坦丁之子和丕平之女的联姻展开了持久的磋商。[94] 这次联姻的相关史料可以在当时南意大利的拜占庭领土中找到，这片土地在 751 年被隆巴德（Lombard）公爵夺取。他们还威胁到该地区内教皇的领土。由于拜占庭的反圣

像运动，以及拜占庭人借此毁坏了所有种类的宗教图像，自 726
年开始，拜占庭和教皇之间的关系开始恶化，教会第一次公开
指责拜占庭帝国。当隆巴德公爵开始蚕食他们的领土，君士坦
丁和教皇选择分别向丕平寻求军事援助，而非合作。754 年，丕
平和他的两个儿子在巴黎圣但尼（St. Denis）接受了教皇司提反
（Pope Stephen）的涂油礼。756 年，丕平的军队迫使隆巴德投降。
800 年，教皇利奥三世在罗马的圣彼得堡教堂为丕平之子查理曼
加冕，称其为"罗马人的皇帝"。

　　然而，马克西米连·杜兰德指出，文献中重新安置圣奥斯特
雷莫尼乌斯骨遗骨的丕平很可能是阿基坦的丕平二世（Pepin II
of Aquitaine，838—864 在位），日期应该是"847 年 2 月 1 日"
或"848 年 2 月 1 日"。杜兰德论述的其他文献证据支持了这个
较晚的日期，德罗齐埃近期对这件丝绸的工艺分析也支持该观
点。因此，到目前为止已有大量的证据显示这件丝绸源于 9 世纪
早中期。但这留下了一个疑问——丕平二世是怎么得到这块丝绸
的？杜兰德认为，这可能是拜占庭皇帝狄奥斐卢斯（Theophilos，
829—842 在位）送给虔诚者路易（Louis the Pious，法兰克国王，
814—840 在位）的礼物，以答谢他在抗击阿拉伯人的战役中的援
助。它可能会传给路易的继任者阿基坦的丕平一世，再传到他儿
子丕平二世手里。[95] 尽管杜兰德给出了一个相对合理的解释，但
这只是一个推测。这块丝绸曾被剪裁和缝缀过，表明它可能被做
成一件衣服，但我们不知道这是在丕平得到它之前还是之后发
生的。

　　与圣奥斯特雷莫尼乌斯最初在伊苏瓦尔（Issoire）的葬地和
福维克的教堂相比，莫扎克的修道院要大得多（图 27）。莫扎克

图 27　2016 年的莫扎克修道院。约翰·法尔科纳（John Falconer）摄

的修道院是卡尔敏（Calmin）及其妻子纳玛迪（Namadie）在 6
或 7 世纪修建的。这两位也都被奉为神。[96] 据记载，这座修道院
内有圣彼得的遗骨，故修道院以此命名，后来卡尔敏及其妻子的
遗骨也埋葬于此。

　　我们再花点时间来谈谈丝绸之路上的圣骨崇拜。此时圣骨已
经成为中世纪基督教信仰不可缺少的一部分，在中亚和东亚的佛
教礼仪和习俗中，圣骨也同样重要。在这两个宗教社群中，圣骨
都埋藏在宗教建筑的核心部位，即基督教堂祭坛的下面、佛塔中
心的舍利室（见第四章）。在这两个宗教中，圣骨和它们各自的创
始人耶稣和释迦牟尼的生命有关，也和它们的信徒和圣徒或僧人

有关。[97]基督教堂和佛教寺院会公开展览圣骨，这些场所也就成为朝圣的地方，其收入也因此增加。[98]对圣骨的需求难免会导致贸易的繁荣和欺诈的盛行。5世纪时，奥古斯丁试图控制这些贸易，查理曼在后来也试图这么做，但都收效甚微。[99]

与基督教世界一样，圣骨数量激增的情况也出现在佛教中。我们在第四章讨论过，佛教圣骨与七宝埋藏在一起。传统认为，七宝是金、银、青金石、水晶、玛瑙、珍珠和红玉髓，有时候也以宝石替代。例如，发现于现在中国西安附近的法门寺地宫的佛骨据说是佛陀的指骨，装在用水晶、银和金做的类似"俄罗斯套娃"的宝函内，每一层宝函都用精美的丝绸包裹着。在基督教堂，圣骨盒也由水晶、金、银、象牙、宝石和珐琅等珍贵材料制成。[100]加洛林时期，圣骨第一次用麻布包裹，通常有数层，最外面的一层或两层用的是来自东方尤其是拜占庭的丝绸。[101]最后，包裹用一根带子系紧。在两种传统中，有权势的人经常会参与宗教仪式。例如，582年，隋文帝派出30名僧人，偕众人把印度僧人进贡的圣骨分送到全国各地。皇帝又"取金瓶、琉璃瓶各三十，以琉璃瓶盛金瓶，置舍利于其内，熏陆香为泥，涂其盖而印之"。为了放置佛骨舍利，皇帝还下令在这30个州修建舍利塔。[102]

包裹圣骨只是基督教堂对丝绸的用途之一，丝绸还用作法衣、陈设、壁挂装饰、金属器皿的衬里和书籍封面。我们在第四章讨论过，丝绸在佛寺中的用途与此类似。在这两种宗教中，领袖有时不赞成僧人或神职人员购买或穿着昂贵的丝绸。例如，查理曼就不认同这种习俗。在他访问英格兰期间，他的一些做法传到坎特伯雷大主教埃塞尔赫德（Archbishop Ethelhard of Canterbury，793—805在位）的耳朵里，主教还被提前警告查理曼不希望看到随从埃塞尔赫德的神职人员身穿丝绸。[103] 但频繁的提及和丝绸衣服的遗存表明，丝绸仍以这种方式被广泛使用。

佛教和基督教的圣骨崇拜是否存在相互的影响，这个问题仍有待探讨。两者在习俗上的一个明显差异是，在东亚，普通人都可以接触到丝绸。在基督教盛行的欧洲中，只有国王和贵族才有能力给教堂一小块进口的丝绸来包裹圣骨；而在中亚和东亚的佛教，许多朝圣者很可能买得起很大一块当地生产的丝绸来包裹舍利盒、装饰佛寺和佛塔。例如，一位 6 世纪的中国僧人在去往印度的途中，看到塔里木南部于阗国的佛像和佛塔装饰有数万件用不同颜色的丝绸做成的幡。[104]

回到圣奥斯特雷莫尼乌斯的圣骨，它被埋藏在莫扎克修道院，被国王丕平赐予的一块猎人丝绸包裹着，且没有证据显示这些圣骨在接下来的几个世纪被转移过。1197 年有过一次对圣奥斯特雷莫尼乌斯的新的"识别"。主教克莱蒙的罗伯特（Robert of Clermont）在圣殿检查了圣骨。他说，他看到带有丕平印章的丝绸完好无损，剪断带子（为避免破坏印章）后发现圣骨也完整无缺。[105] 他把圣骨重新包在丝绸里。16 世纪时，人们做了一个木盒子来盛放圣骨，盒上饰有一位意大利艺术家的十二门徒图。

1790 年法国大革命期间，这座修道院被解散了，成了圣彼得教区教堂。圣骨可能受到了扰乱。当 1839 年 10 月 24 日圣骨盒被打开时，盒内还有另外几件物品：4 颗牙齿，装在一个小玻璃瓶中；玻璃瓶又装在一个瓷瓶内；几个用亚麻布包着骨头的包裹，用兽皮带子系着，带子上写有"圣奥斯特雷莫尼乌斯的圣骨"；还有一封 1717 年克莱蒙的主教让-皮埃尔·马西隆（Jean-Pierre Massillon，1663—1742）的信，信中写着对圣骨的处理。1852 年

1月29日，一名代理主教和一名医生把这些骨骼罗列出来：右股骨一块；左股骨一块；右胫骨的一部分和左胫骨一块；骨盆的一大部分；椎骨三块；膝盖骨一块；颅骨底部；几乎完整的头骨一块；肋骨碎片两块；跟骨的一部分；无法辨别的小骨数块；指骨和趾关节。[106]

博物馆文物

现在我们来到这件猎人丝绸的故事中的最后一节，从宗教的神圣背景回到世俗的环境中来，回归这件丝绸本身。随着法国大革命时教会世俗化运动的发起，上文提到的如圣卡尔敏的圣骨盒等教堂财产开始被出售。这并不是一个新的现象。在很多时期，政府一旦掌握了宗教财产就经常会将它们转让或出售。[107] 例如，1534年英格兰的亨利八世的《解散修道院法令》（Dissolution of the Monasteries）和1648年德国的《威斯特伐利亚和约》（Treaty of Westphalia）。19世纪时出现了变化，这时的博物馆越来越成为理想的供公众欣赏手工艺品和艺术的场所，所以猎人丝绸最后很可能出现在公众的视野中。[108]

希波利特·戈莫（Hippolyte Gomot）在他对该教堂的历史研究中描述了这件丝绸，说上面有四位猎人和四头狮子。[109] 似乎由于该书的出版，人们对纺织品越来越感兴趣，教堂也因此卖掉了一些丝绸碎片，为其修复提供了急需的资金。据知，另有两件丝绸残片在佛罗伦萨的博格尔利藏品（Borgelli Collection）中和瑞士里吉斯贝格（Riggisberg）的阿贝格基金会（Abegg-Stiftung）。[110]

法国里昂是丝绸和其他纺织品生产的中心。为了纪念纺织工业，一家博物馆在 1797 年成立。在之后的数十年内，里昂商会开始大量搜集纺织品。[111] 1843—1846 年，第一批被派往中国的法国贸易团所搜集的材料补充了收藏。1851 年，很多里昂的手工业者参加了伦敦的世界博览会，他们回国后再次呼吁建立一个博物馆。1856 年，里昂商会投票赞成，由此产生的艺术和工业博物馆于 1864 年 3 月 6 日成立。1891 年 8 月 6 日，它被纺织历史博物馆取代。

该博物馆有积极的征集政策。1879 年，爱米尔·吉美（Émile Guimet，1836—1918）在他的出生地里昂创立了吉美博物馆（1885 年归入政府并迁至巴黎），他还说服里昂商会赞助了埃及安提诺波利斯的发掘，[112] 发掘所得都归入该博物馆。[113] 然而，博物馆的研究员还试图从当地的教堂中征集文物。1904 年，在考克斯（Raymond Jean-Marie Cox，1856—1921）的指导下，该博物馆从莫扎克征集了猎人丝绸的剩余部分。但此时，剩余的部分仅有两名猎人，丝绸另外的部分可能散落在其他人手里。这件丝绸的价格是如何得出的并没有相关记载，不过有故事流传下来，说博物馆花的钱（金路易）可以铺满整块丝绸。而博物馆的征集登记表清晰地记录着，买这块丝绸花了 8000 法郎。[114] 这是很大一笔钱——那一页其他藏品的条目是几十法郎，最多几百法郎。在金本位制下，8000 法郎相当于 2320 克黄金，大约相当于今天的 10 万美金。

1909 年 1 月 20 日，这件猎人丝绸被归为历史文物。它去过巴黎，参加了 1958 年和 1992 年的展览。[115] 它的未来似乎有了保障，但历史表明没有任何地方是永远安全的。与世界上许多博物馆类似，里昂博物馆也面临资金短缺的威胁。它继续接受里昂商会的赞助，但 2015 年里昂商会宣布不再支持里昂博物馆，里昂博物馆将于 2016 年关闭。在这本书出版的时候，闭馆问题可能已经得到解决，但这个消息提醒我们，这件精美纺织品的故事可能还有下一章节，并等待后人继续书写。

第九章

中国历日

在两张长 90 多厘米，高不足 30 厘米的黄纸上，有几千个细小的汉字、多张表格和图画，这些内容被分成三栏，每栏又被划分成不同区域（彩图 9）。这是一件印刷品。中国在 8 世纪时发明了印刷术。到 877 年，即这件物品的制作年代，这项技术发展得更为成熟。[1] 这是一件历日，即日常生活的指导手册，不仅包含年历，婚嫁、洗头、农作等重要事件的吉日和凶日，还有驱邪方法、符咒、风水指导，以及一些农作大事、天文数据、占卜预言等。[2]

我们知道制作这件历日的其中一些主要原因。当雕版印刷术被发明的时候，两个群体迅速意识到这项技术的潜能。佛经说，复制佛像或佛经是一件大功德。佛教徒利用印刷术印制佛经是为了自身信仰，当然畅销的经书也让他们获利。[3] 私人印刷者则主要对经济利益感兴趣，而不是宗教功德。在当时的中国，最受欢迎的书是历日（直到现在也是如此）。[4] 历日不局限于识字的人，拥有很大的市场。手工抄写的历日费时且成本高，利用雕版印刷则能制作出更加便宜的历日，因此私人印刷者数量激增，他们纷纷抓住这个商机。

尽管历日很受欢迎，但制作历日存在政治风险。要认识这件物品，我们首先需要理解它与当时政府的关系。还有一个问题是，它是如何保存下来的？历日是流行一时的物品，被摆在架子上的时间只有一年，一年之后就会因为过时而被丢弃。那么，这件历日是如何保存到第二年（878），甚至保存至今的呢？颇为有趣的是，它又是如何从一件被多次翻阅的物品转变为一件图书馆珍品的？下面我将谈及这些问题。

日历、历日和政权

这件历日是介于文学和权力之间的例子。历日中的文字是有权威性的，但这种权威不同于统治者或官员的权势。它代表的是另一种权威，即自然秩序，其力量要比世俗统治者的更强大。占星术则可以将天上和地下的事件联系起来，对中国的政治生活和信仰而言至关重要。自古以来，中国能看懂星象，会预测日食、月食和彗星等异常事件的占卜者和天文学家，都处于朝廷的专门控制下。这是非常重要的，因为这些事件可能会被政治对手利用，以证明当时的皇帝与自然世界"失和"且不再适合统治国家。这种担忧并非毫无根据，中国各朝代就曾多次被那些自称执行"天命"的叛乱者威胁。[5] 有一些这样的人就成功了。东汉末年，黄巾军声称有权反抗，说帝国境内的饥荒和洪水都是皇帝失天命的表现。他们的起义最终导致汉帝国的衰败。此后不久，267 年官方出台了一项禁令，禁止那些被视为异端的文本，包括下文所讨论的谶书。[6]

在早期，皇帝的天文学家已经算出日历，或结合阳历和阴

历 "定时"，以决定某一位帝王纪年从什么时候开始，并确定一些周期日，或预测天文大事。有固定季节的阳历对农民而言是最有用的，因为它给出了春种、收割等时节的日期。但中国将阳历和阴历混合起来，主要是将它用作官方的调节工具，而不是为了农业生活。[7] 日历是皇权的象征，[8] 一部精准的历法展示了统治者完美的道德，并说明统治者与宏观世界或整个宇宙的大事相和。因此，制定一部未经政府批准的新历是一项革命性的行为。

传统认为，第一部皇家历法的颁布时间在公元前 2265 年，但现存最早的年历其年代为公元前 3 世纪。[9] 湖北荆州周家台的一座秦代墓葬出土了 4 件日历，年代分别为公元前 213、211、210 和 209 年，由木牍制成。[10] 木牍是中国在纸发明之前用来制作图书的一种传统材料。这些日历还包含 "日书"，即为特定活动提供吉凶参考的占卜文献，以及一部分与占星术和巫术有关的内容。[11] 当时从低级官吏到贵族精英的墓葬中都有这种日历。[12] 它们为墓主人生前所使用，而它们的随葬又说明了它们对死者的重要性。我认为，它们是年历与占星术和其他占卜术文本融合的开端，这些文本组合在一起就构成了历日。[13]

最完整的日历之一是写在一种更加昂贵的书写材料——丝绸上的，它被发现于中国南方的马王堆三号墓，墓葬年代为公元前 168 年，处于西汉时期。[14] 西汉在秦王朝灭亡后，经过数年纷争最终赢得了政权。而秦始皇在统治期间做了一件让他臭名昭著的事，就是于公元前 213 年下令烧毁秦朝正统思想以外的书，其中包括儒家经典。在汉代，这些经典通过口头传播被复原了，由此出现了所谓的 "今文经"。"今文" 指的是它们的书体，即秦统一的文字，被人们用来誊写口头传播的文献。但此时其他文献也逐

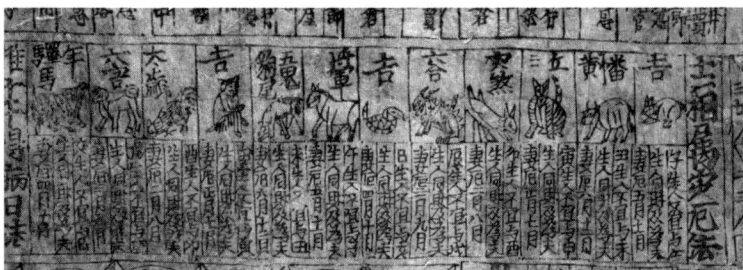

图 28 历日中的十二生肖。大英图书馆 Or.8210/P.6（局部）

渐被发现，如发现于孔子故宅壁间的古文经籍。这些经书采用的是先秦书体，因此被称为"古文经"。[15] 由此，古文经学派和今文经学派开始了一段长时间的争辩，后者认为古文经实系伪造，伪造的目的是为当时的某种政治主张提供传统论据。

当时也很流行的另一种文献是谶纬书。谶纬书是对经典的一种深奥解读，解释据称是经典原文中的一些隐秘预言 [16]，涉及对数字的含义、吉凶的征兆、天地间的关系，以及对星云形态、历史事件和王朝衰败的解释。今古文之争还论及经典是不是一种预言性文本。

公元 9 年，西汉统治者失去了权力，此时摄政的王莽宣布他的新朝成立。他的统治较为短暂。公元 25 年，汉王室重新当权，但由于叛乱他们被迫从长安迁到洛阳，洛阳成为黄河沿岸的第二个汉王朝都城。经过叛乱，汉王朝的版图缩小，统治者也更加严格地推行正统思想，日书等许多之前流行的文本都被认为是在正统之外。文本也由此有了"内""外"之分。外学文本逐渐以当时流行的文摘形式被组合在一起，从此时开始内容越来越丰富，包括日书、生肖书（图 28）、使用不同占卜方法的占卜书、护身符，

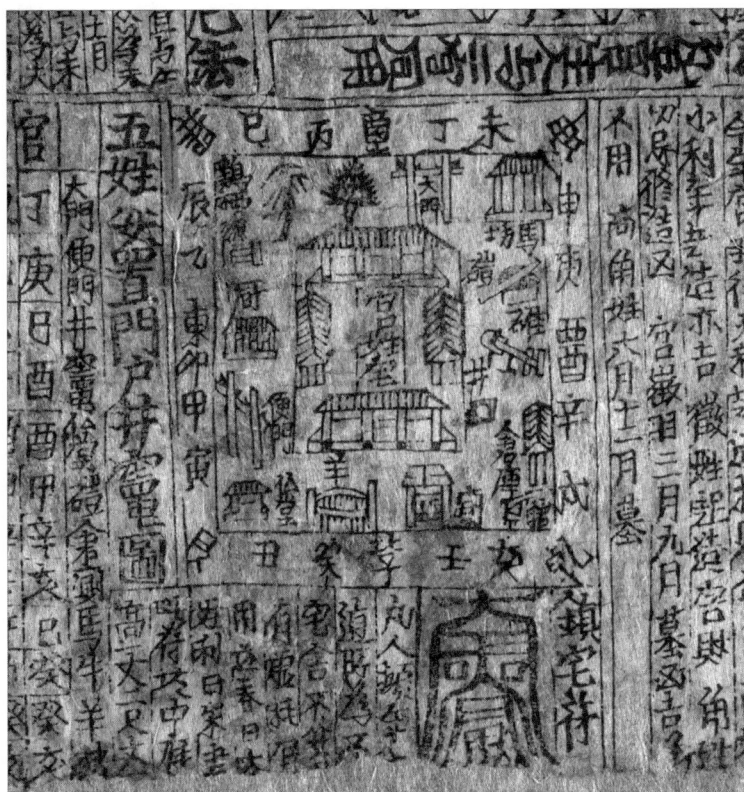

图 29 历日中的风水图。大英图书馆 Or.8210/P.6（局部）

以及展示家宅最佳风水布局的风水图（图 29）。

黄巾军起义之后，汉朝衰落，汉朝的领土被各种统治时期相对较短的政权割据。这段时期内，其中一个政权晋在 267 年出台了第一项关于这些流行占卜书籍的禁令：任何被发现藏有这种书籍的人，将被判处两年监禁；任何研究这种书籍的人，将被判处死刑。[17] 然而，此后的几个世纪内经常有这样的法令出台，这说明禁令并不奏效，同时反映了这类书籍的持续流行。[18] 375 年的禁令除限制占卜和预言书外，还禁止了道教文献《道德经》和《庄子》。这项禁令由一位非汉族统治者推行，他试图以儒家学说作为国家的正统思想，从而使他的统治合法化。651 年颁布的唐律也有相关规定："诸玄象器物，天文，图书，谶书，兵书，七曜历，太一，雷公式，私家不得有，违者徒二年。"[19]

皇权试图控制私人历日的生产和传播，但实际上这些文本大量存在。835 年，一位中国西南（今四川省）的官员向皇帝奏请："剑南两川及淮南道，皆以版印历日鬻于市，每岁司天台未奏颁下新历，其印历已满天下，有乖敬授之道。"[20]

当时唐朝统治者随即颁布法令，禁止地方政府私自印刷和持有历日。从此直到 1900 年，都没有私印历日的事件被发现。虽然这些历日经常被翻阅，但只能短暂流行。[21] 它们的有效使用期只有一年，随着新的一年的到来，旧的历日就会过时，很可能被丢弃，也可能会被再次利用，比如用作鞋垫、修补经书，或充当"厕纸"。[22] 但 1900 年敦煌藏经洞的发现让这一点发生了变化。位于中国西北部的敦煌是丝绸之路上的一座城镇，远在唐朝都城千里之外。藏经洞中发现的数万卷文献大多是佛经，包括当地寺庙的藏书、已故僧人的私藏和废弃的一般宗教文书。[23] 其中还有关于世俗生活的残卷，包括一些抄本和此处讨论的版印历日。许多抄本是当地制作的，从它们和其他文献中，我们可以更多地了解当地占星官员的生活。[24] 这或许可以解释为什么这件历日出现在这里，并因此得以保存至今。

然而，在敦煌发现的这件版印历日几乎可以确定不是在当地印刷的。目前已知另有三块历日残片，其中一块残片的年代暂定为 9 世纪晚期，左边写有一列大字"上都东市大刀家大印"（图

30）。自762年始，"上都"用于指代长安。[25] 东市毗邻长安的衙署和富人居住区，从丝绸之路来的商人则集中在西市，西市所在的地区有许多各宗教的活动场所、旅店、饭庄和酒肆。这件历日是在禁止这类文本生产的官员的眼皮底下印制并售卖的，也许还会卖给这些官员和他们的家人、奴仆。那么，将出版者的姓名印出来，表明了法律并不会处罚他们。原因不难辨明，那就是利益。[26] 936年，皇帝下令让钦天监编纂和印制历日，并公开发行。这无疑是在试图控制历日的内容，也是提高政府财政收入的一个手段。

私人印刷者和买家应该会承担一定风险，但是被反复强调的法律条例（953、958、1071、1080、1202年）和该残片存在的事实都表明风险的影响并不大，很明显印刷者还在继续生产违禁的文本。[27] 除了这件已知来自都城长安的残片，敦煌作为这一时期的主要资料来源，其有限的证据支持了中国西南地区有印刷业的观点。另一件历日的残片标明了年代为882年，且有文字"剑南西川成都府樊赏家历"（图31）。[28] 从敦煌出发，除了东西向的贸易路线，人们还经常取道南北向的路线，最终可到达蜀地，即今天的四川。[29] 第三块残片的来源还不清楚，但内容和结构与本章讨论的这件历日类似，年代为834年。[30]

很多人可能不知道这些文本是违禁的，尤其是在当时唐朝边疆的敦煌人。从8世纪开始，唐朝对这片区域的控制断断续续，而且比较微弱。此时唐朝发生安史之乱，需要撤回驻边的军队，由此吐蕃于786年占领了该区域。吐蕃一直待到了848年，尽管把吐蕃驱逐出去的汉人家族声称忠于唐朝，但他们与都城和朝廷的联系依然时有时无。在11世纪中期成为西夏王国的一部分之前，敦煌受到回鹘的影响越来越大。[31] 当然，这并不是说大多数

图 30　出自都城长安的版印历日残片。大英图书馆 Or.8210/P.12

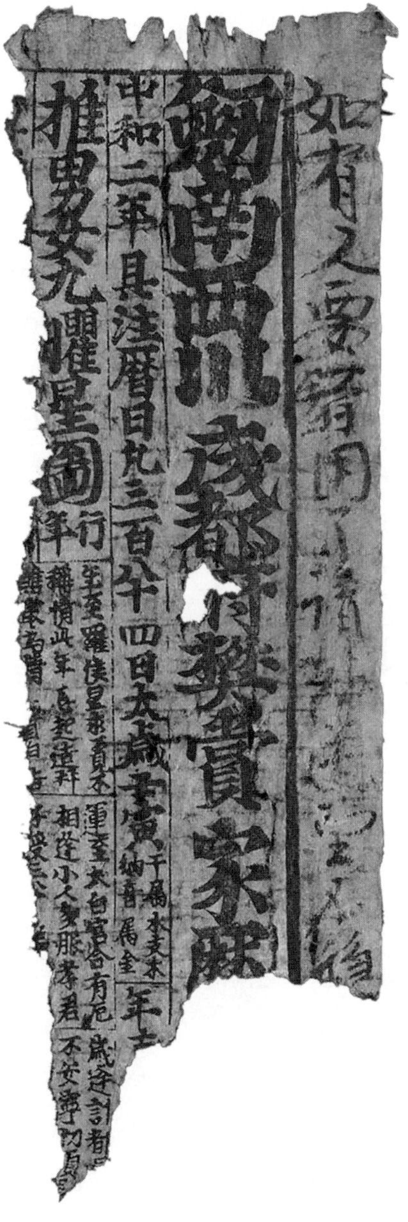

图 31　来自蜀地的版印历日残片。大英图书馆 Or.8210/P.10

购买和使用历日的人，以及历日的制作者把历日看作一种颠覆政权的工具，或者带有相关意图去使用它们。对于大多数时期的大多数人来说，历日只是用来辅助日常生活的，并且可以为人们提供他们无法从官方或正式宗教权力机构处得到的答案。

尽管历日中大部分内容是文字，但我们不能认为它是仅供一小部分完全识字的精英使用的。中国是一个习惯使用文本的社会，文本是日常生活的一部分，甚至对文盲和半文盲也是这样的。韩森（Valerie Hansen）解释了契约是如何被广泛使用的，即双方会用十字或其他符号来签名。[32] 这些人是一个庞大的"功能性识字"群体的一部分，他们可能不会写字，但在日常生活中也使用文本，由此"与书写创造的网络产生联系"。[33] 在契约中，书面文字不仅仅用来表示官方权威。用约翰·莫兰德的话来说，文本在"体现权威和对权威的抵抗中被使用，也可以用来在日常生活中创造意义和建构习惯"。[34] 书面文字也有独立于其字面意思的力量和意义。准文字符号、护身符和咒语，都是具有潜在颠覆性和私人用途的表达。[35] 契约等官方文本的使用，将使用者与其上的官方世界联系起来，而护身符等文本的使用则将他们与其下的世界联系起来，即灵魂和鬼神的世界。[36] "书写动作本身"成为一项礼仪活动。[37]

认为科学和迷信之间存在差异也是一件误导人的事。在这件历日中即天文学和占星术之间的差别。但这并不意味着两者在中国相差无几。士大夫阶层就公开反对迷信，但如薛爱华（Edward Schafer）所言："对大多数早期中国人而言，甚至对大多数观测天象的权威机构而言，天文学并没有从占星术中分离出来……当然也有人怀疑，但大多数人，甚至包括受过良好教育的人，仍然相信木星的出现预示着灾异的来临。"[38] 敦煌藏经洞中发现的另一

卷文献，揭示了中国天文观测的缜密性和占星信仰所涵盖的更加
广阔的范围。[39] 这卷文献现藏于大英图书馆，包括两份文献，末
尾还有一幅奇怪的电神草图。第一份文献是根据云气形状所做的
占卜，即云气占卜。它以中国人的信仰为基础，认为没有事物是
超自然的，一切都是与自然秩序相联系的一部分，我们可以通过
以其他形式表现出来的自然秩序预测大事（同样的理论也存在于
星象现象学中）。所预测的事件可能与家庭或政治相关，例如：

> 凡人家及园中，有气如狼虎腾跃蹲伏者，必出将军之子
> 及封公侯，不出三年。[40]

或

> 吕不韦云，凡近原阜，有气如万丈竿，冲天直竖，黄者，
> 天子之气也；青赤白黑者，皆主有灾裹。臣淳风言，凡此郡
> 邑出公侯，色青者，疫病；白者，有兵起；黑者，邑有盗贼
> 兴也。

上述文献的作者李淳风（602—670）认为这些预测建立在观
测的基础上，也通过观测被证实。[41] 他并没有谈及没有经他亲自
观察和验证的云气形状。除此，李淳风还查阅了吕不韦等其他人
的观测，但他坚称，对于所有记录，"臣曾考有验，故录之也。未
曾占考，不敢辄备入此卷"。

该卷的第二份文献也是基于观测的，两份文献很可能出自同
一人之手。[42] 它完整地呈现了从中国观测的天空，包括 1339 颗星

和 257 个星官，描绘了整个天空中一连串的星图。[43] 其中的 12 张
时角图（图 32）采用伪圆柱投影法，1 张环极星图（图 33）采用
方位投影。伪圆柱投影法接近于 9 个世纪之后由荷兰地图制图学
家墨卡托（Gerardus Mercator，1512—1594）发明的"墨卡托投
影"，这种投影方法从此被用于绘制全球地图。这些星图非常重
要，不仅是所有文明中最早的手绘星图，而且精确度很高。[44] 与
云气形状相同，这一部分也参考了中国 3 位古典天文学家石申、
甘德和巫咸的著作，他们是早期的天空观测者，创作了描绘星象
的参考书。三位天文学家判定的星官以不同的颜色（分别是红色、
黑色和白色 / 黄色）来标记，而且旁边写有名称。

　　尽管今天我们认为第二份文献是科学的，而把云气占卜的文
本归于迷信的范围内，但第二份文献在当时也是用于占卜的工具，
作者和其他人会认为两份文献属于同一类型。除了赤道带，天空
的其余部分被分成数量众多的星官，星官的名字多与实际物体和
中国的人物有关。从古典天文学家的时期开始，这些名字就被用
于占星术了。三位早期天文学家各自的占星成果共同流传于整个
汉代，后来被三国时期的吴国天文学家陈卓整合到一起。出于占
星的需求，将每个星座（或星官）分到不同学派的传统被保存下
来。每张时角图中的左侧文字描述了中国年的 12 个月份，而且给
出了相关的星象预测。例如，"自女八度至危十五度，于辰在子，
为玄枵。玄者，黑，北方之色；枵者，耗也。十一月之时，阳气
下降，阴气上升，万物幽死，未有生者，天地空虚，故曰玄枵。
齐之分也"。这并不妨碍这份文献具有科学价值，让–马克·博
奈–比多（Jean-Marc Bonnet-Bidaud）、弗朗索瓦丝·普热得瑞
（Francoise Praderie）和我认为，"这些文献主要用于占星，但科

古巳上合氣象有卅八辯昼曹考有驗故錄之也未曹占考不散

輒愉入此卷臣不揆庸宣匡敢縑愚情綴而錄之具如前件湓

陳陛庭弥加軌越死罪死罪謹言

吴中
天津
造父
車府
羽
的
天人
危
虛
墳墓
蓋屋
泣
哭
雄瑜
○○代
天壘
敗臼
臼中
主公吏
天錢
北洛師門
二月日會此虛
營室婁中旦立

目廿八度至危十五度於辰在子為亥楙者黑北方之色楙者起青

之時陽氣下降陰氣上昇万物幽死未有生者天地空虛啓玄楙齊之公也

图32　第一张时角图。大英图书馆 Or.8210/S.3326（局部）

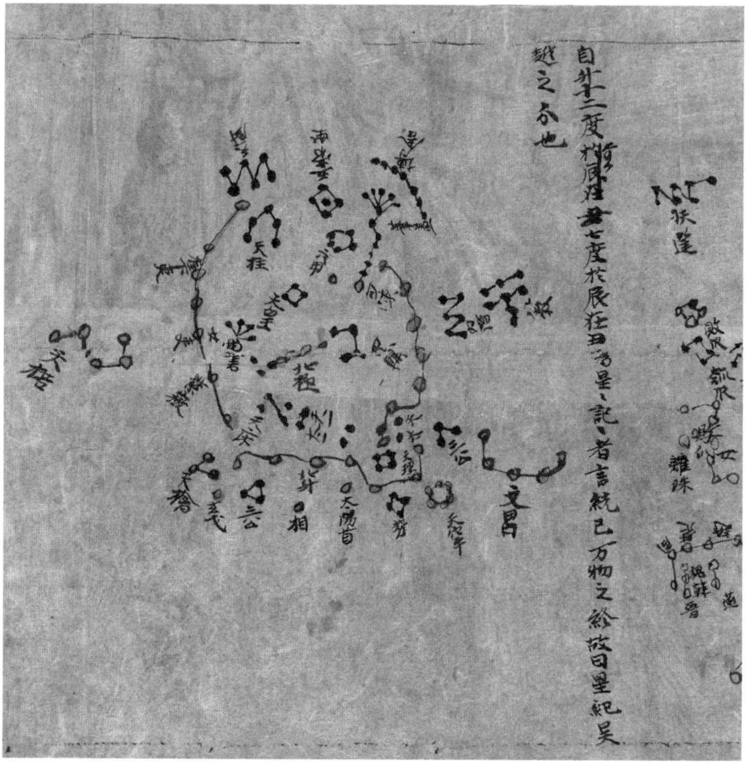

图33　环极星图。大英图书馆 Or.8210/S.3326（局部）

学的度数符号显示它们是以天文观测为基础的，并且尽可能地追
求精确"。[45]

　　就像古希腊的很多故事与星座相关一样，中国古代的星官也
有许多故事可讲。很多故事广为人知，有些还成为节日的核心。[46]
所以，尽管普通民众没有受过科学的训练，但很多人还是能够辨
认出天空中的一些星星。

　　与我们这件版印历日一样，星图也有潜在的颠覆性。它们的
制作都由中央控制，并且中央对天文知识的控制很可能比在历日

上的控制更成功，不过 840 年颁布的法令显示这种控制出现了漏洞。此前彗星数次出现，其中还有哈雷彗星。[47] 法令要求从事天文工作的官员和他们的属官保守秘密，不对任何人提起，包括政府的其他人员。尽管历日是不受政府许可的文献，但我们可以合理地假设其制作是为了出售给任何愿意购买的人。而星图的制作还存在很多谜题。[48]

纸和印刷术

回到这件版印历日，我们很容易理解它是如何被制作出来的。它是纸质的。大约在公元前 1 世纪，汉人发明了纸这种材料，9 世纪时造纸术得到完善。此时造纸的技术已经沿着贸易路线西传至塔里木，最远到达阿拉伯世界。在四川、敦煌和中国的其他地区，包括塔里木的于阗国很可能存在数量众多的造纸中心。但制作精良的纸由不同桑树的长纤维加上大麻、苎麻和其他能在当地找到的纤维制成，通常还是出自中国。[49]

此时的纸用模子抄造的方法制作（图 34）。[50] 纤维被捶捣至变软，然后和水混合形成纸浆。这一过程有时会添加浆料，如浆粉，使纤维保持悬浮以增加它们的黏合强度。浆粉还是完成后的纸张的填料。长方形抄纸帘的框架由窄木条或竹条制成，上有用纤细的竹条、芦苇、麦秆垂直编成的帘子，并用大麻或马鬃制成的线固定。造纸工人将抄纸帘斜向下放入纸浆中，捞起后摇动抄纸帘使纸浆均匀分布在帘上，待多余的液体流走、剩下的纸张变干后，纸就被揭起制成了。竹条或芦苇，以及系带的纹样会在纸

荡料入簾

图 34　绘有造纸过程的版画。采自《天工开物》（1637 年）

上形成压痕，分别叫作条纹印痕（laid line）和纬线印痕（chain line）。这些印痕在把纸张举起来对着光时可以看到。6 或 7 世纪时，中国的造纸工匠在帘上加了一块精细的丝布，避免了压痕的形成。另外，由于造纸过程中纤维被捶捣变软，所以不同类型的纸很难被区分，即使在显微镜下也是这样。[51]

干纸的一面经常被拍打，然后经研光形成光滑的表面，即纸张的正面，以便于书写。有时纸张会被染色。此时最常见的染料之一是以小檗碱为主要成分的染料，由黄檗（*Phellodendron amurense*）的树皮制成。[52]它不仅能给纸张上色，还具有防水、防虫等特性。印度、中国用的墨是碳墨，它耐久、耐腐蚀、不易溶解。抄本上的文字通常是用毛笔蘸墨书写的，有时也使用木笔替代毛笔，尤其是在较晚的时期。一些好的抄本是由抄写员在缮写室中准备好的。[53]

为了印刷，首先抄写员要在一张非常薄的纸上写上文稿。然后一块硬木板会被切割成与纸张相同的大小，纸张被打湿并将有字的一面朝下放在木板上，墨就会透过纸张渗透在木板上。随后技艺高超的刻工把汉字以外的部分挖掉，使汉字以反字和浮雕的形式呈现，木板则成为雕版。接下来就可以开始在雕版上印刷了，即在雕版上刷上墨，再把一张新纸置于雕版上，用干刷子轻轻地刷印，这样汉字上的墨就转移到纸上了。这个过程可以多次重复。

尽管该技术看起来效率较低，与活字印刷术相比缺乏灵活性，但对汉字这种非字母文字而言，它实际上更高效。刻一块板子所花费的时间比寻找和放置活字所需时间要少。[54]然而，在接下来的几个世纪内，活字印刷术也被用于印刷采用回鹘文书写的古突厥语。[55]回鹘文采自粟特文，后者以阿拉米语的辅音字母为基础。

传统认为，公元 1000 年左右中国人发明了泥活字，但并没有被保存下来。有趣的是，20 世纪 30 年代一名大英博物馆的观众王云五（当时上海商务印书馆的总经理）看到了印刷的历日，并认为来自四川的历日残片是使用泥活字印成的。[56] 然而，据我所知他是唯一持这种观点的人。之后，我们又发现了 14 世纪朝鲜使用的金属活字。[57]

在皇帝诏令下，971—983 年间《大藏经》在西南地区被首次雕刻印刷，证明了西南地区作为印刷中心的重要性。此次印刷共使用了 13 万块雕版。[58] 但那一时期的雕版并没有保留下来，现存最早的一套雕版是 13 世纪受高丽王朝（918—1392）委托在朝鲜半岛印经时使用的，现在被保存在韩国的海印寺。它由 81,258 块雕版组成。而现存最早的印经是《无垢净光大陀罗尼经》，年代很可能在 8 世纪早期（751 年之前），它被存放在韩国庆州佛国寺释迦塔中，[59] 发现于 1966 年。[60] 该经文印在一张桑皮纸经卷上，宽 8 厘米，长 630 厘米。另一卷《无垢净光大陀罗尼经》是 770 年前后在日本印制的，部分尚存至今。这份经卷在孝谦天皇（749—758 在位）的命令下被印成 100 万份，每一份都保存在一座小型木塔内。[61]

印刷术像许多其他技术一样在整个欧亚大陆广为传播。与在中国类似，历日和宗教文献在欧洲也是最主要的两种印刷品。占星术也在欧洲流行，尽管遭到基督教的严厉谴责。[62] 德国的印刷术发明家约翰内斯·古腾堡（Johannes Gutenberg，约 1398—1468）在印制他的著名的《古腾堡圣经》之前印了一本历日。16 世纪，存有法国占星家米歇尔·德·诺特达姆（Michel de Nostradame，1503—1566）的历日的书商曾被刑事起诉，因为诺特达姆的预测被认为会对英格兰及爱尔兰女王伊丽莎白一世（1558—1603 在位）的统治造成威胁。但这些历日仍然很流行。在英国，圣经和历日是最畅销的印刷品。1649 年，最受欢迎的年历，即威廉·利里（William Lilly）的《英国梅林》（*Merlinus Anglicus*）被印制 3 万份。[63] 1775 年，一起反对王室垄断年历印刷的案件在英国法庭上胜诉了。[64] 如同中国的历日，欧洲历日中也有包含日历在内的各类信息，大多数与占星术、预测未来和其他流行信仰有关。

　　总之，本章所讨论的这件历日是通过雕版印刷印在纸上的，印刷者很可能受到利益的推动，为了售卖而印制。我们不知道有多少人购买历日，如果历日是由私人印制的话，那么制作雕版所花费的精力和金钱成本也必须被销售利润覆盖。但我们不知道具体的成本金额。现在的问题是，该历日是在哪里印制的？它是在敦煌制作还是被一名旅行者带去的？如果是在敦煌印制的话，那么纸张和木头也是当地的吗？为什么此时的敦煌没有更多这件历日的印本或其他印制的历日呢？[65]

　　翟林奈（Lionel Giles）首先将这件历日的年代定为 877 年，并由此推测它是在 876 年末为新年而制作的。[66] 那时的敦煌被张氏统治，张氏于 848 年从吐蕃人手中夺取了敦煌——吐蕃人统治敦煌将近一个世纪。该地区仍然使用多种语言，以藏语为通用语。[67] 851 年敦煌使节到达唐朝都城，敦煌和中原的联系得以恢复。[68] 但当时统治中国的唐王朝因叛乱而衰落。914 年，曹氏从张氏手中夺取政权。现存的 10 世纪在敦煌印制的祷文和佛经，正是由当时统治敦煌的曹氏赞助的，有的还署有雕版刻工的姓名"雷延美"。[69] 没有证据可以证明此前当地有印刷品。此外，如华澜

（Alain Arrault）指出，制作我们这件历日中的日历所使用的方法与敦煌制作日历的方法不同。因此，这件历日很有可能是在其他地方生产的。这并不奇怪，因为敦煌只是一个相对狭小和遥远的边缘地区。吐蕃统治这片地区期间，没有证据显示有藏文文本的印制。

那么，这件历日是在哪里印制的呢？如上文所述，我们在敦煌发现有来自都城长安和西南地区的印制文献。后者的地位更重要。在西南地区制作的手抄经卷也被带到敦煌，例如上文提到的《陀罗尼经》。《陀罗尼经》的印刷本在藏经洞中也有发现，其年代为 868 年。这本经书展现了非常复杂的印刷技术，它很可能是在西南地区生产的。835 年的官员奏议提到，该地区印刷的历日数量激增。这进一步支持了前述观点。但如果我们没有更多的证据，例如对纸张的分析结果，一切仍然只是猜测——这件历日也可能制作于西南地区。

这件历日又是如何到达敦煌的呢？或许一位旅行者在它印制的那一年把它带到敦煌；或者它被用作之后历日的制作范本或教学模板；又或者它只被当作废纸。和许多古物一样，它的历史存在很多不确定性。因此，我们只能够依靠推测来填补一些空白。

几乎可以确定，它在最初生产时只被视为短暂流行的产品，因为它只能使用一年。此后的大多数历日应该都被丢弃了。我们看到纸张被重复利用，例如，用来修复其他流行时间较长的文献，或给一些物品做衬里，如经书封皮和鞋底。日常生活中很可能还有很多其他重复利用的方式，例如用于清洁或者用作厕纸。而这件历日得以保存下来，就在于它被发现时的存在形式：它不是一件完整的物品，而是两个不完整的部分，被分别粘到另外的纸片上。这些纸张的另一面上有字迹，包括一份契约的卷尾，上面写有一名"雇人"和两名"见人"的姓名。这两个部分都提到一个叫"翟"的男人，其中一份文本的一行字用黑墨写着"四月廿六日都头守州学博士兼御史中丞翟写为"，最后一个字用朱书修改了，原字为"书"。后面有一短行也是红字："报鹣大德永世为父子莫忘恩也。"另一份文本有四行，其中一行为"翟都头赠送东行"。

　　"翟"几乎可以确定是翟奉达（约883—966），一个10世纪早期负责制作日历的当地官员。在敦煌发现了几件由他制作的日历，但都是写本。[70]他可能使用一些经他书写的草稿残片来延长一本已被翻阅了很多遍的历日的生命。这份历日是在他出生前6年制作的，他得到它之后就让它脱离了被摆放在书架上的命运，并将它当作一本参考书保管了很长一段时间。但这并没有解释它是怎么样从877年保存到翟奉达发现它的那一年的。不过我们知道翟奉达奉命制作历日，或许他的老师首先注意到这件历日，把它当作参考书收藏，并在之后将该历日传给了这位得意门生。

　　有一些证据显示，敦煌藏经洞里有僧人自己的写本。可能翟奉达的藏书也在他死后被放在这里，也就是藏经洞被封闭前的数十年。[71]因此，与历日放在同一捆中的其他文献可能也属于翟奉达，其中包括一张印有佛像的纸和梵文《陀罗尼经》。[72]尽管翟的历日只以写本的形式保存下来，但印本应该也有制作，或许丢失已久，又或许他更喜欢将该工艺用在自己使用的日历上。

　　翟的其中一份日历写本很可能是956年的，被送给当时的敦煌统治者曹元忠（944—974在位）。[73]如上文所述，此时敦煌印本受曹氏资助。有趣的是，《金刚经》以册子本而不是经卷的形式装订，更像近代的书籍。这是此时敦煌在书籍装帧上的发展。这种版式的使用可能反映了曹氏对技术变革的兴趣。但这也是一种相对小的版式，其尺寸为 14 厘米 × 10 厘米，需要较小的雕版和比印经卷要小的纸张（经卷的纸张大小为 30 厘米 × 56 厘米）。[74] 纸张很粗糙，几乎可以确定是当地生产的，其印刷质量远不及 868 年的《金刚经》。所有这些都表明敦煌此时已经有了印刷术，但与中原地区相比还落后一大截。[75]

接受一种新技术并不是一个简单的过程，它要有需求和技艺。技艺往往是外来的，有时需求也一样。雷延美可能曾经在某一个印刷中心（例如西南地区）当学徒学习雕版印刷，之后来到敦煌，在曹氏的资助下担任官方的雕版刻工。或者他可能是当地人，受教于一位外地的雕版刻工。祷文的印制相对容易，每张纸只需要两块雕版。历日则比较复杂，或许翟奉达希望通过被他保存的一份历日的范本，来说服曹氏委托雷延美把技艺用到历日的印制上。但是，与中原地区的统治者一样，曹氏很可能希望限制人们接触历日，因此并不想鼓励它们的印刷和传播。如果他的办公场所只需要一份历日，并且只有另外少数几份需要分发的话，那么花费金钱和精力来制作雕版几乎没有意义。[76] 印本历日的不足可能表明敦煌缺乏私人印制，至少表明政府机构更加严格控制它们的产量。[77] 曹氏资助的历日印本与写本的同时存在或许表明了这一点，但这也说明了技艺和技术的有限性。

我们这件版印历日的年代是翟奉达将他的日历送给统治者之前 80 年，但这件历日很可能是由翟奉达自己保管和修复的。这一时期的印刷术尚未成熟，而且没有证据显示此前敦煌有印刷品，这表明这件历日不是在敦煌制作的，而是在一个 8 世纪时印刷术已经较为成熟的地区印制的。那么，其产地就应该是中原地区或西南地区。它是何时、通过什么方式到达敦煌的呢？我们很可能永远也无法得知，但它由于翟奉达的兴趣而被保存下来。可能是在他去世的 966 年前后，它与翟奉达的其他写本和文献一起被放置在城镇东南的佛教石窟——莫高窟的藏经洞中。仅仅过了几十年，藏经洞就被封存了。它一直在那里，直到 1900 年藏经洞被发现并重新开放。从那以后，它的经历就比较容易探查了，但它带我们走上的欧洲和皇家收藏之路有时也是曲曲折折的。

向西的旅程

1900 年 6 月，王圆箓（1849—1931）偶然发现了敦煌藏经洞，他自命为保卫者和保护者。此事经常被学界讨论。[78] 另一件事却很少被提及，那就是王圆箓和他的工人在藏经洞被发现后的几年内把洞中的东西搬出来至少三次。第一次是为了"寻宝"，第二次他们搬走了石刻，第三次他们把材料送到政府妥善保管。[79] 1907 年，出生于匈牙利的英国籍考古学家斯坦因来到敦煌，这是他四次中亚探险的第二次。此前，藏经洞中的材料已经被扰乱了，没有迹象表明这些材料是按照它们原来的次序摆放的。由于没有更早的记录，我们只能推测它们最初的排序。王圆箓最早给斯坦因看的是一堆文献中放最上面的材料。"成捆的多种语言的文书、帛画、还愿文，还有各式各样的纸张，很容易就能看出它们特别的价值。这些文献显然是由于不再使用而被存放起来的。通过观察它们不规则的形状和捆扎的方式，我很快就能将它们与形制统一的汉文或藏文佛经写卷区分开来。幸运的是，正是它们的不规则形状，才让这位道士（王圆箓）在堆放我称之为'图书室文件包'的书堆时将它们放在顶上。"[80]

斯坦因说服王圆箓至少对藏经洞做第四次清理，把成捆的文件放在走廊外面，以便斯坦因和他的中国助手蒋孝琬（1858—1922）把这些文件都浏览一遍，找出非汉文和非佛教的材料。然而，他们只有几天时间，几天之后王圆箓已经把成捆的文件搬回藏经洞，他们只能满足于已挑选出来的材料。一笔钱易手了，之后被王圆箓用来修缮藏经洞外边的客房。[81]

这些材料被打包成 12 箱。斯坦因最初计划把这些箱子安放在敦煌的衙署，他则继续向东探险，回程时再取回箱子。但当听说当地发生了动乱，而且可能还会有军事介入时，他放弃了最初的想法。他带着这些箱子去到邻近的安西（今酒泉市瓜州县），把这些箱子放在安西的衙门里"一个通风性好、易于看管的房间"。很多大的圆木放在"砖上，把这些珍贵的箱子垫起，让它们远离地面。易卜拉欣·拜格负责看管，他每周都会把这些箱子搬到太阳下，以免潮气侵袭箱中的文件"。[82]

斯坦因离开敦煌一个月后，当地民众发动了抗税起义，烧毁了衙门。[83]斯坦因利用动乱，派蒋孝琬带着 4 匹骆驼回到藏经洞遗址。蒋孝琬又在那里获得了 230 捆文件（3000 卷），并将这些文件与其他文件一起放在安西。4 个月后，斯坦因一回来就拿走了这些箱子。它们被装在 4 匹骆驼身上，斯坦因开始向他的探险旅程的最后一站出发。11 月初，他将这些文物连同装在另外 4 匹骆驼上的发现直接运到喀什，东西由那里的英国领事马继业（George Macartney，1867—1945）负责安全保管，斯坦因则继续探险。

　　1908 年 6 月 9 日，斯坦因在于阗重新见到这些箱子——马继业将他们送到于阗。在尼亚兹·哈基姆·贝格（Niaz Hakim Beg）的花园里，所有的文件被重新打包，准备运送。我们不知道这时他们是否遵循了这些箱子最初的打包顺序。如果是这样的话，那么这件历日应该是放在 91 号箱，可能是蒋孝琬再次访问敦煌时所获得的那一批。在斯坦因所有关于探险的出版物中，他都没有提到这件历日。由于这些箱子的旅程长达"13,000 千米，途中要在骆驼、牦牛、矮马背上翻越高山、穿过冰川山口，接下来还要由马车、火车和轮船运输"，[84] 所以这次打包非常仔细。打包期间，蒋孝琬准备了一份装船目录*，其中有大约三分之一的敦煌汉文文书。[85]

　　在提拉·巴乌的看管下，93 箱文件经冰川口于 8 月 1 日到达喀拉喀什河上游的苏盖提乡，并在那里等待斯坦因。[86] 9 月 27 日，斯坦因又回到箱子的运输途中，但他当时受了严重的冻伤——这是在他抵不住热情去拍摄大雪覆盖的昆仑山时落下的。[87] 经过 4 天的行程安排和结清宿营床位费后，斯坦因在 9 月 30 日重新出发，继续这趟不得不走的旅程。他并没有和箱子一同启程，而是让辛格负责看管它们，直到 1909 年 1 月 20 日从孟买乘船到达伦敦（其间他在意大利停留探望家人），他才和这些箱子重逢。他在孟买时得知这些箱子已经在几天前安全抵达大英博物馆。[88] 这件历日在峭壁上的洞穴中存放了 900 年，却在 10 年之内去到丝绸之路的另

---

*　该目录被认为是中国人最早编纂的敦煌汉文文献目录，见王冀青《英藏敦煌汉文文献"蒋孝琬目录"编纂始末》，《敦煌研究》，2017 年第 4 期，第 118—124 页。——译者注

一端，并在大英博物馆的库房中找到了一个新家。

博物馆岁月

　　将这些箱子转移到博物馆的过程并不十分顺利。尽管斯坦因将它们送到大英博物馆印刷品和绘画部的保管员手里保管，但这个部门并没有同意接收它们，最初还将它们转移到印度事务部。箱子后来又被放在伦敦市中心的白厅。[89]斯坦因的助手弗雷德·安德鲁斯、休·伊夫林·怀特和麦克唐纳小姐在白厅着手检查并开箱。斯坦因继续游说博物馆的理事和任何他认为能够起作用的人，希望在博物馆获得工作空间。如果大英博物馆不同意，他认为也可以选择大英博物馆在肯辛顿（Kensington）的自然历史分馆或者牛津市的阿莫什林博物馆。如往常一样，他的坚持奏效了。在白厅印度事务部打开的 25 个箱子得以重新打包，8 月 5 日这些材料被运到大英博物馆。[90]安德鲁斯着手预定玻璃存储柜并固定好工作台。

　　1909 年 10 月，两位新助手约翰·珀西瓦尔·德洛普先生和洛里默小姐取代了怀特先生和麦克唐纳小姐。[91]截至 1910 年 1 月，他们已经打开了 37 个箱子。[92]部分材料被分送给各类学者鉴定和研究，其他材料还处于保管状态。这是在为材料分类、进入博物馆藏品体系做准备。斯坦因的探险是由大英博物馆和印度政府联合资助的，所以他的藏品理应被分成两份。例如，应将敦煌汉文文书送到大英博物馆，大多数敦煌藏文文书则放在印度事务部图书馆。

这些材料的第一次展览是在 1910 年由大英博物馆的印刷品和绘画部策划的，展品还包括斯坦因藏品中的一些绘画，但没有写本。[93] 还有一些绘画和写本在 1911 年被送到伦敦南部的水晶宫，在"帝国节日"展览的印度部分展出，但这些展品中并没有这件历日。[94] 此时，为了让伯希和（Paul Pelliot）完成他的目录，数百件敦煌汉文经卷被送到这位法国汉学家的手中。[95] 同年 4 月，他访问大英博物馆检查了这些材料，翟林奈"从汉文写本中挑选出一部分给他看"。[96]

1913 年，大英博物馆建立了一个新的部门——东方印刷品和绘画部。劳伦斯·比尼恩（Laurence Binyon，1869—1943）此前是印刷品和绘画部的助理保管员，此时成为这个新部门的主任。而之前在印刷品室工作的亚瑟·威利（Arthur Waley，1889—1966）成了他的助手。比尼恩为理事编撰月度简报。在 1913 年 8 月的月度简报中，他提到了敦煌绘画："斯坦因藏品中的两幅绘画被裱成立轴，另一幅画已经清理干净，并为装裱而专门修复。"[97] 从那时起，大多数月份的简报都提到这些绘画。我们从斯坦因那里得知，在"西德尼·科尔文（Sidney Colvin）亲切的指导"下，那些紧扎的画被打开了。[98] 而在 1914 年 5 月的简报中，比尼恩首次报告了对写本所做的工作："200 件汉文经卷已被检查并编号。"此后据报告，6 月是"大约 500 件"，7 月是 60 件，8 月是 550 件，9 月"对斯坦因藏品中的汉文经卷的分类和编目工作仍在进行中"。[99]

1914 年在大英博物馆新建的北馆中有一个重大展览，英国国王和王后为展览开幕。其中展出的就有一件历日，但不是我们所讨论的这件。[100]

我们可以确定，这段时间这件历日一直都在大英博物馆，而其他写本和绘画则在展出或被送到世界各地的学者手中，因为没有记录表明这件历日不在。第一次世界大战期间，安德鲁斯和洛里默为了完成这批材料的整理和在大英博物馆与印度事务部之间的分配，压力越来越大。[101] 由于担心燃烧弹可能袭击博物馆，在2 月至 5 月之间，印刷品和绘画部的藏品由火车运往阿伯里斯特威斯（Aberystwyth）的威尔士国家图书馆，很多文物和钱币则被转移到霍本（Holborn）和牛津街之间的一个伦敦地铁新段内。[102] 然而，斯坦因的材料还留在伦敦。[103]

直到第一次世界大战结束，伯希和也没有完成他此前承诺的目录，那些和他一同留在巴黎的经卷被送回伦敦。而给敦煌汉文写本和印本制作目录的任务落到了翟林奈的头上。1936 年，翟林奈成为东方写本和印本部（OMPB）的保管员，准备写作一系列关于汉文经卷中有纪年的写本的文章。这些文章在 1935—1943 年间发表在《东方与非洲研究学院院刊》(*Bulletin of School of Oriental and African Studies*)上，其中关于 9 世纪文书的那篇文章发表于 1939 年。在这篇文章中，翟林奈描述了这件历日，给出其年代为 877 年的理由，并且注意到背纸上提到了"翟"。[104]

第二次世界大战期间，斯坦因藏品中的经卷被装入 40 个箱子，这件历日很可能就在其中。1939 年，这些箱子连同博物馆藏品中的其他写本被一起送到阿伯里斯特威斯。当时人们认为图书馆的地面建筑不安全，于是在山坡上挖了一个隧道。1940 年隧道完工后，装有斯坦因经卷的四个箱子被转移到隧道中，但我们不清楚这件历日在不在其中。随着战争结束，隧道中的材料在 1945 年 5 月被运回图书馆大楼。一年后，即 1946 年 5 月，它们被送回伦敦。[105]

翟林奈的目录完成于文书被送往威尔士国家图书馆和 1940 年他退休之前，但乔伊斯·摩根（Joyce Morgan）注意到，在图书馆的这段时间里该目录一度丢失，幸运的是它在 1946 年又被重新发现了。[106] 然而，这份目录直到 1957 年才出版，并且其中关于这件历日的记录重复了翟林奈此前那篇文章中的信息。

这段时期，有几位访问者参观了这件藏品，但档案和已出版的著作都没有提到这件历日。[107]李约瑟（Joseph Needham，1900—1995）和王玲于 1959 年出版的《中国科学和文明》（*Science and Civilisation in China*）一书的天文学部分也没有提到这件历日，不过他们提到了在敦煌发现的其他文书。[108]

大约在此时，这件历日与大英博物馆的其他敦煌汉文经卷一起被制成微缩胶卷。图片显示它的背纸是 10 世纪的。此后，它偶尔被送去修复，尽管没有关于这些修复工作的现存记录，但这可以说明它被看作一份重要的文献。大英博物馆有 6000 余件敦煌经卷，很多都有残缺的卷首和卷尾，丝带捆扎产生的裂痕、裂口，以及在它们放入藏经洞之前上手翻阅造成的伤害。文物保护专家需要花费数十年时间才能修复所有这些损害。所以斯坦因的藏品只是众多需要争分夺秒修复的藏品的一部分，博物馆业务人员不得不对众多藏品做出优先选择。尽管这一时期没有相关的记录留下，但很明显，数次修复这件历日的决定是由学术兴趣激发的。

一旦藏品被编目和制成微缩胶卷，学者就可以更加便利地接触到它们。一份微缩胶卷曾被送到日本，藤枝晃经过仔细研究，认识到这件藏品的重要性，并在 1973 年发表了一篇关于它的文章。[109] 在此之前它就已经被修复了，这可能是因为人们认为所有有纪年的印本都很重要，因此要优先修复。[110]

　　一座图书馆，无论是个人的、私立的，还是公共的，都有责任保管自己的藏品。图书馆的需求是复杂的，因为它们的目标——开放，与藏品保护正好相对。保管书籍的目的是查阅，而保管的主要威胁之一就是翻阅。如何解决这种冲突是一个目前仍然存在的问题。所以，就像这件历日很可能由于频繁的翻阅受到磨损并且变得非常脆弱，翟奉达为了保护历日而用别的纸张作为背纸以增强历日的强度，大英博物馆以及近期的大英图书馆在如何处理这件历日上也面临类似的决定。

　　很多物品不像琥珀中的昆虫，在冻结的时间里得以保存。随着这些物品被使用，它们自身会发生变化。这些变化，无论是我们这件历日的背纸，还是中国绘画上的鉴藏印，都是它们的历史中重要的部分。然而在有些情况下，文物保护人员尽可能地将物品还原到它们最初的状态，即在物品与自然和人类尚未产生任何复杂的纠结之前的状态。而在其他情况下，他们没有考虑物品最初的状态和制作材料，或对此知之甚少，仍使用他们熟悉的工艺和材料，而不管是否合适。我们的这件历日就容易受到这两种保护理念的影响。[111]

　　首先，20 世纪 50 年代和 60 年代早期，工作人员在大英博物馆修复这件历日时用了一张相对较厚的西方纸张增补已经存在的托纸。此时用于衬托的纸张既有牛皮纸，也有马尼拉纸。[112] 这是当时人们喜爱的一种做法，被认为可以承托原本脆弱、经常裂开的纸张。[113] 中国和日本卷轴画的托纸尽管所用材料十分不同，但更加相似，也是经常被效仿的范例。

　　尽管这种保护方式是出于好意的，但人们此后才明白这层托纸又对藏品造成了新的伤害。一旦把画卷起来，托纸就会比原来的纸张伸展得更多，因此对原纸产生压力。如果托纸和原纸的重量和类型差异很大，那么这种压力会更大。[114] 在托纸造成进一步的伤害之前，很多对 12 世纪晚期敦煌材料的保护修复都面临着把这些托纸移除的问题。[115]

1973 年，大英图书馆成立（当时称为大不列颠及爱尔兰国家图书馆），大英博物馆的写本和印本，包括这件历日，以及东方写本和印本部的其他敦煌汉文材料都成了大英图书馆的藏品。它们在博物馆的登记编号被保留下来，并加上 "Or."（Oriental 的缩写）作为前缀。1981 年，前东方写本和印本部的藏品离开了伦敦市中心的牛津街，被运到斯多尔大街（Store Street）的新馆舍。当时为存放这些敦煌经卷而设计制造的柜子直到今天仍在使用。1982 年，印度事务部图书馆（India Office Library and Records，1858 年建立，归英属印度所辖）的藏品也被转移到大英图书馆，归大英图书馆管理。1990 年末和 1991 年初，斯多尔大街的藏品被运到黑修道士路（Blackfriars Road）的印度事务部图书馆大楼。印度事务部的档案包括在藏经洞发现的写本，如 IOL San 1446，即一张印有佛像和梵文的纸。在藏经洞里，这张纸可能与这件历日是同一捆文献。1997 年，这些藏品又被运到大英图书馆在圣潘克拉斯（St. Pancras）专门修建的地下库房里，直至今日仍在那里。

此前，中国学者已经公开发表了这件历日，还有人在 2001 年解读了全文。[116] 这件历日被视为优先保护的对象，2002 年大英图书馆东方保护修复工作室重新对其保护修复。现在我们可以很好地理解不合适的背纸所带来的压力了。多亏大英图书馆东方保护修复工作室的主任彼得·罗森（Peter Lawson），他与中国和日本的同行有密切的联系，所以这次修复使用了日本桑皮纸（Kozo Paper）和糨糊等与原作接近的材料，而不是西方的纸张和胶水。[117] 他们努力让这件历日回到最初的状态。20 世纪 50 年代的背纸被揭掉后，他们用色彩接近原纸的日本桑皮纸和小麦面粉做的糨糊大面积修复已经开裂的纸张。卷首和卷尾处的 10 世纪托纸也被去掉了。经辨认，一片与日历背纸粘连的碎片应该属于缺失的第二个月份，它也被还原到原来的位置。托纸和已修复好的历日现在被分成数片，封装在数个大型透明的 PET（Polyethylene Terephthalate，聚对苯二甲酸乙二醇酯，作为商品时的名字通常是聚酯薄膜）塑料板里。[118] 这些塑料板被保存在一个文件夹内。2002 年 5 月，安德鲁·W. 梅隆基金会（Andrew W. Mellon Foundation）赞助的国际敦煌项目工作室将新保护修复的历日数字化，自此历日的图片可以在网上免费观看。[119]

2004 年，这件历日在大英图书馆的一个展览"丝绸之路：贸易、旅行、战争和信仰"上公开展出。[120] 2014—2015 年，它又在大英图书馆的珍宝厅展出。

第十章

不为人知的奴隶

与本书的其他章节不同，本章的中心不是如今存在的一件器物。那是因为本章讨论的"器物"——奴隶，是有生命的，而且早已去世并腐烂了。博物馆中没有例子，或许 19 世纪晚期开始流行的透景画（diorama）中的模型除外。[1] 虽然有些奴隶与他们的主人一起埋葬，他们的尸体也许保存下来了，但我们对他们的生活知之甚少，甚至一无所知。那么，在一本关于物质文化的书中，为什么还要有这一章呢？

因为奴隶与丝绸一样，都是丝绸之路上的商品，可以购买、使用和为了利益而被售卖，很多奴隶还通过陆路和海路长途被运输到外国市场上买卖。[2] 尽管古代的奴隶没能活下来讲述他们的故事，但他们在艺术、考古和文献中留下了踪迹。[3] 我们可以从中看到，奴隶制度在丝绸之路上随处可见，任何文化、任何地区和任何时期都不例外。奴隶在丝绸之路经济方面的重要性也很可能不亚于本书讨论的丝绸、马匹或其他商品。但在当下人们所讲述的丝绸之路历史中，奴隶很少占据中心地位。本章将利用他们留下的这些踪迹来讲述他们在丝绸之路上的一些故事。[4] 与其他章节一样，我首先提出"如何"和"为何"的问题，尽管"何时"和"何地"的问题几乎与此无关，正如《麦克米伦世界奴隶制百科全书》(*Macmillan Encyclopedia of World Slavery*) 所写："除去婚姻、家庭和宗教，奴隶制可能是人类历史上最普遍的社会制度。"[5]

我们对这件"器物"的认识大多来自文献，包括保存至今的法律，这也是本章与其他章节的不同之处。正如大卫·怀亚特（David Wyatt）在他对中世纪不列颠和爱尔兰的奴隶研究中指出，"一个特定社会的法律也许无法反映那些没有被写入法律的实际的社会和文化习俗"，[6]但我们不得不慎重考虑把写成的法律条文当作习俗。这些法律条文也的确体现了一些社会状况，尽管有时候它们描述的是一种通常难以实现的理想。例如，有一件6世纪萨珊波斯的帕拉维语（Pahlavi）法律案件汇编，其中有一章是关于奴隶制的。尽管它只有部分存世，但其他章节对奴隶制的讨论有助于补充这一描述。[7]还有一则现存文献，描述了伊朗基督教社群中的奴隶制。[8]唐朝的法律则将人分为三个群体，其中奴隶是最低等级的。与较高级别的群体相比，法律对他们的惩罚会更加严厉。

一些文学材料和原始文献也加深了我们对奴隶制的理解：奴隶常见于当时的故事中，如《一千零一夜》；阿尔·花拉子密（al-Khwārizmī）在他的数学游戏中使用了奴隶；阿拉伯船长布祖格·伊本·沙赫里亚尔（Buzurg ibn Shahriyār）讲述的很多故事也提到了奴隶。[9]我们还有犍陀罗语、汉语、粟特语、希伯来语、阿拉伯语和拉丁语的原始奴隶契约。同时代的其他作者，如伊本·鲁斯塔（Ibn Rusta，活跃在10世纪）和伊本·胡尔达兹比赫（Ibn Khurradādhbih，约820—912）讨论了奴隶贸易的路线。另外还有保存下来的图像，展示了罗马帝国的家庭奴隶。一幅13

世纪的图像还展现了也门扎比德（Zabid）的奴隶市场。[10]从所有这些材料中，我们可以拼凑出一幅丝绸之路时代非洲和欧亚大陆上奴隶制的画面，尽管并不完整。

成为奴隶

一个人是怎样成为丝绸之路上被使用和贸易的奴隶的呢？我们从各类法律法规等正式文件和实际发生的情况（有时与法律相悖）中可以看到几种途径。有一些人是生而为奴的。有些儿童生来自由，但因为父母贫穷而被父母贩卖，或被遗弃、拐卖。另外还有为还债而卖身为奴者，一些罪犯也会被判为奴隶。但大部分的奴隶是战俘或在陆上或海上被掳掠的人。

为什么有的人生而为奴呢？这取决于当时的法律。例如，在萨珊统治早期，我们所知的萨珊法律规定孩子继承父亲的身份。如果父亲是奴隶，孩子就是奴隶。但如果一个孩子是由女性奴隶和男性自由人所生（这种情况无疑不在少数），他就是自由的。但在大约5世纪早期，法律出现了变化，孩子自此继承母亲的身份。[11]

在阿拉伯社会，孩子也继承母亲的身份。然而，即使他们生而为奴，但如果父亲承认并愿意解放孩子的话，他们就能获得自由。[12]前伊斯兰时期的阿拉伯诗人安塔拉（Antara）就是这种情况。他的父亲来自阿卜斯（Abs）部落，而他的母亲是一个埃塞俄比亚女奴。[13]有一段记载告诉我们他是如何获得自由的："阿卜斯人在战争中追捕敌人，安塔拉的父亲命令在场的安塔拉出战。他回答道：'安塔拉是奴隶，他不知道怎么出战，只会给骆驼挤奶和捆扎它们的乳房。'他父亲大喊道：'出战！你就解放了！'然后安塔拉就出战了。"[14]

然而，晚期的伊斯兰法律规定孩子继承父亲的身份。[15] 中国则禁止自由的女性和男性奴隶谈恋爱，但这样的事并非没有发生。当然，男人可以纳奴隶为妾，但孩子还是继承父亲的身份。[16]

那么谁可以被贩卖？古典罗马法允许父亲贩卖自己的孩子，但如果孩子被贩卖三次，父亲则不再享有对孩子的权利，即家父权（patria potestas）。294 年通过的一项法律试图停止这种做法，但未取得成功。[17] 322 年的宪法试图通过给这些家庭免除债务来结束因贫穷而贩卖孩子的做法。[18]

汉朝的法律也禁止人们贩卖孩子或其他亲属："卖子有一岁刑；卖五服内亲属，在尊长者死，期亲及妾与子妇流。"[19] 但事实上这类法律的颁布正表明了这种现象的存在。有一条几个世纪后的记载，关于一位被贬官至中国南方（今贵州附近）的官员。他看到，当地的孩子被贫穷的父母卖给债主，或被拐卖为奴隶。作为地方官，他通过了一项法律，即允许父母以工还债，以结束这种做法。[20] 他还颁布了一项允许解放奴隶的法令。有记载说他自掏腰包赎回了几个孩子，因为他们的家庭过于贫困而没有能力这样做。[21]

然而，面临贫穷、饥馑和其他困境的家庭，仍继续在丝绸之路上贩卖孩子。唐宣宗看到岭南人民赋税沉重，不得不卖儿鬻女，"遂使居人男女，与犀象杂物，俱为货财"。[22] 一则 1095 年的拜占庭法律提到保加尔人的家庭在饥荒时期贩卖孩子。这项法律还规定，能够证明父母是自由人的奴隶会被视作自由人。[23]

保存至今的一份来自杜拉-欧罗普斯的借贷契约，其双方都

是帕提亚人，一个出身贵族，一个是农民。后者同意充当前者的
奴隶以偿还一笔贷款的利息。[24] 在萨珊法律中这种现象继续存在。
一个人可以是借贷的抵押，借贷期间此人的身份是奴隶。如果债
务未偿还，此人仍是奴隶。[25] 我们尚不清楚这是否总是一项自愿
的行为，也不清楚债务人有时是否会用他的家人（例如孩子）作
担保。在罗马法律中，查士丁尼法禁止债权人以债务人的孩子充
当奴隶来抵债。但是，这项法律的颁布再次说明这种情况并不少
见，而且我们无法知道这项法律是否生效。

　　在中国，从西晋开始法律就已规定免除依附于豪族的奴隶的
赋税和兵役。[26] 豪族可以拥有固定数量的享有豁免权的奴隶。对
于最高等级的官员，家仆的定额是 40 人。[27] 然而，因为贫穷卖掉
妻子和孩子的人也有很多。据记载，一位男性为了筹钱举办父亲
的葬礼，卖掉了自己的一儿一女。[28]

　　如果一个人在中国犯罪，那么他的罪行可能会株连他的家人。
最严重的时候所有家人都会被处决，但他们也可能受到更轻的刑
罚，比如没入奴籍。此时他们成为官奴，不属于私人。男奴和女
奴都被用作劳动力。男奴会被分到都城中被称为"作部"的劳动
营。较年轻的男性会被阉割，充当宫廷宦官，这种方式同样存在
于丝绸之路上的其他几个社会。女性则会在一名官员的监督下强
制劳动，不过通常会被安排舂米等相对轻松的工作。有一些女奴
也可能成为宫女。她们受官府支配，留在宫廷或被当作礼物送给
得宠的将军或文官。[29] 有记载显示有权势的家族会把官奴据为己
有，尽管这是非法的。[30]

　　我们知道曾有很多这样的"礼物"，例如：西魏皇帝在一次重
要的胜利之后，赐给将领于洛拔 40 名奴隶；数年后北周皇帝赐给

于谨 1000 名奴隶，因为他在 554 年夺取了江陵城；一名官员徐伯阳在与他的同僚和长官一起游山的路上，因为作诗而获赠奴隶[31]；601 年，杨素任尚书左仆射，获"良马百匹，牝马二百匹，奴婢百口"[32]；陆法和因为他的法术，受皇帝赐予奴隶 200 名；王遇受到冯太后的喜爱，"前后赐以奴婢数百人"[33]。

虽然以上所有情况都迫使人沦为奴隶，但在欧亚大陆上，因战争和劫掠（包括海上、陆上和河道上的劫掠）成为奴隶的人最多。中古波斯语常用于表达奴隶的词语"anšahrīg"（意为"外国人"）就可以反映这一点。有时这种方式带来的奴隶的数量之大令人吃惊。汉文史书记载，554 年西魏占领江陵后，俘虏了 10 万余人。[34] 这仅仅是中国北方朝廷向南和西南扩展的数百个战役之一，但已经导致大量人口成为奴隶。[35] 另一份记载则更加详细地说明了这么多受奴役的人是如何被处置的，这与北魏向南的扩张有关。他们按身份被分成若干群体。上层社会家族不被奴役，而是被强制安置在北方的指定地区，归新的行政区管辖。尽管他们不是奴隶，但史书记载了很多关于他们艰苦生活的故事。例如，一个人为了养活他年迈的父母，干了 10 年苦力，直至死亡。然而普通人的情况更加糟糕——他们都成了官奴。

汉人也把他们的领土扩展到其他民族和文化的区域，这些民族通常不被汉人平等看待。晋代奴隶最主要的来源是居住在现在四川北部的獠人。当地的地方官员奉命定期劫掠这片地区，抓获更多奴隶。史书记载，当时有大批商人专门从事獠奴贸易，由此可见该贸易利润丰厚。[36] 用薛爱华的话来说，有唐一代，南方的民族"被有组织地奴役"，几乎不被描述为人。[37] 再往南，即现在的越南，女孩则被形容为"越婢脂肉滑"。[38]

当汉土被攻占时，不管是在边境地区还是更遥远的战场，汉人也都会受到奴役。汉藏之间的许多战役带来了大量的战犯。藏文文献记载，当汉人被俘虏后，藏人会将所有战犯集中在一个大坑里。重要的战犯会被问话，甚至有时在文身和分配任务前被拷打。识字的犯人会被任命为翻译或顾问，藏人会在他们的胳膊上文身，而在普通的犯人脸上刺青。[39] 逃犯也不少见，但被重新抓回来的人会受皮鞭抽打。根据汉藏双方各种各样的条约，如果高级战犯在俘虏期间死去，那么双方都会装殓死者并将遗体送回本国。

拜占庭和阿拉伯还会相互交换活着的犯人。在 845 年君士坦丁堡一次这样的交换中，阿拉伯犯人的数量远超拜占庭犯人。据称，哈里发瓦提克（al-Wāthiq，842—847 在位）为了使数量平衡，要求解放在巴格达和拉卡（Raqqa）贩卖的拜占庭奴隶，还带来了自己女眷中的拜占庭妇女。[40]

在大多数社会中，战俘都是获得者的合法财产，其中可能有成年男性、女性和儿童。拜占庭法律《普罗希隆》（Prochiros Nomos，870—879）引用了一条早期的法律："根据战争法，被征服者属于征服者。"[41]

即使在和平时期，当地人也并不安全，尤其是住在边境、可航行的河流和海岸边的人们。看起来友好的商人可能别有用心，正如一位 10 世纪的船长讲述的一个故事：一位向非洲东海岸航行的阿拉伯商人（可从波斯湾出发顺西北季风到达）和当地的国王进行贸易，贸易成功之后，国王出于礼节送他离开。故事继续写道："窃以为，如果在阿曼的市场上拍卖，年轻的国王至少值 30第纳尔，他的 7 个仆人值 160 第纳尔。"毫无防备的国王及随从都被俘虏了，加入已有的 200 名奴隶中。[42]

如下文所述，中亚萨曼王朝（874—999）时期，邻近由突厥控制的土地是奴隶士兵源源不断的来源。例如，893 年的一次袭击就让萨曼王朝获得了 10,000 到 15,000 名俘虏，除了军队的男性，其中还有一位突厥首领的妻子。[43] 萨曼王朝一直延续着阿拉伯军队在扩展到高加索地区和河中地区（Transoxania）时开创的做法。阿拉伯人在这两个地区里获得了大量的奴隶，包括来自中亚草原的突厥人，以及商人从北方带来的斯拉夫人（Slav）。尽管在这一较早时期他们也继续从德莱木（Daylam）和古尔（Gūr）等伊朗的未改宗地区，以及从非洲和拜占庭获得奴隶，但在萨曼王朝时期，奴隶大多数是突厥人和非洲人。[44] 在 10 世纪的河中地区，古斯人（Ghuzz）会劫掠穆斯林女孩，并在邻近的非穆斯林地区将她们倒卖给中国商人、印度商人和拜占庭商人。

海上和河道上的劫掠也很普遍。北海（North Sea）容易受到斯堪的纳维亚诸民族的频繁劫掠，这些民族有各种各样的称呼，包括北方人、瓦良格人（Varangian）和罗斯人（Rus），但我们现在通常称他们为维京人。[45] 那些居住在东欧的人沿着第聂伯河和伏尔加河到达中亚。他们还沿着法国和西班牙海岸行至西地中海和北非。东地中海是拜占庭人和阿拉伯海盗的家。印度海盗则盘踞在红海、波斯湾和印度洋。据称，许多河道，如多瑙河、底格里斯河和印度河等都有强盗。一些海盗攻击商船，杀掉所有船员并偷走他们的货物。这些货物通常包括奴隶。另一些人则在陆上劫掠人和牲畜——两者销路都很好。[46]

维京人或许是西方海盗的典型，但他们的“功绩”并不比当时许多其他的航海民族多。他们从 8 世纪晚期开始劫掠，不仅劫掠畅销的货物（包括被贩卖为奴隶的人），还要满足他们在开疆拓土和与基督教邻国交战中的劳动力需求。[47]维京人去过很多地方。他们横渡北海到达不列颠和爱尔兰海岸、北部诸岛，然后到达冰岛、格陵兰岛和北美大陆。这些移民包括奴隶，男女均有。红发埃里克（Eric the Red）的传说表明维京人在这次扩张中使用了奴隶。红发埃里克的奴隶促成了他的行程，因为奴隶们引发了山体滑坡，意外毁掉了邻居埃约尔夫（Eyjolf the Foul）的农场。埃约尔夫杀掉了奴隶，之后他又被红发埃里克杀死。埃约尔夫的亲属要求流放埃里克，于是埃里克前往冰岛的奥克斯尼岛（Oxney Island）并开始西行，可能最远到达北美。[48]

《厄尔斯特编年史》（Annals of Ulster）记录了9世纪和10世纪不列颠和爱尔兰海岸"异教徒"的大量劫掠活动，包括821年他们在都柏林附近一次劫掠中俘获了大量女性。[49]850—851年，许多维京人的船在泰晤士河口过冬，同时维京人还沿着法国的河流而上，到鲁昂（Rouen）、南特（Nantes）、波尔多、巴黎和其他法兰克城市抢劫。[50]有时候他们甚至不需要抢劫：845年他们计划攻打巴黎，后因对方支付7000磅白银而改变主意。[51]

维京人还从他们在东北欧的居所出发，沿着海路和陆路行进。为他们所劫掠和奴役的就是历史上被称为斯拉夫的民族。这个民族的名称Slav后来演变为现代英语单词"slave"，即奴隶。[52]他们沿河劫掠居所，经常贩卖奴隶至保加尔和可萨（Khazar）等王国，收取迪拉姆（dirham，伊斯兰银币）作为回报。在这些路线沿线和他们的居住区内发现的钱币窖藏中，有成千上万这样的钱币。[53]这些奴隶被送到巴格达的市场上，其他奴隶则会在布拉格和君士坦丁堡的市场上被交易。[54]数位伊斯兰作家都描述过该贸易。其中，10 世纪的伊本·鲁斯塔写道："罗斯人……劫掠萨卡里巴（Saqaliba，最初指斯拉夫奴隶）。他们驾驶船只直到发现并抓获萨卡里巴，然后在喀扎里亚（Khazaria）和保加尔售卖。罗斯人没有耕地，依靠劫掠萨卡里巴的土地生活……他们还以貂、灰松鼠等动物的皮毛贸易为生，通过售卖皮毛获得银币，并把银币放在腰带里……奴隶对他们而言是商品，所以他们对自己的奴隶很好，给奴隶穿很得体的衣服。"[55]

至少从公元前 2 千纪开始，地中海的海盗开始活跃。[56] 在丝绸之路时期，与维京人一样，拜占庭和阿拉伯人互相劫掠对方的沿海聚落，有时也深入内陆。768 年，拜占庭皇帝君士坦丁五世（741—775 在位）用 2500 件丝袍赎回了被斯拉夫海盗劫持的俘虏。[57] 855 年，拜占庭的劫匪从来自西北印度的祖特特（al-Zuṭṭ）民族中掠夺俘虏，20 年前这些人就定居在阿拉伯附近的艾因·扎尔巴（Ayn Zarba，或称阿纳扎布斯［Anazarbus］）。[58] 在这次劫掠中，妇女和牲畜也都被夺走，尽管城市的防御工程在 796 年和劫掠发生几年前都经过修缮。[59] 在 942 年和 943 年，拜占庭人跨越底格里斯河袭击了迪亚巴克尔（Diyarbakir）。接着，他们劫掠了埃尔祖鲁姆（Erzurum），即现在土耳其西北的一片区域，该区域是拜占庭和阿拉伯长期争议的地区。

988 年，阿拉伯地理学家伊本·哈乌嘎勒写到了这些劫掠事件："在我们的时代，拜占庭人不停地试图抢劫叙利亚海岸和埃及的沿海地区。他们将沿海居民停靠在岸边的船只开走并到处抓人。这些人从穆斯林那里得不到任何希望和帮助，也没有人在乎他们。"另一位 10 世纪的阿拉伯地理学家穆卡达西（al-Muqaddasī）记载，拜占庭船只经常将阿拉伯俘虏带至加沙（Gaza）和雅法

（Jaffa）的防卫站点，俘虏就在那里被交换和赎出，而且不只有穆斯林会交钱赎出海盗的俘虏。开罗戈尼萨文书记载，拜占庭的海盗还会抢劫黎凡特的拜占庭犹太聚落。一些俘虏还在拜占庭的奴隶市场上售卖，另一些则被当地的犹太社群赎出。

阿拉伯人从 9 世纪早期开始在地中海地区活跃，从西西里岛、南意大利、希腊岛屿和大陆、伯罗奔尼撒和爱琴海沿海地区抓人以供奴役或勒索赎金。[60] 826 年攻占克里特岛之后，他们以克里特岛为基地，进一步抢劫地中海东部地区。

印度洋的海域和南海也是海盗之乡。老普林尼注意到，穿过红海和印度洋的商船上必须有一个弓箭手队伍，以防受到海盗攻击。我们从阿拉伯和中国的文献得知，波斯湾的基什岛（Kish）上有奴隶贸易。他们记载了他们如何派人去东非的桑给巴尔（Zanzibar）海岸获得奴隶，还记载了如何派遣贸易团体前往巴士拉（Basra）的阿拉伯港口，即在夏台·阿拉伯河（Shatt al-Arab River）注入波斯湾的入海口附近。

6—7 世纪的中国海盗从朝鲜半岛的高句丽和新罗国抓捕妇女，然后把她们卖到中国东部的市场。尽管 692 年有禁令出台，试图禁止此贸易，但她们作为仆人、小妾和乐伎在市场上有着巨大的需求。[61] 8 世纪，南海的大岛海南岛上的海盗定期抢劫船只以获得货物，其中就有波斯奴隶。748 年，一位滞留在该岛的佛教僧人鉴真说，奴隶数量巨大，"其奴婢居处，南北三日行，东西五日行，村村相次"。[62]

一旦被抓，劫匪就会把他们的俘虏转变为经济利益，为此他们需要将奴隶带至某处售卖。

奴隶贸易

西至都柏林，东至中国山东，整个丝绸之路地区都有奴隶贸易。虽然大部分贸易是由私商进行的，但政府通过对奴隶运输和奴隶买卖征税也可以获得利益。[63] 与丝绸之路上贸易的其他物质一样，奴隶贸易有本地贸易和区域贸易，也有较远距离的贸易。

例如，都柏林很可能是西欧最大的奴隶市场，为在劫掠和战争中抓获俘虏的爱尔兰人和维京人提供方便。中国东部的山东则专门贩卖从朝鲜半岛抓来的奴隶。但 9—10 世纪最大的贸易网络之一当是斯拉夫人的贸易。北欧的罗斯人抓获他们，然后在保加尔汗国的首都保加尔市和可萨汗国的首都哈姆利吉（Khamlij，或称阿的尔［Atil］）售卖。伊本·法德兰（Ibn Faḍlān）在 922 年访问哈姆利吉时写道：

> 我见到了贸易途中来到这里的罗斯人，他们在伊蒂尔河（Itil River）岸宿营……他们带着漂亮的少女，准备将她们卖给商人。他们会当着同伴的面与这些女孩交合……当船停泊后，每个人都上岸……拜倒在大雕像前，说道："我的主啊，我从远方来，带来这么多花了大价钱的女孩，还有这么多貂皮……我希望您能给我送来一位有很多第纳尔和迪拉姆的商人，他能以我想要的价格从我这里买东西。"[64]

马雷克·扬科维亚克（Marek Jankowiak）认为，9—10 世纪时人们在应对斯拉夫奴隶方面有另外一套完全不同的系统。犹太商人在布拉格的市场购买奴隶，然后卖给西班牙人，他认为西班牙人用小块的布来支付并且这些布与白银之间有汇率。[65]他引用一位来自托尔托萨（Tortosa）的商人易卜拉欣·伊本·雅库布（Ibrahim ibn Ya'qub）的游记，这位商人在10世纪60年代到布拉格旅行时看到了这种贸易。他还引用了伊本·哈乌嘎勒。关于萨卡里巴或斯拉夫人的土地，伊本·哈乌嘎勒写道："萨卡里巴的国土广袤……他们一半的国土……都被呼罗珊人（Khurasanis）或花剌子模人劫掠，这些人从那儿获取俘虏，而它北部的另一半被安达卢西亚人（Andalusian）劫掠。安达卢西亚人从加利西亚（Galicia）、法兰西、伦巴第和卡拉布里亚（Calabria）购买萨卡里巴，把他们阉割后再贩卖到埃及和非洲其他地方。世界上所有的萨卡里巴阉人都来自安达卢西亚……他们在这个国家附近被阉割，手术由犹太商人来做。"[66]

伊本·胡尔达兹比赫记录了一个更大的网络，这个网络从西欧一直向非洲、阿拉伯、印度和中国延伸，由犹太商人经营。他将犹太商人称作拉唐（Radhanites）[67]。此处值得全文引用这份现存少见的详细行程。

操着阿拉伯语、波斯语、希腊语、拉丁语、法兰克语、安达卢西亚语和斯拉夫语的商人，经海路和陆路奔走在东西方。他们从西方贩来阉人、女孩和男孩、绸缎、海狸皮、貂皮和其他动物毛皮，还有刀剑。

他们从西海中的凡哈（Firanj，即法兰西）出航，取道埃及的凡莱玛（Farama，即培琉喜阿姆［Pelusium］）。在那里他们将货物转移到驼背上，运至红海的古勒祖姆（Qulzum，苏伊士的科立斯马［Clysma］），距离是25法尔萨赫。沿红海出发，到达麦地那的港口伽尔（Jar）和麦加的港口吉达（Jeddah），再至信德（Sindh）、印度和中国。

他们带着麝香、沉香、樟脑、肉桂和其他东方商品，从中国回到古勒祖姆，再到凡莱玛，从那儿他们再航行于西海中⋯⋯

还有陆上线路。商人从西班牙或法兰克出发，至苏斯·阿克萨（Sus al-Aksa，丹吉尔［Tangier］附近），然后到丹吉尔，从那里走到凯鲁万和埃及首都。从那里他们再到拉姆拉（ar-Ramlah），经大马士革、库法（Kufa）、巴格达和巴士拉，穿过阿瓦士（Ahvaz）、法尔斯、克尔曼（Kerman）、信德和印度，最后到达中国。

有时候，他们会选择罗马后方的路线，通过斯拉夫国，到达可萨汗国的都城哈姆利吉。再经过久尔疆海（The Jorjan Sea，即里海），到达巴尔赫，越过河中地区，至九姓乌古斯驻地（Yurt Toghuzghuz，即中亚突厥领地），再至中国*。[68]

不是只有商人从奴隶身上获利，他们所经国家的政府、装船的港口和交易的市场也经常强加赋税或实行垄断。例如，尽管在君士坦丁堡有一个奴隶市场，即悲痛之谷（Valley of the Lamentations），但数条同时代的记录提到，因为税率太高，商人不常在那里贸易，而是将船停靠在安条克（Antioch）。[69] 在 8 世纪的广府（今广州），所有入港货物都由政府官员市舶使控制，他

---

* 中译参考《道里邦国志》（宋岘译注、郅溥浩校订，中华书局，1991 年 12 月，第 164—166 页）和李大伟《论拉唐犹太人及其入唐贸易路线》（《唐史论丛》2019 年第 2 期，第 133—134 页）。

们负责采买政府需要的所有进口货物。[70]

为了给哈里发的军队供应突厥男奴，这些奴隶从中亚草原边境被带到尼沙普尔（Nishapur），那里每年都会把数千名奴隶向西送往巴格达。[71] 只需一张由政府颁发的通行证，男奴就可以被运过阿姆河——这张通行证会花费 70 到 100 第纳尔。[72]

奴隶的用途

奴隶有很多用途。他们从小被用作家庭用人，[73] 还是农业、建筑和矿区的劳动力。[74] 女性经常充当艺人，如舞伎和乐伎。当然，性也是奴隶贸易的一个巨大动力。有些男孩和青年男性被阉割——阿拉伯、中国和拜占庭的宫廷里都有阉人。有的奴隶属于宗教机构，协助日常勤务 [75]；有的奴隶是富人的私人护卫，有时还作间谍用 [76]；大部分奴隶都被用作士兵。在一篇敦煌文书《咒愿新郎文》中，一位新郎梦想他富起来之后会拥有奴隶：

> 汉奴专知仓库，胡奴检校牛羊。
>
> 斤脚奴装鞍接镫，强壮奴使力耕荒。
>
> 孝顺［奴］盘鸡炙旌，谗韶奴点醋行姜。
>
> 端正奴拍箜篌送酒，丑掘奴添酥酪浆。
>
> 细腰婢唱歌伴舞，锉短［奴］攀炬子食床。[77]

这里没有足够的篇幅来讨论所有这些角色，所以我只能简要地谈及两个角色，即用于性的女性奴隶和充当士兵的男性奴隶。[78]

用于性的奴隶

在丝绸之路上，有一些奴隶是女孩和年轻的妇女。[79] 她们的价格高昂，因为她们除了负担其他职责，还被用于性消遣。与大多数奴隶一样，她们在自己的生活中没有发言权。例如，1—4 世纪塔克拉玛干精绝国的一份契约记录了一位抄写员用两匹骆驼和两张毯子购买了一名女奴。契约记载，他可以"打她、绑她、卖她，作为礼物赠送他人，交换、抵押给他人……可以为所欲为"*。[80] 一份 12 世纪的开罗戈尼萨文书记载，红海港口的一位犹太商人让他的奴隶怀孕了，待奴隶生下儿子后，他把她和儿子带至柏培拉港（Berbera，位于今索马里）并遗弃了他们。[81] 然而，正如凯瑟琳·卡梅伦（Catherine Cameron）指出，尽管这些奴隶处于社会最底层，但他们仍经常留下文化和基因遗产。[82]

尽管绝大多数女奴都不识字，且已被历史遗忘，但有一部分人被训练成表演者，被男性或女性主人租出去。如莉萨·尼尔森（Lisa Nielson）在她关于伊斯兰传统的几处讨论中指出的那样，这些表演者有从底层的乐伎到上流社会的名妓。[83] 同样的分化见于丝绸之路上的任何社会。[84] 这些奴隶中的精英受过良好的教育，有读写能力，有一些人还留下了诗歌遗产。一些男性爱慕者的诗歌和文字中也记录了她们的成就。伊斯兰传统中有两部这样的作品，分别是贾希兹（Jāḥiẓ，775—868）的《关于唱歌女孩的书信》（*Epistle on Singing Girls*）和伊本·鲁米的《瓦希德，阿姆哈马的唱歌女奴》（*Wahid, the singing Slave-girl of Amhamah*）。其中

---

*　中译见《新疆出土佉卢文残卷译文集（初稿）》，王广智译，中国科学院新疆分院民族研究所，第 162 页。——译者注

有这样的文字:"她被责备,因为当她唱歌的时候,那些生而自由的人会被她奴役。"[85] 她们之中的最佳者据说会唱 4000 首歌,也受过传统科学和《古兰经》的良好教育。[86]

男人们对奴隶进行性剥削是很常见的,但有文献记载女性也这样做。[87] 例如《一千零一夜》中,国王外出提前回来,发现他的妻子和一名男奴躺在床上,从而引发一系列后来成为传说的事件。[88] 一位 10 世纪的巴尔赫女诗人巴尔希·拉比亚(Balkhi Rabia)写下了她对一位突厥男奴的爱情:[89]

> 我向上帝的祷辞是
> 你一定会爱上某人
> 爱得坚如磐石
>
> 因为只有经历爱的折磨
> 痛苦和别离的痛楚
> 你才会懂得感受和珍视
> 我对你的爱

她被爱情折磨,最后被她的兄弟杀死。

在中国,男战犯会被分配给当地的寡妇。但这只是个别情况,大多数战犯被分配给他们的主人并承担军事任务。[90]

用作战争的奴隶

丝绸之路上的军队也使用奴隶,但阿拉伯的哈里发将这一作用发挥到极致,因为倭马亚(Umayyad,661—750)哈里发统治时的自愿参军人数减少了。他们俘获和购买了大量的男奴（主要是突厥人）来充实他们的军队。[91] 这种军队叫马穆鲁克（mamluk，即外国的奴隶军队），首先在北非出现，然后扩展到西班牙和埃及，再到达西亚。[92] 尽管很多人被解放了，大多数人也转变了信仰，但随着人数增加，解放并不常见，而改变信仰也往往只是一种形式。[93]

尼扎姆·莫尔克（Nizam al-Mulk，1018—1092），塞尔柱帝国（1037—1194）的一位波斯学者和高级官员，描述了一名突厥奴隶可能的职业路径：

第一年，这名奴隶充当马夫徒步服役，就连在暗地里也不敢骑马，否则会受到痛苦的惩罚。这一时期他穿着撒答剌欺（Zandaniji，一种织物）做的衣服。[94] 第二年，在帐长同意之后，哈吉布（Hajib，宫廷大臣）给他一匹配有简单马具的突厥马。第三年，他获得一把长剑。第五年，他得到了配备较好的马鞍、装饰有星星的马镫、色彩鲜艳的衣服和一根棍棒。第六年他配有检阅时的装束。第七年，他被封为帐长，这是与其他三个人共享的……渐渐地，他升至队长（Khayl-bashr）和哈吉布。整个宫廷里地位最高的是首席哈吉布。首席哈吉布是王国中一等显贵之一。[95]

这段文字表明，尽管绝大多数突厥士兵无疑还是处于社会底层，但他们有升迁的可能性。尼扎姆·莫尔克还注意到：

一个听话的奴隶

比三百个儿子要好

后者希望他们的父亲死去

而前者，渴望主人的荣耀。[96]

约翰·阿克苏赫（John Axouch）就是这样的情况。他原是一名突厥人，在 1097 年尼西亚被围攻时被俘并献给拜占庭皇帝阿莱克修斯一世·科穆宁（Alexios I Komnenos，1081—1118 在位）。约翰获得了皇帝的继承者约翰·科穆宁（John Komnenos）的信任。约翰·科穆宁登基后，即为约翰二世（1118—1143 在位），前面提到的这名奴隶被任命为拜占庭军队的总司令。[97] 另一个突出的例子是伽色尼帝国的建立者赛布克特勤（Sebüktigin，约 942—997）。他出生在现在的吉尔吉斯斯坦，12 岁入狱沦为奴隶，后被萨曼王朝的宫廷内侍阿尔普特勤（Alptigin）买下。[98]

尽管在成千上万的奴隶中，约翰·阿克苏赫和赛布克特勤是很罕见的，绝大多数人仍然是奴隶，但也有几种方法可以使他们摆脱奴隶的身份。

摆脱奴隶的身份

尽管大多数奴隶至死也是奴隶，但还是有一些人摆脱了奴隶的身份。很多被奴役的战俘一定都曾试图逃回自己的家乡，不过我们只知道一小部分。例如，一位唐朝官员约在 839 年被藏人俘虏，囚禁 6 年之后才逃出。尽管他回到了中原，还把他的经历记录下来，但他的脚被冻掉了一部分，很可能是在穿越青藏高原的山口时被冻伤的。[99]

上文提到的那位东非的国王萨鲁法（Salufa）曾被商人贩卖为奴隶，但最后成功逃脱。他被卖到阿曼，他的主人带他到巴士拉。又一次贩卖后，他被带至巴格达，在那里他成为一名穆斯林并学习《古兰经》。为了到麦加朝圣，他设法逃离，并加入了朝圣者的团体。此后，他又加入一个去往开罗的旅团，从开罗他沿尼罗河而上，回到了自己的家乡。在他离开期间，他的子民也改变了信仰。[100]

他是幸运的，因为当局有义务归还奴隶。969 年阿拉伯和拜占庭在阿勒波（Aleppo）签订的条约规定，阿拉伯人须归还奴隶，无论是基督徒还是穆斯林。这说明尝试逃脱并非罕见之事：

> 如果一个穆斯林或基督徒奴隶，无论男女，逃至指定领土之外的国家，只要该奴隶还在这些领土之内，穆斯林就禁止私藏逃跑的奴隶，而且必须告发。如果是男奴，奴隶的主人将付 30 希腊第纳尔，女奴是 20 第纳尔，男童或女童则需要 15 第纳尔。如果奴隶主无力购买这名奴隶，埃米尔将会向奴隶主索取 3 第纳尔的税款，并将奴隶移交给他的主人。[101]

在其他情况下，奴隶会被他们的同乡或教友赎回。我们听说，拜占庭的犹太人被阿拉伯人劫持带至埃及，在埃及他们被阿拉伯人和基督徒买下。后来他们被当地的犹太社群赎回。在某些情况下，较贫穷的社群不得不寻求帮助，尤其是向埃及福斯塔特（Al-Fustat）较富裕的社群求助。[102] 还有一个例子，两名西班牙犹太人在去往黎凡特的路上被劫持，在拉姆拉被卖作奴隶，后来也被当地的犹太社群赎回。[103]

很多人都试着逃脱，但大多数人应该都失败了，并且受到了相应的惩罚。但还有一种解放的可能性——一种获得自由的合法途径。在伊斯兰世界，有一个用来形容被解放但仍然和前主人保持特殊关系的奴隶的法律术语。[104] 自愿释放奴隶的行为被认为是一种创造行为——获得自由的奴隶仍然是其前主人的"产物"或"儿子"。

我们听过几个获得解放后的奴隶仍然与前主人保持主仆关系的例子。例如，4世纪的史学家鲁弗尼斯（Rufinis）讲述了两个孩子傅如孟提（Frumentius）和伊德齐（Edesius）的故事。他们俩和他们的叔叔从黎凡特的家乡到达东非的阿克苏姆。除了他们俩，整个船队都在红海港口丧命。两个男孩被当作奴隶带至阿克苏姆国王身边，后来升至国王信任的职位。虽然国王在他们去世前不久解放了他们，但他们仍在宫廷里辅佐年轻的王子。傅如孟提在基督教传播至埃塞俄比亚中发挥了重要作用并因此闻名。[105]

唐朝的法律承认奴隶的解放。依户令，"放奴婢为良及部曲、客女者，并听之。皆由家长给手书，长子以下连署，仍经本属申牒除附"。[106]

另一个例子是安德鲁（Andrew of Constantinople，卒于936年）。他是狄奥格诺斯图斯（Theognostus）的守卫奴隶。在一次城市被围攻期间，他声称看到了圣母玛利亚，玛利亚的周围都是圣徒。此后进攻者就撤退了。他的主人释放了他，后来他成了"圣愚"（Fool for Christ），被尊为东正教会的一位圣徒。[107]

奴隶被释放的例子在整个这一时期也屡见不鲜。有时是因为统治者和官员的仁慈，例如上文提到的柳宗元，他在中国南方担

任地方官时解放了奴隶。但很多时候，奴隶的解放与宗教信仰的
改变有关，有时候还有人口因素。举例来说，拜占庭帝国的阿拉
伯俘虏如果改信基督教，并且结婚后仍在拜占庭的国土内，就可
以获得解放。[108] 查士丁尼治时出台了一项庇护法律，给奴隶提供
了一个成为神职人员、加入宗教生活的机会，教会有权结束他们
的奴隶身份。但这仅限于他们是神职人员期间，一旦他们离开教
会，他们将会恢复奴隶身份。[109]

在拜占庭的法律中，犹太人以及撒玛利亚人（Samaritan）等
其他非基督徒不可以购买基督教奴隶，但他们可以通过继承等其
他方式蓄奴。[110]

在波斯的琐罗亚斯德教社会，如果非琐罗亚斯德教徒的奴隶
改信琐罗亚斯德教的话，在支付适当的补偿金之后，他们有权离开
他们的主人获得自由。一份文献记载，奴隶甚至可以借贷来换取他
们的自由，贷款很可能由一个琐罗亚斯德教机构借出。[111]

伯纳德·路易斯（Bernard Lewis）注意到，虽然《古兰经》
延续了《旧约》和《新约》支持奴隶制的传统，但其法规有着深
远的影响，包括对自由的推定，以及除非在严格限定的情况下否
则禁止奴役自由人。[112] 晚期的穆斯林法学家拒绝奴役"任何种族
和出身"的穆斯林自由人，[113] 还为居址在穆斯林管辖范围内的犹
太社群和基督教社群提供庇护。

因此我们看到，宗教和民族有时形成了一种定义"他者"的
方式。他者可以合法地被奴役，而同一个宗教的信徒有权利获得
自由。在伊斯兰的哈里发所辖范围中，随着信仰改变的增加，可
用奴隶的数量减少了。从 7 世纪开始，柏柏尔人（Berber）就被
卖到处于阿拉伯人控制下的非洲地中海沿岸地区，但随着人口信

仰的改变，他们不再是奴隶，贩卖奴隶的商人不得不去往更远
的地方。这导致了从亚撒哈拉（Sub-Saharan）地区购买的奴隶
增加。[114]

令人难过的是，大多数奴隶是没有途径摆脱奴隶身份的。他
们被迫成为奴隶，直至去世也无法得到解放，有时甚至不得不将
奴隶的身份延续到他们的下一代。

注 释

引 言

1 我认为器物（object）和物质（thing）在此处是可以互换的，见下文我对这两个词的范畴的解释。

2 南非电影《上帝也疯狂》（*The Gods Must Be Crazy*）很好地说明了这一点。一个可口可乐瓶子被人从一架小飞机上扔下来，掉落在卡拉哈里沙漠（Kalahari Desert，今称为卡拉哈迪沙漠）的一个村庄，使得居住在那里的部落非常困惑。在新的语境下，可口可乐瓶子被认为是上帝赐予的礼物，被赋予各种各样的意义，而这些意义与它最初的功能完全无关。这里应该注意，即使进入了那个社会，也不能确保一个外来者能够准确地理解这种情况。这一点在一些人类学调查报告中可以看出。

3 MacGregor (2001) 最为显著。

4 例如，见 Mintz (1985) 和 Kurlansky (2002)。

5 例如，加利福尼亚大学圣克鲁兹分校世界史中心的"世界商品史（1450—1950）"计划。

6 例如，见 Harvey (2009)，Hicks and Beaudry (2010)。

7 Moreland (2001: 31).

8 Moreland (1991: 119).

9 "文化不是一种力量，不是引致社会事件、行为、制度或过程的原因。它是一种情境，在其中社会事件、行为、制度或过程更容易被理解，即它们可以得到'深描'。"（Geertz 1973: 316）

10 "马匹和大象从印度运至斯里兰卡和东南亚。"（Ray 1994: 39）

11 关于人和物的纠结，最近的详细讨论见 Hodder (2012)。

12 在 1957 年日本关于丝绸之路的一本学术报告中，连接欧亚大陆的草原（和海上）路线被归入"丝绸之路"的范畴（Japanese National Commission 1957 和 Whitfield 2018）。

13 Whitfield (2018).

14 关于器物、人和环境的相互关系，见 Ryan and Durning (1997)。

15 Schlützs and Lehmkuhl (2007: 114). 如果我们接受定居民族的文献记载，把他们归为"匈人"，他们还可能迁徙到欧洲边境。对这一假设的评论，见 Kim (2016: 114) 和第一章。
16 关于贵霜年表，见 Falk（2014a）。
17 Holcombe (1999: 285). 对于匈奴联盟和其他北方民族，中国史书的记载和考古发现有不一致的地方，亦见第一章。
18 这并不是轻视在该领域工作和提出这些问题的人们的贡献。
19 见第五章。接受这样的描述，亦见 Watt et al. (2004) 和 Whitfield (2009)。

第一章

1 我非常感谢谢尔盖·米那耶夫详细地评论了本章，还慷慨地分享了他广博的学识。还要感谢卡伦·鲁宾逊，她敏锐的思想给予我很大的帮助。所有的错误、误解和遗漏，均由我个人造成。
2 为了简洁起见，下文将"匈奴政治联盟"简称为"匈奴"，表明它是一个政治联盟，而不是由同族人组成的社会。使用"汉"也是同样的道理。参见下文的讨论和参考文献。
3 大卫·克里斯蒂安将这条界线描述为"内欧亚历史发展的原动力"（1998：xxi）。
4 我用这个词是经过认真考虑的。定居民族和游牧民族不是简单的对立（他们有时被描述为文明民族和野蛮民族）。他们的生活方式是连续的，且在大多数历史时期都由生态决定，游牧社会中也或多或少存在农业。例子见 Chang et al. (2003)。
5 金鹏程指出，从汉人的视角看匈奴，"汉人把他们北边的邻居想象成他们自己……他们贪婪、原始，仅仅是因为他们没有受到圣人的教化和启蒙"（2011：220）。
6 尽管某些人可能尝试过。
7 Frachetti (2011). 关于粟的传播，见 N. Miller, Spengler and Frachetti (2016) 和 Frachetti et al. (2010)。
8 Rawson (2010).
9 Shelach-Lavi (2014: 23-26). 下文讨论传播者和接受者在文化和技术交流中所起的作用。接受者乐于接受新的文化和技术，而且传播者会以各种方式鼓励他们接受。这与第七章的观点相似，有关 20 世纪伊斯兰手稿的西方收藏者和穆斯林世界的书商的作用。
10 Di Cosmo (2002). 关于年代，见下文的注释。
11 Shelach-Lavi (2014)，亦见 Chang (2008)。
12 引用司马迁，见 Goldin (2011: 228-229)。
13 Goldin (2011: 235). 如他和其他人（Pines 2012a: 34）所述，修建长城，划定两者边界，是塑造他者方面典型的例子。
14 Vasil'ev (1961); Miniaev (2015: 323).
15 Chin (2010: 320).
16 见第十章。

17 将匈奴等同于匈人，并在早年有较大影响的文章，见 Bernshtam (1951)。
Frumkin (1970) 基于苏联时期的考古工作进行了学术综述。较近期的综
述，见 La Vaissière (2014)。魏义天（La Vaissière）的观点与伯恩斯坦
（Bernshtam）相同，认为匈奴等同于匈人，也等同于嚈哒（见第五章）。
在对匈人最近的研究中，同意这种观点的，见 Kim（2016）。但一些学者
非常不认同将匈奴等同于匈人的观点，如米那耶夫认为"文字史料和考
古资料都与此相抵牾"（2017 年 10 月 8 日的私人通信，亦见他 2015 年的
文章）。
18 Goldin (2011: 227) 和 Di Cosmo (1994)。这一说法也适用于匈人。
19 鄂尔多斯是晚期的蒙古语。该区域位于现在中国的宁夏、甘肃、陕西和
内蒙古自治区内。
20 Di Cosmo (2002: 134-137) 讨论了公元前 307 年赵国朝廷的那场辩论，并
对此观点提出了反对意见。
21 中国早期的育养计划，见 Erkes (1940)。军马的供应仍依赖草原，见第六
章。印度也有类似的问题，见第三章。
22 Di Cosmo (1999: 892-893) 和 Kim (2016: 20-23)。针对匈奴在此时迁居鄂
尔多斯这一经常被引用的说法，米那耶夫提出异议，认为该地区当时仍
然被"楼烦和白羊部落"所占据（2015: 326）。
23 月氏人既从事农业，也从事畜牧业，见 Chang et al. (2003)。
24 战役发生在白登（鄂尔多斯东边）。高祖皇帝（前 202—前 195 年在位）
率领汉军亲征匈奴，却遭围困险被俘虏。
25 关于和亲的研究，见 Psarras (2003: 132-142)。被派去联姻的所谓公主，
大多不是直系皇亲。和亲制度一直延续至后，在唐朝，还将将直系公主
嫁与回鹘可汗一事，见 Whitfield (2015b)"公主的故事"。
26 Kroll (2010: 113) 引用。
27 见 Kim (2016: 22) 及其 26 页的地图。
28 张骞所获得的关于物产、潜在市场的情报，通常被认为促进了汉朝向西
扩张和发展贸易，也是促使丝绸之路开辟的因素之一（但肯定不是唯一
的因素，见第二章）。
29 Pines (2012b: 34).
30 罗马皇帝哈德良（Hadrian，117—138 年在位）治下，帝国全境，包括北
欧，都修建了长城。有人认为，罗马长城是失败的，因为它经常被敌军
攻破。爱德华·勒特韦克（Edward Luttwak）研究了这一防御工事，并对
这种观点提出了反对意见，认为"罗马长城并不是一个整体的屏障，而
是帝国防御机动战略中的一个固定部分"（1976：63）。关于中国长城的
深入研究，见沃尔德隆（Waldron 1990）。
31 此外，Reynolds 引用 Jacobo Filippo Foresti da Bergamo 1483 年的著
作："巴克特里亚人（Bactrians）、帕提亚人（Parthians）是斯基泰人
的后裔，阿提拉大帝（Attila the Great）也是……伦巴第人、匈牙利人
（Hungarians）、Castellani 和哥特人（Goths）都是斯基泰人的后裔……突
厥人（Turks）也……来自斯基泰。实际上，斯基泰民族，可追溯到马高
格人（Magog）。"（2012：53）
32 帕提亚的历史，见 Colledge (1986)。
33 尽管从秦开始，中国绝大多数时期的首都都位于黄河以南较远的地方

（如长安和洛阳）。

34 Miniaev (2015) 指出考古记录和墓葬年代的一些问题，他认为 M3 较早，M9 较晚，并且这些墓葬分属于不同的墓地。

35 西沟畔（1980）；田广金、郭素新（1986）。

36 Psarras (2003: 77) 指出，已发表的文章依据地表的发现将遗址确定为居址的做法是值得商榷的，这些地表发现包括陶片、一件斧子、一件锄头、一件锥子、刀、盔甲残片和石珠。

37 A. Kessler（1993: 62, fig.35); So and Bunker (1995: 24); Whitfield (2009: 57, cat.27) 都展示了这对耳环，但其组合不尽一致。

38 据我所知，玻璃的起源尚未被探索，见第二章。

39 真正的联珠纹不使用金属焊料，而是将黄金表面和珠子加热到足够让他们粘接到一起，或者使用铜盐等非金属焊料。底格里斯河岸阿淑尔（Ashur）的一座墓葬中出土了公元前 3 千纪的耳环，上面就有联珠纹（P. Harper 1995: 55）。

40 Bunker, Watt and Sun (2002: 114). 孙志新认为联珠纹发现于印度河流域的哈拉帕文化，但没有证据。见 Wolters (1998) 对该工艺历史和演变的研究。

41 阿卡德帝国时期（前 2334—前 2193）的联珠纹耳环发现于底格里斯河岸的阿淑尔，见 P. Harper (1995: cat.35a-d)。

42 尽管 Linduff (2008: 181-182) 指出，这 12 座墓葬的数据均没有代表性。

43 Di Cosmo (2002: 85). 但必须注意的是，他认为并没有足够的证据可以证明该遗址是一个居址。

44 Rubinson (1985: 48)："中国铜镜形制的地理–文化起源问题，现在尚未有定论，但明显是起源于中国之外或者中国的边疆地区。"亦见 Juliano (1985)。

45 Li Jaang (2011).

46 她引用妇好墓出土的大量玉器的科学分析（Jing et al. 2007）得出结论，长期以来认为这些玉器产自于阗的说法可能是错误的。要到达于阗需要穿过先周文化地区，再通过河西走廊，但她认为那时不可能存在这样一条路线（Li Jaang 2011: 42）。对于"北方地带"，见 Di Cosmo (1999: 885, 893)。

47 Pohl (2002) 和 Schopphoff (2009)，作为权力、地位、成年、宗教身份等的标志。Brosseder (2011: 350)，分布图见该文献图 1。亦见第二章对中国南方发现的南越国腰带牌饰的讨论。

48 Miniaev (2016) 基于德列斯图伊（Dyrestuy）墓地出土的青铜器的分析，将它的年代定为 1—2 世纪。

49 Jacobson (1995: 25) 也将月氏归入斯基泰 - 西伯利亚文化（见第二章）。

50 宾夕法尼亚大学考古学及古人类学博物馆 B16744a/b。见 A. Cohen (2010: 108, fig. 48)。

51 例子见 A. Cohen (2010: 93-101)。

52 对该主题的讨论，见 A. Cohen (2010: 108, 93-118)。

53 见 A. Cohen (2010: 110) 对蒙田的引用。她还注意到雅各布森（Jacobson）的观点，即影响的方向是相反的，并引用了 4 世纪有翼格里芬上的希腊化元素（A. Cohen 2010: 319, 160n; Jacobson 1999: 62-63）。

54 A. Cohen (2010) 也讨论了狩猎主题和动物捕食的主题。进一步的讨论见第八章。对于动物捕食主题中这种独特形象的传播的深入研究，见蒙曦（Nathalie Monnet）在"敦煌石窟寺：历史、艺术与物质性"学术会议上的发言，2016 年 5 月 20 日第 2 场"敦煌：东方和西方"，https://youtube.com/watch?v=RBNgfAeJy6E。

55 Pulleybank (2000a: 53). 关于他们政治体系中相似性的讨论，亦见 A. Cohen (2010: 17-18)。

56 几个世纪后，所谓的外国人服饰，如系带短袍和宽松的裤子成为中国男女的时尚服饰。中国服饰的历史，见沈从文（2011）。

57 在 Bunker, Watt and Sun (2002: 101) 和 Brosseder (2011) 中有讨论。

58 Bunker, Watt and Sun (2002: 101). 但俄罗斯考古学家认为诺彦乌拉匈奴遗址中的图案是匈奴人将斯基泰-西伯利亚动物主题"抽象"为几何图案形成的（Davydova and Miniaev 2008: 22）。

59 Di Cosmo (2002: 85). 图见 Brosseder (2011:357) 和 Linduff (2008: 176)。然而 Psarras (2003: 104) 挑战了该观点，他提出了腰带牌饰铸造的另一种可能形式，指出汉字是在铸造完成后加上去的。

60 有关 M2 牌饰和工艺的讨论，见 Bunker, Watt and Sun (2002: 20, 27-28 and figs. 42, 43) 和 Bunker (1988)。

61 Linduff (2009: 94).

62 Bunker (1988: 29) 认为，没有证据显示匈奴懂得鎏金（也指火法镀金或化学镀金）技术，但公元前 4 世纪中国方士在炼金时发明了此项技术。在大约同时期的希腊也发现有这项技术。

63 由 Bunker (1983) 提出。Linduff (2009) 对此进一步讨论，并与西安墓葬中出土的腰带牌饰陶模联系起来。

64 当然，中原地区喜欢这类牌饰的人，其祖先可能是草原民族，而中国南方一些民族延续了这种对"异域"风格的喜好。与"匈奴"一样，"汉人"一词指的是一个政治联盟，它包含很多内容，具有多样性。

65 Di Cosmo (2002: 85). 亦见 Di Cosmo (2013)。

66 Di Cosmo (2013: 43).

67 关于中国丝绸，见第八章。

68 Erdenebaatar et al. (2011: 311-313); Brosseder (2011: 411).

69 Di Cosmo (2013: 44-45) 讨论了这一发展的可能原因。Brosseder (2011: 247-280) 认为是公元 48 年匈奴南北分裂导致的。

70 软玉是透闪石和阳起石的一种致密形式。另一种玉石，翡翠，后来采自中国西南和现在的缅甸。

71 玻璃也被使用，可能是为了模仿玉器，见第二章南越王的腰带牌饰。

72 璧有时也是用玻璃制作的（见第二章）。

73 Rawson (1992: 61) 指出经典文献中记载的和墓葬中发现的礼仪用玉的数量较少，说明当时的人认为它不适用于埋葬。她注意到墓葬中除了礼仪用器，还存在玉坠组合、带饰和玉衣。

74 莫氏硬度，软玉是 6，而翡翠是 6.5。

75 见王炳华（1993：167）。

76 食物名词的使用也反映了烹饪在该文化中的重要性。

77 Bunker, Watt and Sun (2002: 134, cat. 106).

78 Ward (2008: 304).

79 Bunker, Watt and Sun (2002: 134, cat. 106).

80 Bunker, Watt and Sun (2002: 133).

81 Kuehn (2011: 4).

82 彩图见 Borovka (1928: 72C)，线图见 Yetts (1926: 181)。

83 Bunker, Watt and Sun (2002: 135). 她将另一件器物上类似的图案描述为
    "盘绕的猫"（25，图 24）。这样的器物更可能代表了"龙形身体的虎"，
    但如果确实如此的话，我们仍不知道当时的人是怎样称呼它们的。

84 王炳华（1993：167）。

85 荆志淳等（1997：376—381）。

86 中国南方的南越王墓出土的一件汉代葬衣，见 J. Lin (2012)。

87 从中国到罗马，城墙的一个基本功能是保护道路。这是斯坦因在敦煌调
    查中国汉代城墙时的观点（1921：18）。Psarras (2003: 63) 注意到这一点。

88 Linduff (2008: 194).

89 Sergey Miniaev (2015) 认为草原饰物属于妇好的侍从。

90 Rubinson (2008: 53)，引自 McHugh (1999: 14)。

91 她认为一些器物"代表着异域、珍稀"，比如其中一座墓葬中的玻璃器，
    因此反映了个人的贵族身份（Rubinson 2008: 57）。

92 A. Kessler (1993: 62). 在洛杉矶自然历史博物馆举办的"成吉思汗：来自
    内蒙古的艺术珍品"（1994 年 3 月 6 日至 8 月 14 日）。我没有找到任何更
    早的展览。

93 展览后来去了纽约的美国自然历史博物馆（American Museum of Natural
    History，1994 年 9 月 10 日至 11 月 27 日）、纳什维尔的田纳西州博物馆
    （Tennessee State Museum，1994 年 12 月 17 日至 1995 年 3 月 5 日）、维
    多利亚的皇家不列颠哥伦比亚博物馆（Royal British Columbia Museum，
    1995 年 3 月 25 日至 9 月 10 日）和艾伯塔皇家博物馆（Royal Alberta
    Museum，1997 年 3 月 22 日至 7 月 6 日）。见 A. Kessler (1993)。

94 关于斯基泰艺术的综述，见 Jacobson (1995: 20-26)。

95 Bunker, Chatwin, and Farkas (1970); Piotrovsky (1973-1974); P. Harper et
    al. (1975).

96 Reeder and Jacobson (1999); Aruz et al. (2000).

97 一些展品出土于乌克兰等地，这并非没有人注意到。例如，《乌克兰周
    报》上的一篇文章批评大都会艺术博物馆的展览是受政治的驱使，而非
    学术，"俄罗斯人在大都会艺术博物馆搞的展览的唯一目的似乎是，使布
    鲁克林艺术博物馆的乌克兰展览黯然失色。这样一个庄严的博物馆竟然
    要讨好一个正在衰落的政治明星。"（Fedroko 2000）这样的冲突还在继
    续。2016 年末，荷兰法院裁定展品继续留在阿姆斯特丹，这是在俄罗斯
    接管克里米亚之后，在与乌克兰一起组织的 2014 年的展览"克里米亚：
    黄金和黑海的秘密"（Crimea: Gold and Secrets from the Black Sea）期
    间。法院裁定，展品属于乌克兰，而不是借展的克里米亚博物馆。（阿拉
    德·皮尔逊博物馆 [Allard Pierson Museum]，"克里米亚展览"，新闻稿，
    2014 年 8 月 20 日，www.allardpiersonmuseum.nl/en/press/press.html）

98 分别是赛克勒（Arthur M. Sackler）和欧仁·V. 托尔（Eugene V. Thaw）
    的藏品。后者捐给了大都会艺术博物馆（Bunker 1997; Bunker, Watt and

Sun 2002)。

99　中华世纪坛世界艺术馆在 2010 年举办了展览"匈奴与中原：文明的碰撞与交融"。朝鲜的一项展览"匈奴，草原大帝国"（2013 年朝鲜国家博物馆）以蒙古国一个遗址最近的考古发现为核心。另一个比利时的小型展览"匈奴"展，作为 2005 年欧洲节的一部分展示了俄罗斯的藏品（Nikolaev 2005)。

100　Gledhill and Donner (2017: 120). 作者还指出，与此同时博物馆的数量激增，其中也包括私人博物馆。1949 年中国只有 14 家私人博物馆，2005 年是 1215 家，2015 年则增加到 4510 家（2017: 119)。

101　草原丝绸之路被纳入 1988 年联合国教科文组织"丝绸之路整体研究：对话之路"（Integral Study of the Silk Roads: Roads of Dialogue）项目，这很可能是受到了日本国家委员会致联合国教科文组织 1957 年报告的影响（Japanese National Commission 1957; Whitfield 2018)。

102　Whitfield (2009: 57, cat. 27).

第二章

1　本章需要感谢的学者有很多，尤其需要感谢的是诺丁汉大学的朱利安·亨德森。塞西莉亚·布拉金和沈雪曼的工作和意见也很宝贵。所有的错误、误解和遗漏都是我的责任。

2　Whitfield (2009: cat. 48). An Jiayao (2004: 58) 也称其出处为罗马。

3　见下文注释 76。通常认为罗马时期始于公元前 27 年，而希腊化晚期指的是在此之前的时期。

4　Borell (2011).

5　亨德森指出，"玻璃碴几乎能在任何高温环境下制成"（2013: 6)。

6　Buck (1982).

7　见 Henderson (2013: 5-6) 和英国广播公司 2006 年 7 月 19 日的新闻"图坦卡蒙宝石暗示天体碰撞"（"Tut's Gem Hints at Space Impact", http://news.bbc.co.uk/1/hi/sci/tech/5196362.stm ），人造玻璃也广泛用于图坦卡蒙的墓葬中。

8　Hodge (1992: 125); McCarthy (2008: 915). 关于釉砂和玻璃的讨论，见 Henderson (2013: 14-16)。

9　它的名字在埃及语中意为"人造青金石"（Pagès-Camagna 1998)。关于贸易，见 Tosi (1974)。

10　1824 年，法国兴业协会（Société d'Encouragement in France）悬赏 6000 法郎寻找成本低于每千克 300 法郎的人造青金石颜料。4 年都没有人获得此项奖金。最终在 1828 年，让-巴普蒂斯·吉美（Jean Baptiste Guimet）发明的群青颜料售价为每磅 400 法郎（当时青金石的价格是每磅 3000 至 5000 法郎）。青金石在丝绸之路东部被用作颜料，对其经济方面的初步观察，见 Whitfield (2016)。

11　Moorey (1994).

12　关于玻璃珠的历史，见 Dubin (2009)。

13 Henderson (2013: 134).

14 另外，在法国北部还发现了美索不达米亚玻璃。

15 Basu, Basu and Lele (1974); McCarthy and Vandiver (1991). 戈拉·多罗（Gola Dhora）遗址出土的釉砂手镯，见 "Gola Dhoro (Bagasra)"（未注明出版日期），http://www.harappa.com/goladhoro/faiencemaking.html，2017 年 9 月 14 日访问。

16 Lal (1987). 青金石，以及红玉髓等半宝石的贸易，是这些联系存在的证据（During Caspers 1979），但玻璃工艺是否从美索不达米亚传播到印度河流域则难以辨明。

17 Henderson (2013: 134-145).

18 Moorey (1994) 认为这种工艺发明得早，在米坦尼时期得到改进。

19 Pulak (1998). 对丝绸之路上船只的简要描绘和总体介绍，见 McGrail (2001: 123-125)。

20 Bass (1987: 699); Cline (1994: 100).

21 Jackson and Nicholson (2010).

22 Ingram (2005).

23 Pulak (1998); Muhly (2011); Hauptman, Madding and Prange (2002).

24 尽管没有确凿的证据表明它在欧洲融合。

25 Trowbridge (1930: 95-96).

26 Kowatli et al. (2008) 和 Jennings (2000)。关于贝鲁特窑炉的讨论，见 Henderson (2013: 215-222)。

27 Jennings (2000) 区分了热弯、结渣处理和模铸等工艺。

28 Jackson-Tal (2004: 19).

29 Jackson-Tal (2004: 19n22, 22-23 有列表).

30 Jackson-Tal (2004: 17, 27).

31 Henderson (2013: 207)，引自佩特罗尼乌斯（Petronius）的《萨蒂里孔》（Satyricon）。

32 Jackson-Tal (2004: 27).

33 Henderson (2013: 212). 下一个世纪玻璃制作有了一个较大的发展，即发明了玻璃吹制工艺。

34 Henderson (2013a). 他对各种工艺的介绍，见 8—23 页。

35 Fan and Zhou (1991).

36 Henderson (1995: 62).

37 简介见 Hirst (2017)。

38 Henderson (2013: 238-240).

39 关于环境方法在同位素分析中的重要性，见 Henderson (2013: 240, 326-334)。

40 A.Oikonomou et al. (2016).

41 Kenoyer (1998: 176). 尽管这些遗物已被严重侵蚀，并且关于它们是不是玻璃还存在争论。

42 Brill (1999, XIII 335, sample 443).

43 用彼得·弗朗西斯的话来说，就是"从马里（Mali）到巴厘（Bali）"。关于到印度的贸易，M. Wood (2016) 更新了弗朗西斯的结论。

44 Francis (2002: 41).

45 Lankton and Dussubieux (2006). 关于中国西南的作坊遗址，见 Borell (2011)。
46 Gan (2009b: 56-57) 和 Wang Bo and Lu (2009)。同时期更东的地方也发现了釉砂，但没有证据显示该地区制作釉砂，出土釉砂的遗址也表明它们是从更西的地区经陆路运输而来的（Brill 1995: 270）。河南淅川徐家岭墓出土了蜻蜓眼式的钠钙玻璃珠，图片和分析见 Gan, Cheng et al. (2009)。
47 Li Qinghui et al. (2009: 343); Q. Li et al. (2014).
48 Paynter (2009).
49 Kerr, Needham and Wood (2004: 464) 注意到一个"令人困惑的例子"，即公元前 2 世纪或公元前 1 世纪的一件中国容器上的高钾釉，指出南亚和东南亚（包括中国南方）在制作玻璃时偏用高钾。
50 Kerr, Needham and Wood (2004: 59-60).
51 West FitzHugh and Zycherman (1992). 一则公元前 2 世纪的文献记录了一个年代较久远的女娲传说，当天柱倒塌破坏了苍天，"女娲炼五色石以补苍天"。这经常作为早期玻璃制作传统的参考被引用。五色或多色成了玻璃的普遍图案。见 Shen Hsueh-man (2002)。
52 Gan (2009a: 8).
53 Easthaugh et al. (2007: 36).
54 Brill, Tong and Dohrenwend (1991: 34).
55 中国文化偏爱热饮（从它的温度和对人体作用的方面看），尽管尚不清楚早期是不是这样，但较晚期是有证据的。1000 年后，中国人曾称赞伊斯兰玻璃可以盛装热的液体（Shen Hsueh-man 2002）。
56 Gan (2009a: 20).
57 Gan (2009a: 21).
58 "构成技术的材料、工艺和结构等的发现和发明，几乎总是由对审美的好奇、对装饰物品的需求催生，而不是流行的观点所说那样，由预先设想的实际需要产生。"（Smith 1981: 347）
59 Smith (1981: 347).
60 例如在班东塔碧（Ban Don Ta Phet）遗址（Reade 2003; Glover 2004: 75)。
61 关于对中国文化中玉的角色的讨论，见第一章。亦见 Rawson (2002)。
62 该贸易可能开始于公元前 2 千纪末，因为妇好墓出土的一些玉器被认为来自于阗（Di Cosmo 1996: 90）。然而一些学者对此表示怀疑，见第一章。
63 例如，苏州出土的一条串珠子项链（Gan 2009a，照片 1.2）。然而沈雪曼指出，这并不意味着玻璃璧是一件便宜的替代品。她认为，玻璃的制作难度很可能与玉一样大，用这种材料做传统的器型或能增加其价值（2016 年 1 月 16 日个人通信）。
64 "The Art of Feeling Jade", *Gemmologist*, July 1962, 131-133.
65 Shen Hsueh-man (2002: 72-73). 对此的进一步讨论，见第四章。
66 注意"琉璃"和"玻璃"是现代发音。
67 对玻璃名字的讨论，见 Schafer (1963: 234-236) 和 Brill (1991-1992)。
68 Braghin (2002: xi). 这成了佛教七宝之一。然而，弗朗西斯认为"中国是世界上最大的玻璃珠制造和贸易的国家之一"（Francis 2002: 54）。

69 Kinoshita (2009: 255) 引用。他认为商人来自贵霜，但很可能是后贵霜时代。

70 Kinoshita (2009: 256) 引用。

71 例如，Lullo 认为用于随葬的玻璃仿制品要比其他替代品有价值，部分原因是玻璃与"异域"相关（2004: 17, 22）。见第五章对墓葬中"异域"的讨论。

72 Brindley (2015)。"越南"是"南越"一词的对调。

73 Lin (2012: 233-244).

74 Nickel (2012: 105).

75 大约 2000 座墓葬中只有 11 座墓出土玻璃容器。

76 合浦和贵港附近的墓葬的年代大约定在汉代，对于判断玻璃碗是晚期希腊玻璃还是早期罗马玻璃没有帮助。然而 Borell (2011: 61) 指出，在该区域的一座公元 67 年墓葬中发现了一件棱纹马赛克玻璃碗的残片，它的纹饰似乎是模仿萤石的纹理，普林尼提到这种石头在公元前 1 世纪时从帕提亚引进。这样的碗在地中海东部制作，广泛出口到整个罗马帝国。

77 科学分析显示它是以泡碱为基础的钠钙玻璃（Borell 2010: 128）。

78 Borell (2010: 59).

79 "大量的证据证明，公元前 3 千纪晚期波斯湾和阿拉伯海有着密切的贸易联系，包括直接贸易和转口贸易。主要的站点是美索不达米亚南部的苏美尔港口，然后是迪尔蒙（Dilmun）、马坎（Makan）、梅卢哈（Meluḫḫa），或用现代名称的巴林（Bahrain）、阿曼（Oman），以及伊朗东部和哈拉帕文明的港口。"（Karttunen 1989: 330）

80 对此时船只的简介，见 McGrail (2001)。

81 Thiel (1996); Salles (1996).

82 阿里卡梅度的年表是基于 Begely (1983) 提出的年表。Salles (1996: 262-263) 指出公元前 2 世纪希腊世界和东南印度有直接或间接的联系。

83 Bellina (1997); Bellina and Glover (2004)。东南亚航海的历史很长，有更可靠的证据证明它从公元前 1 千纪后半期就开始了。

84 Francis (2002: 27-30).

85 Borell (2010: 136-137).

86 Ting (2006: 46)。在中国发掘的其他船只，见 McGrail (2001: 360-378)。

87 《汉书》，Needham, Wang and Lu (1971: 444) 译。亦见 Borell (2010: 136)。

88 Loewe (2004: 75-77).

89 Schfer (1967: 67) 引用杜荀鹤（846—904）。"蛮"是一个指代南方少数民族的汉语词汇，这一时期用来指代西南地区的所有少数民族。见第十章对中国和其他文化中"他者"的简要讨论。

90 Erickson, Yi, and Nylan (2010: 166).

91 Munger and Frelinghuysen (2003).

92 Francis (2002: 57)。地理上的距离仅仅是故事的一部分。就成本而言，与潜在所有者的距离也是需要考虑的一个因素，例如一件古驰的手提包在中国和意大利价值都很高，尽管它是在中国制造，而品牌在意大利。

93 对于汉墓的描述，见 Erickson (2010: esp. 13-15)。

94 带钩经常是用玉做的，所以这一件很可能是模仿玉。如上所述，带钩并不是中国的传统服饰配件。

95 VanVan Giffen (n.d.); Craddock (2009: 235).
96 举例说明截然的对立，因此难免会简化对连接中国和罗马的丝绸之路的解释，见 Whitfield 2008。
97 见 Braghin (2012) 对此的讨论和 Shen Hsueh-man (2002) 中的中国晚期佛塔里的玻璃目录。

第三章

1 本章要感谢很多钱币学家的工作成果，尤其要向乔·克力布和罗伯特·布雷西致谢，他们慷慨地提出了意见和建议。所有的错误、误解和遗漏都是我的责任。
2 这里发现有农业，但与外欧亚大陆相比规模相对要小。另外，这里也发现有城市。
3 Christian (1998: XXI).
4 Chang et al. (2003) 认为月氏是农牧民族。
5 有人将他们与印欧语系的吐火罗人联系起来，不过此观点未成定论。
6 月氏以技艺精湛的弓箭手而闻名，但匈奴有骑兵。
7 对这些的讨论，见 Thierry (2005)。月氏迁徙的详细记录，见 Benjamin (2007)。历史文献总是受到考古发现的支持或反对，两者不会总是吻合，尤其是汉文史书中对"匈奴"的使用不加区分，而考古发现的匈奴包含不同的文化。
8 主要见《史记》卷 123 和《汉书》卷 96 上。下文引用的文献都出自这两本书。
9 《史记》卷 123，Watson 译（Sima Qian 1993: 234）。
10 很可能有人留在原地。一位著名的月氏后裔就是佛教僧人竺法护（主要活动在 3 世纪中叶）。据记载，他是月氏人，世居敦煌郡。
11 当然，这也是丝绸之路开通的一个重要因素。进一步的讨论，见 Whitfield (2018b)。
12 何肯认为"中国主流的传统历史学家很少提及的三个话题是贸易、佛教和外国人"（Holcome 1999: 285）。
13 《史记》，Watson 译（Sima Qian 1993: 234）。考古发现表明月氏是农牧民族，但中国史学家不一定认可草原上不同族群间的细微差别。
14 同上注。
15 与月氏有关的这种相互影响，见 Liu (2001) 的讨论。
16 如上所述，Chang et al. (2003) 研究了哈萨克斯坦东南部同时代的聚落，并发现了这里存在一个农牧社会的证据。这些聚落据称是月氏第一个定居点。
17 对这些的讨论，见 Michon (2015: 110-151)。
18 关于中国人使用的地名的对应问题，有很多讨论。例如，有的学者认为安息指的是帕提亚，而有的学者认为那是犍陀罗地区的贡多法勒斯（Gondophares）的帕提亚王国。
19 《后汉书》卷 88《西域传》，Hill (2003) 译。

20 Millward (2007: 15).

21 Christian (1994: 182).

22 "书写贵霜历史就像建造一面巨大的马赛克。学者们将一部分外框和内部构造拼凑起来，但整个区域仍然是空的。"（Rosenfield 2011: 10）

23 Lam (2013: 440).

24 Trainor (1997: 86).

25 通过海路和陆路。

26 Holt (1988).

27 贵霜的年代及其早期统治者是很多讨论的主题，如下文的讨论，所以在这里无法给出一个固定的年代。

28 在关于钱币对于历史学家重要性的最近讨论中，Holt (2012: 31) 称它是"中亚历史框架得以建立的那根支柱"。

29 通常都是这么认为，但几乎没有证据显示早期钱币有宣扬政权合法性的目的。例如，克力布就持怀疑态度。从早期月氏钱币开始的讨论，见 Michon (2015: 110-116)。更加一般性的讨论，见 Cribb (2009, esp. 500-503)。

30 Michon (2015: 114).

31 2016 年 5 月 2 日与克力布的私人通信。克力布还说道："钱币的影响力是通过图样的延续性来体现的。继续流通的钱币必须与此前存在的钱币有相似点"（Cribb 2009: 498）。他认为对合法性的讨论"在很多人看来，蒙蔽了钱币设计的基本功能，即使得钱币得以发行并被当作货币来使用"（2009: 503）。

32 "铜币起源于 1 世纪在北印度、巴基斯坦和阿富汗流通的银币和铜币。"（Bracey 2012: 188）米雄认为钱币是"关于他（丘就却）是谁和月氏是谁的富有想象力的重塑过程"的一部分（Michon 2015: 130-131）。克力布认为，它们的多样性是为了使钱币能够流通，而不在于声明合法性（Cribb 2009）。

33 Bracey (2009).

34 Falk (2015: 105-109)。他认为贵霜使用"devaputra"（神之子）来描述自己，是因为受到奥古斯都钱币中"divi filius"的部分影响（2015: 104）。

35 对此讨论和其他观点的综述，见 Bracey (2009) 和 Falk (2015: 105-109)。

36 Bracey (2009).

37 Göbl (1970).

38 Bracey (2012).

39 Bracey (2009).

40 例如 Rosenfield 写道："很难想象贵霜怎么支付金属原料。"（2009: 21）

41 Pliny the Elder, *Natural Hisory* 6.26，Bostock (1855) 译。

42 Rosenfield (1967: 21).

43 Falk (2015). Mashall (1951: vol.2: 620) 表明产地在达尔迪斯坦（Dardistan）和吐蕃。

44 这批宝藏，见 Sariandi (1985)。考古学家将它定位为贵霜早期的一块王朝墓地，见 Sariandi (1990-1992: 103)。

45 对证据的综述，包括最近对这些钱币的研究，见 S.Peterson (2017: 47-58)。

46 对蒂拉丘地不同影响的讨论，见 Boardman (2012), Leidy (2012) 和 S.

Peterson (2017)。

47　Sariandi (1990: 55); Hickman (2012: 80).

48　这类钱币的图片，见 Göbl (1970)。他依据他 1957 年的出版物区分了每一枚钱币的类型。文中的这一类型还参考了他在 1984 年出版物中的分类，所以该钱币是"G16/G10/1"（Göbl 1957，类型 16；Göbl 1984，类型 10/1）。

49　Rtveladze (1993: 84); Michon (2015: 126).

50　没有篇幅来解释该地区钱币上各种神祇起源（希腊、伊朗、印度和其他）背后的复杂性，以及他们相互之间的对应关系。我们只能假设当时他们是怎么被标识的。对湿婆的详细讨论，见 Cribb (1997)，亦见 Rosenfield (1967)。

51　Bracey (2009: 48).

52　一种似乎是贵霜人发明的字母，仅在 1—4 世纪的贵霜和塔克拉玛干东部的绿洲王国楼兰使用。

53　Göbl (1970) 仅展示了一种类型，即此处描述的（G40/G68）。但 Mordini (1967: 24) 的表述更加模糊，"迦腻色伽、胡韦色迦和韦苏特婆一世时的金币有更多变化类型"。

54　"Shah of Shahs, Kaniška the Kushan"，这是一句伊朗语短语。用修改后的希腊字母表示时另有一个符号 Þ 来代表 š（sh），如单词"Kushan"和"Kanishka"。

55　Göbl (1970)，G186-187/G280（法罗，正面是 Khwarenah），G188/G281（娜娜），G192/G287（阿克多索），G213/G228（密特拉），G214/G234（蒂耶罗），G253/G342（阿沙伊克肖）。

56　在这一时期早期的钱币上，他左手持剑柄。

57　尽管胡韦色迦钱币上还有希腊 - 罗马和印度神祇，见 Bracey (2012: 203) 的表格。除蒂耶罗外，其他神祇也是所知胡韦色迦钱币上最常见的（Bracey 2012: 203）。

58　《三国志》，见 Sinor (1990: 170) 的讨论。

59　关于印度流域的地理，见 McIntosh (2008: esp. 15)。

60　亚历山大和他的大部分军队选择由陆路穿越格德罗西亚沙漠（Gedrosian Desert）返回，该沙漠与海岸接壤。

61　Chakrabarti (1995); Seland (2013).

62　现在是喀喇昆仑公路。

63　印度洋的海上贸易，见 Tomber (2008: esp. 122-124)。贵霜的贸易，见 Seland (2013)。巴格拉姆宝藏，见 Whitehouse (1989)。

64　贵霜发现的罗马钱币非常少。

65　Bellina and Glover (2004: 72-73). 然而，布雷西（2017 年 4 月 12 日个人通信）等学者还争论货币制度在这个贸易中的重要性。

66　更多关于阿克苏姆海上贸易的论述，见 Whitfield (2015b: prol.)。

67　摩尼是摩尼教的创始人。大约在 240 年，他来到北印度，此时韦苏特婆去世不久，贵霜帝国正在衰落。没有记录显示他到过阿克苏姆。

68　对此的讨论，见 Hatke's (2013: 34-35)。

69　在阿克苏姆北部发现了一个青铜权杖，上刻有"GDR"，这也是同一位国王的名字（Munro-Hay 1991: 75）。

70 还可从阿拉伯半岛南部的碑铭中看出，见 Munro-Hay (1991: 73)。

71 Phillipson (1998). 不清楚它是否曾经被立起来，但现在它倒在地上。亦见第四章对这种纪念性建筑高度的比较，如阿姆鲁克·达拉佛塔超过 35 米高。

72 评述见 Finneran (2007: 159-165)。

73 Tomber (2008: 91).

74 后者的可能性不大，因为并没有其他贵霜钱币可以作为证据来断代，而且很多钱币没有磨损痕迹。

75 见 Munro Hay (2002: 336)。15 世纪晚期传记中的年表是有矛盾的，因为据说帕科米乌去世 7 年之后他才离开了修道院。这可能是 355 年，卡尔西顿公会议前的一个世纪和德伯拉·达摩的传统建立前。关于国王的顺序，其中也有矛盾之处。见 Irvine, Meinardus and Metaferia (1975)。

76 阿巴·加里玛（Abba Garima）是此时来到埃塞俄比亚的其他"九圣人"之一。他还建立了修道院，据说还制作了《福音书》的抄本。最近对这两本所谓的加里玛《福音书》的 ^{14}C 测年结果是 390—660 年（取中是 530 年），该结果对此不构成挑战。

77 然而，对此没有记录。女性不再被允许进入修道院，甚至登上悬崖。

78 Munro Hay (2002: 337).

79 Taddesse Tamrat (1972: 39). 亦见 Ibn Hawqal (2014)。

80 Munro-Hay (2002: 337) 指出没有其他证据可以证明这时王子被流放。

81 Henze (2000: 48).

82 传统告诉我们，约柜在入侵者到达之前被移至一个安全的地方，直到一个世纪之后，教堂重建后才运回来。

83 Henze (2000: 90).

84 Munro Hay (2002: 338) 引用。

85 Munro Hay (2002: 337-338).

86 Moridini (1967: 23).

87 Berzina (1984); Chittick (1974: 199, fig. 23a).

88 Phillipson (2012: 18n4) 注意到戈布尔（Göbl）在维也纳的文件包含来自摩尔蒂尼的信件。但我没有看到这封信。

89 "后来我可以检查所有的发现。"（Mordini 1967: 23）原文译自《埃塞俄比亚研究国际论文集（罗马，1959）》(*Proceedings of the International Congress of Ethiopic Studies, Rome, 1959*，1960 年出版）中摩尔蒂尼的记录。其中，摩尔蒂尼表明他仍然希望"获得现在的主人允许"接触到这些钱币（25）。在 1955 年 12 月 2 日与一名法国钱币学家科特（Côte）的通信中，他表示正忙于研究贵霜钱币（West 2009: 8）。亦见 Göbl (1970)。

90 感谢罗伯特·布雷西对此的观点。他说，他在研究过程中没有见过这些藏品，哪怕一部分，这可能是因为这些藏品被损坏或售卖了（2017 年 2 月 4 日个人通信）。

第四章

1 本章要特别感谢卢卡·奥利维里，感谢由他带领的意大利考古团队所出

版的发掘报告，感谢他慷慨地回答了我很多问题、给我提供高质量的平
面图和照片。所有的错误、误解和遗漏都是我的责任。

2　罗摩是印度教神祇毗湿奴在尘世间的一个化身，与印度史诗中的英雄罗
摩衍那同名。

3　伊拉姆山自古就是圣地。根据印度教神话，罗摩在森林流亡时曾在那儿
度过三年。关于亚历山大，见下文注 5 和 42。

4　"乌仗那"意为"果园"或"花园"。该国亦称 Oḍḍiyāna。但并非所有
学者都同意这一观点，有的学者认为 Oḍḍiyāna 指的是东印度一个地方。
进一步的讨论，见 Kuwayama (1991)。对该区域佛教的详细介绍，见
Behrendt (2004)。

5　Stein (1929); Rienjang (2012); Olivieri (2015a).

6　参考文献见 Behrendt (2004: 39n1)。关于年代的研究，见 Errington (2000)
和 Falk (2006)。

7　铭文并没有提到佛教。婆罗米字母也差不多在此时出现，两种文字所转
写的似乎是口语，而不是古典语言，即是普拉克利特语，而非梵文。见
Falk (2014b)。

8　佛教到达地中海和塔里木盆地的证据并不存在。

9　通过海路和陆路。

10　Fussman (1986: 44-45) 认为，佛塔作为一种引导信徒"善思"的纪念建
筑，在早期并没有那么重要。

11　早期佛塔的用途和意义，见 Fussman (1986)。

12　对佛舍利完整的讨论，见 Strong (2004)。

13　一些佛塔有中心柱，经常由树干制成，但许多佛塔没有这个。见 Fussman
(1986: 42)。

14　Behrendt (2004: 39-41). 印度−希腊国王在公元前的最后两个世纪统治了这
片地区的很多领土。

15　关于在该遗迹发现的钱币年代的研究，见 Errington (2000: 191-192)。关
于前贵霜时期的遗址概述，见 D. Faccenna (2007)。

16　Behrendt (2004: 48).

17　Iori (2016).

18　Liu (1994: 114-115).

19　Behrendt (2004: 23).

20　例如，大都会艺术博物馆有一件石盘，上有阿波罗与达芙妮（海尔布伦
艺术史年表 [Heilbrunn Timeline of Art History]，"绘有阿波罗与达芙妮的
盘子"，www.metmuseum.org/toah/works-of-art/1987.142.307/）。该地使用
的语言是犍陀罗普拉克利特语。见上文注 7。

21　Salomon and Schopen (1984). 图片见海尔布伦艺术史年表，"带铭文
的圣盒，国王因陀罗跋摩供养"，www.metmuseum.org/toah/works-of-
art/1987.142.702a/。铭文记载，盒子是从穆里坎洞窟佛塔（Murykan Cave
Stupa）带来的，后置于另一个地方，推测应该是另一处佛塔。

22　Lenz (2003: 100). Salomon (1999) 介绍了这件写本。两位统治者都是通过
他们的钱币而为人所知。

23　Rhy-Davids (1890-94: 274)，Neelis (n.d.) 引用。亦见 Neelis (2013)。

24　Errington (2000: 6). 埃林顿（Errington）认为钱币属于阿泽斯二世，但

Senior（2008）质疑了阿泽斯二世及其钱币的存在。西尼尔（Senior）认为印度-斯基泰人只有一位阿泽斯，他的在位年代大概是公元前58年至公元前12年。而克力布认为有两位不同的统治者，因为钱币上存在非常显著的差异（2016年私人通信）。

25 最著名的例子是佛罗伦萨大教堂，但它实际上是在没有相应的工程技术的情况下被构思出来的。

26 这是恩斯特·加尔（Ernst Gall）在定义哥特式时说的话。冯·西姆森（Von Simson）引用了这些话，但他的观点相反，"垂直的构思并不是哥特式所独有的，更不是它最突出的特征……我知道，没有历史证据支持这种浪漫的假设，即哥特式建筑师采用垂直的做法，是为了让对天国的强烈渴望充实信徒的灵魂"（1988: 156n）。

27 D. Faccenna and Spagnesi (2014: 549).

28 D.Faccenna and Spagnesi (2014: 550)，亦见 Behrenft (2004: 28n40)。

29 Olivieri (2016).

30 Whitfield (2018a).

31 罗马的万神殿高43—45米。

32 Olivieri (2014: 352).

33 Schopen (1997: 118); Behrendt (2004: 90).

34 D. Faccenna and Spagnesi (2014: 549-551).

35 经 D. Faccenna and Spagnesi (2014: 175) 确认。

36 Olivieri (2014); Schopen (1997); Shimada (2012: chap. 4).

37 Schopen (1997: 92). 其中很大篇幅讨论了佛塔崇拜中神职人员的参与。亦见 99—113 页和 165—203 页。

38 Shimada (2012: 147)，引用 Dehejia (1992)。

39 Shimada (2012: 163).

40 D. Faccenna and Spagniesi (2014: 171).

41 也被认为在卡拉卡尔路（Karakar Road）附近。亚历山大大帝曾经使用过。从古代一直到莫卧儿时期仍有人使用。见 Olivieri and Vidale (2006) 和 Olivieri (1996)。

42 巴里果德被认为是西方史料所描述的"繁华""防御严密"的 Bezira（或 Beira）城，这座城在公元前327年被亚历山大征服（Callieri 2007: 135）。

43 当 W. W. Mcnair (1884: 5)，一位乔装打扮的英国工程师，在1883年穿越斯瓦特河谷时注意到，他能一眼看到多达20座佛塔。

44 Olivieri (2014: 332); Snodgrass (1991: 15).

45 Olivieri (2014: 333); Fussman (1986).

46 Stein (1929: 32-35). 德文，位于英格兰西南部。

47 D. Faccenna and Spagniesi (2014: 550).

48 Schopen (2006a: 489).

49 Stein (1929: 17-18)，Schopen (2006a: 499) 引用。

50 Schopen (2006a: 493).

51 这与斯瓦特的女神形象有关，西藏的传统增强了这种关联，其中说到乌仗那国是女神空行母（dākinī）的家乡。

52 Schopen (2006a: 497).

53 Olivieri (2014: 337).

54 阿姆鲁克·达拉佛塔没有刹杆的痕迹，但这并不意味着它没有用刹杆测量建筑的轴线。

55 Rockwell (2006: 165). 亦见 Olivieri and Vidale (2006)，C. Faccena et al. (1993) 和 Olivieri (2016)。

56 Olivieri (2014: 319, 337-338).

57 Rockwell (2006: fig 4); Kempe (1986).

58 Olivieri (2016).

59 Schopen (2006b: 231-233). 他逐一讨论了这些角色，见第 233—239 页。亦见 Silk (2008)，尤其是第 75—100 页对负责监工的僧人的讨论。另见 Shimada (2012: 158-160)。

60 Schopen (2006b: 228-229).

61 Schopen (2006b: 240, 242-243).

62 Olivieri (2015b: 119).

63 Olivieri (2015b: 120n136).

64 Hyecho, ed. and trans. Yang (1984: 50). 见下文更多关于慧超的讨论。

65 Olivieri (2015b: 20). 他认为油很可能是由河谷中广泛可得的芥菜籽制成。藏传佛教中的芥菜籽，见 Beer (2015)。

66 强制的劳动力，见 Schopen (1994)。亦见第十章对寺院和其他地方的奴隶制更广泛的讨论。

67 见 Gernet (1994) 对中国寺院经济的讨论，包括它们对榨油和磨面的控制。

68 Falk (2009).

69 Olivieri (2015b: 119). "萨满习俗" 一词的使用是经过认真考虑的。

70 鎏金铜盒现藏于白沙瓦博物馆，而水晶盒子现在曼德勒（Mandalay），见 Spooner (1908-1909: 49)。

71 Marshall (1951: 373).

72 传统上七宝是金、银、水晶、青金石、红玉髓、珊瑚和珍珠，但也用其他材料来替代。关于它们在贸易中的角色的讨论，见 Liu (1994, 1996)。

73 Jenner (1981: 219-220)，亦见 Chavannes (1903b: 393)。宋云说他读了幡上的汉文，发现它们的年代大多在 495 年、501 年和 513 年，只有一条是在法显时期（约 400 年）。亦见 Bhattachaya-Haesner (2003: 42)。

74 莲花生大师在 12 世纪佛教传入西藏的故事中至关重要。见 van Schaik (2011: 96)。西藏僧人至斯瓦特朝圣的早期文献，见 Tucci (1940)。

75 当然，在没有其他证据支持的情况下，我们对早期的习俗做出任何判断都必须谨慎。

76 Dowman (1973: 33-34).（译者按：译文采自 https://www.jianshu.com/p/1d1c4b2ad96e，2020 年 1 月 6 日访问，未找到正式出处。）

77 Olivieri (2012: 109). 图齐在 1958 年的初步调查中得出结论："我可以肯定，大灾难摧毁了斯瓦特，并导致了严重的经济崩溃，这难免影响了宗教形势。对土地的初步研究……已经让我确信，地震、大洪水等自然灾难是该建筑大部分损毁的主要原因。"（Tucci 1958: 212）

78 重走法显的路，见 Stein（1921: 5-9）。Kuwayama (2006) 翻译了法显和其他僧人的记录。

79 Beal (1884: xxx-xxxvi).

80 Deane (1896) 注意到了，他也对此雕刻有印象。亦见 Tucci (1958)。之后的中国朝拜僧人宋云和玄奘也提到了这些遗址，Stein (1930: 56-58, 60, 65, 102) 对此做了总结。佛足迹现在保存在斯瓦特博物馆。

81 然而，当寺院建立在塔里木盆地等没有雨季的大地上时，这种习俗仍然在继续。

82 对本生故事的翻译，见 Cowell et al. (1895)，尸毗王本生故事在第四卷的第 499 号。

83 考古学家斯坦因认为这是古木巴台佛塔。

84 中国史书记载了 477 年有一位来自寄多罗的使节。基于钱币学的证据，斯瓦特被认为是他们的大本营（Göbl: 1967, vol. 2: 224）。嚈哒，见下文第五章，亦见 Kuwayama (1992)。

85 Beal (1884: xcii). 亦见 Chavannes (1903b: 405)。

86 Kuwayama (1992).

87 Stein (1921: 9-11) 描述了这条路线。宋云时期的乌仗那国，见 Chavannes (1903b: 406-415)。

88 20 世纪的大多数时候，学者们将这一时期与犍陀罗地区僧侣制度的衰落联系起来，这源于 Marshall (1951) 对塔克西拉考古材料的解释。然而，Errington (2000: 199-203) 总结了僧侣制度的式微，更多最近的考古发现很大程度上修正了该观点。

89 Grenet (2002: 213).

90 Callieri (1996: 399). 木鹿城墙内的佛塔证明了佛教最西传播到这里，它很可能始建于 3 或 4 世纪（Herrmann 1997: 11）。然而，工程可能由于萨珊政府 224 年开始信仰琐罗亚斯德教而暂停，此时萨珊政府不容许其他宗教的存在（Emmerick 1983: 957）。嚈哒时期佛塔又开始重建，嚈哒文物和一件佛教写本的发现支持了嚈哒统治时期佛教在此地复兴的观点。

91 严格来说，这不是第一手材料，因为它是在玄奘的记录和其他史料的基础上于后期写成的。Kuwayama (2006) 质疑玄奘是否去过乌苌国，并怀疑这是一条来自其他人（可能不是同一个时期）的记录。

92 Beal (1884: 98).

93 Beal (1884: 120).

94 Beal (1884: 120).

95 Foucher (1942-1947: 48n3).

96 Stein (1921: 16-17).

97 见上文注 82。

98 Olivieri (2014: 356-360).

99 翻译见 Yang et al. (1984)。关于悟空，见 Chavannes and Lévi (1895)。

100 见注 91。

101 Olivieri (2003).

102 Guinta (2006).

103 Bagnera (2006).

104 对这条记录和其他记录的翻译，见 Tucci (1940)。

105 Tucci (1940: 51).

106 对考古和保护活动的简要调查，见 Olivieri (2014)。

107 Stein (1929: 34).

108 Olivieri (2014: 321).

109 Tucci (1958).
110 Khan (1968).
111 Khan (1968)，D. Faccenna and Spagnesi (2014) 中采用了很多桑山拍摄的照片。

第五章

1 感谢乐仲迪（Judith Lerner）对本章详细且很有价值的意见，很多观点都是她的。还要感谢乔里特·凯尔德（Jorrit Kelder），我们一起在盖蒂（Getty）喝酒时他提出了很多想法。所有的错误、误解和遗漏都是我的责任。

2 这是一个大概的制作年代，尽管大家一致认为不早于 5 世纪。如果年代是在 5 世纪前半叶的话，那么它的产地可能是受萨珊统治的巴克特里亚。

3 为了表达清晰，我全文都用"巴克特里亚"，尽管该地区不总是叫这个名字。Leiche and Grenet ([1988] 2011) 总结道："然而，在贵霜时期'巴克特里亚'这个名字已被弃用了。我们不知道此时该地区的名字。地理学家托勒密（Ptolemy）写于 2 世纪后半叶的著作中说，那时这里主要居住的是吐火罗人。在中古波斯语和亚美尼亚语中，巴尔赫这个名字仅指首都。贵霜末期，巴克特里亚被称作'吐火罗斯坦'（Ṭokārestān）。萨珊征服该地区后，吐火罗斯坦成为贵霜沙（Kūšānšahr）省的核心区。中文史料中的'吐火罗'无疑是对这个新名字的音译，替代了之前的名字'大夏'。"

4 Marcus Junianus Justinus, *Epitoma historiarum Philippicarum*, bk.4, Corpus Scriptorum Latinorum, www.forumromanum.org/literature/justin.texte41.html.

5 Kurbanov 在其学位论文的第一章总结了该问题的诸多观点，结论是"大多数的理论主要基于通常自相矛盾的文献材料……考古材料几乎没被用到，即使使用也只是选择了较少的材料来支持一个观点或其他观点"（2010: 32）。

6 在贵霜时期可能是主要的铸币城市，但几个世纪之后的确成为主要的铸币城市。见 Bracey (2012: 121-124)。亦见第二章。

7 粟特停止向中国遣使，这项活动被嚈哒使节替代。这支持了嚈哒占领粟特的观点（Litvinsky 1996: 140-142）。

8 尽管 Judith Lerner and Nicholas Sims-Williams (2011: 18n6) 指出，无论古代还是现代的历史学家使用该词来指代不同群体时都有点混乱，都将其归为"匈人"。

9 最近的关于文字和考古材料的调查和学术著作，见 Kurbanov (2010)。他说，"迄今没有和他们直接相关的遗址"（37）。亦见 Sims-Williams (2007) 对最近发现该时期巴克特里亚语文书的讨论。

10 La Vaissière (2007, 2009).

11 Litvinsky (1996: 139) 引用。

12 Litvinsky (1996: 144)，更全面的讨论见 La Vaissière (2007)。Enoki 最初

提出他们来源于喜马拉雅西部，但此说现在基本被否定了。La Vaissière 对此进行了综述（119-120）。草原联盟和其相邻社会的相互影响，亦见第一章。

13 Procopius (1961), Litvinsky (1996: 136) 引用。

14 Kim (2016: 49)，引自 Pulleybank (2000b)。其他颜色是：黑色（对应北方）、红色（对应南方）和蓝色（对应东方）。

15 Kim (2016: 51)，全面的讨论见第三章。他与魏义天和其他人争论，匈奴 / 嚈哒与晚期文献中出现在西部草原上的匈人是同一个政治群体。很多学者并不赞同此说，见上文第一章。

16《通典》（写于 9 世纪初的一本中国史书），Enoki (1959: 7) 和 La Vaissière (2007: 122) 引用。

17 Molnar et al. (2014).

18 Holloway (2014).

19 Vonfrovec (2014) and Alram (2016). 阿尔罕匈人有时被认为是南方部落，即红匈人，见上文注 4（Mass 2014: 185）。

20 Kurbanov (2010: 41) 推测普里玛特巴巴丘地（Primat-Baba-Tepe）附近无名 4 号丘的 5 世纪墓葬与嚈哒有关。这些排列成两排的墓葬中埋葬了多个人，一位男性的墓葬安置在另外 5 个人之上。凯撒里亚的普罗柯比（Procopius of Casarea）认为这是嚈哒人的集体墓葬。支持此说的另一点是，7 个颅骨中有 4 个有过"睡头"。见下文对钱币的讨论。

21 更完整的版本见 Bivar (2012)。

22 发现的 4 世纪钱币和再次利用沙普尔二世（309—379 年在位）和三世（383—388 年在位）的萨珊铸范制作的钱币有"阿尔罕"这个名字。这很可能是由所谓的阿尔罕匈人在喀布尔铸造的。有的学者认为阿尔罕匈人即嚈哒人，但大多数学者不赞同。有人认为这些钱币是在巴尔赫铸造的，大约在 355 年嚈哒人或阿尔罕匈人占领了巴尔赫。见 Vondrovec (2014) 和 Alram (2016)。

23 趁卑路斯不在，他的弟弟在他们的父亲死后掌权。

24 据 5 世纪的拜占庭历史学家潘尼厄姆的普里斯库斯（Priscus of Panium），Litvinsky (1996: 138) 引用。

25 来自据称是修行者约书亚（Joshua the Stylite）所作的 6 世纪叙利亚编年史（1882: 8）。

26 这并不是一个稀见的习俗。

27 Joshua the Stylite (1882)："他骄傲地承诺他会为了他的生命安全付出 30 头满载银币的骡子。他派人到他所管辖的国家去，但是几乎连 20 车都凑不上，因为在第一次战争期间他花光了他的前任国王留下的所有财富。因此，为了另外的 10 车，他把他的儿子卡瓦德留作抵押和人质，直到他能够凑够这些钱。……当他回到他的国家，他在全国征收人头税，然后送去了 10 车银币，赎回了他的儿子。"

28 Göbl (1967, vol. 2: 89-91).

29 Litvinsky (1996: 141).

30 有的史料说是在胜利之后通婚的。

31 Firdausi (1915, vol. 7: 328–33).（译者按：中译文采自《列王纪全集（七）》，张鸿年、宋丕方译，商务印书馆，2017 年 9 月，第 187—193

页。)

32　Blockley (1985: 11).

33　La Vaissière (2007: 124)，亦见 Bernshtam (1951: 119)。

34　见下文对鲜卑的讨论。如 Jones (1996) 所讨论的一样，关于民族认同，我
　　在此处采用过程的方法。

35　Jones (1996: 14).（译者按：中译文采自《族属的考古：构建古今的身份》，
　　上海古籍出版社，2017 年 4 月，第 18 页。)

36　La Vaissière (2007: 121-122) 认为大约在 350—370 年有一次迁徙，包括
　　属于匈奴联盟正式成员的民族。

37　Chavannes (1903b: 403-404).

38　尽管他的旅行是在阴历 10 月，正值冬季。考虑到他所记录的行程，他
　　一定会在巴达赫尚南部遇见他们，一个在瓦罕（Wakhan）西边不远的
　　地方。

39　尽管我们应该谨慎地对待这个观点，即所有人都跟着采用统治精英的某
　　种生活方式，如《北史》说寄多罗"随畜牧移徙，亦类匈奴"（Zürcher
　　1968: 373-374 引 ）。

40　La Vaissière (2007: 123).

41　年代来自在罗伯（Ruy，在巴米扬附近）发现的巴克特里亚语文书，见
　　Sims-Williams (2000: 32-33)。而在断代方面，没有被认为属于嚈哒时期
　　的建筑遗存（感谢乐仲迪注意到这一点）。

42　6 世纪的历史学家凯撒里亚说他们"居住在繁华之地，只有匈人肤色白
　　皙，他们与游牧民族生活方式不一样，只承认一个国王，遵守严格的法
　　律，公正地对待他们的邻国"。他还描述了他们的贵族墓葬，其中陪葬有
　　贵族生前亲密的仆人。

43　La Vaissière (2007: 122-123).

44　对嚈哒毁佛的讨论，见 Nattier (1991: 110-117)。

45　Kurbanov (2010: 73-86). 尽管他认为很多比定是存疑的。例如，有人将
　　Balayk 壁画的年代定为后嚈哒时期（76）。

46　红宝石和尖晶石也有发现，后者来自巴达赫尚的矿址。尽管我们还不
　　知道他们的开采是不是像青金石一样早（Hughes 2013）。卡比萨省的
　　Panshjr 河谷发现有绿宝石。

47　Alram (1986). 尽管这并不能证明是嚈哒人制作了它们。

48　现藏于撒马尔罕博物馆，见 Litvinsky (1996: 160, and fig. 17, 18)。

49　大英博物馆登记号 no.1963, 1210.1。

50　例见第二章对乌鲁布伦沉船（Uluburun shipwreck）发现的铅和铜的产地
　　的讨论。

51　P. Harper and Meyers (1981: 148).

52　"拱廊舞女壶"，海尔布伦艺术史年表，大都会艺术博物馆，www.
　　metmuseum.org/toah/works-of-art/67.10a.b。

53　Rosenthal-Heginbottom (2013).

54　贝尔图维尔宝藏（Berthouville Treasure）中有一个上有特洛伊战争场景
　　的罐子。它描述了阿喀琉斯在特洛伊的城墙附近拖着赫克特的身体的场
　　景，见 Lapatain (2014: 53-56)。图片见 "贝尔图维尔的罗马银器和古代
　　奢侈品"（Ancient Luxury and the Roman Silver from Berthouville），2014

年 11 月 19 日至 2015 年 8 月 17 日，保罗·盖蒂博物馆的盖蒂别墅博物馆（Getty Villa, J. Paul Getty Museum），www. Getty.edu/art/exhibitons/ancient_luxury/。

55　这些记录是否反映了一场实际的战争还在继续争论。简言之，它可能是公元前 12 世纪的一场战争。大多数人认为特洛伊是土耳其西北部的希萨利克（Hisarlik）。最近的证据，见 Easton et al. (2002)。

56　Woodford (2003).

57　例见大英博物馆网络资源"古代希腊：神话和传说"，http://www.britishmuseum.org/PDF/Visit_Greece_Myths_Ks2.pdf。

58　Treister (2001: 382).

59　有的历史学家认为奥克夏特斯是粟特人。

60　Rotroff (2007: 140-141) 指出了一个重要的观点。他以古典陶器为例，这类器物直到 3 世纪时仍然没有发生变化，说明希腊化的影响不一定马上体现在物质文化上。"很显然，军事和政治上的事件需要经过很长一段时间才能影响人们的生产方式。"（141）

61　与佛教有关的观点长期以来被讨论，例见 Grousset (1948)。但这种争议性更大的近期讨论，见 Nickel (2013)。

62　Rotroff (2007: 147)，亦见 Momigliano (1979)。

63　Leriche and Grenet ([1988]2011).

64　Mais (2013) 讨论了该区域的族群认同。

65　Foucher (1942-1947: 73-75, 310).

66　Bernard (1981).

67　Bernard (1981); Barnard, Besenval and Marquis (2006).

68　Mais (2013: 370).

69　1978 年出土，现藏于喀布尔博物馆（Sarianidi 1985）。它参与了世界性的展览，包括华盛顿（Hiebert and Cambon 2007）。更多关于贵霜的讨论，见第三章。

70　这批窖藏还包括一些受到印度、中国和草原文化影响的发现。

71　Treister (2001).

72　尽管从艺术风格上看这三件器物的年代跨越几个世纪。

73　Wietzmann (1943: 319).

74　Sherherd (1964: 66-92); Ettinghausen (1967-1968: 29-41); Trever (1967: 121-132).

75　P. Harper (1971: 503-515); Carter (1974: 171-202).

76　可能起源于印度，后来向西传播。关于片治肯特的壁画，见 Marshak (2002) 和 Compareti (2012)。相关文献见 Turfanforschung 的网站（http://trufan/bbaw.de/front-page-en?set_language=en.）。亦见 Zieme et al. (n. d.)。

77　Marshak and Anazawa (1989). 之后数次再版，见 Juliano and Lerner (2001)，Watt et al. (2004) 和 Whitfield (2009: 89, cat. 55)。

78　假设一代为 20 至 25 年，那么南迁应该是在 3 世纪。

79　像所有与草原相邻的定居帝国一样。对这种相互影响更宽泛的讨论，见 Christian (1998) 和第一章。

80　尽管大多数陪葬品很可能已经被盗，我们还是知道他的墓葬中一些其他的内容。见下文。

81 公主李静训（卒于 608 年）。她的祖先展示了李家是如何继续显贵的。她的外祖父母是北周的一位皇帝和隋朝第一任皇帝的女儿（第二任皇帝的姐姐）。李静训葬于西安附近，她的墓葬发掘于 1957 年，墓葬中的一些随葬品见 Watt et al. (2004: cats. 186-188)。

82 Wu (1989: 66, 68).

83 翻译见 Schfer (1963: 85)。

84 他年轻时还在宫廷中担任年轻皇帝的侍读。

85 尽管我们对希腊和罗马的饮食文化了解较多，他们也使用类似的壶，但我们确实对鲜卑知之甚少。关于鲜卑墓葬，见 Dien (1991)。

86 由于盗墓。

87 随葬有一枚带萨珊印章的金戒指。

88 陕西省考古研究院（2005）。

89 包括萨格勒布（Lukšić 1996）、纽约（亚洲协会 [Juliano and Lerner 2001] 和大都会艺术博物馆 [Watt et al. 2004]）和布鲁塞尔（Whitfield 2009）。

第六章

1 我必须感谢乔安娜·威廉姆斯，她对于阗艺术的兴趣和其学位论文（其中讨论了这件木板画）吸引了我，也感谢她审读了本章。感谢伊弟利斯·阿不都热苏勒（Yidriss Abdurusal）和新疆文物考古研究所的同事，让我看到了许多古代于阗的遗址。感谢古乐慈（Zsuzsanna Gulácsi）对本章的审读。所有的错误、误解和遗漏都是我的责任。

2 关于斯坦因，见 Mirsky (1998) 和 Walker (1998)。斯坦因第一次探险的生活和学术记录，见 Stein (1904, 1907)。

3 赫定于 1896 年访问了这里。对这些早期探险家的生动记录，见 Hopkirk (2006)。

4 Stein (1907, 429).

5 Biran ([2004] 2012) 很好地总结了这一时期，并有更详细的参考书目。

6 Abel-Rémusat (1820) 将汉文史料中对于阗的记载全部译成了法文。最近的译文在出版物和网络上都可找到，例如见 Hill (2015)。

7 最显著的是商代王后、将军妇好的墓葬中所发现 755 件玉雕中的一部分。妇好墓的年代在公元前 1250 年前后。网站 http://depts.washington.edu/chinaciv/archae/2fuhjade.htm 的 "妇好墓出土玉器" 中可以看到一些图片。早期的汉文史料说，那时的于阗玉是由月氏人提供的（见第一章）。也见第一章对于最近质疑的讨论，即妇好墓玉器的产地是否真的是于阗，抑或是中亚的其他地方。

8 流亡的故事见于一则藏文文献《于阗授国记》。7 世纪的中国朝拜僧人玄奘也讲述了这个故事（Emmerick 1967: 15-21; Beal 1884, bk. 12: 309-311）。

9 Schafer (1961: 47ff.).

10 Cribb (1984, 1985). 还有一件发现于精绝国东部安迪尔的文书，是一份用普拉克里特语写的购买一匹骆驼的契约，年代在于阗王尉迟·陀信诃三年（Burrow 1940: 137），这给出了"国王名字最早的当地形式"。还有"一个伊朗词语 hīnāza（军队领袖）和其他一些明显的伊朗人名。这表明那时的皇室和很多臣民都是伊朗人"（Kumamoto 2009）。

11 见 H. Wang (2004: 37-39) 对汉佉二体钱和该区域发现的中国钱币的综述。
12 Cribb (1984: 141).
13 Cribb (1984: 142-143).
14 H. Wang (2004: 37-38). 亦见第二章、第五章对于贵霜钱币、巴克特里亚钱币铸造和嚈哒对萨珊钱币的重铸。
15 《后汉书》卷八十八："明帝永平中，于寘将休莫霸反莎车，自立为于寘王。休莫霸死，兄子广德立，后遂灭莎车，其国转盛。从精绝西北至疏勒十三国皆服从。而鄯善王亦始强盛。自是南道自葱领以东，唯此二国为大。"Hil (2015: sec. 4) 引用，亦见 Zürcher (1959: 62n187)。
16 Beal (1884: xxv). Abel-Rémusat (1820) 将汉文史料中对于寘的记载全部译成了法文的纲要。
17 Beal (1884: xxvii), Jenner (1981: 219-220).
18 Beal (1884: lxxxvi). 这里描述的是去往于寘都城路上的一座城镇。亦见 Jenner (1981: 219-220)。
19 Beal (1884: lxxxvii).
20 见 Liu (1994) 和 Whitfield (2016) 对此的讨论。宋云还提到在于寘骑骆驼。巴克特里亚骆驼通常用作驮畜。
21 Chavannes (1903b: 394).
22 Mariko Walter (2014) 认为并非如此。其他参考书目，见 King (2015)。
23 Burrow (1940).
24 玄奘离开后不久，吐屯就被刺杀了（Chavannes 1903a: 194-195）。
25 Beal (1884: 309).
26 见 Hill (1998) 对这一时期年代的讨论。
27 大英图书馆 IOL Khot 140，是一件 10 世纪于寘寺庙的货物清单。清单上有用丝绸和羊毛做的衣服，还有裤子、内衣、鞋子、毯子、骆驼皮囊、银杯、熏香等。
28 见 Emmerick and Skjaervo (1990) 对于寘佛教的研究综述，其中还列出了有用的参考书目。于寘人"为了长寿"供养的多闻天王的图像，见 Maggi and Filigenzi (2009)。
29 见 Whitfield (2016) 对塔里木盆地佛教的讨论，表达了许理和（Erik Zürcher）的观点，即直到 3 世纪讲戒律的佛教才建立起来。有记录说，8 世纪的一位于寘王曾灭佛，但这似乎仅持续了很短的时间（Hill 1988）。Yamazaki (1990: 68-70) 说于寘也存在琐罗亚斯德教，甚至在早期可能还占主导地位。我们有证据显示，4—10 世纪的敦煌存在琐罗亚德斯德教社群，见 Grenet and Zhang 1996。
30 Whitfield and Sims-Williams (2004: 158).
31 Emmerick (1968).
32 于寘人制作的多闻天王像，见 Maggi and Filigenzi (2009)。
33 例见 Whitfield and Sims-Williams (2004: 139-141, cat. 29-33)。
34 进一步的讨论，见 Whitfield (2016, 2018a)。
35 Hansen (1993: 81). 她引用亚历山大·索珀（Alexander Soper）的观点解

释了为什么该神兽以一名妇女的形象出现。然而，该故事和年代的差异让这个观点充满不确定性，即热瓦克佛塔的年代是 3 或 4 世纪，而建国神话仅记录在 7 世纪的文献上。不过，我们没有更早的文字史料。

36 Stein (1907: 252-253).

37 Stein (1907: 276-277).

38 Stein (1907: 279). 这表明，尽管外国探险者的到来可能增加了"获得珍宝"的可能性和数量，但他们并没有参与寻宝。实际上，于阗人寻宝已经有数个世纪了，他们沿着古河床挖掘玉器，特别像近代的淘金者。

39 Huntingdon (1906: 363; 1907: 170ff.). Wagner et al. (2011: 15737) 对最近的研究做出概述。见 Foret (2013) 对那时的气候变化理论进行了有趣的讨论。

40 Stein (1907: 236-288). 他的观点是，那里曾经有灌溉的运河提供水源，但后来越来越干旱，8—10 世纪时这片地区的植物就无法存活了。斯坦因之后，1928 年亨廷顿到访这个遗址，艾米尔·特灵克勒（Emily Trinkler，1896—1931）和瓦特尔·博萨特（Walter Bosshard，1892—1975）也访问了此地。1996 年，新疆文物考古研究所调查了该遗址，为 2002 年与日本佛教大学尼雅遗址学术研究机构的联合发掘做准备。他们发掘了另一座寺庙，将寺庙壁画揭取到乌鲁木齐。其间，由两个欧洲人带领的非官方组织于 1998 年来到该遗址并进行发掘，还揭取了壁画。幸运的是，后来这些壁画被索回，现在收藏在乌鲁木齐的新疆文物考古研究所。

41 Stein (1907: 304-305). 还可能发现了其他遗迹。中法联合考古队在东边的喀拉墩发现了比斯坦因所发现的在沙漠更深处的遗址，认为这些遗址位于穿越沙漠的路线上（Debaine Francfort and Idriss 2001）。

42 D.II.2, 4, 03. 见 Stein (1907: 247)。现藏于大英图书馆，登记号 no. 1907, IIII.63。

43 或许这块木板曾被用作书写波提风格手稿的板子。

44 Stein (1907: 248).

45 Stein (1907: 251, D.II.013).

46 Stein (1907: 251-253).

47 Stein (1907: 258).

48 Stein (1907: 255-257). 译文见 Chavannes (1907)。

49 大英图书馆 Or.8210/S.5868 (D.VII.7)。Stein (1907: 276).

50 大英图书馆 Or.8210/S.5867 (D.VII.2)。Stein (1907: 275-276). 作为对比，同时代的一件文书提到，一头驴卖了 6000 文（H.Wang 2004: 103）。

51 Stein (1907: 259-261, D.X. 3, 4, 5, 8).

52 Stein (1907: 264-265). Whitfield and Sims-Williams (2004: 1367).

53 Stein (1907: 306-308 and Appendix C). 该文书现藏于大英图书馆，编号 Or.8212/166。

54 Stein (1907: 491-493).

55 Stein (1907: 495).

56 对壁画和木板画上颜料的分析有助于确认这个问题，不过此项分析还没有进行。

57 绿色褪得比较严重，最初应该是蓝色。

58 Reader (1991).

59 Reader (1991). 在佛教中，马还是通往地狱的信使。例如见《佛说十王经》的插图。

60 Stein (1907: 278) 基于 D.X.5 中的描绘，认为该鸟是一只野鸭。

61 前者见 Whitfield (2009: 184-185, cat. 157)。后者保存在达玛沟托普鲁克墩佛寺博物馆。

62 J. Williams (1973: 150-151).

63 Tucci (1949: 734-735) 叙述了这个故事。白哈尔成为藏传佛教中的重要人物，传说他从霍尔的土地搬到西藏的桑耶定居。

64 对这段文字的讨论，亦见 Lin Shen-Yu (2010: 18)。

65 大英图书馆登记号 no.1919, 0101, o.45。

66 Von le Coq (1913: pl. 48).

67 Tucci (1949:736).

68 J. Williams (1973: 151-152); Reynolds (2007: 356).

69 Esin (1965). 尽管大多数人将帔帛解释为系在脖子上、缠绕于上臂的佛教 ullarīya。

70 Zhang et al. (2002); Wu Hong (2002).

71 尽管居住在丹丹乌里克的僧人中有中国人，但他们使用当地的图案，说明他们已经融入于阗社会。他们可能是出生在于阗的第二代或更后代的中国人。

72 有的地方描述为单峰驼，但明显能看到骑乘者后面有个毛茸茸的驼峰。尽管巴克特里亚骆驼通常用作驮畜，而不是骑用畜，但中国僧人宋云看到人们"骑骆驼"（Abel-Rémusat 1820: 22; Stein 1907: 278）。骆驼的颈部和喉部还有鬃毛和胡须。汉佉二体钱上发现有马和骆驼（见第五章）。马具上的流苏见 Iyasov (2003)，马的锯齿形鬃毛见 Trousdale (1968)。

73 Whitfield (2009: cat. 69) 出土于苏贝希墓葬。更多包含马具的墓葬，亦见 Timperman (2017)。

74 Wagner et al. (2011).

75 Allsen (2006).

76 对古代伊朗养马业的概述，见 Shahbazi ([1987] 2011)。关于希腊的养马业，见 Carlà (2012)。阿契美尼德很可能负责向希腊引进饲料苜蓿，因为它叫作"中间的草"。

77 根据孔子的话，"六艺"是礼、乐、射、御、书、数。

78 我们看到公元前 1200 年前后中国有了马车，很可能是从其西北的草原引进的。

79 深入的讨论，见第一章。

80 如今（2013—2014 年）乌兹别克斯坦、哈萨克斯坦和塔吉克斯坦三国加起来总共约 5500 万人，其中 1400 万住在费尔干纳盆地，尽管该盆地只是所有的领土中很小的一块。

81 Ekres (1940); Sinor (1972). 在印度，马的引进比中国早得多，但在维持繁殖计划方面也存在同样的问题。他们也需要进口马，无论是从陆上还是海上引进（Gommans 1995: 15-16; Karttunen 1989, 2014）。

82 晁错（前 200—前 154）。Creel (1965: 657) 引用。该文有趣地展示了作者考虑的是中国北方的景观，而不是中国南方，南方到处是山川、沟壑和湍流。

83　苜蓿，是主要的马饲料，公元前 2 世纪时传入中国。

84　宋祁（998—1061）。Creel (1965: 667) 引用。

85　Creel (1965: 648).

86　曾有谏官批评唐太宗（626—649 年在位）参与皇室狩猎，但太宗指出狩猎在邻国突厥和伊朗的重要性，认为这项活动是合理的（Marshak 2004: 47）。太宗和皇室狩猎亦见 Allsen (2006: 109)。

87　关于玻璃"域外性"和未融入中国艺术的讨论，见第二章。

88　Creel (1965: 670).

89　目前所知最早的对马镫的描绘，是在中国一座 300 年左右的墓葬中出土的一个俑上。然而，其他发现可能会修正中国人发明马镫的结论，所以该观点是存疑的。对中国马镫的讨论，见 Dien（2000）。

90　见第八章和 Shahid (1995: 577)。

91　于阗早期制作的汉佉二体钱上有马和骆驼。见 Cribb (1984, 1985) 和 H. Wang (2004: 37-38)。

92　"伊朗西部和亚美尼亚的草场长期以来以养马著称，在密特拉神的生日那天，亚美尼亚人向国王进贡两万头马驹"。Creel (1965: 652) 引自 Tretiakov and Mongait (1961: 62)。

93　Stein (1907: 278)。莎车马是现在已经灭绝的品种，很可能繁衍于帕米尔高原，从那里被带至于阗的莎车售卖。尽管此处不讨论印度，但它也有对马的需求，很大一部分是依赖北边的中亚（见上文注释 81）。Gommans (1995:16) 讨论了之后通过巴尔赫和布哈拉的贸易。亦见 Moorcroft (1886)，他总结道："在其他因素一致的情况下，似乎沙越多、越干旱的土壤，其养育的马越健壮。"（27）马也通过河道和海路运输。

94　Mallory and Adams (1997: 277-278).

95　《伊利亚特》16.148。

96　白色（灰色）和花斑马还出现在杜甫（712—770）赞美一幅画的诗《韦讽录事宅观曹将军画马图》中。"国初已来画鞍马，神妙独数江都王。将军得名三十载，人间又见真乘黄。曾貌先帝照夜白，龙池十日飞霹雳。内府殷红玛瑙盘，婕妤传诏才人索。盘赐将军拜舞归……昔日太宗拳毛騧，近时郭家狮子花。今之新图有二马……"英文版引自 Herdan (1973: 108)。

97　有趣的是，11 世纪的突厥语词典编纂家麻赫穆德·喀什噶里认为 "ak" 在所有突厥语方言中的意思都是"有斑点的"，除了奥古兹突厥，在那里 "ak" 意为"白色"（Esin 1965: 176）。有人将阿帕卢萨马（Appaloosan horse）的起源追溯到这些中亚的祖先。

98　Esin (1965: 168).

99　拔悉蜜突厥是形成喀喇汗联盟的部落之一，1006 年接管了于阗。

100　Esin (1965: 179)。在册封时，塞尔柱君主骑在斑马上。作为时间象征的轮子更加普遍，例如印度的吠陀文化，这可能受佛教而不是突厥的影响。

101　Esin (1965: 177n6) 引用了很多近代词语，例如 ciren（棕色和红色的斑点）、kok（蓝灰色斑点）和 bogrul（仅胁腹部有斑点）。

第七章

1　乔纳森·布鲁姆和阿兰·乔治的著作，以及仍在进行的对蓝色《古兰经》的讨论是对本章极有价值的资料。要了解蓝色《古兰经》现在的状态，我推荐阅读 Geroge (2009) 和 Bloom (2015)。Emily Neumeier (2006) 做了清晰的总结。我必须感谢艾莉森·奥塔和谢丽尔·波特，他们给我提了很有用的意见，慷慨地将他们的知识分享给我。吉瑞·弗瑙切克（Jiří Vnouček）和彼得·塞拉斯（Peter Sellars）也分别在兽皮纸和《古兰经》传统方面给予我很有见地的意见和富有感染力的热情。和他们的谈话是我在研究这件器物的过程中的一个惊喜。所有的错误、误解和遗漏都是我的责任。

2　《古兰经》指的是先知穆罕默德的启示。成册的古兰经，无论是以口诵还是书写的形式呈现，都被称为《穆斯哈福》（mushaf）。然而，我按照英文中常见的用法使用"古兰经"一词，也指成册的经典。

3　本章关注一些装帧形式，比如册子本、卷子本或波提，这些形式常用于重要的文献。另外还有各式各样的形式和材料。例如在中亚，见 Whitfield (2015a)。

4　此前存在阿拉伯石刻铭文，还有在棕榈叶和兽皮纸上书写的文献，不过现在都不存在了（Roper 2010: 321）。

5　Pedersen (1984: 101) 认为册子本是阿克苏姆的基督徒传播给穆斯林的，因为《穆斯哈福》来自他们的语言。

6　开创性的著作《册子本起源考》（*The Birth of Codex*）将这种形式描述为"任何材料的纸张的集合，纸张经过两次对折，然后在后面或书脊处被装订好，通常还有封面的保护"（Robert and Skeat 1983: 1）。

7　尽管 Déroche (2006: 174) 认为有证据显示早期的《古兰经》是卷子本。Ohta (2012: 40n1) 看到，卷子本的《古兰经》（arabe 6088）在法国国家图书馆，年代为 1400 年。另外，这本《古兰经》采用横版书写，该特征下文会讨论。

8　封面因时而异。下文将简要讨论。

9　此后的制作移到了教堂学校、大学和商业网点（Beit-Aïré 2009: 22）。"圣经（Bible）"这一名字源于希腊语"biblia"，意为"图书集"。册子本包含部分我们今天所知的圣经，即《旧约》和《新约》。

10　这些名字是由它们的最近搜集者或拥有者起的，并不代表图书的产地。西奈抄本曾收藏在西奈山上的圣凯瑟琳修道院（Monastery of Saint Catherine），直到 19 世纪它分散了（尽管只是在四个机构，可以在网络上以数字化的形式拼合起来，见 www.codex-sinaiticus.net/en/codex/history.aspx，"西奈抄本的历史"，未注明日期，西奈抄本，于 2017 年 9 月 23 日访问）。

11　为了解释从卷子本或者册子本的转变，学者们提出了各种理论。见 Robert and Skeat (1983) 和修订的 Skeat (1994)。然而，没有一种理论令人完全满意。见下文的进一步讨论。

12　见 Skeat (1994)。其他形式和材料仍在继续使用。如上文所述，此处我们重点关注意在永垂后世的图书形式。

13 由埃及和法国联合考古队在 2013 年发现于瓦迪·加法尔（Wadi al-Jafr），这是一个红海岸边的埃及港口（Tallet 2012）。

14 尽管莎草纸继续在某种背景（包括册子本）下使用。Ohta (2012: 40n1) 在海德堡莎草纸藏品中注意到有 9 世纪的莎草纸卷。直到 1022 年，教皇诏书仍然写在莎草纸上（Diringer 1982: 166）。希伯来文也写在皮革上。

15 尽管其他动物的皮也有使用。

16 我对兽皮纸的知识非常欠缺，要感谢吉瑞·弗瑙切克，哥本哈根皇家图书馆的文物保护人员，他在约克大学的博士论文是关于这个主题的（Vnouček 2018）。感谢他在 2016 年和之后在盖蒂研究所（Getty Research Institute）的多场精彩谈话和实践示范。所有的错误和误解都是我的责任。

17 如在引言中所述，大部分类型的中古写本所使用的动物皮都缺乏鉴定，这说明大多数学者和博物馆研究人员对这些物品物质性的研究兴趣也相对较少。这种缺乏准确性的情况不仅局限于欧洲的中世纪写本。就像"vellum"一词的含义是不明确的，中国和日本写本所用的"桑皮纸""麻纸"等词，同样也有误导性——它指的是纸张的类型，而不是使用的纤维。当然，另一个问题是材料分析是需要资金的，但如果博物馆研究人员和学者对这些问题有足够兴趣的话，资金是一定能找到的。

18 皮革、木头和各种其他材料也用于书写。例如，有一些《死海古卷》（*Dead Sea Scrolls*）就是写在皮革上的，但此处我重点关注的是用于宗教文本的材料。

19 Beit-Arié (2009: 23).

20 Beit-Arié (1993; 2009: 27-29).

21 Kellens ([1987]2011), Skjærvø (2012).

22 大英图书馆 Or.8212/84。见 Whitfield and Sims-Williams (2004: 118, cat. 2)。

23 "因此，书写的文本在中古伊斯兰社会本身并不是目的，而是记忆的附属物。"（Bloom 2001: 95，对该话题的概括性讨论见 94—99 页）

24 Salomon (1999).

25 在东亚，卷（形式为丝绸或编在一起的木条）在公元前 1 千纪时用于经典文献，在接下来的 1 千年中的大多数时期也继续使用。然而在公元后的几个世纪，纸做的书卷较常见，因为纸比丝绸便宜，比木头轻便。直到 9—10 世纪时开始出现册子，册子本在接下来的数个世纪流行（Whitfield 2015a）。关于从卷子本向册子本转变的讨论，我不想涉及太多，仅提示一下，需要谨慎对待那些经常提出的"册子本是一种更高级的形式"的观点，尤其是那些来自西方世界研究中古时期的学者的观点。这一观点还远远不能解释清楚，因为字体和文本的写作目的都是影响因素。见 Gamble (2006: 25) 对基督教文本的清晰总结。在中古时期的西方和中国，经济因素也可能是推动这种转变的部分因素。根据文欣的研究，中国早期册子本的用纸是非常节约的（即刊，2016 年 9 月私人通信）。

26 有趣的相关讨论，见 Vaziri (2012)。

27 Gulácsi (2005).

28 Gulácsi (2011, 2015).

29 没有迹象表明，对此有共识和任何正式的讨论。

30 Schoeler (2006). 对《古兰经》以书写的方式传播的概述，见 Déroche

(2006)。

31 "伯明翰《古兰经》写本"（经常被问的问题），未注明日期，吉百利学术图书馆（Cadbury Research Library），伯明翰大学，www.birmingham.ac.uk/facilities/calbury/TheBirminghamManuscript.aspx。

32 对这些早期写本 ^{14}C 测年的讨论，见 "《古兰经》写本 ^{14}C 测年"，Islamic Awareness，2016 年 8 月 14 日更新，www.islamic-awareness.org/Quran/Text/Mss/radio.html。

33 "由于这种压倒性的强大启示以书籍的形式出现，所以文本性成为阿拉伯人和穆斯林认知进程中的显著特点，并渗透到穆斯林社会中。"（Roper 2010: 322）一份 10 世纪的书目列举了 43,000 位阿拉伯作者（323）。

34 George (2010). 此处有另一种有趣的讨论途径，即书法的重要性和为什么书法在伊斯兰和中国等传统中受到重视，而在罗马等其他传统中并不是那样。

35 兽皮纸，拉丁语作 "pergamaneum"，名字来源于帕加马（Pergamum）城。普林尼记载，公元前 2 世纪的一位国王在纸莎草的贸易被封锁期间发明了兽皮纸。对此和兽皮纸制作的清晰概括，见 Curci (2003) 和 Baranov (n.d.)。

36 我对兽皮纸的评论是基于吉瑞·弗瑙切克在中古写本方面渊博的知识和他制作、使用兽皮纸的亲身实验（Vnouček 2018）。他认为，使用的是死产的或年龄非常小的牛的皮，而年龄较大的小牛的皮是不合适的。但他的结论并不被所有人接受。关于最近的分析，见 Fiddyment et al. (2015)。

37 采自莎拉·菲迪蒙特（Sarah Fiddyment）在英国约克大学做的测试。

38 见短片《制作兽皮纸》(*Making Parchment*)，英国百代新闻电影资料库（British Pathé, 1939），www.britishipathe.com/video/making-parchment-issue-title-is-the-very-idea。

39 R. Reed (1975: 90).

40 Potter (2018).

41 该书的原始尺寸是基于《古兰经》的长度估计的。

42 Sandberg (1989); Balfour-Paul (1998); Cardon (2007).

43 在秘鲁的华斯普列塔神庙（Huace Prieta Temple），见 Splitstoser et al. 2016。

44 Ferreita et al (2004: 330).

45 Bloom (2015: 208) 表达了对兽皮纸染色是否可行的怀疑，而 George (2009: 76) 引用了未出版的显微镜分析结果，该分析结果支持染色是可行的。

46 例见 Evan and Ratliff (2012: 40-41)。

47 Murex trunculus, Purpura lapillus 和 Helix ianthina，尤其是 Murex brandaris（Ferreira et al. 2004: 331; Cardon 2007）。

48 比阿特丽丝·卡塞斯（Beatrice Casesu）给出了一个数字，1 万只贝壳才能产出 1 克染料。Bagnall et al. (2012: 5673) 引用。

49 皇帝戴克里先出台的价格法令。

50 对染料的经济、政治和组合使用的有趣讨论，见 Casselman and Terada (2012)。

51 Potter (2008). 亦见 Muthesius (2002: 159-160)，该文讨论了骨螺、地衣组

合和茜草、木蓝组合的使用，这些组合用于仿制作为外交礼物的丝绸上更加昂贵的紫色。

52 见弗瑙切克的博士论文（Vnouček 2018），文中成功地将紫色染料用于兽皮纸的涂染。Cheryl Porter (2018) 说，伊莎贝尔·惠特沃斯（Isabelle Whitworth）成功地将木蓝染在了绵羊皮上。艺术家 Inge Boesken Kanold (2015) 通过使用冷染瓮和添加去污剂的方法也取得了成功，若要进一步了解她的研究，可参见她的网站 www.artemisson.free.fr/boesken/index-en.php。但弗瑙切克没有添加去污剂也取得了满意的结果。亦见 Biggam (2002: 32)。

53 Potter (2018).

54 这可能是在染色之后制作的。当然，书页也有可能在染色前已经就制作好了。

55 Ohta (2012: 41-43).

56 George (2009: 77). 如 Bloom (2015: figs. 2 and 5) 所示。

57 George (2009: 75).

58 George (2009: 75) 指出，是穆伊兹·伊本·拜德（'al-Mu'izz ibn Baid，卒于 1062 年）写的。

59 Roper (2010: 324); Schimmel (1984: 39-40).

60 Porter (2018), Bloom (2015: 210-211) 引用。

61 Porter (2018). 琼·赖特（Joan Wright）做了实验。她列举了可能的黏合剂，"树胶、蛋清，以及无花果树液、兽皮屑、鱼胶等动植物黏合剂"。

62 "这个结果是琼·赖特在波士顿美术馆获得的，并在纽约大都会博物馆使用激光拉曼光谱分析得到检验。"（Porter 2018: n15）

63 Bloom (2015).

64 Bloom (2015: 2011-2012). 这样的墨对纸张有腐蚀性，在它之后，黑墨开始用煤烟子和树胶制成并用于莎草纸上，这种墨接近于印度、中亚和东亚早期就开始使用的墨水（Roper 2010: 324）。

65 Roper (2010: 329).

66 George (2009: 89-92).

67 Bloom (2015: 212).

68 Ohta (2012: 40).

69 见 Ohta (2012: 41-42) 和其余章节对此的完整讨论。对插图的讨论，亦见 Hobbs (n.d.)。对盒式封面的进一步讨论，见 Drebholz (1997)。这些文献中有的发现于突尼斯的凯鲁万，凯鲁万是本书可能的产地之一。

70 布卢姆最近总结了对此项讨论的历史，他认为制作地是 10 世纪突尼斯的凯鲁万（2015: 204-206）。Stanley (1995) 认为是西班牙，而 Fraser and Kwiatkowski (2006) 认为与西西里有关。

71 Bloom (2015: 205) 注意到有一些相似的写本，例如弗利尔美术馆藏的带有蓝色装饰的一页库法体写本，以及一份 15 世纪的用金和银写在染成紫色和棕色纸上的《古兰经》。后者制作于北非（Blair and Bloom 1994: 116-117）。

72 Shabbuh (1956)，George (2009: 79) 引用。几位学者指出，该描述与蓝色《古兰经》并不完全一致。Stanley (1995) 对此进行了讨论，提供了一个潜在的解释。

73 George (2009: 75) 引用了 67 张书页中的图像，这些资料来自与写本保管者的私人交流。其他人对此持怀疑态度，因为这些书页从未出版过，也未被学者研究过（Bloom 2015: 205）。

74 Laugu (2017: 103, 105). 亦见 Othwa (2002/ 2010)。

75 Al-Rammah (1995: 29).

76 Ibn al-Nadim (1872: 8, 29); Othwa (2002/ 2010).

77 Touai (2010).

78 在伊斯兰和中国的传统中，"珍贵的材料（尤其是金、银、象牙和丝绸）和显著的高超技艺承载着上天保佑的吉祥含义，被当作上天赏赐的礼物和创造的奇迹"（Schoeler 2006: 124）。

79 F. Martin (1912, vol.1: 106,141).

80 Arnold and Gorhman (1929: 20)，Bloom (2015: 197) 引用。波斯起源的唯一证据是一件波斯风格的图章，布卢姆还注意到，这些书页后来卖给了哈佛（Bloom 2015: 199）。

81 《基督国王图》（Christ the King）也显示，他身着紫衣。值得注意的是，中国佛教徒在其经典中也采用皇帝专用的黄色。佛经用纸通常用黄檗染色，黄檗来源于黄檗树的树皮，其主要成分是黄连素。该染料还有其他益处，即可以使纸张具有防水、防虫的性能。

82 6 世纪的例子包括《罗萨诺福音书》（Rossano Gospels）和《锡诺普福音书》（Sinope Gospels），还有圣彼得堡紫色抄本。见 Evan and Ratliff (2012: 40-41)。

83 来自巴黎的一份写本，BnF MS, nouv. acq. lat. 1203, 26v-127r, H. Kessler (2006: 77) 引用。进一步的讨论，见第 102—103 页。

84 Geroge (2009: 95).

85 托马斯在与丝绸相关的文章中指出，在其他语境下，"拜占庭的审美偏向于明亮的色彩"（2012: 128）。

86 Casselman and Terada (2012) 讨论了两种染料单独使用和组合使用的色牢度。墨的变化也是存在的。

87 Geroge (2009: 97).

88 Hoffman (2007: 324).

89 Bloom (2015: 214-215) 注意到了这个先例。

90 年代在 7 世纪晚期。最近的讨论，见 Nees (2011)。

91 Schimmel (1984: 40) 引用。

92 Nees (2011)，引自"伊斯兰艺术研讨会播客"，2014，http://podcast.islamicartdoha.org/209/laurence-nees/。

93 关于此，有大量的文学描述。例见 Kowalski and Zimiles (2006)。

94 这让人想起经常讨论的荷马对海的描述 "wine-dark"。古代汉语中也有对应的词汇，其中"青色"用于描述草、天空和大海。它还用于深色，即灰色和黑色。

95 Job of Edessa (1935)，George (2009: 105) 引用。亦见 Bloom and Blair (2011) 的讨论。

96 例见 Berrada (2006)。

97 尽管蓝色和金色在其他书籍装饰上广泛使用。见 Canby (2012) 中列举的几个例子。

98 日文不喜欢在一页上用太多的汉字，因为这样书写太稠密。在某种意义上，两者是同理的。

99 对该字体的讨论，见 Schimmel（1990: 1-33）。

100 Tucci（1949: 212-213）注意到一则有趣的藏传佛教的早期藏文史料，它用青金石写在金页（染成金色的纸）上。

101 George（2009）注意到这种可能的联系。

102 10 世纪之前的残片发现于敦煌藏经洞。例见 M.Cohen（1996），Whitfield and Sims-Williams（2004: 295, cat. 251）。

103 "一幅大的用金写在蓝色兽皮纸上的库法体《古兰经》页面，北非或近东，9—10 世纪"，苏富比 "2015 年伊斯兰世界的艺术" 拍卖会，62 号拍品，www.sothebys.com/en/auctions/ecatalogue/2011/art-of-the-islamic-world-evening-sale-l11229/lot.2.html。关于这部分的题目，我要感谢道格·鲍德（Doug Baude）的视频和艺术作品 "拆分这本册子"（改变了的书籍、盒子、拼贴画和木架，12 英寸 × 12 英寸 × 3 英寸［1 英寸 = 2.54 厘米］，2010 年，http://dougbeube.com/artwork/2933849_Re_Breaking_the_Codex.html）。

104 如果蓝色《古兰经》的封面还在的话，它会在哪里呢？我们并不知道。尽管 Neumeier（2006: 16-17）指出，1997 年佳士得拍卖了封面内一些零散的书页（佳士得拍卖会，1977 年 11 月 9 日，66 号拍品）。

105 Leland（2010）。

106 Shrank（2004: 100）。Dagmar Riedel（2015）指出，穆斯林社会的书商也影响和改变了此项贸易。

107 Graham and Watson（1998）。

108 Eze（2016）。

109 这两个例子还带来一个问题，即 "神圣的废弃物"。写本或者写本的残片虽然不再有用，但由于上面有字，它们还有价值且需要被保护。另外，虽然两者的努力都很成功，让写本保存了 1000 年，但 20 世纪见证了两者的发现和分散。关于之后让它们以数字形式重新统一的尝试，见下文进一步的讨论。

110 例如，伦敦的《泰晤士报》报道，阿尔弗雷德·切斯特·比蒂得到了 12 件早期的基督教写本（1931 年 11 月 17 日）。

111 Eze（2016）。宾夕法尼亚大学图书馆的网站上有对该研讨会的描述，www.library.upenn.edu/exhibits/lectures/ljs_symposium8.html。

112 Eze（2016）。

113 Cashion（2016）。

114 Davis（2015）。

115 Kröger（2005）。

116 Bloom（2015: 197）。

117 Bloom（2015: 204）。他说此件现在相当于 1400 美元。

118 虽然他遗漏了 2011 年苏富比售出的那件，但他把 2012 年以前市场上出现的散页列了一个清单，见 Bloom（2015: Appendix A）。见 "一幅大的用金写在蓝色兽皮纸上的库法体《古兰经》页面，北非或近东，9—10 世纪"，www.sothebys.com/en/auctions/ecatalogue/2011/art-of-the-islamic-world-evening-sale-l11229/lot.2.html。

119 例如大英图书馆说，"最后一代拆分的写本散页或残片，通常不再征集"，
　　大英图书馆，"西方写本：藏品发展规划"，未标明日期，www.bl.uk/
　　reshelp/bldept/manuscr/mancdp/，于 2017 年 2 月 1 日访问。
120 Riedel (2013).
121 Davis (2015).
122 见国际敦煌项目的网站。丝绸之路在线（http://idp.bl.uk）和破损书籍项
　　目（http://165.134.105.25/brokenBooks/home.html?demo=1）。

第八章

1 非常感谢安娜·穆特修斯的学识，为本章提供了最初的灵感。这件纺织
　品的很多细节都来自 Muthesius (1997: 68-69, 175)。还要感谢这件纺织品
　的收藏单位里昂纺织博物馆的前任馆长马克西米连·杜兰德，感谢他将
　自己的观点告知，还提醒我关注最近的研究，尤其是索菲·德罗齐埃对
　织造的研究。杜兰德还让我见到了这件纺织品和原始分类账册，给我提
　供了更多有关这件纺织品征集的信息。见 Durand (2014) 对学术研究的总
　结和 Brubacker and Haldon (2014: 225-226) 对断代的最新讨论。所有的错
　误、误解和遗漏都是我的责任。
2 见下文注 61 对该工艺特殊性的进一步讨论。
3 对染料仅有的分析表明，染料来源于地衣和木蓝、茜草（茜素和红紫
　素）、木犀草等植物（除了著名的被严格限制的来源于骨螺的紫色，亦见
　上文第七章）（Muthesius 1997: 27-31）。
4 Good, Kenoyer, and Meadow (2009).
5 在皮尔戈斯·马武罗拉奇（Pyrgos-Mavroraki）遗址。
6 Panagiotakopulu et al. (1997).
7 Good (2002). 最近中国的发现将丝绸的使用追溯到公元前 6000 年之前
　（不一定有养蚕业），但这一论断还未确定。
8 Muthesius (1997: 5).
9 关于中国栽桑和养蚕的详细记录，见 Needham and Kuhn (1988: 285-
　436)。
10 一段延时拍摄的视频展示了蚕的进食和排泄，见"蚕的进食、结茧、吐
　丝的延时拍摄"，Youtube，2011 年 11 月 1 日上传，http://www.youtube.
　com/watch?v=UtHjDRVRM_Y。
11 一些史料表明，它原产于喜马拉雅更西的地方。
12 白桑，尽管叫这个名字，但有时也结红色或黑色的果实。
13 黑桑树，尽管比白桑树易种植而且能在北欧生长，但在寒冷的天气下的
　生长可能也不太顺利。此时的不列颠正在经历一次"小冰期"。
14 Asouti and Fuller (2008: 126).
15 Kuhn (1995: 78).
16 Zhao (2004: 70).
17 Raschke (1976: 622-623); Good (2002: 11).
18 该地区的丝绸经常有断的丝线，这可能是由于让蛾破茧以产生新茧的需

求。在中国中原地区，蛾是土生土长的，所以这没有必要。然而，由于一只蛾会产很多卵，所以这看起来也不太可能。另一种解释是，这是由禁止杀生的佛教戒律导致的。这在今天所谓的"非暴力丝"（Ahmisa）或"和平丝"（"peace" silk）的生产中可以看到。

19　例见斯坦因的照片 392/26（178），他称之为"古代果园中一排死去的桑树"（大英图书馆，http://idp.bl.uk）。他没有注意到它们是白桑树还是黑桑树，但如果它们是由中国的定居者带来的，我们推测是前者。拉西施克（Raschke）也注意到这一点，但他犯了常识性错误，即混淆了喂蚕的桑树和其树皮用来造纸的桑树（*Broussonetia papyrifera*），它们分属不同的科（尽管这两个科的纤维都在纸上发现过）。Zhao (2004: 70) 认为是 2—3 世纪。Hill (2015: Appendix A) 考虑到传丝公主的故事，认为养蚕技术在 1 世纪时传到了于阗。

20　Rosemary Crill (2015: 143) 表明，至少有一件尼雅的羊毛挂毯残片是在印度生产的。下文所讨论的一件丝绸可能也是印度的。

21　Kuhn (1995: 79) 指出，由于缂丝所获丝线的长度和加捻带来的弹性，有可能生产经面图案。

22　例见 Zhao (2004: 70)。

23　Lubec et al. (1993).

24　样本很小，初步的判定为野生蚕丝，后来被认为是偶然掉入考古发掘现场的。

25　Wild (1984). 见 Good (2002: 36) 对原始发现和之后研究的讨论。

26　Liu (1996); Whitfield (2016).

27　一些史料说明，帕提亚之前的阿契美尼德王朝有丝织工业，他们使用进口的丝线，"据说，罗德岛的凯勒伊诺斯（Kallixenos of Rhodes）在托勒密·费拉德尔甫斯（Ptolemy Philadelphus）的宴会上看到了绣有动物的波斯丝绸"（Schmidt: 1958: 51），但这一时期的实物并没有保存下来。对此的综述，见 Tompson et al. ([1983]2011)。

28　例如，来自谢尔巴达盐矿（Chehrbad Salt Mine），见 Mouri et al. (2014)。

29　Kawami (1992: n72).

30　Sen (2003: 161); Warmington (1928: 20).

31　Schmidt-Colinet and Stauffer (2000); Pfister (1934-1940).

32　Ball (2002: 76).

33　Bryce (2014: 283).

34　Kuhn (1995: 80).

35　见 Kuhn (1995) 对中国织布机的讨论。

36　Kuhn (1995: 80).

37　如上所述，一只茧能生产这么长的一根线。

38　Zhao (2004: 67). "Brocade" 通常被用作中国词语"锦"的翻译，但在一般欧洲丝织品的讨论中，它的用法更广泛，所以我在这里避免用这个词。

39　一件饰有龙、凤和舞者的丝织品，见 Kuhn (1995: 89) 和 Zhao (2004: 68, fig. 68)。

40　Kuhn (1995: 91) 英译。亦见 Bray (1997: 201-202)。尼雅出土的一份同时代的记录记载，一条裤子花费 400 文，一串生丝花费 600 文，一头牛花费 3000 文，一个女性奴隶花费 2000 文（H. Wang 2004: 6-62）。

41　Riboud (1977); Kuhn (1995: 94-95).

42　Kuhn (1995: 95-97). 进一步的探讨见 Usher (1988: 54-56, 261)。对于观点的总结，见 Bray (1997: 191)。

43　关于决定使用哪种织布机来织出复杂纹样的问题，可见 Desorsiers (1994)。

44　对一些段落的解释和翻译，见 Kuhn (1995, 98-102)。如库恩（Kuhn）所见，诗人用天文图像来描述织布机的操作。见第九章天文学在中国社会中的重要性。

45　Kuhn (1995: 102).

46　Zhao (2004: 71).

47　该遗址废弃于 256—257 年，这给出了这些丝绸生产的年代下限。见 Zhao (2004: 71, fig. 64)。

48　Zhao (2004: 71, fig. 67).

49　较好的描述和图像，见 Bray (1997: 124-133)。穆特修斯总结道："这种提花机可能发明于阿拉伯人征服拜占庭叙利亚（也许是拜占庭埃及）之前，是独立发明的，与中国提花机没有关系。我们不敢想象中国的经面织物与地中海东部的纬面织物是用同一种织布机织造的。另外，没有证据显示中国垄断了提花机的生产，织布机也不一定都是从中国出口的。"（1997: 24, n30）

50　Muthesius (2002: 150)："最早记载的拜占庭蚕（当然还有桑树栽培）位于 5 世纪的拜占庭叙利亚。"亦见 N. Oikonomides (1986)。

51　玛利亚·考尔科特女士（Lady Maria Callcott 1842: 283），19 世纪到访叙利亚的一位旅行家，看到白桑树比黑桑树常见，它们的叶子是以牺牲果子为代价生长的。

52　Schrenk (2006).

53　有的学者认为这发生在沙普尔一世统治时期。讨论和参考文献，见 Thompson et al. ([1983] 2011)。

54　Cosmas Indicopleustes (1897, vol. 2: 45-46).

55　查士丁尼二世接受了赠礼。568 年 8 月，择马尔库斯（Zemarchus）离开拜占庭前往粟特地区，拜占庭历史学家梅南窦记录了这些事（Blockley 1985）。

56　如 Kuhn (1995: 89) 所说，在战国时期中国织造的丝绸上可以看到人物和动物，东汉丝绸上更加真实的人物和动物形象很可能也受到刺绣纹样的影响（1995: 104-110）。

57　考古发现包括来自高加索地区的两件（Ierussalimskaya 1969, 1972; Riboud 1976）。在苏萨（Susa）和法尔斯（Fars）的发现，见 Laiou (2002) 和 Lopez (1945)。

58　Thompson et al. ([1983] 2011). Eiles ([1983] 2011) 认为丝绸这个单词 abrisam，是来自伊朗语的一个借词，亚美尼亚语作 aprišum、叙利亚语作 'bryšwm 和阿拉伯语作 ebrīsam。

59　Zhao (2004: 73).

60　Muthesius (1997: 74). 亦见 Muthesius (2002: 156-158) 对拜占庭织布机的讨论。

61　Desrosiers (2004: 20)："然而，保存在里昂的那件织物与目录中的 104 和

105 的织法不同，它采用的是回织的方法，即一根线位于另一根蓝线的上面。至少从 9—10 世纪开始，该特性就见于织锦，经线的比例是 2∶1。"

62　在 8 世纪倭马亚哈里发统治时期，丝绸生产被引入西班牙南部，一直持续到 1900 年前后。12 世纪开始传入意大利南部，14 世纪向北传播。

63　"我尤其感兴趣的是，中亚织工是怎样改造他们的织布机来纺织拜占庭图案的。"（Muthesius 1997: 98）

64　"这些织物，例如莫扎克猎人丝绸上面的拜占庭皇室人物将会支持这种观点，即皇室织布机被用来织造这种单经斜纹织物，实际上拜占庭皇室作坊在这种丝绸的发展中扮演着重要的角色。"（Muthesius 1997: 74）

65　这对这一时期中亚生产的丝绸有影响，当地传统的棕黄色和铁锈红，被拜占庭的红色、蓝色和绿色代替（Muthesius 1997: 51-52, n51）。亦见 Muthesius（2002: 158-160）。

66　Compareti（2009）.

67　Bromberg（1983: 252）.

68　它在索格底亚那的使用情况，见 Compareti（2004, 2006a, 2006b）。在中国的使用，见 Meister（1970）和 Zhao（1997）。

69　"狩猎纹织物残片"，大都会艺术博物馆，www.metmuseum.org/collection/the-collection-online/search/451043。

70　见第五章对金属器和狩猎纹的讨论。亦见 Harper and Meyers（1981）。

71　Allsen（2006: 9）.

72　"皇帝的脸型与 8 世纪拜占庭钱币上的皇室人物很接近，例如阿那塔秀斯二世（Anastasius II，713—715）。该书最后一章有两件对经斜纹织物，即桑斯扼狮纹丝绸（M44，PL.17A）和带半身像的桑斯丝绸（M43，PL.18B）。这两件丝绸的创作灵感来自上述脸型。莫扎克猎人丝绸的织工可能也熟悉这种脸型，即都是椭圆脸，鼻子长且精致，眼睛大，口小。"（Muthesius 1997: 74）

73　Allsen（2006: 266）。但这种参与有时会受到当地一些人的反对。曾有谏官批评唐太宗参与皇室狩猎，但太宗指出狩猎在邻国突厥和伊朗的重要性，认为这项活动是合理的（Marshak 2004: 47）。

74　拜占庭在外交方面使用丝绸的研究，见 Muthesius（1992）。

75　Stephenson（2003: 62-65）.

76　Durand（2014）.

77　"当然，这一假设几乎没有被人采纳。"（Durand 2014）

78　Ryken, Wilhoit and Tremper Longman（2010: 30）. 关于狮子的象征意义与亚历山大时期希腊世界艺术中狩猎主题的研究，见 A. Cohen（2010）。

79　Rosenfield（1967: 184）.

80　Rosenfield（1967: 183-186）; Harper（1978: 103-104, 107）.

81　Ryder（2008）.

82　Harper（1978: 139）注意到在萨珊银器上很少见到狮子狩猎场景，并认为这很可能表现的是一个特殊意义，例如击败敌人。

83　见 Allsen（2006: 54-57）对猎狗的简要讨论和相关文献。

84　Bachrach（1973）; Alemany（2000）.

85　Edward of Norwich（2013: 117）.

86　Dien（2000）.

87 Hildinger (1997:78).

88 Muthesius (1997: 68-69).

89 艾尔米塔什博物馆（Hermitage Museum），S247。见艾尔米塔什博物馆，"普尔-伊·瓦孟银盘：骑马射箭猎狮和野猪纹银盘"，S247，http://warefarei.ooowebhostapp.com/Persia/StPeterburg-Dish_with_hunting_scene.htm。哈珀（Harper）讨论了这件银盘，并根据马镫将其断代为萨珊末期（ P. Harper and Meyers 1981: 139-140 ）。Bivar (1972: 290) 认为在伊斯兰时期之前的伊朗没有马镫。见 Shahid (1995: 575-578) 对该证据的综述。他的结论是，拜占庭人大约在 600 年与阿瓦尔人在多瑙河接触时学会了使用马镫。

90 Shahid (1995: 577).

91 Muthesius (1992: 101)："丝绸等级是跨越社会、艺术、宗教、经济和政治界限建立的。从一个层面来讲，丝绸是一种装饰性织物，社会生产它是为了它的审美价值。从另一层面来说，它可以用于装饰教堂。最重要的是，皇室把这一必不可少的珍贵经济资产提高到了强大的政治武器的高度。因此，丝绸既是上等的皇室礼仪用品，也是'最精致的'外交礼品。"亦见 Cutler (2008)。

92 根据图尔的格雷戈里（Gregory of Tours，约 538—594 ），奥斯特雷莫尼乌斯是 3 世纪的教皇法比昂（Fabian）从罗马到高卢讲道时所设的七大主教之一。格雷戈里称其为斯特雷莫尼乌斯（Stremonius）。斯特雷莫尼乌斯是克莱蒙的主教并成功皈依，而后来他被斩首的故事很可能不是真的。他被埋葬在伊苏瓦尔（Havey 1907, Gregory of Tours 1906, vol. 1: 30 ）。格雷戈里说对他的崇拜始于一名教会执事坎特厄斯（Cantius）在他的墓葬周围看到了天使。7 世纪时，他的遗体（现在应该称为圣骨）被转移到莫扎克西北的福维克。有记载显示，9 世纪中叶他的头骨被带至伊苏瓦尔北部的圣伊万（St. Yvoine）。900 年前后，本笃会修道士（Benedictine monks）为了躲避古代斯堪的纳维亚人的入侵而把他的头骨带回了伊苏瓦尔。伊苏瓦尔的圣奥斯特雷莫尼乌斯教堂声称，目前他们保管着他的头骨。他的头骨被拆分的历程支持了他被杀头的说法。圣人遗体的分散其实并不罕见。实际上，随着对圣骨需求的增长，这是很常见的（Snoek 1995: 22-23）。圣奥斯特雷莫尼乌斯曾在莫扎克短暂停留，此后有人书写了他的圣传。在圣传中，他被写成是 1 世纪的人，还说他是耶稣的门徒之一。

93 "大概是一架蒸汽管风琴，与一个世纪后麦蒙（al-Mam'un）的宫殿和穆格台迪尔（al-Muqtadir）宫殿中精巧的人造鸣鸟所使用的工艺相同。"（ Truitt 2015: 22 ）

94 这次联姻没有发生，但和皇室狩猎一样，外交联姻是欧洲政治世界的一部分。君士坦丁自己在 720 年娶可萨可汗的女儿为妻。Muthesius (1997: 69) 说，丕平和君士坦丁五世对这次婚姻的讨论直到 765 年才开始。

95 Durand (2014).

96 该修道院的历史，见 Gomot (1872)。12 世纪时，有人制作了一件圣骨盒用来盛放他们的遗骨。托马斯·多布里（Thomas Dobrée 1810—1895）在 28 岁隐退，成了一名艺术品藏家。这件圣骨盒就是他征集的器物之一，并成为他的灵感，促使他建造一座宫殿来存放他那些具有相当规模的藏品，这座建筑如今是一座博物馆（Aptel and Biotteau 1997）。

 97 Geary (1978).

 98 Muthessius (1997: 119)："拥有重要的圣骨似乎可以增加教会中心的声望，有助于鼓励朝圣者出资捐助。"Teter (2011: 108) 引用了阿尔多廷（Altotting）的圣母殿（Marian Shine）为例，该殿每年收到的朝圣者捐助价值相当于 4000 匹马。对佛教朝圣者的讨论，见 Galambos and van Schaik (2012: 35-59)。

 99 Teter (2011: 109).

100 基督教教堂圣骨盒的例子，见 Boehm ([2001] 2011)。

101 Liu (1996) 更详细地讨论了基督教和佛教使用丝绸的传统。亦见 Muthesius (2008: 119-120) 对用丝绸包裹基督教圣骨的概述。丝绸是对圣骨的尊重，也吸收了圣骨的神圣性（Muthesius 2008: 36）。在维京人的墓葬中，丝绸是社会地位的标志，见 Vedeler (2014: 33)。

102 Liu (1996: 41-42).

103 教士圣高尔（St. Gall）记录了此事。圣高尔说神职人员会把丝绸缝在他们的衣服上，还描述了主教身着丝绸，坐在丝绸垫子上的场景（Muthesius 1980: n21 引用）。亦见 Thomas (2012: 127)。

104 Jenner (1981: 219-220); Beal (1984: lxxxvi; chapter 6). 这名僧人读了经幡上的汉语，发现大多数是在 30 年前挂上去的。

105 *LiberMiraculorum: Additamentum de reliquiis sancti Austremonii*, Acta Sanctorum [AS], November 1, 1887, 81; Durand (2014); Muthesius (1997: n52); Schorta (2016: 48); Gomot (1873-1874: 47).

106 Gomot (1873-1874: 220).

107 它在历史上发生过。中国的政府在灭佛期间缴获了很多金铜佛像，他们将佛像熔化以铸造钱币，填补他们空虚的国库。

108 博物馆的历史可以追溯到更早，18 世纪见证了很多大型博物馆的创建，如卢浮宫、大英博物馆和普拉多博物馆（Prado Museum）。但随着私人藏家也致力于让公众可以看到他们的藏品，博物馆的数量在 19 世纪时急速增长。见 G. Lewis (2015)。

109 Gomot (1873-1874: 221-222)："一块特别旧的、上有 4 位骑马者和 4 头狮子的布，包裹着一整块腿骨。"

110 藏品编号分别是 2293C 和 1146。阿贝格基金会藏的那件，见 Otavsky and Wardwell (2011: cat. 39)。这两件丝绸残片无法和里昂那件丝绸直接拼接，这说明应该有更多散失的残片。

111 该博物馆的网站总结了下文的信息，www.mtmad.fr/fr/pages/topnavigation/musees_et_collection/mt_histoire_musee/mt-creation.aspx。

112 吉美父子在里昂经营一座工厂，制造人工合成的群青颜料来代替昂贵的青金石。长期以来，欧洲的青金石都从巴克特里亚进口，见第七章。

113 包括那件丝绸绑腿，上面可能描绘了阿克苏姆的一场战役，见 Whitfield (2015b: prol. and plate 1)。

114 感谢马克西米连·杜兰德提该信息。有一封信件与此次购买有关，见 Durand (2014)。

115 Musée Gernuschi (1958: cat.254); Musée de Louvre (1992: cat. 132).

第九章

1 我非常感谢华澜对本章提出了很多有价值的意见，感谢他对这件和其他日历、历日的全面研究，我可以全面地借鉴他的成果（尤其参见 Arrault and Martzloff 2003）。翟林奈基于文本中的三点判定了这件历日的年代（L. Giles 1939: 1034，亦见下文）。所有的错误、误解和遗漏都是我的责任。

2 "历日（almanac）"一词是经过慎重考虑的。华澜对年历和像这样含有占卜方法的文本做了明确的区分。然而，我认为与年历一起被发现、年代在公元前 3 世纪的"日书"，标志着历日的开始，我认为历日是日历、占卜书和其他文本的结合。此处采用 Wilknson (2000: 172) 的观点。详见下文。

3 翟林奈指出，"印刷术的发明对佛教徒来说应该非常有用，他们无需太多的麻烦和成本，就可以积累大量善业"（1939: 1031）。整张纸的印刷可能受到已经存在很久的捺印佛像的影响（McDermott 2006: 7-12）。关于中国印刷术的发展，亦见 Barrett (1997, 2001)。

4 我们不知道历日市场的大小，但反复强调的法律禁令为我们提供了间接证据，历日至少在中国中原和西南地区是有市场的。见下文的讨论。

5 中国古典哲学家孟子用的一个词。最近对此的讨论，见 Nuyen (2013)。

6 Whitfield (1998: 9-10) .

7 Martzoloff (2009: 64-66) 指出，二十四节气中只有三个专指农事，其他是天文和大气现象（其中很多现象，例如天气，当然也与农历相关）。

8 Eberhard (1957).

9 出自湖北荆州周家台（Arrault and Martzloff 2003: 85）。中国西北的敦煌其北部的城墙还发现有 1 世纪的残缺日历。

10 Arrault and Martzloff (2003: 85).

11 D. Harper (2016), Raphaels (2013: 203-212, 412-421). 2013 年在埃尔朗根 - 纽伦堡大学启动了一个研究这些文本的国际研究项目。见人文科学国际联合会，"研究项目——早期中国的大众文化和算命书：战国秦汉时期的日书写本"，2013 年 7 月 5 日最新更新，www.ikgf.uni-erlangen.de/research-projects/techniques-and-practices/popular-culture-and-books-of-fate-in-early-china.shtml。

12 最早的出自睡虎地，年代为公元前 217 年。亦见同在湖北省的九店楚墓（Loewe and O'Shaughnessy 1999: 847-848; Wilkinson 2000: 173, 461）。

13 Donald Harper (2016) 使用了"occult miscellanies"一词。

14 Wilkinson (2000: 794).

15 Nylan (1994: 83-145); Ess (1994: 146-170).

16 "谶"由基于对经典的深奥解释的预言构成，纬书由谶构成。预言的范围包括皇帝的兴亡。"纬"指纬线，而儒家正统经典叫作"经"，对应经线。进一步的讨论，见 Whitfield (1998: 10-11)。

17 Whitfield (1998: 11).

18 对中国书籍审查条令的调查，见安平秋、章培恒（1992）。

19 Whitfield (1998). 七曜历，谓"日、月、五星之历"。

20 封肃写的奏章，Tsein (1985: 151) 引用。

21 如上所述，尽管墓葬里发现有历日，例如马王堆。

22 我们可以看到从旧稿件上裁下来的鞋底形补丁。很多敦煌文书都有大量的修补补丁，其中有一些最初是其他稿件的一部分。一位中国僧人慧远（334—416）曾提到儒生们将佛教文稿当作厕纸，他对这种亵渎行为表示厌恶。"悟灭恒沙罪，多生忏不容。陷身五百劫，常作厕中虫。"（Waley 1960: 122 英译）

23 对藏经洞功能的各种假设的概述，见 Galambos and van Schaik (2012: 18-28)。

24 翟奉达。见 Teiser (1994: 102-121)，亦见 Whitfield (2015b, chap. 8)。

25 大英图书馆，Or.8210/P.12；Des Rotours (1947: 681)。对这些印本历日的描述，见 Arrault and Martzloff (2013: 199-207)。

26 936 年，钦天监收到皇帝的命令，编印历日向百姓出售。

27 Whitfield (1998: 14; 2001).

28 大英图书馆，Or.8210/P.10，纪年为"中和二年"（L. Giles 1939: 1036-1037）。

29 一份 905 年的《金刚经》，注有"西川过家印真本"（大英图书馆，Or.8210/S.5534，见 Giles 1940: 319）。这是由一位 82 岁的老人抄写的（Teiser 1994: 244）。

30 在圣彼得堡的东方写本研究所，编号 D.2880。

31 传统认为西夏征服敦煌的年代是 1036 年，但见 Russell-Smith (2005: 73) 对该年代修订的讨论。中国的占星文献在周边社会流行。例见 Matsui (2012) 对回鹘历日的研究。

32 她还展示敦煌和吐鲁番人的识字范围（Hansen 1995: 11-12, 45, 63）。

33 Moreland (2001: 84). 比尔德（Beard 2015: 470）在讨论古代罗马时使用了"功能性识字"一词："那里很多小商贩、手工业者和奴隶必须具备一定水平的识字能力和计算能力才能胜任他们的工作……'功能性识字'让这些普通人与我们认为的高级经典文化产生了关系。"更全面的讨论，见 Beard (1991)。

34 Moreland (2001: 80).

35 见 Mary Beard (1991) 对威廉·哈里斯（William Harris）在罗马世界识字问题上的观点的批判。

36 Robson (2008: 128).

37 Robson (2008: 128)，引自 Jonathan Smith。

38 Schafer (1977: 9).

39 大英图书馆，Or.8210/S.3326。

40 此处和接下来的文献英译见 Galambos (2009)。

41 关于李淳风作为作者的观点，见 Bonnet-Bidaud, Praderie and Whitfield (2009)。

42 Bonnet-Bidaud, Praderie and Whitfield (2009)。

43 星官对应的是西方传统的星座，星座比中国的星官要大。西方传统的大熊座，在中国被称为北斗七星。

44 Bonnet-Bidaud, Praderie and Whitfield (2009) 详细研究了星图，并证明了它的准确性。

45 Bonnet-Bidaud, Praderie and Whitfield (2009: 44).

46 汉代以来大家所知的最知名的故事之一就是牛郎和织女的故事。七夕节（阴历七月初七）庆祝他们一年一度的聚会，一大群喜鹊形成一座跨越银河的桥。见 Schfer (1977: 143-147) 对此的讨论，其中第七章还讨论了其他的星星。

47 Needham and Wang (1959: 193). 这颗彗星以埃德蒙·哈雷（Edmond Halley，1656—1742）的名字命名，他在 1704 年测算出它的周期，但中国的天文学家至少在公元前 240 年就观察到它了，巴比伦人也至少在公元前 2 世纪发现它了（Ridpath 1985）。

48 考虑到它的准确性，纸张的薄度、高质量，还有潦草的书法，可以推测星图是由一位大师摹绘的，这是一件宫廷天文学家的作品。问题是，它是怎么离开宫廷还来到敦煌的呢？我们可能永远也无法得知。

49 对该时期敦煌纸张的分析显示，构树和桑树两种纤维都被经常使用。

50 Tsien (1985: 68); Drège (2002: 115-116).

51 见 Cartwright, Duffy and Wang (2014) 用扫描电镜区分中国明代纸币中的丝纤维和桑皮纸纤维。

52 Gibbs and Seddon (1998).

53 Drège (1991).

54 见 McDermottt (2006: 14-24) 对 20 世纪时所需的时间和成本的讨论。

55 1908 年伯希和在敦煌发现了木活字，这一发现现藏于吉美博物馆。敦煌研究院在敦煌北部洞窟的发掘中也发现了更多的木活字。

56 L.Gile (1939: 1037). 传统认为，泥活字发明于 1000 年前后，但现存相关例子的年代要晚得多。

57 M. Peterson (2010: 68).

58 Twitchett (1983: 35).

59 Tsien (1985: 149) 依据武周新字（只在武则天统治时期［690—704］使用）将它的年代定在 705 年之前。而 Pan Jixing (1997) 认为它是在洛阳印制的，然后被送到朝鲜。

60 Goodrich (1967). 有近期关于中国更早期发现的报告，但这些报告都没有证实其印刷的时期。

61 见上文第四章。

62 例如，1452 年的巫术法令让占星家和历日制作者因涉及神秘影响力而面临控诉。

63 T. Miller (2001: 144). 概述见 Capp (1979)。历日制作并不专属于男性。17 世纪的英格兰，伦敦的莎拉·吉娜（Sarah Jinner）和萨德伯里（Sudbury）的玛丽·霍尔顿（Mary Holden）因制作了关于 17 世纪的英格兰占卜和医学历日而著名。

64 英国艺术和人文科学研究委员会，"Stationers' Company v. Carnan, London (1775)" in "Primary Source on Copyright (1450—1900)"，L.Bently 和 M. Kretschmer 编辑的档案，www.copyrighthistory.org.cn/cam/tool/request/showRecord.php?id=record_uk_1775，于 2017 年 9 月 26 日访问。

65 除了这些例子，其他历日都是写本。见 Arrault and Martzloff (2003) 对这些保存在伦敦和巴黎的历日的详细评论。

66 其他证据确认了这一断代。见 Arrault and Martzloff (2003)。

67　Takeuchi (2004a, 2004b).

68　Rong (2004: 57).

69　例如，大英图书馆的一张祈祷辞，Or. 8210/P.9，年代为 947 年（L. Giles 1943: 149-150），还有三份《金刚经》的文献，年代为 950 年（BnF, Pelliot chinois 4515and 4516；大英图书馆，Or. 8210/P.11）。

70　Teiser (1994) and Whitfield (2015b: chap. 8). 这些写本并非出自同一人之手，有一些很可能是抄本，可能由学徒抄写。

71　这些发现要感谢帕斯卡里亚·特尔西（Paschalia Terzi）在大英图书馆担任伊拉斯谟学者（Erasmus Scholar）时所做的研究。这将是特尔西和魏泓合著文章的主题即将发表。

72　大英图书馆，OIL San 1446。

73　大英图书馆，Or. 8210/S.95。刊于 Whitfield and Sims-Williams (2004: cat. 160)。亦见 Teiser (1994: 120-121)。

74　感谢文欣对此的观察（2016 年 9 月私人通信，文章即刊）。他在关于这个小册子的文章中认为，它们的尺寸取决于对标准尺寸纸张的充分利用，像卷轴所采取的做法一样。册子本两面都写字，而且白边较小，这比卷轴更加经济。

75　然而，敦煌在册子本制作上领先于中原地区并不是没有可能的。而由卷子本到册子本的转变，至少部分原因在于纸张的短缺。

76　Arrault and Martzloff (2003: 90) 指出，一份 900 年前的敦煌账簿记载，制作日历需要 150 张纸。我们有一些关于该时期中原地区印刷材料的证据，例如一位方士的传记"雕印数千本"、《弥陀塔图》（Maitreya Stupa）印刷 14 万本（Tsien 1985: 152, 255）。

77　除了曹氏赞助的佛教材料，敦煌缺少可以支持这一观点的印刷内容。如果可以赢利，人们很快就能掌握新的技术。

78　例见 Rong (2013: Lecture 3)。藏经洞封存原因的另一种观点见 Galambos and van Schaik (2012: 18-28)。

79　Stein (1912: 182); Wang Jiqing (2012: 3).

80　Stein (1912: 182-183).

81　Stein (1912: 356).

82　Stein (1912: 240).

83　斯坦因写给帕西·斯塔福·阿伦（P. S. Allen）的信，1907 年 10 月 14 日，斯坦因手稿第 4 号，牛津大学包德利图书馆（Bodleian Library, Oxford University）。

84　Stein (1912: 1317).

85　Stein (1912: 1318).

86　Stein (1912: 438).

87　Stein (1912: 484).

88　Stein (1912: 1327).

89　弗雷德·安德鲁斯致斯坦因的信，1908 年 12 月 6 日，斯坦因手稿第 37 号。

90　"周四，我们转移到布鲁姆斯伯里（Bloomsbury）的事情都落实了……地下库房有 50 盏电灯"，安德鲁斯致斯坦因的信，1909 年 8 月 3 日，斯坦因手稿第 37 号第 153 张。箱子的清单见斯坦因手稿第 37 号第 155 张。

91 关于这一时期的一条记录，尤其是洛里默小姐的角色，见 H. Wang (1998)。

92 斯坦因手稿第 37 号第 155 张。但这些箱子里装的物件很可能不以手稿为主，洛里默后来的一则笔记表明了这一点（斯坦因手稿第 39 号第 19 张）。

93 Bioyon (1910: 15-20).

94 Festival of Empire (1911: 14-26).

95 送给伯希和的手稿，见 F. Wood (2012)。伯希和在 1908 年曾到过藏经洞，获得了另外的一大批手稿，这些手稿如今在法国国家博物馆。1910 年，伯希和用两周多的时间调查了大英图书馆斯坦因的收藏，估计其中有9000 份手稿。为了方便伯希和进行目录编纂工作，两个装有 440 份手稿的箱子从大英博物馆送到了巴黎埃德加·基内大道 59 号（59 Boulevard Edgar Quinet），1911 年 1 月 13 日伯希和在那里签收了它们。除了包装单上的简单描述，手稿的目录没有保存下来，"15 捆手稿，编号为第 1—233 号，第 55 号（婆罗米文）和第 213 号（一件绘画）除外。14 捆手稿，编号为第 234—443 号，第 237 号（未发现）除外"（F. Wood 2012: 1）。伯希和应该在一年内完成目录编纂工作。后来丹尼森·罗斯（Denison Ross）亲自从巴黎带回来一些材料，其中有 1913 年大英博物馆需要展出的展品（F. Wood 2012: 3）。1913 年 3 月 7 日，大英博物馆东方印本与写本部的保管员莱昂内尔·巴尼特（Lionel Barnett）写信给伯希和："我们的朋友罗斯把手稿和笔记带回来了。"（F. Wood 2012: 3）

96 斯坦因手稿第 39 号第 24 张。此时，翟林奈是大英博物馆的一名助理保管员。

97 劳伦斯·比尼恩，月度报告，1914 年 5 月 6 日，大英博物馆东方部，1913—1926，亚洲部档案。

98 西德尼·科尔文，1884—1912 年担任大英博物馆印刷品和绘画部的保管员。

99 劳伦斯·比尼恩，月度报告，1914 年 9 月 1 日，大英博物馆东方部，1913—1926，亚洲部档案。

100 British Museum (1914).

101 见 1918 年 1 月 30 日洛里默致斯坦因的信："印刷品和绘画部的藏品已经全部清理完毕……因此印度事务部现在计划把他们的那一部分带走，最快也要在 2 月 28 日之后，他们会把藏品放在印度事务部，直到有机会把它们运回印度……博物馆部门将会负责他们自己的那一部分，将它们和博物馆的其他藏品一起安全保管。"（斯坦因手稿，第 44 号第 84—88 张）

102 Kavanagh (1994: 30-32).

103 1918 年 8 月 20 日，莱昂内尔·巴尼特，东方印本与写本部的保管员从阿伯里斯特威斯写信给斯坦因，那时正值夏季，斯坦因在克什米尔的山上休养，"我……像你一样……在一座山顶……目前（指即将到来的年份）手稿即将回到我们部门，我们会将它们保管在原来放置的地方，所有手稿都保存在玻璃箱子里"（斯坦因手稿，第 65 号）。见 Morgan (2012: 1)。

104 L. Giles (1939).

105 完整的记录，见 Morgan (2012)。

106 Morgan (2012: 5).

107 他们包括中国学者胡适和向达。

108 Needham and Wang (1959).
109 Fujieda (1973). 之后的研究见 Arrault and Matzloof (2003) 和下文注 116。
110 在这一时期，三分之二有纪年的文书都得到了保护和修复，这支持了这一假设。
111 对用这种材料进行的保护修复的简要调查，见 Barnard and Wood (2004)。
112 前者是由 1884 年发明的一种高碱方法制成的，用这种方法制造的纸比当时其他方法制造的纸都要结实，因此以德语 Kraft 命名，意为"力量"。棕色是这种方法自然附带的产物。马尼拉纸最初由船上用的老马尼拉麻绳制成，因此采用了这个名字。此时的马尼拉纸则用木纤维制成。
113 尽管有一些人意识到了这个问题，例如翟林奈。见注 114。
114 翟林奈（1939: 1031）在 1939 年的一篇文章中注意到厚的托纸是不合适的，还注意到了 868 年的《金刚经》印本："很多年前，在斯坦因藏品被东方印本和写本部接管之前，它被裱在一张厚纸上，但这是没有必要的，而且有可能造成纸张断裂。"然而，这种做法直到 1968 年还在继续。1981 年 2 月 19 日的一份内部文件说："大约直到 1968 年，大多数需要承托的经卷仍在装订所裱上托纸。现在我们不得不去掉所使用的酸性纸。"两位日本学者渡边明义和增田胜彦在 1979 年关于保护修复的一篇报告上提出了这个问题。
115 托纸的化学成分及其可能渗入原纸也是一个问题。
116 黄一农（1992），邓文宽（1996，2001），Arrault and Martzloff (2003)。
117 实际上，对此进行保护修复的专家松冈久美子是日本人，在来伦敦工作前，在日本受过这方面的训练。
118 对聚对苯二甲酸乙二醇酯讨论的概括，见 Cope (1999)。
119 国际敦煌项目，Or. 8210/P. 6，http://idp.bl.uk/database/oo_loader.a4d?pm = oOr.8210/P.6。
120 Whitflield and Sims-Williams (2004: 302-303; cat. 264).

第十章

1 Quin (2006); Halloran (2009: chap. 3).
2 如 Ian Hodder (2012: 9) 指出，人类也是物质，一个人和一件银壶的关系是相互依赖、相互纠结的，奴隶主和他的奴隶之间的关系也一样。
3 Cameron (2011: 169) 指出还有基因库。
4 在此我不想对任何一个社会的奴隶制度做详尽的叙述，而是简要介绍可接触到的时代和社会中奴隶制的习俗，写出奴隶的个体经历。这是一个非常粗线条的描述，难免会被曲解和面临选择。更详细的情况和学术讨论，可看参考文献。《剑桥世界奴隶制史》（ *The Cambridge World History of Slavery* ）第 2 卷覆盖了丝绸之路的很多时期和地方。罗马被认为是一个拥有奴隶的大型社会，关于这一方面有过很多文章。我讲述这个故事时偶尔会提到罗马的做法，以作比较。
5 Finkelman and Miller (1998: viii). 他们也发现了例外。
6 Wyatt (2009: 43).

7 *Mādayān ī hazār dādestān*，6 世纪时由 Farroxmard ī Wahrāmān 搜集编纂的法律案件汇编。但只有一部分是关于奴隶制的，即 Mādayān pt. i. i.i-17）（Macuch 2008）。

8 律书 Īšōʿboxt 正本是波斯语，现存版本转写为叙利亚文。见 Macuch (2008)。

9 Starr (2013: 169); Buzurg ibn Shahriy ā r (1928).

10 前者见 Rose (2008)。后者见 Yaḥyā ibn Maḥmūd al-Wāsiṭī, *al-Maqāmāt al-ḥarīriyaḥ* [The assemblies of Al-Hariri], Bibliothèque nationale de France, MS Arabe 5847, fol.105r。

11 Macuch (2008).

12 B. Lewis (1990: 24).

13 B. Lewis (1990: 24).

14 B. Lewis (1990: 24) 引用。

15 Perry (2014: 4).

16 Johnson (1997: art. 191, 169-172).

17 Rotman and Todd (2009: 174).

18 Rotman and Todd (2009: 175).

19 W. Martin (1968).

20 柳宗元（773—819）。他的作品《童区寄传》讲述了 11 岁的男孩区寄成功战胜强盗、摆脱命运的故事。

21 Schafer (1967: 104).

22 Schafer (1963: 45).

23 Rotman and Todd (2009: 175-176).

24 Shaki ([1992] 2011).

25 Mauch (2008).

26 Wang Yu-t'ung (1953: 310).

27 Wang Yu-t'ung (1953: 311).

28 Wang Yu-t'ung (1953: 313-314).

29 Wang Yu-t'ung (1953: 318-310).

30 Wang Yu-t'ung (1953: 312).

31 Knechtges and Chang (2010-14: 1679).

32 Knechtges and Chang (2010-14: 1832).

33 Wang Yu-t'ung (1953: 315).

34 Wang Yu-t'ung (1953: 298).

35 见 Wang Yu-t'ung (1953: 303-305) 的表格。

36 Wang Yu-t'ung (1953: 308).

37 Schfer (1967: 57). （译者按：见中译本《朱雀：唐代的南方意象》，生活·读书·新知三联书店，2014 年 10 月，第 117 页。）

38 Schfer (1967: 56).

39 Sperling (1979: 22-24); Demiéville (1952: 197-198). 关于中国军队类似文身的问题概述，见 C. Reed (2000: 19-24)。亦见 Zhu (2016: 642) 有关政府对被奴役的男女战俘的文身。在帕提亚矿井工作的奴隶的文身，见 Perikhanian (2008: 635)。

40 Al-Tabarī (1989: 39-40).

41 Rotman and Todd (2009: 26).
42 Buzurg ibn Shahriyār (1928: 43). 故事还讲述了之后商人如何回到同样的地方，朝觐了已经逃走的那个国王。
43 Starr (2013: n29).
44 B. Lewis (1990: 23).
45 有很多关于这些名字的讨论，而我用这些名字是经过认真考虑的。
46 Desmond Keenan (2014: 152) 指出："对于劫掠奴隶的人来说，奴隶是一种有价值的货物。你可以卖掉他们，去买酒和其他奢侈品。总是有奴隶市场，只要你比你的邻人强大，就总会有源源不断的奴隶供应……对于爱尔兰人而言，劫掠奴隶要比劫掠牲畜赚得多。"
47 860 年维京人攻击君士坦丁堡。尽管维京人被击退，但他们承诺不再进行攻击，一些维京人还被征召为拜占庭的侍卫（Lynch and Adamo 2014: 122）。
48 Sephton (1880).
49 《厄尔斯特编年史》（2000），U821.3 年。"Étar 城被异教徒掠夺，他们还掳走了大量的妇女。"爱尔兰人还劫掠奴隶和牲畜，例见 U951.3 年、U1012.2 年，还可参见上文注释 46。10 世纪晚期，爱尔兰的维京人统治者被爱尔兰人一系列的战争打败，爱尔兰人还从中获得战俘。
50 Lynch and Adamo (2014: 122).
51 Sawyer (2001).
52 关于这个问题的讨论和斯巴达人的民族渊源，见 Curta (2001: 227-229)。
53 一条最近的记录显示有 80 万迪拉姆（Jankowiak 2012）。
54 奴隶市场见下文讨论。
55 Jankowiak (2012: 4).
56 他们被称作"海上民族"，这在比布鲁斯（Byblos）的方尖碑上有提到。
57 Thomas (2012: 129).
58 Rotman and Todd (2009: 49).
59 Canard (2012).
60 Rotman and Todd (2009: 47).
61 Schafer (1963: 44); Wilbur (1943b: 92); Lee (1997: 51-52).
62 Bingheimer (2004: 146).
63 大量的文献记载了在不同时期、不同地点的奴隶售卖和消费。在此我不引用这些文献，因为如果没有更多的背景，它们是毫无意义的。
64 Ibn Faḍlan (2005: 63-65).
65 Jankowiak (2012) 认为，除了皮毛和黄金，"奴隶是安达卢西亚市场重新分配的第三大商品"（Constable 1996: 203）。在丝绸之路东端，布被当作钱币使用已经得到证实，成卷的丝绸是那里的一种常见的支付形式。见 H. Wang (2004)。
66 Jankowiak (2012). La Puente (2017: 127-128) 也有引用，但他对该报告的准确性持怀疑态度。
67 Radhanites 一词，阿拉伯语作 al-Rādhāniyya，仅出现在一些史料中，这些史料可能源于这一条记录，但它所指代的范围还不清晰。见 Pellat (2012)。
68 Adler (1987: 2-3).

69　Rotman and Todd (2009: 68-80).
70　Schafer (1963: 23). 第 24 页有进一步的讨论，还引用了阿拉伯语史料，这
　　份史料记载，他的同胞在抵达中国后不得不向中国上缴三分之一的货物。
71　Starr (2013: 197).
72　Barthold (1968: 239). 其他地方会对奴隶征税。例如 La Vaissière (2005:
　　165) 引用了一份 648 年的文书，庭州人米巡职请求将两个奴隶（15 岁的
　　男孩和 12 岁的女孩）带到吐鲁番的市场售卖，同时还有一匹 8 岁的骆驼
　　和 15 头羊。这是一个向南越过天山的相对较短的旅程。
73　一则公元前 59 年的中国讽刺故事列举了一名不听命令的家仆的所有责任
　　（Willbur 1943b: 82/382）。
74　例如，见 Yaacov's (2010: 138) 讨论了 9—10 世纪突尼斯橄榄种植园里
　　的奴隶劳动者。La Vaissière (2005: 281) 记录了木鹿的一名官员将俘虏
　　来的粟特贵族带至麦地那，让他们充当农业劳动者。萨曼矿址中发现
　　的镣铐很可能就是突厥和斯拉夫奴隶身上的（Starr 2013: 233n）。西塞
　　罗（Cicero）在写给阿提库斯（Atticus）的一封信中提到，一名逃脱
　　的奴隶说他曾在帕提亚国王的矿上工作，还展示了烙在他身上的标记
　　（Perikhanian 2008: 63）。关于中国汉代的手工业奴隶，见 Wilbur (1943a)。
75　关于佛教，见 Schopen (1994)。宗教和奴隶制的紧密关系是一个有趣的
　　话题。如 Bernard Lewis (1990) 在讨论中东的奴隶制时指出，《旧约》《新
　　约》《古兰经》等宗教文献都接受了奴隶制的概念。艾赛尼派（Essene）
　　可能是唯一拒绝奴隶制的社群，而无论是犹太教、基督教还是其他宗教，
　　所有其他地区的社群中都存在奴隶制（Lewis 1990: 5）。这一制度是没有
　　宗教界限的，它也存在于信仰琐罗亚斯德教的伊朗、信仰伊斯兰教的阿
　　拉伯和信仰印度教、儒学、佛教的东方。
76　"粟特商人经常购买奴隶（chakar）组成护卫队或者私人军队，当他们
　　外出时，这些奴隶负责守卫他们的家园（Frye 2012: 195-96n81，引用
　　Findley 2005: 45）。"关于间谍，见 Barthold (1968: 221-222)。根据《塔
　　里基·海拉》(Tarikhi Khayrat) 作者的说法，"阿姆鲁（Amr）购买了年
　　轻的奴隶，训练他们为自己服务，然后将他们赠给贵族。这些奴隶会把
　　主人的行为全部告诉他。他们没有因为恐惧主人而停止告密，因为在阿
　　姆鲁统治时没有一个贵族敢在君主未许可的情况下打奴隶"。
77　Waley (1960: 162). 译自一份发现于敦煌的手稿。
78　在这一时期的大多数社会，家用和军用很可能是奴隶最普遍的用途。佩
　　里（Perry）指出，"与近代早期大西洋的主要奴隶系统不同，伊斯兰世界
　　与大规模的农业生产关系不大。尽管 9 世纪的伊拉克和 10 世纪的易弗里
　　基叶（Ifriqiyah）主要让奴隶从事农业生产，但伊斯兰帝国大部分的奴隶
　　是家仆和军人"（2014:3-4）。
79　Cameron (2011: 169)："俘虏的数量令人震惊。被俘获的奴隶，尤其是妇
　　女，来自从乐伎到贵族等几乎所有社会政治阶段，且在每个大陆的每一
　　种文化中都存在。"（基于开罗戈尼萨文书对女奴的详细研究，见 Perry
　　[2014]。）
80　Whitfield and Sims-Williams (2004: 174).
81　Perry (2014:1).
82　Caeron (2011, 2016) 对此进行了讨论。例如，她指出"在文化习俗的传播

上，战俘可能是重要的推动者。Kristiansen and Larsson (2005) 敦促我们思考外来的文化习俗是如何被吸收并赋予新的内涵的"（2011: 187）。

83 Nielson (2017). 见该论文集（Gordon and Hain 2017）其他文章对这项传统的详细讨论。

84 例如，见 Dauphin (1996) 对拜占庭的研究和 Zhang Bangwei (2016: 171-177) 对中国的研究。

85 《瓦希德》第 29 行，见 Motoyoshi (2001)。

86 Motoyoshi (2001: 9).

87 此外也有同性恋的例子，例如在罗马。见 Verstraete (1980)。

88 山鲁佐德（Scheherazade）是故事的讲述者，后来嫁给了山鲁亚尔（Shahriyar）。山鲁亚尔因为对所有的女性都不信任，每晚娶一位新娘，翌日晨前即杀掉。而山鲁佐德凭借她的故事推迟了自己的死亡。

89 Starr (2013: 226n5, xvii).

90 Schafer (1963: 42).

91 Crone (1980). 尽管阿格拉比特（Aghlabids）和法蒂玛（Fatimids）在军队中使用黑奴。

92 Crone (1980: 75).

93 Crone (1980: 79).

94 关于这种布是棉布还是丝绸，讨论还在继续。但在这里一般认为是前者。见 Marshak (2006) 和 Dode (2016) 的讨论和参考书目。

95 Barthold (1968: 227).

96 Findley (2005: 67). 这个想法有点类似于唐朝皇帝认为蕃将叛变的可能性较小。然而，安禄山叛乱证明这是一个错误判断。

97 Kazhdan (2005: Axouch).

98 Bosworth (2012).

99 Sperling (1979: 22-24); Demiéville (1952: 197-198). 关于中国军队使用类似文身的概述，见 C. Reed (2000: 19-24)。

100 Devic and Quennell (1928).

101 Rotman and Todd (2009: 55).

102 Rotman and Todd (2009: 51-52).

103 Rotman and Todd (2009: 53).

104 Forand (1971).

105 Trimingham (2013: 38-39).

106 Johnson (1997: 133).

107 Harris (2017: 93).

108 Rotman and Todd (2009: 41).

109 Rotman and Todd (2009: 144).

110 Rotman and Todd (2009: 66-67).

111 一位改信琐罗亚斯德教的奴隶在给予他的前主人补偿之后，可以离开他的异教徒主人，成为一名"王中之王的臣民"，即自由的国民。Ērbadestān 中一段重要的文字说，甚至专门有一项借贷（abām，很可能是一个宗教机构提供的）是为奴隶实现这一目的而设的（Kotwal and Boyd 1980: 12v, secs, 11-15）。

112 B. Lewis (1990: 5).

113　B. Lewis (1990: 55).
114　Lev (2012: 138) 讨论了阿格拉比特突尼斯（Aghlabid Tunisia）的奴隶贸
易发展。

参考文献

Abel-Rémusat, Jean Pierre. 1820. *Histoire de la ville de Khotan, tirée des annales de la Chine et traduite du chinois suivie de recherches sur la substance minérale appelée par les Chinois "ierre de Iu," et sur le jaspe des anciens.* Paris: Doublet.

Adler, Elkan. 1987. *Jewish Travellers in the Middle Ages.* New York: Dover Publications.

Alemany, Agustí. 2000. *Sources on the Alans: A Critical Compilation.* Leiden: Brill.

Allsen, Thomas T. 2006. *The Royal Hunt in Eurasian History.* Philadelphia: University of Pennsylvania Press.

Alram, Michael. 1986. *Nomina propria Iranica in nummis: Materialgrundlagen zu den iranischen Personennamen auf antiken Münzen.* Iranisches Personennamenbuch 4. Vienna: Verlag der Osterreichischen Akademie der Wissenschaften.

——. 2016. *Das Antlitz des Fremden: Die Münzprägung der Hunnen und Westtürken in Zentralasien und Indien.* Vienna: Austrian Academy of Science.

An Jiayao. 2004. "The Art of Glass along the Silk Road." In Watt et al. 2004: 57-66. *Annals of Ulster.* 2000. CELT: The Corpus of Electronic Texts. https://celt.ucc.ie/ published/T100001A/index.html.

安平秋，章培恒:《中国禁书大观》，上海：上海文化出版社，1991 年。

Aptel, Claire and Nathalie Biotteau. 1997. *Thomas Dobrée, 1810-1895: Un homme, un musée.* Exh. cat. Nantes: Musée Dobrée and Somogy.

Arnold, Thomas W. and Adolf Grohman. 1929. *The Islamic Book: A Contribution to Its Art and History from the VII-XVIII Century.* Paris: Pegasus Press.

Arrault, Alain and J.-C. Martzloff. 2003. "Les calendriers." In *Divination et société dans la Chine medieval,* edited by Marc Kalinowski, 86-211. Paris: Bibliothèque nationale de France.

Aruz, Joan, Ann Farkas, Andrei Alekseev, and Elena Korolkova, eds. 2000. *The Golden Deer of Eurasia: Scythian and Sarmatian Treasures from the Russian*

Steppes. Exh. cat. New York: Metropolitan Museum of Art.

Aruz, Joan and Elizabeth Valtz Fino, eds. 2012. *Afghanistan: Forging Civilizations along the Silk Road.* New York: Metropolitan Museum of Art.

Asouti, Eeleni and Dorian Q. Fuller. 2008. *Trees and Woodlands of South India: Archaeological Perspectives.* Walnut Creek, CA: Left Coast Press.

Bachrach, Bernard S. 1973. *A History of the Alans in the West, from Their First Appearance in the Sources of Classical Antiquity through the Early Middle Ages.* Minneapolis: University of Minnesota Press.

Bagnall, Roger S., et al. 2012. *The Encyclopedia of Ancient History.* London: Wiley-Blackwell.

Bagnera, Alessandra. 2006. "Preliminary Note on the Islamic Settlement of Udegram, Swat: The Islamic Graveyard (11th-13th Century A.D.)." *East and West* 56 (1-3): 205-228.

Balfour-Paul, Jenny. 1998. *Indigo.* London: British Museum Press.

Ball, Warwick. 2002. *Rome in the East: The Transformation of an Empire.* London: Routledge.

Baranov, Vladimir. n. d. "II. Materials and Techniques of Manuscript Production.1. Parchment." In *Medieval Manuscript Manual.* Central European University, Department of Medieval Studies. http://web.ceu.hu/medstud/manual/MMM/parchment.html.

Barnard, Mark and Frances Wood. 2004. "A Short History of the Conservation of the Dunhuang Manuscripts in London." In *The Silk Road: Trade, Travel, War and Faith*, exh. cat., edited by Susan Whitfield and Ursula Sims-Williams, 97-104. London: British Library; Chicago: Serindia.

Barrett, T. H. 1997. "The Feng-tao k'o and Printing on Paper in Seventh-Century China." *Bulletin of the School of Oriental and African Studies* 60 (3): 538-540.

———. 2001. "Woodblock Dyeing and Printing Technology in China, c. 700 A.D.: The Innovations of Ms. Liu and Other Evidence." *Bulletin of the School of Orien-tal and African Studies* 64 (2): 240-247.

Barthold, V. V. 1968. *Turkestan Down to the Mongol Invasion.* 3rd ed. London: Luzac.

Bass, G. F. 1987. "Oldest Known Shipwreck Reveals Splendors of the Bronze Age." *National Geographic*, December: 696-733.

Basu, M. K., S. K. Basu and R. V. Lele. 1974. "4000 Year Old Faience Bangles from Punjab." *Central Glass and Ceramic Research Institute Bulletin* 21(4): 85-90. Bazin, Louis, György Hazai and Hans Robert Roemer, eds. 2000. *Philologiae et Historiae Turcicae Fundamenta.* Vol. 1. Berlin: Klaus Schwarz.

Beal, Samuel, trans. 1884. *Si-Yu-Ki: Buddhist Records of the Western World, Translated from the Chinese of Hiuen Tsiang (A.D. 629).* London: K. Paul, Trench, Trübner.

Beard, Mary. 1991. "Writing and Religion: Ancient Literacy and the Function of the Written Word in the Roman Religion." *In Literacy in the Roman World*, edited by Mary Beard, Alan K. Bowman and Mireille Corbier, 35-58. *Journal of Roman Archaeology*, suppl. 3. Ann Arbor, MI: n.p.

————. 2015. *SPQR: A History of Ancient Rome*. London: W. W. Norton.

Beer, Robert. 2015. *The Handbook of Tibetan Buddhist Symbols*. Kindle ed. Boulder, CO: Shambhala Publications.

Behrendt, Kurt A. 2004. *The Buddhist Architecture of Gandhara*. Handbook of Oriental Studies, sec. 2, South Asia, vol. 17. Leiden: Brill.

Beit-Arié, Malachi. 1993. *Hebrew Manuscripts of East and West: Towards a Comparative Codicology*. Panizzi Lectures, 1992. London: British Library.

————. 2009. "The Script and Book Craft in the Hebrew Medieval Codex." In *Crossing Borders: Hebrew Manuscripts as a Meeting-Place of Cultures*, edited by Piet van Bixel and Sabine Arndt, 21-34. Oxford: Bodleian Library.

Bellina, Bérénice. 1997. *Cultural Exchange between India and Southeast Asia: Production and Distribution of Hard Stone Ornaments, c. VI BCE-VI CE*. Paris: Editions de la Maison des Sciences de l'homme.

Bellina, Bérénice and Ian Glover. 2004. "The Archaeology of Early Contact with India and the Mediterranean World, from the Fourth Century BC to the Fourth Century AD." In *Southeast Asia: From Prehistory to History*, edited by Ian C. Glover and Peter Bellwood, 68-89. London: Routledge/Curzon Press.

Benjamin, Craig. 2007. *The Yuezhi: Origin, Migration and the Conquest of Northern Bactria*. Turnhout: Brepols.

Bernard, Paul. 1981. "Problèmes d'histoire coloniale greques à travers l'urbanisme d'une cité hellénistique d'Asie Centrale." In *150 Jahre Deutsches Archäologisches Institut, 1829-1979*, edited by Deutsches Archäologisches Institut, 108-120. Mainz: P. von Zabern.

Bernard, Paul, Roland Besenval and Philippe Marquis. 2006. "Du 'mirage bactrien' aux réalitiés archéologiques: Nouvelles fouilles de la Délégation archéologique française en Afghanistan (DAFA) à Bactres (2004-2005)." *CRAI* 150: 1175-1248.

Bernshtam, Aleksander N. 1951. *Ocherk istorii gunnov*. Leningrad: Izd-vo. Leningradskogo gos. universiteta.

Berrada, Khalid. 2006. *Metaphors of Lights and Darkness in the Holy Quran: A Conceptual Approach*. https://www.flbenmsik.ma/data/bassamat/basamat1/ Berrada. pdf.

Berzina, S. I. 1984. "Kushana Coins in Axum." *Information Bulletin of the International Association for the Study of the Cultures of Central Asia* 7: 57-64.

Bhattacharya-Haesner, Chhaya. 2003. *Central Asian Temple Banners in the Turfan Collection of the Museum für Indische Kunst*. Berlin: Reimar.

Biggam, C. P. 2002. "Knowledge of Whelk Dyes and Pigments in Anglo-Saxon England." In *Anglo-Saxon England 35*, edited by Malcolm Goddena and Simon Keynes, 23-57. Cambridge: Cambridge University Press.

Bingheimer, Marcus. 2004. "Translation of the Tō daiwajō tō seiden 唐大和上东征传 (Part 2)." *Indian International Journal of Buddhist Studies* 5: 142-181.

Binyon, R. L. 1910. *Guide to an Exhibition of Chinese and Japanese Paintings*

(Fourth to Nineteenth Century AD) in the Print and Drawing Gallery. London: British Museum, Department of Prints and Drawings.

Biran, Michael. [2004] 2012. "Ilak-Khanids." In *Encyclopaedia Iranica Online.* Last updated March 27. www.iranicaonline.org/articles/ilak-khanids.

Bivar, A. D. H. 1972. "Cavalry Equipment and Tactics on the Euphrates Frontier." *Dumbarton Oaks Papers* 26: 273-291.

———. [2003] 2012. "Hephthalites." In *Encyclopaedia Iranica Online.* Last updated March 22. www.iranicaonline.org/articles/hephthalites.

Blair, Sheila S. and Jonathan M. Bloom. 1994. *The Art and Architecture of Islam, 1250-1800.* New Haven, CT: Yale University Press.

Blockley, R. C., trans. 1985. *The History of Menander the Guardsman.* Liverpool: Francis Cairns.

Bloom, Jonathan M. 2001. *Paper before Print: The History and Impact of Paper in the Islamic World.* New Haven, CT: Yale University Press.

———. 2015. "The Blue Koran Revisited." *Journal of Islamic Manuscripts* 6(2-3): 196-218.

Bloom, Jonathan M. and Sheila Blair. 2011. "Introduction: Color in Islamic Art and Culture." In *Diverse Are Their Hues: Color in Islamic Art and Culture,* edited by Jonathan M. Bloom and Sheila S. Blair, 1-52. New Haven, CT: Yale University Press.

Boardman, John. 2012. "Tillya Tepe: Echoes of Greece and China." In Aruz and Fino 2012: 102-111.

Boehm, Barbara Drake. [2001] 2011. "Relics and Reliquaries in Medieval Christianity." Heilbrunn Timeline of Art History, April. Metropolitan Museum of Art. www.metmuseum.org/toah/hd/relc/hd_relc.htm.

Boesken Kanold, Inge. 2005. "The Purple Fermentation Vat: Dyeing or Painting Parchment with Murex trunculus." In *Dyes in History and Archaeology 20: Including Papers Presented at the 20th Meeting, Held at the Instituut Collectiie Nederland, Amsterdam, the Netherlands, 1-2 November 2001,* edited by J. Kirkby 150-154. London: Archetype.

Bonnet-Bidaud, Jean-Marc, Françoise Praderie and Susan Whitfield. 2009. "The Dunhuang Sky: A Comprehensive Study of the Oldest Known Star Atlas." *Journal of Astronomical History and Heritage* 12:39-59. http://idp.bl.uk/education/astronomy_researchers/index.a4d. (译者按：中译见《敦煌中国星空：综合研究迄今发现最古老的星图》，黄丽平译，邓文宽审校，《敦煌研究》2010 年第 2 期，第 43—50 页，2010 年第 3 期，第 46—59 页。)

Borell, Brigitte. 2010. "Trade and Glass Vessels along the Maritime Silk Road." In *Glass along the Silk Road from 200 BC to 1000 AD,* edited by Bettina Zorn and Alexandra Hilger, 127-142. Darmstadt: Betz-Druck.

———. 2011. "Han Period Glass Vessels in the Early Tongking Gulf Region." In *The Tongking Gulf through History,* edited by Nola Cooke, Li Tana and James A. Anderson, 53-66. Philadelphia: University of Pennsylvania Press.

Borovka, Gregory. 1928. *Scythian Art.* Translated by V. G. Childe. London: Ernest Benn.

Bosworth, C. E. 2012. "Maḥmūd b. Sebüktigin." In *Encyclopaedia Iranica Online.* Last updated December 21. www.iranicaonline.org/articles/mahmud-b-sebuktegin.

Bracey, Robert. 2009. "The Coinage of Wima Kadphises." *Gandharan Studies* 3: 25-75.

———. 2012. "The Mint Cities of the Kushan Empire." In *The City and the Coin in the Ancient and Early Medieval Worlds,* edited by Fernando López Sánchez, 117-129. Oxford: Archaeopress.

Braghin, Cecilia, ed. 2002. *Chinese Glass: Archaeological Studies on the Uses and Social Context of Glass Artefacts from the Warring States to the Northern Song Period.* Orientalia Venetiana 14. Florence: Leo S. Olschki.

Bray, Francesca. 1997. *Technology and Gender: Fabrics of Power in Late Imperial China.* Berkeley: University of California Press.

Brill, Robert H. 1991-1992. "Some Thoughts on the Origins of the Chinese Word 'Boli.'" *Silk Road Art and Archaeology* 2: 129-136.

———. 1995. "Scientific Research in Early Asian Glass." *In Proceedings of XVII International Congress on Glass,* vol. 1, *Invited Lectures,* 270-279. Beijing: Chinese Ceramic Society.

———. 1999. *Chemical Analyses of Early Glasses.* Vol. 2. *Table of Analyses.* Corning, NY: Corning Museum of Glass.

Brill, Robert H. and J. H. Martin, eds. 1991. *Scientific Research in Early Chinese Glass: Proceedings of the Archaeometry of Glass Sessions of the 1984 International Symposium on Glass. Beijing, September 7, 1984.* Corning, NY: Corning Museum of Glass.

Brill, Robert H., S. S. C. Tong and D. Dohrenwend. 1991. "Chemical Analyses of Some Early Chinese Glasses." In Brill and Martin 1991: 31-58.

Brindley, Erica Fox. 2015. *Ancient China and the Yue.* Cambridge: Cambridge University Press.

British Museum. 1914. *Guide to an Exhibition of Paintings, Manuscripts and Other Archaeological Objects Collected by Sir Aurel Stein K.C.I.E. in Chinese Turkestan.* London: Trustees of the British Museum.

Bromberg, Carol A. 1983. "Sasanian Stucco Influence: Sorrento and East-West." *Orientalia Lovaniensia Periodica* 14: 247-267.

Brosseder, Ursula. 2011. "Belt Plaques as an Indicator of East-West Relations in the Eurasian Steppe at the Turn of the Millennia." In Brosseder and Miller 2011: 349-424.

Brosseder, Ursula and Bryan K. Miller, eds. 2011. *Xiongnu Archaeology: Multidisciplinary Perspectives of the First Steppe Empire in Inner Asia.* Bonn: Vor und Frühgeschichtliche Archäologie Rheniische Freidrich-Wilhelms-Universität.

Broudy, Eric. 1979. *The Book of Looms: A History of the Handloom from Ancient Times to the Present.* Lebanon, NH: University Press of New England.

Brown, Michelle P., ed. 2006. *In the Beginning: Bibles before the Year 1000.* Washington, DC: Smithsonian Books.

Brubaker, Leslie and John Haldon. 2011. "Byzantium in the Iconoclast Era, c. 680-850." *English Historical Review* 127(528): 1182-1184.

Bryce, Trevor. 2014. *Ancient Syria: A Three Thousand Year History*. Oxford: Oxford University Press.

Buck, Bruce. A. 1982. "Ancient Technology in Contemporary Surgery." *Western Journal of Medicine* 136(3): 265-269.

Bunker, Emma C. 1983. "Sources of Foreign Elements in the Culture of Eastern Zhou." In *The Great Bronze Age of China: A Symposium*, edited by George Kuwayama, 84-93. Seattle: University of Washington Press.

———. 1988. "Lost Wax and Lost Textile: An Unusual Ancient Technique for Casting Gold Belt Plaques." In *The Beginning of the Use of Metals and Alloys*, edited by Robert Maddin, 222-227. Cambridge, MA: MIT Press.

———. 1997. *Ancient Bronzes of the Eastern Eurasian Steppes from the Arthur M. Sackler Collections*. New York: Arthur M. Sackler Foundation.

Bunker, Emma C., Bruce Chatwin and Ann R. Farkas. 1970. *"Animal Style": Art from East to West*. New York: Asia Society.

Bunker, Emma C., James C. Y. Watt and Zhixin Sun. 2002. *Nomadic Art from the Eastern Eurasian Steppes: The Eugene V. Thaw and Other New York Collections*. New York: Metropolitan Museum of Art.

Burrow, Thomas. 1940. *A Translation of the Kharosthi Documents from Chinese Turkestan*. London: Royal Asiatic Society.

Buzurg ibn Shahriy ā r. 1928. *The Book of the Marvels of India*. Translated by Devic, L. Marcel and Peter Quennell. London: Routledge & Sons.

Callcott, Maria. 1842. *A Scripture Herbal*. London: Longman, Brown, Green, & Longmans.

Callieri, Pierfrancesco. 1996. "Hephthalites in Margiana? New Evidence from the Buddhist Relics in Merv." In *La Perse e l'Asie centrale da Alessandro al X secolo*, 391-400. Atti dei convvegni Lincei 127. Rome: Academia Nazionale dei Lincei.

———, ed. 2006. *Architetti, capomastri, artigiani: L'organizzazione dei cantieri e della produzione artistica nell'Asia ellenistica: Studi offerti a Domenico Faccenna nel suo ottantesimo compleanno*. Rome: Istituto italiano per l'Africa e l'Oriente.

———. 2007. "Barikot: An Indo-Greek Urban Center in Gandhara." In Srinivasan 2007: 133-164.

Cameron, Catherine M. 2011. "Captives and Cultural Change: Implications for Archaeology." *Current Anthropology* 52(2): 169-209.

———. 2016. *Captives: How Stolen People Changed the World*. Lincoln: University of Nebraska Press.

Canard, M. 2012. "Ayn Zarba." In *The Encyclopaedia of Islam*, 2nd ed., edited by P. Bearman, Th. Bianquis, C. E. Bosworth, E. van Donzel and W. P. Heinrichs. http://brillonline.nl/entries/encyclopaedia-of-islam-2/ayn-zarba-SIM_0917?s.num=89&s.rows=50&s.start=80.

Canby, Sheila. 2012. "The Qur'an." *Islamic Arts and Architecture*, April 3. http://

islamic-arts.org/2012/the-qur%E2%80%99an/.

Capp, Bernard. 1979. *English Almanacs, 1500-1800: Astrology and the Popular Press*. Ithaca, NY: Cornell University Press.

Cardon, Dominique. 2007. *Natural Dyes: Sources, Tradition, Technology and Science*. London: Archetype Publications.

Carlà, Filippo. 2012. "Horses, Greece and Rome." In *The Encyclopedia of Ancient History*. Wiley Online Library. DOI: 10.1002/9781444338386. wbeah06166.

Carter, M. L. 1974. "Royal, Festal Themes in Sasanian Silverware and Their Central Asian Parallels." *Acta Iranica* 1:171-202.

Cartwright, Caroline R., Christina M. Duffy and Helen Wang. 2014. "Microscopical Examination of Fibres Used in Ming Dynasty Paper Money." *British Museum Technical Research Bulletin* 8:105-116.

Cashion, Debra Taylor. 2016. "Broken Books." *Manuscript Studies: A Journal of the Schoenberg Institute for Manuscript Studies* 1(2): 342-352.

Casselman, Karen Diadick and Takako Terada. 2012. "The Politics of Purple: Dyes from Shellfish and Lichens." Paper 666, Symposium Proceedings of the Textile Society of America. http://digitalcommons.unl.edu/cgi/viewcontent.cgi?article=1665&context=tsaconf.

Chakrabarti, D. K. 1995. "Buddhist Sites across South Asia as Influenced by Political and Economic Forces." *World Archaeology* 27: 185-202.

Chang, Claudia. 2008. "Mobility and Sedentism of the Iron Age Agropastoralists of Southeast Kazakhstan." In *The Archaeology of Mobility: Old World and New World Nomadism*, edited by Hans Barnard and Willeke Wendrich, 329-342. Los Angeles: Cotsen Institute of Archaeology, University of California, Los Angeles.

Chang, Claudia, Norbert Benecke, Fedor P. Grigoriev and Perry Tourtellotte. 2003. "Iron Age Society and Chronology in South-East Kazakhstan." *Antiquity* 73(296): 298-312.

Chavannes, Édouard. 1903a. *Documents sur les Tou-Kiue (Turcs) occidentaux recueil-lis et commentés par E. Chavannes*. Paris: Librairie d'Amérique et d'Orient Adrien Maisonneuve.

———. 1903b. "Le voyage de Song Yun dans l'Udyana et le Gandhara." *Bulletin de l'École Française d'Extrême Orient* 3: 379-441.

———. 1907. "Chinese Inscriptions and Records." Appendix A in *Serindia: Detailed Report of Explorations in Central Asia and Westernmost China*, edited by Marc Aurel Stein, 1329-39. Oxford: Oxford University Press.

Chavannes, Édouard and Sylvain Lévi. 1895. "L'itinéraire d'Ou-k'ong (751-790)." *Journal Asiatique*, n.s., 6(9): 341-384.

Chin, Tamara T. 2010. "Familiarizing the Foreigner: Sima Qian's Ethnography and Han-Xiongnu Marriage Diplomacy." *Harvard Journal of Asiatic Studies* 70(2): 311-354.

———. 2013. "The Invention of the Silk Road, 1877." *Critical Inquiry* 40(1): 194-219.

Chittick, Neville. 1974. "Excavations at Aksum 1973-74: A Preliminary Report." *Azania* 9: 159-205.

Choi, Charles Q. 2017. "Oldest Evidence of Silk Found in 8.500-Year-Old Tombs." LiveScience, January 10. https://www.livescience.com/57437-oldest-evidence-of-silk-found-china.html.

Christian, David. 1994. "Inner Eurasia as a Unit of World History." *Journal of World History* 5 (2): 173-211.

———. 1998. *A History of Russia, Central Asia and Mongolia. Vol. 1. Inner Eurasia from Prehistory to the Mongol Empire.* Oxford: Blackwell.

Cline, E. H. 1994. *Sailing the Wine-Dark Sea: International Trade and the Late Bronze Age Aegean.* Oxford: Tempus Reparatum.

Cohen, Ada. 2010. *Art in the Era of Alexander the Great: Paradigms of Manhood and Their Cultural Traditions.* Cambridge: Cambridge University Press.

Cohen, Monique, ed. 1996. *Sérinde, Terre de Bouddha.* Paris: Réunion des Musées Nationaux Colledge, Malcolm A. R. 1986. *The Parthian Period.* Leiden: E. J. Brill.

Compareti, M. 2004. "The Sasanian and the Sogdian 'Pearl Roundel' Design: Remarks on an Iranian Decorative Pattern." *Study of Art History* 6: 259-272.

———. 2006a. "The Role of the Sogdian Colonies in the Diffusion of the Pearl Roundel Designs." In Ērān ud Anērān: Studies Presented to Boris Maršak on *the Occasion of His 70th Birthday*, edited by M. Compareti, P. Raffetta and G. Scarcia, 149-174. Venice: Cafoscarina.

———. 2006b. "Textile Patterns in Sogdian Painting: The Sasanian and the Local Components." In *Ancient and Mediaeval Culture of the Bukhara Oasis*, edited by C. Silvi Antonini and D. K. Mirzaahmedov, 60-68. Samarkand: Institute of Archaeology of the Academy of Sciences of the Republic of Uzbekstan; Rome: Rome University.

———. 2009. "Sasanian Textiles." In *Encyclopaedia Iranica Online*. Last updated December 15. www.iranicaonline.org/articles/sasanian-textiles.

———. 2012. "Classical Elements in Sogdian Art: Aesop's Fables Represented in the Mural Paintings at Panjikant." *Iranica Antiqua* 47:303-316.

Constable, Olivia Remie. 1996. *Trade and Traders in Muslim Spain: The Commercial Realignment of the Iberian Peninsula, 900-1500.* Cambridge: Cambridge University Press.

Cope, Barry. 1999. "Transparent Plastic Film Materials for Document Conserva-tion." *IDP [International Dunhuang Project] News* 14. http://idp.bl.uk/archives/news14/idpnews_14.a4d#3.

Cosmas Indicopleustes. 1897. *Christian Topography.* Translated by Father Montfaucon. www.tertullian.org/fathers/cosmas_00_2_intro.htm.

Cowell, E. B., ed. Robert Chalmer, W. H. D. Rouse, H. T. Francis and R. A. Neil, trans. 1895. *The Jataka.* 6 vols. Cambridge: Cambridge University Press. http://sacred-texts.com/bud/j1/index.htm.

Craddock, Paul T. 2009. *Scientific Investigation of Copies, Fakes and Forgeries.* London: Routledge.

Creel, H. G. 1965. "The Role of the Horse in Chinese History." *American Historical Review* 70 (3): 647-672.

Cribb, Joe. 1984. "The Sino-Kharosthi Coins of Khotan: Their Attribution and Relevance to Kushan Chronology: Part 1." *Numismatic Chronicle* 144: 128-152.

————. 1985. "The Sino-Kharosthi Coins of Khotan: Their Attribution and Relevance to Kushan Chronology: Part 2." *Numismatic Chronicle* 145: 136-149.

————. 1997. "Siva Images on Kushan and Kushano-Sassanian Coins." Silk Road Art and Archaeology 6: 11-66.

————. 2009. "Money as Metaphor: 4a." *Numismatic Chronicle* 169: 461-529.

Crill, Rosemary. 2015. *The Fabric of India*. London: Victoria and Albert Museum.

Crone, Patricia. 1980. *Slaves on Horses: The Evolution of the Islamic Polity*. Cambridge: Cambridge University Press.

Curci, Meliora di. 2003. "The History and Technology of Parchment Making." Society for Creative Anachronism. https://www.sca.org.au/scribe/articles/parch ment.htm.

Curta, Florin. 2001. *The Making of the Slavs: History and Archaeology of the Lower Danube Region c.500-700*. Cambridge: Cambridge University Press.

Cutler, Anthony. 2008. "Significant Gifts: Patterns of Exchange in Late Antique, Byzantine and Early Islamic Diplomacy." *Journal of Medieval and Early Modern Studies* 38: 79-101.

Dani, A. H., B. A. Litvinsky and M. H. Zamir Safi. 1996. "Eastern Kushans, Kidarities in Gandhara and Kashmir and Later Hephthalites." In Litvinsky, Zhang Guang-da and Samghabadi 1996: 163-184.

Dauphin, Claudine. 1996. "Brothels, Baths and Babes: Prostitution in the Byzantine Holy Land." *Classics Ireland* 3: 47-72.

Davis, Lisa Fagin. 2015. "Hangest's Codex, Duschnes' Knife: The Beauvais Missal as a Case Study in Digital Surrogacy." Paper presented at the Eighth Annual Schoenberg Symposium for Manuscript Studies, Philadelphia, November 12-14. In YouTube video of the symposium at https://www.youtube.com/playlist?list=PL8e3GREu0zuC5qTU-lr-V4-ZQ1atChYpR.

Davydova, Anthonyna and Sergey Miniaev. 2008. *The Xiongnu Decorative Bronzes*. St. Petersburg: GAMAS.

Deane, H. A. 1896. "Note on Udy ā na and Gandh ā ra." *Journal of the Royal Asiatic Society* 28(4): 655-677.

Debaine-Francfort, Corinne and Abduressul Idriss, eds. 2001. *Keriya, mémoires d'un fleuve: Archéologie et civilisation des oasis du Taklamakan*. Paris: Findakly.

Dehejia, Vidya. 1992. "The Collective and Popular Basis of Early Buddhist Patron-age: Sacred Monuments, 100 BC-AD 250." In *The Powers of Arts: Patronage in Indian Culture*, edited by Barbara Stoler Miller, 35-45. Delhi: Oxford University Press.

Demiéville, Paul. 1952. *Le Concile de Lhasa: Une controverse sur le quiétisme*

entre bouddhistes de l'Inde et de la Chine au VIIIe siècle de l'ère chrétienne.
Paris: Presses universitaires de France.

邓文宽:《敦煌天文历法文献辑校》, 南京: 江苏古籍出版社, 1996 年。

———.《敦煌本〈唐乾符四年丁酉岁(877 年)具注历日〉"杂占"补录》,《敦煌学与中国史研究论集——纪念孙修身先生逝世一周年》, 段文杰、茂木雅博编, 兰州: 甘肃人民出版社, 2001 年。

Déroche, Francoise. 2006. "Written Transmission." In *The Blackwell Companion to the Qur'an*, edited by Andrew Rippin, 172-186. Oxford: Wiley-Blackwell.

Desrosiers, Sophie. 1994. "La soierie méditerannéenne." *Revue du Musée des Arts et Métiers* 7: 51-58.

———. 2004. *Soieries et autres textiles de l'antiquité au XVIe siècle*. Paris: Reunion des Musées Nationaux.

Des Rotours, Robert, trans. 1947. *Traité des Fonctionnaires et Traité de l'Armée, traduits de la Nouvelle Histoire des T'ang (chap. XLVI-L)*. Leiden: Brill.

Di Cosmo, Nicola. 1994. "Ancient Inner Asian Nomads: Their Economic Basis and Its Significance in Chinese History." *Journal of Asian Studies* 53(4): 1092-1126.

———. 1996. "Ancient Xinjiang between Central Asia and China." *Anthropology and Archeology of Eurasia* 34(4): 87-101.

———. 1999. "The Northern Frontier in Pre-Imperial China." In *Cambridge History of Ancient China*, edited by Michael Loewe and Edward L. Shaughnessy, 885-966. Cambridge: Cambridge University Press.

———. 2002. *Ancient China and Its Enemies: The Rise of Nomadic Power in East Asian History*. Cambridge: Cambridge University Press.

———. 2013. "Aristocratic Elites in the Xiongnu Empire as Seen from Historical and Archeological Evidence." In *Nomad Aristocrats in a World of Empires*, edited by Jürgen Paul, 23-53. Wiesbaden: Reichert.

Dien, Albert. 1991. "A New Look at the Xianbei and Their Impact on Chinese Culture." In *Ancient Mortuary Traditions of China: Papers on Chinese Ceramic Funerary Sculptures*, edited by George Kuwayama, 40-59. Los Angeles: Los Angeles County Museum of Art.

———. 2000. "The Stirrup and Its Effect on Chinese History." Silk Road Foundation http://silkroadfoundation.org/artl/stirrup.shtml.

Diringer, David. 1982. *The Book before Printing: Ancient, Medieval and Oriental*. New York: Dover Publications.

Dode, Zvezdana. 2016. " 'Zandaniji Silks.' The Story of a Myth." *The Silk Road* 14: 213-222. Available at http://www.silkroadfoundation.org/newsletter/vol14/Dode_SR14_2016_213_222.pdf.

Dowman, Keith, trans. 1973. *Legend of the Great Stupa*. Berkeley: Dharma Press. www.sacred-texts.com/bud/tib/stupa.htm.

Drège, Jean-Paul. 1991. *Les bibliothèques en Chine au temps des manuscrits (jusqu'au Xe siècle)*. Publications de l'École française d'Extrême-Orient 156. Paris: École française d'Extrême-Orient.

———. 2002. "Dunhuang Papers: Preliminary Morphological Analysis of Dated

Chinese Manuscripts." In *Dunhuang Manuscript Forgeries*, edited by Susan Whitfield, 115-179. London: British Library. Introduction downloadable at http://idp.bl.uk/downloads/Forgeries.pdf.

Dreibholz, Ursula. 1997. "Some Aspects of Bookbindings from the Great Mosque of Sana'a, Yemen." In *Scribes et manuscrits du Moyen-Orient*, edited by François Déroche and Francis Richards, 15-34. Paris: Bibliothèque nationale de France.

Dubin, Lois Sherr. 2009. *The History of Beads: From 100,000 BC to the Present*. Rev. ed. New York: Abrams.

Durand, Maximilien. 2014. "Suaire de saint Austremoine, dit aussi 'Suaire de Mozac.'" Description for online catalog, Musée des Tissus/ Musée des Arts Decoratifs de Lyon (MTMAD). www.mtmad.fr.

During Caspers, E. C. L. 1979. "Sumer, Coastal Arabia and the Indus Valley in the Protoliterate and Early Dynastic Eras." *Journal of the Economic and Social History of the Orient* 22 (2): 121-135.

Easthaugh, Nicholas, Valentine Walsh, Tracey Chaplin and Ruth Siddall. 2007. *Pigment Compendium: A Dictionary of Historical Pigments*. London: Routledge.

Easton, D. F., J. D. Hawkins, A. G. Sherratt and E. S. Sherratt. 2002. "Troy in Recent Perspective." *Anatolian Studies* 52: 75-109.

Eberhard, Wolfram. 1957. "The Political Function of Astronomy and Astronomers in Han China." In *Chinese Thought and Institutions*, edited by John K. Fairbank, 33-70. Chicago: University of Chicago Press.

Eck, Diana L. 2013. *India: A Sacred Geography*. London: Three Rivers Press.

Edward of Norwich. 2013. *The Master of Game*. Edited by William A. Baillie-Grohman and F. N. Baillie-Grohman. Philadelphia: University of Pennsylvannia Press.

Eilers, W. [1983] 2011. "Abrīšam: i. Etymology." In *Encyclopaedia Iranica Online*. Last updated July 19. www.iranicaonline.org/articles/abrisam-silk-index.

Emmerick, Ronald F. 1967. *Tibetan Texts Concerning Khotan*. Oxford: Oxford University Press.

———. 1968. *The Book of Zambasta: A Khotanese Poem on Buddhism*. Oxford: Oxford University Press.

———. 1983. "Buddhism among Iranian Peoples." In *The Cambridge History of Iran*, Vol. 3(2), *The Seleucid, Parthian and Sasanian Periods*, edited by Ehsan Yarshater, 949-964. Cambridge: Cambridge University Press.

Emmerick, Ronald F. and Oktor Skjærvø. 1990. "Buddhism: iii. Buddhist Literature in Khotanese and Tumshuqese." In *Encyclopaedia Iranica Online*. www. iranicaonline.org/articles/buddhism-iii.

Enoki, Kazuo. 1959. "On the Nationality of the Ephtalites." *Memoirs of the Research Department of the Toyo Bunko* 18:1-58.

Erdenebaatar, Diimaazhav, Tömör-Ochir Iderkhangai, Baatar Galbadrakh, Enkh-baiar Minzhiddorzh and Samdanzhamts Orgilbaiar. 2011. "Excavations of

Satel-lite Burial 30, Tomb 1 Complex, Gol Mod 2 Necropolis." In *Brosseder and Miller* 2011: 303-313.

Erickson, Susan M. 2010. "Han Dynasty Tomb Structures and Contents." In Nylan and Loewe 2010: 13-82.

Erickson, Susan M., Yi Song-mi and Michael Nylan. 2010. "The Archaeology of the Outlying Lands." In Nylan and Loewe 2010: 135-168.

Erkes, Eduard. 1940. "Das Pferd im alten China." *T'oung Pao* 36: 26-63.

Errington, Elizabeth. 2000. "Numismatic Evidence for Dating the Buddhist Remains of Gandhara." *Silk Road Art and Archaeology* 6: 191-216.

Esin, Emil. 1965. "The Horse in Turkic Art." *Central Asiatic Journal* 10: 167-227.

Ess, Hans Van. 1994. "The Old Text/ New Text Controversy: Has the 20th Century Got It Wrong?" *T'oung Pao* 80: 146-170.

Ettinghausen, Richard. 1967-68. "A Persian Treasure." *Arts in Virginia* 8: 29-41.

Evans, Helen C. and Brandie Ratliff, eds. 2012. *Byzantium and Islam: Age of Transition.* New York: Metropolitan Museum of Art.

Eze, Anne-Marie. 2016. "'Safe from Destruction by Fire': Isabelle Stewart Gardner's Venetian Manuscripts." *Manuscript Studies: A Journal for the Schoenberg Institute for Manuscript Studies* 1(2): 189-215.

Faccenna, C., L. Olivieri, S. Lorenzoni and E. Lorenzoni Zanettin. 1993. "Geoarcheology of the Swat Valley (N.W.F.P. Pakistan) in the Charbag-Barikot Stretch: Preliminary Note." *East and West* 41(1-4): 257-270.

Faccenna, Domenico. 2007. "The Artistic Center of Butkara I and Saidu Sharif I in the Pre-Kusana Period." In *Srinivasan* 2007: 165-200.

Faccenna, Domenico and Piero Spagnesi. 2014. *Buddhist Architecture in the Swat Valley, Pakistan: Stupas, Viharas, a Dwelling Unit.* Lahore: Sang-e-Meel Publications.

Falk, Harry. 2006. *Aśokan Sites and Artefacts: A Source-Book with Bibliography.* Mainz: P. von. Zabern.

———. 2009. "Making Wine in Gandhara under Buddhist Monastic Supervision." *Bulletin of the Asia Institute* 23: 65-78.

———. 2012. "Ancient Indian Eras: An Overview." *Bulletin of the Asia Institute* 21: 131-145.

———. 2014a. "Kushan Dynasty iii. Chronology of the Kushans." In *Encyclopaedia Iranica.* December 8. www.iranicaonline.org/articles/kushan-03-chronology.

———. 2014b. "Owners' Graffiti on Pottery from Tissamaharama." *Zeitschrift für Archäologie außereuropäischer Kulturen* 6: 45-94.

———. 2015. *Across the Ocean: Nine Essays on Indo-Mediterranean Trade.* Leiden: Brill.

Fan Shimin and Zhou Baozhong. 1991. "Some Glass in the Museum of Chinese History." In Brill and Martin 1991: 193-200.

Fedorko, Motrja P. 2000. "Museum Exhibitions: Comparing the Two Scythian Shows in NYC." *Ukranian Weekly*, December 17. www.ukrweekly.com/old/

archive/2000/510025.shtml.

Ferreira, Ester S. B., Alison N. Hulme, Hamish McNab and Anita Quye. 2004. "The Natural Constituents of Historical Textile Dyes." *Chemical Society Reviews* 33: 329-336.

Festival of Empire. 1911. *Indian Court, Festival of Empire, 1911: Guide Book and Catalogue.* London: Bemrose & Sons.

Fiddyment, Sarah, et al. 2015. "The Animal Origin of Thirteenth-Century Uterine Vellum Revealed Using Non-invasive Peptide Fingerprinting." *PNAS* 112(49): 15066-71. www.pnas.org/content/112/49/15066.short.

Findley, Carter V. 2005. *The Turks in World History.* Oxford: Oxford University Press.

Finkelman, Paul and Joseph Calder Miller. 1998. *Macmillan Encyclopedia of World Slavery.* Vol. 2. New York: Macmillan Reference USA.

Finneran, Niall. 2007. *The Archaeology of Ethiopia.* London: Routledge.

Firdausi. 1915. *The Sháhnáma of Firdausi.* Vol. 7. Translated by Arthur George Warner and Edmond Warner. London: Kegan Paul, Trench, Trübner. https://ia801500.us.archive.org/21/items/in.ernet.dli.2015.82395/2015.82395.The-Shahn ama-Of-Firdausi-7.pdf.

Forand, Paul G. 1971. "The Relation of the Slave and the Client to the Master or Patron in Medieval Islam." *International Journal of Middle East Studies* 2(1): 59-66.

Forêt, Philippe. 2013. "Climate Change: A Challenge to the Geographers of Central Asia." *Perspectives*, no. 9. http://rfiea.fr/en/articles/climate-change-challenge-geo graphers-colonial -asia.

Foucher, Alfred. 1942-1947. *La vieille route de l'Inde de Bactres à Taxila: Mémoires de la Délégation archéologique française en Afghanistan.* Paris: Éditions d'art et d'histoire.

Frachetti, Michael D. 2011. "Seeds for the Soul: East/West Diffusion of Domesticated Grains." Lecture presented at the Silk Road Symposium, Penn Museum, Philadelphia, March 2011. https://www.penn.museum/collections/videos/video/999.

Frachetti, Michael D., Robert N. Spengler III, Gayle J. Fritz and Alexei N. Mar'yashev. 2010. "Earliest Direct Evidence for Broomcorn Millet and Wheat in the Central Eurasian Steppe Region." *Antiquity* 84: 993-1010.

Francis, Peter. 2002. *Asia's Maritime Bead Trade: 300 B. C. to the Present.* Honolulu: University of Hawaii Press.

Fraser, Marcus and Will Kwiatkowski. 2006. *Ink and Gold: Islamic Calligraphy.* London: Sam Fogg.

Frumkin, Grégoire. 1970. *Archaeology in Soviet Central Asia.* Leiden: Brill.

Frye, Richard N. 2012. *The Heritage of Central Asia.* Princeton, NJ: Markus Wiener.

Fujieda, Akira. 1973. "Tonko rekijitsu fu." *Tōhō Gakuhō* 45: 377-441.

Fussman, Gérard. 1986. "Symbolism of the Buddhist St ū pa." *Journal of the International Association of Buddhist Studies* 9(2): 37-93.

Galambos, Imre, trans. 2009. *Translation of the Dunhuang Star Chart (Or.8210/ S.3326)*. London: IDP. http://idp.bl.uk/database/oo_cat.a4d?shortref= Galam bos _2009.

Galambos, Imre and Sam van Schaik. 2012. *Manuscripts and Travellers: The Sino-Tibetan Documents of a Tenth-Century Buddhist Pilgrim.* Studies in Manuscript Cultures 2. Berlin: De Gruyter.

Gamble, Harry Y. 2006. "Bible and Book." In Brown 2006: 15-36.

Gan Fuxi. 2009a. "Origin and Evolution of Ancient Chinese Glass." In Gan, Brill and Tian 2009: 1-40.

———. 2009b. "The Silk Road and Ancient Chinese Glass." In Gan, Brill and Tian 2009: 41-108.

Gan Fuxi, Robert H. Brill and Tian Shouyun, eds. 2009. *Ancient Chinese Glass Research along the Silk Road*. Singapore: World Scientific Publishing.

Gan Fuxi, H. Cheng, Y. Hu, H. Ma and D. Gu. 2009. "Study on the Most Early Glass Eye-Beads in China Unearthed from Xu Jialing Tomb in Xuchuan of Henan Province, China." *Science in China Series E*: Technological Sciences 52(4): 922-927.

Geary, Patrick J. 1978. *Furta Sacra: Thefts of Relics in the Central Middle Ages.* Princeton, NJ: Princeton University Press.

Geertz, Clifford. 1973. "Thick Description: Towards an Interpretative Theory of Culture." In *Selected Essays*, 3-20. New York: Basic Books. www.sociosite. net/topics/texts/Geertz_Think_Description.php.

George, Alain. 2009. "Calligraphy, Colour and Light in the Blue Qur'an." *Journal of Qur'anic Studies* 11 (1): 75-125.

———. 2010. *The Rise of Islamic Calligraphy*. London: Saqi.

Gernet, Jacques. 1995. *Buddhism in Chinese Society*. Translated by Franciscus Verellen. New York: Columbia University Press.

Gibbs, Peter J. and Kenneth R. Seddon. 1998. *Berberine and Huangbo: Ancient Chinese Colorants and Dyes*. London: British Library.

Giles, Herbert A., trans. 1923. *The Travels of Fa-hsien (399-414 AD), or Record of the Buddhistic Kingdoms*. Cambridge: Cambridge University Press.

Giles, Lionel. 1939. "Dated Chinese Manuscripts in the Stein Collection, IV, Ninth Century." *Bulletin of the School of Oriental and African Studies* 9(4): 1023-1046.

———. 1940. "Dated Chinese Manuscripts in the Stein Collection, V, Tenth Century." *Bulletin of the School of Oriental and African Studies* 10(2): 317-344.

———. 1943. "Dated Chinese Manuscripts in the Stein Collection, VI, Tenth Century." *Bulletin of the School of Oriental and African Studies* 11(1): 148-173.

Gledhill, John and Henrike Donner. 2017. *World Anthropologies in Practice: Situated Perspectives, Global Knowledge*. London: Bloomsbury.

Glover, Ian. 2004. *Southeast Asia: From Prehistory to History*. London: Psychology Press.

Göbl, Robert. 1957. "Die Münzprägung der Kusan von Vima Kadphises bis Bahram IV." In *Finanzgeschichte der Spätantike*, edited by Franz Altheim and Ruth Stiehl, 173-256. Frankfurt: V. Klostermann.

———. 1967. *Dokumente zur Geschichte der iranischen Hunnen in Baktrien und Indien*. 4 vols. Wiesbaden: Harrassowitz.

———. 1970. "Der Kusanische Goldmünzschatz von Debra Damo (Aithiopien) 1940 (Vima Kadphises bis Vasudeva I)." *Central Asiatic Journal* 14(1): 241-252.

———. 1984. *System und Chronologie der Münzprägung des Kušānreiches*. Vienna: Verlag der Österreichischen Akademie der Wissenschaften.

Goldin, Paul R. 2011. "Steppe Nomads as a Philosophical Problem in Classical China." In *Mapping Mongolia: Situating Mongolia in the World from Geologic Time to the Present*, edited by Paul L. W. Sabloff, 220-246. Philadelphia: University of Pennsylvania Press.

Gommans, Josh J. L. 1995. *The Rise of the Indo-Afghan Empire c.1710-1780*. Leiden: Brill.

Gomot, M. Hippolyte. 1872. *Histoire de l'Abbaye Royale de Mozat*. Paris: Libraire de la Société des Bibliophiles Français.

———. 1873-1874. *Monuments historiques de l'Auvergne: Abbaye royale de Mozat (de l'ordre de Saint Benoit)*. Riom: G. Leboyer.

Good, Irene L. 2002. "The Archaeology of Early Silk." In *Silk Roads, Other Roads: Proceedings of the Eighth Biennial Symposium of the Textile Society of America, September 26-28, 2002, Northampton, Massachusetts*, 7-15. http://digitalcom mons.unl.edu/tsaconf/388/.

Good, Irene L., J. M. Kenoyer and R. H. Meadow. 2009. "New Evidence for Early Silk in the Indus Civilization." *Archaeometry*, prepublished online, January 21.

Goodrich, L. Carrington. 1967. "Printing: A New Discovery." *Journal of the Hong Kong Branch of the Royal Asiatic Society* 7: 39-41.

Gordon, Matthew S. and Kathryn A. Hain, eds. 2017. *Concubines and Courtesans: Women and Slavery in Islamic History*. Oxford: Oxford University Press.

Graham, Timothy and Andrew G. Watson. 1998. *The Recovery of the Past in Early Elizabethan England: Documents by John Bale and John Joscelyn from the Circle of Matthew Parker*. Cambridge Bibliographical Society Monograph 13. Cambridge: Cambridge Bibliographical Society.

Gregory of Tours. 1916. *History of the Franks*. Translated by Earnest Brehaut. New York: Columbia University Press. http://sourcebooks.fordham.edu/halsall/basis/gregory-hist.asp.

Grenet, Frantz. 2002. "Regional Interaction in Central Asia and Northwest India in the Kidarite and Hephthalite Periods." *Proceedings of the British Academy* 116: 203-224.

Grenet, Frantz and Zhang Guangda. 1996. "The Last Refuge of the Sogdian Religion: Dunhuang in the Ninth and Tenth Centuries." *Bulletin of the Asia*

Institute 10: 175-186.

Grousset, René. 1948. *De la Grèce a la Chine*. Monaco: Les Documents d'Art.

Guinta, R. 2006. "A Selection of Islamic Coins from the Excavations of Udegram, Swat." *East and West* 56(1-3): 237-262.

Gulácsi, Zsuzsanna. 2005. *Mediaeval Manichaean Book Art: A Codicological Study of Iranian and Turkic Illuminated Book Fragments from 8th-11th Century East Central Asia*. Leiden: Brill.

———. 2011. "Searching for Mani's Picture-Book in Textual and Pictorial Sources." *Transcultural Studies* 1: 233-262. http://heiup.uni-heidelberg.de/ journals/index. php/transcultural/article/view/6173/2966.

———. 2015. *Mani's Pictures: The Didactic Images of the Manichaeans from Sasanian Mesopotamia to Uygur Central Asia and Tang-Ming China*. Leiden: Brill.

Halloran, Vivian Nun. 2009. *Exhibiting Slavery: The Caribbean Postmodern Novel as Museum*. Charlottesville: University of Virginia Press.

Hansen, Valerie. 1993. "Gods on Walls: A Case of Indian Influence on Chinese Lay Religion?" In *Religion and Society in T'ang and Sung China*, edited by Patricia Buckley Ebrey and Peter Gregory, 75-113. Honolulu: University of Hawaii Press.

———. 1995. *Negotiating Daily Life in Traditional China: How Ordinary People Used Contracts, 600-1400*. New Haven, CT: Yale University Press.

Harper, Donald. 2016. "Occult Miscellanies in Medieval China." In *One-Volume Libraries: Composite and Multiple Text Manuscripts*, edited by Michael Fredrich and Cosmia Schwarke, 305-354. Berlin: Walter de Gruyter.

Harper, Prudence Oliver. 1971. "Sources of Certain Female Representations in Sasanian Art." In *Atti del Convegno Internazionale sul tema: La Persia nel Medioevo*, 503-515. Rome: Roma Accademia Nazionale dei Lincei.

———. 1995. *Assyrian Origins: Discoveries at Ashur on the Tigris: Antiquities in the Vorderasiatisches Museum*. New York: Metropolitan Museum of Art.

Harper, Prudence Oliver and Pieter Meyers. 1981. *Silver Vessels of the Sasanian Period I. Royal Imagery*. New York: Metropolitan Museum of Art.

Harper, Prudence Oliver, Melanie Snedcof, Holly Pittman and Tobia Frankel. 1975. *From the Lands of the Scythians: Ancient Treasures from the Museums of the USSR, 3000 B.C.-100 B.C.* New York: Metropolitan Museum of Art.

Harris, Jonathan. 2017. *Constantinople: Capital of Byzantium*. London: Bloomsbury.

Harvey, Karen. 2009. *History and Material Culture: A Student's Guide to Approaching Alternative Sources*. New York: Routledge.

Hatke, George. 2013. *Aksum and Nubia: Warfare, Commerce and Political Fictions in Ancient Northeast Africa*. New York: New York University Press.

Hauptmann andreas, Robert Madding and Michael Prange. 2002. "On the Structure and Composition of Copper and Tin Ingots Excavated from the Shipwreck of Uluburun." *Bulletin of the American Schools of Oriental Research* 328: 1-30.

Havey, F. 1907. "St. Austremonius." In *The Catholic Encyclopedia*. New York: Robert Appleton. Accessed June 13, 2015, New Advent. www.newadvent.org/cathen/02121a.htm.

Henderson, Julian. 1995. "Archaeotechnology: The Analysis of Ancient Glass Part I: Materials, Properties and Early European Glass." *Journal of Materials* 47(11): 62-68.

———. 2013a. *Ancient Glass: An Interdisciplinary Exploration*. Cambridge: Cambridge University Press.

———. 2013b. *The Science and Archaeology of Materials: An Investigation of Inorganic Materials*. London: Routledge.

Henze, Paul B. 2000. *Layers of Time: A History of Ethiopia*. London: Hurst.

Herdan, Innes, trans. 1973. *The Three Hundred T'ang Poems*. Taipei: Far East Book.

Herrmann, Georgina. 1997. "Early and Medieval Merv: A Tale of Three Cities." *Proceedings of the British Academy* 94: 1-43.

Hickman, J. 2012. "Bactrian Gold: Workshop Traditions at Tillya Tepe." In Fino 2012: 78-87.

Hicks, Dan and Mary Carolyn Beaudry. 2010. *Oxford Handbook of Material Culture Studies*. Oxford: Oxford University Press.

Hiebert, Fredrik and Pierre Cambon, eds. 2007. *Afghanistan: Hidden Treasures from the National Museum, Kab*ul. Washington, DC: National Geographic.

Hildinger, Erik. 1997. *Warriors of the Steppe: A Military History of Central Asia, 500 B.C. to A.D. 1700*. Boston: DaCapo Press.

Hill, John E. 1988. "Notes on the Dating of Khotanese History." *Indo-Iranian Journal* 31: 179-190.

———, trans. 2009. *Through the Jade Gate to Rome: A Study of the Silk Routes during the Later Han Dynasty 1st to 2nd Centuries CE: An Annotated Translation of the Chronicle on the "Western Regions" in the Hou Hanshu*. Charleston, SC: Booksurge. Earlier edition (2003) online at https://depts.washington.edu/silkroad/texts/ hhshu/hou_han_shu.html.

———. 2015. *Through the Jade Gate to Rome: A Study of the Silk Routes during the later Han Dynasty 1st to 2nd Centuries CE*. 2 vols. Updated, expanded ed. CreateSpace Independent Publishing Platform.

Hirst, K. Kris. 2017. "Stable Isotope Analysis in Archaeology: A Plain English Introduction." June 17. http://archaeology.about.com/od/stableisotopes/qt/dummies. htm.

Hobbs, Lindsey. n.d. "The Islamic Codex." Ultimate History Project. http://ulti matehistoryproject.com/the-islamic-codex.html.

Hodder, Ian. 2012. *Entangled: An Archaeology of the Relationships between Humans and Things*. London: Wiley-Blackwell.

Hodges, Henry. 1992. *Technology in the Ancient World*. 2nd ed. New York: Barnes and Noble.

Hoffman, Eva R. 2007. "Pathways of Portability: Islamic and Christian Interchange from the Tenth to the Twelfth Century." In *Late Antique and*

Medieval Art of the Mediterranean World, edited by Eva R. Hoffman, 317-49. Oxford: Blackwell.

Holcombe, Charles. 1999. "Trade-Buddhism: Maritime Trade, Immigration and the Buddhist Landfall in Early Japan." *Journal of the American Oriental Society* 119(2): 280-289.

Holloway, April. 1014. "New Study Reveal [*sic*] Origins of Elongated Skulls in the Carpathian Basin." *Ancient Origins*, April 6. www.ancient-origins.net/ news -evolution-human-origins/new-study-reveal-origins-elongated-skulls-carpathian-basin-001530#ixzz3gH7nZdNv.

Holt, Frank L. 1988. *Alexander the Great and Bactria*: The Formation of a Greek Frontier. Leiden: Brill Archive.

———. 2012. "Coins: The Great Guides of the Historian." In Aruz and Fino 2012: 30-53.

Hopkirk, Peter. 2006. *Foreign Devils of the Silk Road: The Search for the Lost Treasure of Central Asia*. London: John Murray.

黄一农：《敦煌本具注历日新探》,《新史学》第 3 卷第 4 期，1992 年，1—56 页。

Hughes, Richard W. 2013. "The Rubies and Spinels of Afghanistan: A Brief History." Updated March 7. www.ruby-sapphire.com/afghanistan-ruby-spinel. htm.

Huntingdon, Ellsworth. 1906. "The Rivers of Chinese Turkestan and the Desiccation of Asia." *Geographical Journal* 28(4): 352-367.

———. 1907. *The Pulse of Asia: A Journey in Central Asia Illustrating the Geographical Basis of History*. Boston: Houghton Mifflin.

Ibn al-Nadim. 1872. *Kitab al-Fihrist*. Edited by Gustav Flügel. Leipzig: F. C. W. Vogel.

Ibn Faḍlān. 2005. *Ibn Fadlan's Journey to Russia: A Tenth-Century Traveller from Baghdad to the Volga River*. Edited and translated by Richard Frye. Princeton, NJ: Markus Weiner.

Ibn Ḥawqal. 2014. *Kitāb Ṣūrat al-arḍ*. Edited by M. J. de Goeje. Leiden: Brill.

Ierussalimskaya, Anna. 1969. "The 'Chelyabinsk' Fabric, a Post-Sasanian Silk." *Trudy Gosudarstvennogo Ermitazha* 10: 99-100.

———. 1972. "A Newly Discovered Silk with the Sēnmurw Pattern." *Soobshcheniya Gosudarstvennogo Ermitazha* 24: 11-15.

Ilyasov, Jangar. 2003. "Covered Tails and 'Flying' Tassels." *Iranica Antiqua* 13: 259-325.

Ingram, R. S. 2005. "Faience and Glass Beads from the Late Bronze Age Shipwreck at Uluburun." MA thesis, Texas A&M University.

Iori, E. 2016. "The Early-Historic Urban Area at Mingora in the Light of Domenico Faccenna's Excavations at Barama-I (Swat)." Frontier Archaeology 7: 99-112.

Irvine, A. K., Otto F. A. Meinardus and Sefu Metaferia. 1975. "Zä-Mika'él the Tenth 'Arägawi.'" In *The Dictionary of Ethiopian Biography, vol. 1, From Early Times to the End of the Zagwé Dynasty c. 1270 AD*, edited by Michael Belaynesh, S. Cho-jnacki and Richard Pankhurst. Addis Ababa: Institute of Ethiopian Studies. Reprinted by the Dictionary of African Christian Biography, https://dacb.org/stories/ethiopia/za-mikael-aragawi/.

Jackson, C. M. and P. T. Nicholson. 2010. "The Provenance of Some Glass Ingots from the Ukuburun Shipwreck." *Journal of Archaeological Science* 37: 295-301.

Jackson-Tal, Ruth E. 2004. "The Late Hellenistic Glass Industry in Syro-Palestine: A Reappraisal." *Journal of Glass Studies* 46: 11-32.

Jacobson, Esther. 1995. *The Art of the Scythians: The Interpretation of Cultures at the Edge of the Hellenic World*. Leiden: Brill.

———. 1999. "Early Nomadic Sources for Scythian Art." In *Scythian Gold: Treasures from Ancient Ukraine*, exh. cat., edited by Ellen D. Reeder and Esther Jacobson, 59-69. New York: Harry N. Abrams.

Jankowiak, Marek. 2012. "Dirhams for Slaves: Investigating the Slavic Slave Trade in Century." Paper presented at the Medieval Seminar, All Souls, Oxford, February. https://www.academia.edu/1764468/Dirhams_for_slaves._Investigating_the_Slavic_slave_trade_in_the_tenth_century.

Japanese National Commission to UNESCO. 1957. *Research in Japan in History of Eastern and Western Cultural Contacts: Its Development and Present Situation*. Tokyo: UNESCO.

Jenner, W. J. 1981. *Memories of Lo-yang: Yang Hsuan-chih and the Lost Capital (493-534)*. Oxford: Clarendon Press.

Jennings, S. 2000. "Late Hellenistic and Early Roman Cast Glass from the Souks Excavations (BEY 006), Beirut, Lebanon." Journal of Glass Studies 42: 41-60.

荆志淳，徐广德，何毓灵等：《M54 出土玉器的地质考古学研究》，《安阳殷墟花园庄东地商代墓葬》，中国社会科学院考古研究所编，北京：科学出版社，2007 年，345—387 页。

Job of Edessa. 1935. *The Book of Treasures by Job of Edessa: Encyclopedia of Philo-sophical and Natural Sciences as Taught in Baghdad about A.A. 817*. Translated by Alphonse Mingana. Cambridge: W. Heffer and Sons.

Johnson, Wallace, trans. 1997. *The T'ang Code*. Vol. 2. *Specific Articles*. Princeton, NJ: Princeton University Press.

Jones, Sian. 1996. *The Archaeology of Ethnicity*. London: Routledge.

Joshua the Stylite. 1882. *The Chronicle of Joshua the Stylite: Composed in Syriac A.D. 507*. Edited and translated by W. Wright. Cambridge: Cambridge University Press. https://archive.org/details/chronicleofjoshu00josh.

Juliano, Annette L. 1985. "Possible Origins of the Chinese Mirror." *Source: Notes in the History of Art* 4(2-3): 36-45.

Juliano, Annette L. and Judith A. Lerner. 2001. *Monks and Merchants: Silk Road Treasures from Northwest China*. Exh. cat. New York: Harry N. Abrams and Asia Society.

Karttunen, Klaus. 1989. *India in Early Greek Literature*. Studia Orientalia 65. Helsinki: Finnish Oriental Society.

———. 2014. "India and World Trade: From the Beginnings to the Hellenistic

Age." In *Melammu: The Ancient World in an Age of Globalization*, edited by Markham J. Geller, 329-340. Edition Open Access. http://edition-open-access. de/ proceedings/7/17/index.html.

Kavanagh, Gaynor. 1994. *Museums and the First World War: A Social History*. Leicester: University of Leicester.

Kawami, Trudy S. 1992. "Archaeological Evidence for Textiles in Pre-Islamic Iran." *Iranian Studies* 25(1-2): 7-18.

Kazhdan, Alexander P. ed. 2005. *The Oxford Dictionary of Byzantium*. Online ed. Oxford: Oxford University Press.

Keenan, Desmond. 2004. *The True Origins of Irish Society*. Bloomington, IN: Xlibris.

Kellens, J. [1987] 2011. "Avesta: i. Survey of the History and Contents of the Book." In *Encyclopaedia Iranica Online*. Last updated August 17. www. iranicaonline .org/ articles/avesta-holy-book.

Kempe, D. R. C. 1986. "Gandhara Sculptural Schists: Proposed Source." *Journal of Archaeological Science* 13(1): 79-88.

Kenoyer, Jonathan M. 1998. *Ancient Cities of the Indus Valley Civilization*. Oxford: Oxford University Press.

Kerr, Rose, Joseph Needham and Nigel Wood. 2004. *Science and Civilisation in China*. Vol. 5. *Chemistry and Chemical Technology*. Part 12. *Ceramic Technology*. Cambridge: Cambridge University Press.

Kessler, Adam T. 1993. *Empires beyond the Great Wall: The Heritage of Genghis Khan*. Exh. cat. Los Angeles: Natural History Museum of Los Angeles County.

Kessler, Herbert L. 2006. "The Book as Icon." In Brown 2006: 77-103.

Khan, F. A. 1968. "Conservation. Excavated Remains at Swat (1) Amlokdara Stupa." *Pakistan Archaeology* 5: 227-228.

Kim, Hyun Jin. 2016. *The Huns*. London: Routledge.

King, Matthew. 2015. "Buddhism in Central Asia." *Oxford Bibliographies*. www. oxfordbibliographies.com/view/document/obo-9780195393521/obo-9780 195393521 -0211.xml. DOI: 10.1093/obo/9780195393521-0211.

Kinoshita Hiromi. 2009. "Foreign Glass Excavated in China." In *Byzantine Trade, 4th-12th Centuries: The Archaeology of Local, Regional and International Exchange: Papers on the Thirty-Eighth Spring Symposium of Byzantine Studies, St. John's College, University of Oxford March 2004*, edited by Maria Mudell Mango, 253-262. Farnham: Ashgate.

Knechtges, David and Taiping Chang, eds. 2010-2014. *Ancient and Early Medieval Chinese Literature: A Reference Guide*. 4 vols. Leiden: E. J. Brill.

Kotwal, F. M. and J. W. Boyd, eds. 1980. Ērbadīstān ud Nirangist ā n: Facsimile Edition of the Manuscript TD. Cambridge, MA: Harvard University Press.

Kowalski, Kurt and Herbert Zimiles. 2006. "The Relations between Children's Conceptual Functioning with Color and Color Term Acquisition." *Journal of Experimental Child Psychology* 94(4): 301/21.

Kowatli, I., H. H. Curvers, B. Stuart, Y. Sablerolles, J. Henderson and P. Reynolds. 2008. "A Pottery and Glassmaking Site in Beirut (015)." *Bulletin de Archéologie et d'Architecture Libanaises* 10: 103-120.

Kristiansen, Kristian and Thomas B. Larsson. 2005. *The Rise of Bronze Age Society: Travels, Transmissions and Transformations*. Cambridge: Cambridge University Press.

Kröger, Jens. 2005. "Ernst Herzfeld and Friedrich Sarre." In *Ernst Herzfeld and the Development of Near Eastern Studies, 1900-1950*, edited by Ann Clyburn Gunter and Stefan R. Hauser, 49-54. Leiden: Brill.

Kroll, J. L. 2010. "The Han-Xiongnu Heqin Treaty (200-135 B.C.) in the Light of Chinese Political and Diplomatic Traditions." *Bulletin of the Museum of Far Eastern Antiquities* 78: 109-124.

Kuehn, Sara. 2011. *The Dragon in Medieval East Christian and Islamic Art*. Leiden: Brill.

Kuhn, Dieter. 1995. "Silk Weaving in Ancient China: From Geometric Figures to Patterns of Pictorial Likeness." *Chinese Science* 12: 77-114.

Kumamoto, Hiroshi. 2009. "Khotan: ii. History in the Pre-Islamic Period." In *Encyclopaedia Iranica Online*. Last updated April 20. www.iranicaonline.org/articles/khotan-i-pre-islamic-history.

Kurbanov, Aydogdy. 2010. "The Hephthalites: Archaeological and Historical Analysis." PhD diss., Free University of Berlin.

Kurlansky, Mark. 2002. *Salt: A World History*. London: Jonathan Cape.

Kuwayama, Shoshin. 1991. "L'inscription du Gaṇeśa de Gardez et la chronologie des Turki-Śahis." *Journal Asiatique* 279: 267-287.

———. 1992. "The Hephthalites in Tokharistan and Northwest India." *Zinbun, Annals of the Institute for Research in the Humanities, Kyoto University* 24: 25-77.

———. 2006. "Swāt, Udyāna and Gandhāra: Some Issues Related to Chinese Accounts." In Callieri 2006: 59-77.

Laiou, Angeliki E., ed. 2002. *The Economic History of Byzantium: From the Seventh through the Fifteenth Century*. Washington, DC: Dumbarton Oaks Research Library and Collection.

Lal, B. B. 1987. "Glass Technology in Early India." In *Archaeometry of Glass: Proceedings of the Archaeometry Session of the XIV International Congress on Glass*, edited by H. C. Bhardwaj, 44-56. New Delhi: Indian Ceramic Society.

Lam, Raymond. 2013. "Kuāna Emperors and Indian Buddhism: Political, Economic and Cultural Factors Responsible for the Spread of Buddhism through Eurasia." *South Asia: Journal of South Asian Studies* 36 (3). DOI: dx.doi.org/10.1080/0885 6401.2013.777497.

Lankton, J. W. and L. Dussubieux. 2006. "Early Glass in Asian Maritime Trade: A Review and an Interpretation of Compositional Analyses." *Journal of Glass Studies* 48: 121-144.

Lapatain, Kenneth, ed. 2014. *The Berthouville Silver Treasure and Roman Luxury*. Los Angeles: Getty Publications.

La Puente, Cristina de. 2012. "The Ethnic Origins of Female Slaves in al-

Andalus." In Roper and Hain 2012: 124-142.

Laugu, Nurdin, 2007. "The Roles of Mosque Libraries through History." *Al-Jami'ah* 45(1): 91-118.

La Vaissière, Etienne de. 2005. *Sogdian Traders: A History.* Translated by James Ward. Leiden: Brill.

———. 2007. "Is There a Nationality of the Hephthalites?" *Bulletin of the Asia Institute* 17: 119-132.

———. 2009. *"Huns et Xiongnu."* *Central Asiatic Journal* 49: 3-26.

———. 2014. "The Steppe World and the Rise of the Huns." In *The Cambridge Companion to the Age of Attila,* edited by M. Maas, 175-192. Cambridge: Cambridge University Press.

Lee, Kenneth B. 1997. *Korea and East Asia: The Story of a Phoenix.* Westport, CT: Greenwood.

Leidy, Denise Patry. 2012. "Links, Missing and Otherwise: Tillya Tepe and East Asia." In Aruz and Fino 2012: 112-121.

Leland, John. 2010. *De viris illustribus/On Famous Men.* Edited and translated by James P. Carley. British Writers of the Middle Ages and the Early Modern Period 1. Toronto: Pontifical Institute of Medieval Studies; Oxford: Bodleian Library.

Lenski, Noel. 2008. "Slavery between Rome and the Barbarians." In *Rome and the Barbarians: The Birth of a New World,* edited by Jean-Jacques Aillagon, 228-31. Rome: Skira.

Lenz, Timothy. 2003. *A New Version of the Gāndhārī Dharmapada and a Collection of Previous-Birth Stories: British Library Kharoṣṭhī Fragments 16 + 25.* Seattle: University of Washington Press.

Leriche, P. and F. Grenet. [1988] 2011. "Bactria." In *Encyclopaedia Iranica Online.* Last updated August 19. www.iranicaonline.org/articles/bactria.

Lerner, Judith and Nicholas Sims-Williams. 2011. *Seals, Sealings and Tokens from Bactria to Gandhara (4th to 8th Century CE).* Vienna: Verlag der Österreichischen Akademie der Wissenschaften.

Lev, Yaacov. 2012. "Mediterranean Encounters: The Fatamids and Europe, Tenth to Twelfth Centuries." In *Shipping, Trade and Crusade in the Medieval Mediterra-nean: Studies in Honour of John Pryor,* edited by Ruthy Gertwagen and Elizabeth Jeffreys, 131-156. London: Ashgate.

Lewis, Bernard. 1990. *Race and Slavery in the Middle East: An Historical Enquiry.* Oxford: Oxford University Press.

Lewis, Geoffrey D. 2015. "The History of Museums." In *Encyclopædia Britannica Online.* August 15. www.britannica.com/topic/history-398827.

Li, Q. H., S. Liu, H. X. Zhao, F. X. Gan and P. Zhang. 2014. "Characterization of Some Ancient Glass Beads Unearthed from the Kizil Reservoir and Wanquan Cemeteries in Xinjiang, China." *Archaeometry* 56(4): 601-624.

Li Jaang [Li Zhang] . 2011. "Long-Distance Interactions as Reflected in the Earliest Chinese Bronze Mirrors." In *The Lloyd Cotsen Study Collection of Chinese Bronze Mirrors,* vol. 2, *Studies,* edited by Lothar von Falkenhausen,

34-49. Los Angeles: UCLA Cotsen Institute of Archaeology Press.

Lin, James C. S. 2012. *The Search for Immortality: Tomb Treasures of Han China*. Exh. cat. New Haven, CT: Yale University Press.

Linduff, Katheryn M. 2008. "The Gender of Luxury and Power among the Xiongnu in Eastern Eurasia." In Linduff and Rubinson 2008: 175-212.

———. 2009. "Production of Signature Artifacts for the Nomad Market in the State of Qin During the Late Warring States Period in China (4th-3rd Century BCE." In *Metallurgy and Civilisation: Eurasia and Beyond*, edited by J. Mei and Th. Rehren, 90- 96. London: Archetype.

Linduff, Katheryn M. and Karen S. Rubinson, eds. 2008. *Are All Warriors Male? Gender Roles on the Ancient Eurasian Steppe*. Lanham, MD: AltaMira Press/ Roman and Littlefield.

Lin Shen-Yu. 2010. "Pehar: A Historical Survey." *Revue d'Etudes Tibétaines* 19: 5-26.

Li Qinghui, Yongchun Xu, Ping Zhang, Fuxi Gan and Huansheng Sheng. 2009. "Chemical Composition Analyses of Early Glasses of Different Historical Periods Found in Xinjiang, China." In *Gan, Brill and Tian* 2009: 331-357.

Litvinsky, B. A. 1996. "The Hephthalite Empire." In *Litvinsky, Zhang Guang-da and Samghabadi* 1996: 135-162.

Litvinsky, B. A., Zhang Guang-da and R. Sharani Samghabadi, eds. 1996. *History of Civilizations of Central Asia*. Vol. 3. *The Crossroads of Civilizations: A.D. 250 to 750*. Paris: UNESCO.

Liu Xinru. 1994. *Ancient India and Ancient China: Trade and Religious Exchanges, AD 1-600*. Delhi: Oxford University Press.

———. 1996. *Silk and Religion: An Exploration of Material Life and the Thought of People, AD 600-1200*. Delhi: Oxford University Press.

———. 2001. "Migration and Settlement of the Yuezhi-Kushan. Interaction and Interdependence of Nomadic and Sedentary Societies." *Journal of World History* 12(2): 261-292.

Loewe, Michael. 2004. "Guangzhou: The Evidence of the Standard Histories from the Shi ji to the Chen shu, a Preliminary Survey." In *Guangdong: Archaeology and Early Texts (Zhou-Tang)*, edited by S. Mülle, Thomas O. Höllmann and Putao Gui, 51-80. Wiesbaden: Harrassowitz.

Loewe, Michael and Edward O'Shaughnessy. 1999. *The Cambridge History of Ancient China: From the Origins of Civilisation to 221 BC*. Cambridge: Cambridge University Press.

Lopez, R. S. 1945. "Silk Industry in the Byzantine Empire." *Speculum* 20(1): 1-42.

———. 1978. *Byzantium and the World around It*. London: Variorum Reprints.

Lubar, Steven and W. David Kinger, eds. 1995. *History from Things: Essays on Material Culture*. Washington, DC: Smithsonian Books.

Lubec, G., J. Holaubek, C. Feldl, B. Lubec and E. Strouhal. 1993. "Use of Silk in Ancient Egypt." *Nature*, March 4. www.silkroadfoundation.org/artl/egyptsilk.shtml.

Lukšić, Tugomir. 1996. *Put svile: Muzej Mimara: 8. rujna 1996.-8. siječnja 1997.* Zagreb: Muzejsko-galerijski centar.

Lullo, Sheri. 2004. "Glass in Early China: A Substitute for Luxury?" In *Silk Road Exchange in China*, Sino-Platonic Papers 142, edited by Kateryn Linduff, 17-26. Philadelphia: University of Pennsylvania Press. http://sino-platonic.org/complete/ spp142_silk_road_china.pdf.

Luttwak, E. N. 1976. *The Grand Strategy of the Roman Empire: From the First Century A.D. to the Third.* Baltimore: John Hopkins University Press.

Lynch, Joseph H. and Phillip C. Adamo. 2014. *The Medieval Church: A Brief History.* London: Routledge.

Maas, Michel. 2014. *The Cambridge Companion to the Age of Attila.* Cambridge: Cambridge University Press.

MacGregor, Neil. 2011. *History of the World in a Hundred Objects.* London: British Museum.

Macuch, Maria. 1981. *Das sasanidische Rechtsbuch "Mātakdān-i Hazār Dādistān."* Vol. 2. Wiesbaden: Steiner.

Maggi, Mauro and Anna Filigenzi. 2008. "Pelliot tibétain 2222: A Dunhuang Painting with a Khotanese Inscription." *Journal of Inner Asian Art and Archaeology* 3: 83-89.

Mairs, Rachel. 2013. "The Hellenistic Far East: From the Oikoumene to the Community." In *Shifting Social Imaginaries in the Hellenistic Period: Narrations, Practices and Images*, edited by Eftychia Stavrianopoulou, 365-385. Leiden: Brill.

Mallory, J. P. and Douglas Q. Adams, eds. 1997. *The Encyclopedia of Indo-European Culture.* Oxford: Taylor & Francis.

Marshak, Boris I. 2002. *Legends, Tales and Fables in the Art of Sogdiana.* New York: Bibliotheca Persica.

———. 2004. "Central Asian Metalwork in China." In Watt et al. 2004: 47-65.

———. 2006. "The So-Called Zandanījī Silks: Comparisons with the Art of Sogdia." In *Central Asian Textiles and Their Contexts in the Early Middle Ages*, edited by Regula Schorta, 49-60. Riggisberg: Abegg-Stiftung.

Marshak, Boris I. and Anazawa Wakou. 1989. "Some Notes on the Tomb of Li Xian and His Wife under the Northern Zhou Dynasty at Guyuan, Ningxia and Its Gold-Gilt Silver Ewer with Greek Mythological Scenes Unearthed There." *Cultura Antiqua* 41(1): 54-57.

Marshall, John H. 1951. *Taxila: An Illustrated Account of Archaeological Excavations, Carried Out at Taxila under the Orders of the Government of India between the Years 1913 and 1934.* 3 vols. Cambridge: Cambridge University Press.

Martin, Frederik Robert. 1912. *Miniature Painting and Painters of Persia, India and Turkey from the 8th to the 18th Century.* 2 vols. Paris: Vever.

Martin, Wilbur C. 1968. "Slavery during China in the Former Han Dynasty, 206 B.C.-A.D. 25." PhD thesis, Columbia University.

Martzloff, J.-C. 2009. *Le calendrier chinois: Structure et calculs (104 av. J.C. -*

1644). Paris: Champion.

Marzo, Flavio. n.d. "'Islamic-Style' Binding: A Misleading Term Ripe for Further Research." Accessed October 3, 2017. https://www.qdl.qa/en/'islamic-style' - binding-misleading-term-ripe-further-research.

Matsui Dai. 2012. "Uyghur Divination Fragments from Dunhuang." In *Dunhuang Studies: Prospects and Problems for the Coming Second Century of Research*, edited by I. Popova and Liu Yi, 154-166. St. Petersburg: Institute of Oriental Manuscripts.

McCarthy, B. 2008. "Faience in Ancient South Asia." In *Encyclopedia of the History of Science, Technology and Medicine in Non-Western Cultures*, edited by Helaine Selin, 915-917. Heidelberg: Springer Science and Business Media.

McCarthy, B. and Pamela B. Vandiver. 1991. "Ancient High Strength Ceramics: Fritted Faience Bracelet Manufacture at Harappa (Pakistan), c. 2300-1800 BC." In *Materials Issues in Art and Archaeology II*, edited by Pamela B. Vandiver, James Druzik and George Seagon Wheeler, 495-510. Pittsburgh, PA: Materials Research Society.

McDermott, Joseph P. 2006. *A Social History of the Chinese Book: Books and Literati Culture in Late Imperial China*. Hong Kong: Hong Kong University Press.

McGrail, Seán. 2001. *Boats of the World: From the Stone Age to Medieval Times*. Oxford: Oxford University Press.

McHugh, Feldore. 1999. *Theoretical and Quantitative Approaches to the Study of Mortuary Practice*. British Archaeological Reports, International Series 785. Oxford: Archaeopress.

McIntosh, Jane. 2008. *The Ancient Indus Valley: New Perspectives*. Santa Barbara, CA: ABC-CLIO.

McNair, W. W. 1884. "A Visit to Kafiristan." *Proceedings of the Royal Geographical Society* 6(1): 1-18.

Meister, M. W. 1970. "The Pearl Roundel in Chinese Textile Design." *Ars Orientalis* 8: 255-267.

Michon, Daniel. 2015. *Archaeology and Religion in Early Northwest India: History, Theory, Practice*. London: Routledge.

Miller, Naomi F., Robert N. Spengler and Michael Frachetti. 2016. "Millet Cultivation across Eurasia: Origins, Spread and the Influence of Seasonal Climate." *Holocene* 26(10). DOI: 10.1177/0959683616641742.

Miller, Timothy C. 2001. "Almanacs: Britain and the United States." In Jones 2001: 43-45.

Millward, James A. 2007. *Eurasian Crossroads: A History of Xinjiang*. New York: Columbia University Press.

Miniaev, Sergey. 2015. "Is'mennye Istočniki O Rannej Istorii Sjunn." Apxeo *Arheologičeskie vesti* 21: 304-327.

———. 2016. "Production of Bronze Wares among the Xiongnu." Translated by Jargalan Burentogtock and Daniel Waugh. *Silk Road* 14: 147-165. www.silkroad foundation.org/newsletter/vol14/Miniaev_SR14_2016_147_165.pdf.

Mintz, Sidney. 1985. *Sweetness and Power: The Place of Sugar in Modern History*. London: Penguin.

Mirsky, Jeanette. 1998. *Sir Aurel Stein: Archaeological Explorer*. Chicago: University of Chicago Press.

Molnar, M., I. Jason, L. Szucs and L. Szathmary. 2014. "Artificially Deformed Crania from the Hun-Germanic Period (5th-6th Century AD) in Northeastern Hungary: Historical and Morphological Analysis." *Neurosurgical Focus* 36(4): 1-9. DOI: 10.3171/2014.1.FOCUS13466.

Momigliano, Arnaldo. 1979. *Alien Wisdom: The Limits of Hellenization*. Cambridge: Cambridge University Press.

Moorcroft, Williams. 1886. *Observations on the Breeding of Horses within the Provinces under the Bengal Establishment*. Simla: Government Central Branch Press.

Moorey, P. R. S. 1994. *Ancient Mesopotamian Materials and Industries: The Archaeological Evidence*. Oxford: Clarendon Press.

———. 2001. "The Mobility of Artisans and Opportunities for Technology Transfer between Western Asia and Egypt in the Late Bronze Age." In *The Social Context of Technological Change: Egypt and the Near East, 1650-1550 BC*, edited by A. J. Shortland, 1-14. Oxford: Oxbow Books.

Mordini, Antonio. 1967. "Gold Kushana Coins in the Convent of Dabra Dammo." *Journal of the Numismatic Society of India* 29: 19-25.

Moreland, John. 1991. "Methods and Theory in Medieval Archaeology in the 1990s." *Archaeologica Medievale* 18: 7-42.

———. 2001. *Archaeology and Text*. London: Bloomsbury Academic.

Morgan, Joyce. 2012. "The Stein Collection and World War II." In H. Wang 2012: 1-6.

Motoyoshi Akiko. 2001. "Sensibility and Synaesthesia: Ibn al-Rumi's Singing Slave Girl." *Journal of Arabic Literature* 32(1): 1-29.

Mouri, Chika, Abolfazi Aali, Xian Zhang and Richard Laursen. 2014. "Analysis of Dyes in Textiles from the Chehrabad Salt Mine." *Heritage Science* 2:20. https://doi.org/10.1186/s40494-014-0020-3.

Muhly, James D. 2011. "Archaeometry and Shipwrecks: A Review Article." *Expedition* 53(1): 26-44. https://www.penn.museum/sites/expedition/archaeometry-and- shipwrecks/.

Munger, Jeffrey and Alice Cooney Frelinghuysen. 2003. "East and West: Chinese Export Porcelain." *Heilbrunn Timeline of Art History*, October, Metropolitan Museum of Art. www.metmuseum.org/toah/hd/ewpor/hd_ewpor.htm.

Munro-Hay, Stuart. 1991. *Aksum: An African Civilisation of Late Antiquity*. Edinburgh: Edinburgh University Press.

———. 2002. *Ethiopia, the Unknown Land: A Cultural and Historical Guide*. London: I. B. Tauris.

Musée Cernuschi. 1958. *Orient-Occident: Recontres et influences durant cinquante siècles d'art*. Paris: Editions des Musées Nationaux.

Musée du Louvre. 1992. *Byzance: L'art Byzantin dans le collection publiques françaises*. Paris: Réunion des Musées Nationaux.

Muthesius, Anna. 1980. "Eastern Silks in Western Shrines and Treasuries before 1200." PhD diss., Courtauld Institute.

———. 1992. *Silk, Power and Diplomacy in Byzantium: Textiles in Daily Life: Proceedings of the Third Biennial Symposium of the Textile Society of America, September 24-26, 1992.* Earlsville, MD: Textile Society of America. http://digital commons.unl.edu/cgi/viewcontent.cgi?article=1579&context=tsa conf.

———. 1997. *Byzantine Silk Weaving, AD 400 to AD 1200.* Vienna: Fassbaender.

———. 2002. "Essential Processes, Looms and Technical Aspects of the Production of Silk Textiles." In *The Economic History of Byzantium: From the Seventh through the Fifteenth Century*, edited by Angeliki E. Laiou, 147-168. Washington, DC: Dumbarton Oaks Research Library and Collection.

———. 2008. *Studies in Byzantine, Islamic and Near East Silk Weaving.* London: Pindar.

Nattier, Jan. 1991. *Once upon a Future Time: Studies in a Buddhist Prophecy of Decline.* Fremont, CA: Asian Humanities Press.

Needham, Joseph and Dieter Kuhn. 1988. *Science and Civilisation in China.* Vol. 5. *Chemistry and Chemical Technology: Spinning and Reeling.* Cambridge: Cambridge University Press.

Needham, Joseph and Ling Wang. 1959. *Science and Civilisation in China.* Vol. 3. *Mathematics and the Sciences of the Heavens and the Earth: Section 20: Astronomy.* Cambridge: Cambridge University Press.

Needham, Joseph, Ling Wang and Gwei Djen Lu. 1971. *Science and Civilisation in China.* Vol. 4(3). *Civil Engineering and Nautics.* Cambridge: Cambridge University Press.

Neelis, Jason. 2013. *Early Buddhist Transmission and Trade Networks: Mobility and Exchange within and beyond the Northwestern Borderlands of South Asia.* Leiden: Brill.

———. n.d. "Buddhism and Trade." University of Washington, *Art of the Silk Road*, virtual exhibit for Silk Road Seattle. https://depts.washington.edu/silkroad/exhibit/religion/buddhism/buddhism.html.

Nees, Lawrence. 2011. "Blue behind Gold: The Inscription of the Dome of the Rock and Its Relatives." In *Diverse Are Their Hues: Color in Islamic Art and Culture*, edited by Jonathan M. Bloom and Sheila S. Blair, 152-173. New Haven, CT: Yale University Press.

Neumeier, Emily. 2006. "Early Koranic Manuscripts: The Blue Koran Debate." April. https://www.researchgate.net/publication/291602722_Early_Koranic_Manuscripts _The_Blue_Koran_Debate.

Nickel, Lukas. 2012. "The Nanyue Silver Box." *Arts of Asia* 42(3): 98-107.

———. 2013. "The First Emperor and Sculpture in China." *Bulletin of the School of Oriental and African Studies* 76(3): 413-447.

Nielson, Lisa. 2017. "Visibility and Performance: Courtesans in the Early Islamicate Courts (661-950 CE)." In *Concubines and Courtesans: Women and Slavery in Islamic History*, edited by Matthew S. Gordon and Kathryn A. Hain, 75-99. Oxford: Oxford University Press.

Nikolaev, N. 2005. *Les Huns/De Hunnen*. Brussels: Mercator.

Nuyen, A. T. 2013. "The 'Mandate of Heaven': Mencius and the Divine Command Theory of Political Legitimacy." *Philosophy East and West*. 63(2): 113-126.

Nylan, Michael. 1994. "The Chin wen/Ku wen Controversy in Han Times." *T'oung Pao* 80: 83-145.

Nylan, Michael and Michael Loewe, eds. 2010. *China's Early Empires: A Reappraisal*. Cambridge: Cambridge University Press.

Ohta, Alison. 2012. "Covering the Book: Bindings of the Mamluk Period, 1250-1516 CE." PhD diss., University of London.

Oikonomides, Nicolas. 1986. "Silk Trade and Production in Byzantium from the Sixth to the Ninth Century: The Seals of Kommerkiarioi." *Dumbarton Oaks Papers* 40: 35-53.

Oikonomou, A., J, Henderson, M. Gnade, S. Chenery and N. Zacharias. 2016. "An Archaeometric Study of Hellenistic Glass Vessels: Evidence for Multiple Sources." *Archaeological and Anthropological Sciences*, prepublished online May 16. doi: 10.1007/s12520-016-0336-x.

Olivieri, Luca M. 1996. "Notes on the Problematic Sequence of Alexander's Itinerary in Swat: A Geo-Historical Approach." *East and West* 46(1-2): 45-78.

———. 2003. *The Survey of Bir-kot Hill: Architectural Comparisons and Photographic Documentation*. Bir-kot-ghwanai Interim Reports 1, IsIAO Reports and Memories Series. Rome: IsIAO.

———. 2012. "When and Why the Ancient Town of Barikot Was Abandoned? A Preliminary Note Based on the Last Archaeological Data." *Pakistan Heritage* 4: 109-120.

———. 2014. *The Last Phases of the Urban Site of bir-Kot-Ghwandai (Barikot): The Buddhist Sites of Gumbat and Amluk-Dara (Barikot)*. Lahore: Sang-e-Meel Publications.

———. 2015a. "'Frontier Archaeology': Sir Aurel Stein, Swat and the Indian Aornos." *South Asian Studies* 31(1): 58-70.

———. 2015b. *Talking Stones: Painted Rock Shelters of the Swat Valley*. Lahore: Sang-e-Meel Publications.

———. 2016. "The Graveyard and the Buddhist Shrine at Saidu Sharif I (Swat, Pakistan): Fresh Chronological and Stratigraphic Evidence." *Journal of Ancient History* 76(3): 559-578.

Olivieri, Luca M. and M. Vidale. 2006. "Archaeology and Settlement History in a Test Area of the Swat Valley: Preliminary Report on the AMSV Project (1st Phase)." *East and West* 54(1-3): 73-150.

Otavsky, Karel and Anne E. Wardwell, eds. 2011. *Mittelalterliche Textilien II: Zwischen Europa und China*. Riggisberg: Abegg-Stiftung.

Othwa, Najwa. [2002] 2010. "Kairouan: Capital of Political Power and Learning in the Ifriqiya." Muslim Heritage. Updated. www.muslimheritage.com/article/

kairouan-capital-political-power-and-learning-ifriqiya.

Pagès-Camagna, Sandrine. 1998. "Pigments bleus et vert égyptiens en question: Vocabulaire et analyses." In *La couleur dans la peinture et l'emaillage de l'Egypte ancienne*, edited by Sylvie Colinart and Michel Menu, 163-175. Bari: Edipuglia.

Panagiotakopulu, E., P. C. Buckland, P. M. Day, C. Doumas, A. Sarpaki and P. Skidmore. 1997. "A Lepidopterous Cocoon from Thera and Evidence for Silk in the Aegean Bronze Age." *Antiquity* 71: 420-429.

Pan Jixing. 1997. "On the Origin of Printing in the Light of New Archaeological Discoveries." *Chinese Science Bulletin* 42(12): 976-981.

Paynter, Sarah. 2009. "Links between Glazes and Glass in Mid-2nd Millennium BC Mesopotamia and Egypt." In *From Mine to Microscope: Advances in the Study of Ancient Technology*, edited by Andrew J. Shortland, Ian C. Freestone and Thilo Rehren, 93-108. Oxford: Oxbow Books.

Pedersen, Johannes. 1984. *The Arabic Book*. Princeton, NJ: Princeton University Press.

Pellat, Ch. [2012] 2017. "al-Rādhāniyya." In Encyclopaedia of Islam, 2nd ed., edited by P. Bearman, Th. Bianquis, C. E. Bosworth, E. van Donzel and W. P. Hein-richs. Accessed October 21, 2017. http://dx.doi.org/10.1163/1573-3912_ islam_SIM _6168.

Perikhanian, Anahit. 2008. "Iranian Society and Law." In *The Cambridge History of Iran*, vol. 3(2), *The Seleucid, Parthian and Sasanid Periods*, edited by Ehsan Yarshater, 625-680. Cambridge: Cambridge University Press.

Perry, Craig. 2014. "The Daily Life of Slavery and Global Reach of Slavery in Medieval Egypt, 969-1250 CE." PhD diss., Emory University.

Peterson, Mark. 2010. *A Brief History of Korea*. New York: InfoBase.

Peterson, Sara. 2017. "Roses, Poppies and Narcissi: plant iconography at Tillyatepe and connected cultures across the ancient world." PhD diss. University of London.

Pfister, P. 1934-1940. *Textiles de Palmyre découverts par le Service des Antiquités du Haut-Commissariat de la République française dans la Nécropole de Palmyre*. 3 vols. Paris: Éditions d'art et d'histoire.

Phillipson, David W. 1998. *Ancient Ethiopia: Aksum: Its Antecedents and Successors*. London: British Museum Press.

―――. 2012. *Foundations of an African Civilisation: Aksum and the Northern Horn, 1000 BC-AD 1300*. Martlesham: Boydell and Brewer.

Pines, Yuri. 2012a. "Beasts or Humans: Pre-Imperial Origins of the 'Sino-Barbarian' Dichotomy." In *Mongols, Turks and Others: Eurasian Nomads and the Sedentary World*, edited by Reuven Amitai and Michal Biran, 59-102. Leiden: Brill.

―――. 2012b. *The Everlasting Empire: The Political Culture of Ancient China and Its Imperial Legacy*. Princeton, NJ: Princeton University Press.

Piotrovsky, Boris. 1973-1974. "From the Lands of Scythians: Ancient Treasures from the Museum of the USSR 3000 B.C.-100 B.C." *Metropolitan Museum of*

Art Bulletin 32(5).

Pliny the Elder. 1855. *Natural History*. Translated by John Bostock. London: Taylor & Francis. www.perseus.tufts.edu/hopper/text?doc=Perseus:te xt:1999.02.0137.

Pohl, Walter. 2002. *Die Awaren: Ein Steppenvolk in Mitteleuropa*. Munich: C. H. Beck.

Porter, Cheryl. 2008. "The Identification of Purple in Manuscripts." In *Dyes in History and Archaeology 21, Including Papers Presented at the 21st Meeting, Held at Avignon and Lauris, France, 10-13 October 2002*, edited by Jo Kirby, 59-64. London: Archetype Productions.

————. 2018. "The Materiality of the Blue Quran: A Physical and Technological Study." In *The Aghlabids and Their Neighbours*, edited by Claire D. Anderson, Corisande Fenwick and Mariam Rosser-Owen, 575-586. Leiden: Brill.

Priscus. 2014. *The Fragmentary History of Priscus: Attila, the Huns and the Roman Empire*, AD 430-476. Translated by John Given. Merchantville, NJ: Evolution Publishing.

Procopius. 1961. *History of the Wars*. Edited and translated by H. B. Dewing. London: Heinemann6666. https://en.wikisource.org/wiki/History_of_the_ Wars.

Psarras, Sophia-Karin. 2003. "Han and Xiongnu: A Reexamination of Cultural and Political Relations (I)." *Monumenta Serica: Journal of Oriental Studies* 51:55-236.

Pulak, Cemal. 1998. "The Uluburun Shipwreck: An Overview." *International Journal of Nautical Archaeology* 27(3): 188-224.

Pulleyback, E. G. 2000a. "The Hsiung-nu." In Bazin, Hazai and Roemer 2000: 52-75.

————. 2000b. "The Nomads in China and Central Asia in the Post-Han Period." In Bazin, Hazai and Roemer 2000: 76-94.

Quinn, Stephen Christopher. 2006. *Windows on Nature: The Great Habitat Dioramas of the American Museum of Natural History*. New York: Abrams.

al-Rammah, M. 1995. "The Ancient Library of Kairaouan and Its Methods of Con-servation." In *The Conservation and Preservation of Islamic Manuscripts: Proceedings of the Third Conference of Al-Furqān Islamic Heritage Foundation*, 29-47. London: Al-Furqān Islamic Heritage Foundation.

Raphaels, Lisa. 2013. *Divination and Prediction in Early China and Ancient Greece*. Cambridge: Cambridge University Press.

Raschke, M. G. 1976. "New Studies in Roman Commerce with the East." In *Aufstieg und Niedergang der Romischen Welt*, pt. 2, Principat, vol. 92, 604-1233. Berlin: Walter de Gruyter.

Rawson, Jessica. 1992. *The British Museum Book of Chinese Art*. London: Trustees of the British Museum.

————. 2002. *Chinese Jade from the Neolithic to the Qing*. Chicago: ArtMedia Resources.

———. 2010. "Carnelian Beads, Animal Figures and Exotic Vessels: Traces of Con-tact between the Chinese States and Inner Asia, c. 1000-650 BC." In *Archäologie in China*, vol. 1, *Bridging Eurasia*, edited by Mayke Wagner and Wang Wei, 1-42. Berlin: Deutsches Archaeologisches Institut.

Ray, Himanshu Prabha. 1994. *The Winds of Change: Buddhism and the Maritime Links of Early South Asia*. New Delhi: Oxford University Press.

Reade, Julian. 2013. *The Indian Ocean in Antiquity*. London: Kegan Paul.

Reader, Ian. 1991. "Letters to the Gods: The Form and Meaning of Ema." *Japanese Journal of Religious Studies* 18(1): 23-50.

Reed, Carrie E. 2000. *Early Chinese Tattoo*. Sino-Platonic Papers 103. Philadelphia: Department of Asian and Middle Eastern Studies, University of Pennsylvania.

Reed, Ronald. 1975. *The Nature and Making of Parchment*. Leeds: Elmete Press.

Reeder, Ellen D. and Esther Jacobson. 1999. *Scythian Gold: Treasures from Ancient Ukraine*. Exh. cat. New York: Harry N. Abrams.

Reynolds, Douglas. 2012. *Turkey, Greece and the Borders of Europe: Images of Nations in the West German Press*, 1950-1975. Berlin: Frank and Timme.

Rhys Davids, T. W., trans. 1890-94. *The Questions of King Milinda, Parts 1 and II*. Sacred Books of the East 35 and 36. Oxford: Oxford University Press.

Riboud, Krishna. 1976. "A Newly Excavated Caftan from the Northern Caucasus." *Textile Museum Journal* 4(3): 21-42.

———. 1977. "A Detailed Study of the Figured Silk with Birds, Rocks and Trees from the Han Dynasty." *Bulletin de Liaison* 45: 51-60.

Ridpath, Ian. 1985. *A Comet Called Halley*. Cambridge: Cambridge University Press.

Riedel, Dagmar. 2013. "The Anxiety of Influence: Framing the Blue Quran." *Islamic Books blog*, May 13. https://researchblogs.cul.columbia.edu/islamic books/2013/ 05/ 10/bquran/

———. 2015. "Buying by the Box: Islamic Manuscripts and American Collectors, 1865-1976." Paper presented at the Schoenberg Symposium on Manuscript Studies, Philadelphia, November 12-14. https://www.academia. edu/14971932/.

Rienjang, Wannaporn. 2012. "Aurel Stein's Work in the North-West Frontier Province, Pakistan." In H. Wang 2012: 1-10.

Roberts, Colin H. and T. C. Skeat. 1983. *The Birth of the Codex*. Oxford: Oxford University Press.

Robson, James. 2008. "Signs of Power: Talismanic Writing in Chinese Buddhism." History of Religions 48(2): 130-169.

Rockwell, Peter. 2006. "Gandharan Stoneworking in the Swat Valley." In Callieri 2006: 157-180.

Rong Xinjiang. 2004. "Official Life at Dunhuang in the Tenth Century: The Case of Cao Yuanzhong." In Whitfield and Sims Williams 2004: 57-62.

———. 2013. *Eighteen Lectures on Dunhuang*. Translated by Imre Galambos. Leiden: Brill.

Roper, Geoffrey. 2010. "The History of the Book in the Muslim World." In *The Oxford Companion to the Book,* edited by Michael F. Suarez and H. R. Woodhyusen, 321-339. Oxford: Oxford University Press.

Rose, Marice E. 2008. "The Construction of Mistress and Slave Relationships in Late Antique Art." *Women's Art Journal* 29(2): 41-49.

Rosenfield, John M. 1967. *The Dynastic Arts of the Kushans.* Berkeley: University of California Press.

———. 2011. "Prologue: Some Debating Points on Gandh ā ran Buddhism and Kuṣāṇa History." In *Gandhāran Buddhism: Archaeology, Art and Texts,* edited by Kurt Behrendt and Pia Brancaccio, 9-38. Vancouver: UBC Press.

Rosenthal-Heginbottom, Renate. 2013. "Roman and Late Antique Hoards of Silver Tableware as Status Symbols." In *Hoards and Genizot as Chapters in History: Catalogue No. 33,* Spring 2013, 41-48. Haifa: Hecht Museum, University of Haifa.

Rotman, Youval and Jane Marie Todd. 2009. *Byzantine Slavery and the Mediterranean World.* Cambridge, MA: Harvard University Press.

Rotroff, Susan I. 2007. "Material Culture." in *The Cambridge Companion to the Hellenistic World,* edited by Glenn R. Bugh, 136-157. Cambridge: Cambridge University Press.

Rowland, Benjamin. 1977. *The Art and Architecture of India.* New York: Penguin.

Rtveladze, Edward V. 1993. "Coins of the Yuezhi Rulers of Northern Bactria." *Silk Road Art and Archaeology* 3: 81-96.

Rubinson, Karen S. 1985. "Mirrors on the Fringe: Some Notes." *Source: Notes in the History of Art* 4(2-3): 46-50.

———. 2008. "Tillya Tepe: Aspects of Gender and Cultural Identity." In Linduff and Rubinson 2008: 51-66.

Russell-Smith, Lilla. 2005. *Uyghur Patronage in Dunhuang: Regional Art Centres on the Northern Silk Road in the Tenth and Eleventh Century.* Leiden: Brill.

Ryan, John C. and Alan Thein Durning. 1997. *Stuff: The Secret Life of Everyday Things.* Seattle: Northwest Environment Watch.

Ryder, Edmund C. 2008. "Popular Religion: Magical Uses of Imagery in Byzantine Art." In Heilbrunn Timeline of Art History, Metropolitan Museum of Art. www.metmuseum.org/toah/hd/popu/hd_popu.htm.

Ryken, Leland, James C. Wilhoit and Tremper Longman III, eds. 2010. *Dictionary of Biblical Imagery.* Westmont, IL: InterVarsity Press.

Salles, J.-F. 1996. "Achaemenid and Hellenistic Trade in the Indian Ocean." In *The Indian Ocean in Antiquity,* edited by Julian Reade, 251-267. London: Kegan Paul International in association with British Museum.

Salomon, Richard. 1999. *Ancient Buddhist Scrolls from Gandhāra: The British Library Kharoṣṭhī Fragments.* Seattle: University of Washington Press.

Salomon, Richard and Gregory Schopen. 1984. "The Indravarman (Avaca) Casket Inscription Reconsidered: Further Evidence for Canonical Passage in Buddhist Inscriptions." *Journal of the International Association of Buddhist Studies*

7(1): 107-123.

Sandberg, Gosta. 1989. *Indigo Textiles: Technique and History*. Asheville, NC: Lark Books.

Sarianidi, Victor I. 1985. *The Golden Hoard of Bactria: From the Tillya-Tepe Excavations in Northern Afghanistan*. New York: Harry N. Abrams.

―――. 1990. "The Golden Hoard of Bactria." *National Geographic*, March, 50-75.

―――. 1990-92. "Tilya Tepe: The Burial of a Noble Warrior." *Persica* 14: 103-130.

Sawyer, Peter. 2001. *The Oxford Illustrated History of the Vikings*. Oxford: Oxford University Press.

Schafer, Edward H. 1961. "Languages of Ancient Khotan." *Archiv Orientalní* 29: 35-52.

―――. 1963. *The Golden Peaches of Samarkand*. Berkeley: University of California Press.

――― 1967. *The Vermilion Bird: T'ang Images of the South*. Berkeley: University of California Press.

―――. 1977. *Pacing the Void: T'ang Approaches to the Stars*. Berkeley: University of California Press.

Schimmel, Annemarie. 1984. *Calligraphy and Islamic Culture*. New York: New York University Press.

Schlütz, Frank and Frank Lehmkuhl. 2007. "Climatic Change in the Russian Altai, Southern Siberia, Based on Palynological and Geomorphological Results, with Implications for Climatic Teleconnections and Human History since the Middle Holocene." *Vegetation History of Archaeobotany* 16: 101-118.

Schmidt, Henirich Jakob. 1958. *Alte Seidenstoffe: Ein Hanbuch für Sammler und Liebhaber*. Leipzig: Klinkhardt und Biermann.

Schmidt-Colinet andreas and Annemarie Stauffer. 2000. *Die Textilien aus Palmyra, Neue und Alte Funde*. Mainz: P. von Zabern.

Schoeler, Gregor. 2006. *The Oral and the Written in Early Islam*. Translated by Uwe Vagelpohl. London: Routledge.

Schopen, Gregory. 1994. "The Monastic Ownership of Servants or Slaves: Local or Legal Factors in the Redactional History of the Two Vinayas." *Journal of the International Association of Buddhist Studies* 17(2): 145-173.

―――. 1997. *Bones, Stones and Buddhist Monks: Collected Papers on the Archaeol-ogy, Epigraphy and Texts of Monastic Buddhism in India*. Honolulu: University of Hawaii Press.

―――. 2006a. "The Buddhist 'Monastery' and the Indian Garden: Aesthetics, Assimilations and the Siting of Monastic Establishments." *Journal of the American Oriental Society* 126(4): 487-505.

―――. 2006b. "On Monks and Menial Laborers: Some Monastic Accounts of Building Buddhist Monasteries." In Callieri 2006: 225-245.

Schopphoff, Claudia. 2009. *Der Gürtel: Funktion und Symbolik eines*

Kleidungsstückes in Antike und Mittelalter. Pictura et Poesis 27. Cologne: Böhlau.

Schorta, Regula. 2016. "Central Asian Silks in the East and the West during the Sec-ond Half of the First Millennium." In *Oriental Silks in Medieval Europe*, edited by Juliane von Fircks and Regula Schorta, 47-63. Riggisberg: Abegg-Stiftung.

Schrenk, Sabine. 2006. "Silks from Antinoopolis." In *Central Asian Textiles and Their Contexts in the Early Middle Ages*, edited by Regula Schorta, 23-34. Rig-gisberg: Abegg-Stiftung.

Seland, Eivind Heldaas. 2013. "Ancient Afghanistan and the Indian Ocean: Maritime Links of the Kushan Empire ca. 500-200 CE." *Journal of Indian Ocean Archaeology* 9: 66-74.

Sen, Tansen. 2003. *Buddhism, Diplomacy and Trade: The Realignment of Sino-Indian Relations*, 600-1400. Honolulu: University of Hawaii Press.

Senior, R. C. 2008. "The Final Nail in the Coffin of Azes II." *Journal of the Oriental Numismatic Society* 197: 25-27.

Sephton, J. 1880. *Eirik the Red's Saga: A Translation Read before the Literary and Philosophical Society of Liverpool, January 12, 1880.* Liverpool: Marples. http://sagadb.org/eiriks_saga_rauda.en.

陕西省考古研究院:《唐李宪墓发掘报告》, 北京: 科学出版社, 2005 年。

Shabuh, Ibrahim. 1956. "Sijil qadim li-Maktabat Jami'al-Qayrawan." *Majallat Ma'had al-Makhtutat al-'Arabiya* 2: 339-372.

Shahbazi, A. Sh.［1987］2011. "Asb 'horse': i. In Pre-Islamic Iran." In *Encyclopaedia Iranica Online.* Last updated April 16. www.iranicaonline.org/articles/asb-horse-equus-cabullus-av.

Shahid, Irfan. 1995. *Byzantium and the Arabs in the Sixth Century.* Washington, DC: Dumbarton Oaks.

Shaki, Mansour.［1992］2011. "Contracts: ii. In the Parthian and Sasanian Periods." In *Encyclopaedia Iranica Online.* Last updated October 28. www. iranicaonline. org/articles/contracts-legally-enforceable-undertakings-between-two-or-more-consenting-parties#pt2.

Shelach-Lavi, Gideon. 2014. "Steppe-Land Interactions and Their Effects on Chi-nese Cultures during Second and Early First Millennia BC." In *Nomads as Agents of Cultural Change: The Mongols and Their Eurasian Predecessors*, edited by Ami-tai Reuven and Michal Biran, 10-31. Honolulu: University of Hawaii Press.

沈从文:《中国古代服饰研究》, 上海: 上海书店出版社, 2011 年。

Shen Hsueh-man. 2000. "Buddhist Relic Deposits from Tang (618-907) to Northern Song (960-1127) and Liao (907-1125)." PhD diss., Oxford University.

———. 2002. "Luxury or Necessity: Glassware in Śarīra Relic Pagodas of the Tang and Northern Song Periods." In *Chinese Glass: Archaeological Studies on the Uses and Social Context of Glass Artefacts from the Warring States to the Northern Song Period*, Orientalia Venetiana 14, edited by Cecilia Braghin,

71-110. Florence: Leo S. Olschki.

Shepherd, D. G. 1964. "Sasanian Art in Cleveland." *Bulletin of the Cleveland Museum of Art* 51(4): 82-92.

Shimada, Akira. 2012. *Early Buddhist Architecture in Context: The Great Stupa at Amaravati* (ca. 300 BCE-300 CE). Leiden: Brill.

Shrank, Cathy. 2004. *Writing the Nation in Reformation England, 1530-1580*. Oxford: Oxford University Press.

Silk, Jonathan A. 2008. *Managing Monks: Administrators and Administrative Roles in Indian Buddhist Monasticism*. Oxford: Oxford University Press.

Sima Qian. 1993. *Shiji*. Translated by Burton Watson as *Records of the Grand Historian of China: Han Dynasty II*, rev. ed. New York: Columbia University Press.

Sims-Williams, Nicholas. 2000. *Bactrian Documents from Northern Afghanistan*. Vol. 1. *Legal and Economic Documents*. Oxford: Oxford University Press.

———. 2007. "Bactrian Letters from the Sasanian and Hephthalite Periods." In *Proceedings of the 5th Conference of the Societas Iranologica Europæa Held in Ravenna*, 6-11 October 2003, edited by Antonio Panaino and Andrea Piras, 701-713. Milan: Mimesis.

Sinor, Denis. 1972. "Horse and Pasture in Inner Asian History." *Oriens Extremus* 19: 171-184.

———. 1990. *The Cambridge History of Early Inner Asia*. Cambridge: Cambridge University Press.

Skeat, T. C. 1994. "The Origin of the Christian Codex." *Zeitschrift für Papyrologie und Epigraphik* 102: 263-268.

Skjærvø, Oktor. 2012. 'The Zoroastrian Oral Tradition as Reflected in the Texts." In *The Tranmission of the Avesta*, edited by A. Cantera, 2-48. Wiesbaden: Harrassowitz.

Smith, C. S. 1981. *A Search for Structure*. Cambridge, MA: MIT Press.

Snodgrass, Adrian. 1991. *The Symbolism of the Stupa*. Ithaca, NY: Cornell University Press.

Snoek, Godefridus J. C. 1995. *Medieval Piety from Relics to the Eucharist: A Process of Mutual Interaction*. Leiden: Brill.

So, Jenny F. and Emma C. Bunker. 1995. *Traders and Raiders on China's Northern Frontier*. Exh. cat. Seattle: University of Washington Press.

Sperling, Elliot. 1979. "A Captivity in Ninth-Century Tibet." *Tibet Journal* 4(4): 17-67.

Splitstoser, Jeffrey C., Tom D. Dillehay, Jan Wouters and Ana Claro. 2016. "Early Pre-Hispanic Use of Indigo Blue in Peru." *Science Advances* 2(9). DOI: 10.1126/sciadv.1501623.

Spooner, D. B. 1908-9. "Excavations at Shāh-ji-Dherī." *Annual Report of the Archaeological Survey of India*, 38-59.

Stanley, Tim. 1995. *The Qur'an and Calligraphy: A Selection of Fine Manuscript Material*. Catalogue 1213. London: Bernard Quarich.

Starr, S. Frederick. 2013. *Lost Enlightenment: Central Asia's Golden Age from the Arab Conquest to Tamerlane.* Princeton, NJ: Princeton University Press.

Stein, Marc Aurel. 1904. *Sand-Buried Ruins of Khotan.* London: Hurst and Blackett.

———. 1907. *Ancient Khotan.* Oxford: Clarendon Press.

———. 1912. *Ruins of Desert Cathay: Personal Narrative of Explorations in Central Asia and Westernmost China.* London: Macmillan.

———. 1921. *Serindia: Detailed Report of Explorations in Central Asia and Westernmost China.* Oxford: Oxford University Press.

———. 1928. *Innermost Asia.* Oxford: Clarendon Press.

———. 1929. *On Alexander's Track to the Indus: Personal Narrative of Explorations on the North-West Frontier of India.* London: Macmillan. http://archive. org/stream/ onalexanderstrac035425mbp/onalexanderstrac035425mbp_djvu.txt.

———. 1930. *An Archaeological Tour in Upper Swat and Adjacent Hill Tracts.* Memoirs of the Archaeological Survey of India 42. Calcutta: Archaeological Survey of India.

Stephenson, Paul. 2003. *The Legend of Basil the Bulgar-Slayer.* Cambridge: Cambridge University Press.

Strong, John. 2004. *Relics of the Buddha.* Princeton, NJ: Princeton University Press.

Al-Ṭabarī. 1989. *The History of al-Tabari.* Vol. 34. *Incipient Decline.* Translated and annotated by Joel L. Kraemer. Albany: State University of New York Press.

Taddesse Tamrat. 1972. *Church and State in Ethiopia, 1270-1527.* Oxford: Clarendon Press.

Takeuchi Tsuguhito. 2004a. "Sociolinguistic Implications of the Use of Tibetan in East Turkestan from the End of Tibetan Domination through the Tangut Period (9th-12th c.)." In *Turfan Revisited: The First Century of Research into the Arts and Cultures of the Silk Road,* edited by Desmond Durkin-Meisterernst, Simone-Christiane Raschmann, Jens Wilkens, Marianne Yaldiz and Peter Zieme, 341-348. Berlin: Dietrich Reimer.

———. 2004b. "The Tibetan Military System and Its Activities from Khotan to Lop Nor." In Whitfield and Sims Williams 2004: 50-56.

Tallet, Pierre. 2012. *Ayn Sukhna and Wadi el-Jarf: Two Newly Discovered Pharaonic Harbours on the Suez Gulf.* British Museum Studies in Ancient Egypt and Sudan 18. London: British Museum.

Teiser, Stephen F. 1994. *The Scripture of the Ten Kings and the Making of Purgatory in Medieval China.* Studies in East Asian Buddhism 9. Honolulu: University of Hawaii Press.

Teter, Magda. 2011. *Sinners on Trial.* Cambridge, MA: Harvard University Press.

Thiel, J. H. 1966. *Eudoxus of Cyzicus: A Chapter in the History of the Sea-Route to India and the Route around the Cape in Ancient Times.* Historische Studien 23. Groningen: J. B. Wolters.

Thierry, Francois. 2005. "Yuezhi and Kouchans: Pièges et dangers des sources chinoises." In *Afghanistan: Ancien carrefour entre l'est et l'ouest*, edited by Osmund Boperachchi and Marie-Francoise Boussac, 421-539. Turnhout: Brepols.

Thomas, Thelma K. 2012. "'Ornaments of Excellence' from 'the Miserable Gains of Commerce': Luxury Art and Byzantine Culture." In *Byzantium and Islam: Age of Transition*, edited by Helen C. Evans and Brandie Ratliff, 124-133. New York: Metropolitan Museum of Art.

Thompson, D., et al. [1983] 2011. "Abrīšam: iii. Silk Textiles in Iran." In *Encyclo-paedia Iranica Online*. Last updated July 19.www.iranicaonline.org/articles/abrisam-silk-index.

田广金, 郭素新:《鄂尔多斯式青铜器》, 北京: 文物出版社, 1986 年。

Timperman, Ilse. 2017. "Early Niche Graves in the Turfan Basin and Inner Eurasia." PhD diss., University of London.

Ting, Joseph S. P., ed. 2006. *The Maritime Silk Route: 2000 Years of Trade on the South China Sea*. Hong Kong: Urban Council.

Tomber, Roberta. 2008. *Indo-Roman Trade: From Pots to Pepper*. London: Duckworth.

Tosi, Maurizio. 1974. "The Lapis Trade across the Iranian Plateau in the 3rd Millennium BC." In *Gururājamañjarikā: Studi in onore di Guiseppe Tucci*, 3-22. Naples: Istituto Universitario Orientale.

Touati, Houari. "Scribes and Commissioners of the Early Qur'anic Codices." Paper presented at the International Conference on Patronage and the Sacred Book in the Medieval Mediterranean, October 18-19. Abstract at Centro de Ciencias Humanas y Sociales, Consejo Superior de Investigaciones Científicas, 2010,www.congresos.cchs.csic.es/patronage_and_the_sacred_book/Abstracts.

Trainor, Kevin. 1997. *Relics, Ritual and Representation in Buddhism: Rematerializing the Sri Lankan Theravada Tradition*. Cambridge: Cambridge University Press.

Treister, Michael Yu. 2001. *Hammering Techniques in Greek and Roman Jewellery and Toreutics*. Leiden: Brill.

Tretiakov, P. N. and A. L. Mongait, eds. 1961. *Contributions to the Ancient History of the U.S.S.R. with Special Reference to Transcaucasia*. Cambridge, MA: Peabody Museum.

Trever, Camilla. 1967. "A propos des temples de la déesse Anahita en Iran sassanide." *Iranica Antiqua* 7: 121-134.

Trimingham, J. Spencer. 2013. *Islam in Ethiopia*. London: Routledge.

Trousdale, William. 1968. "The Crenelated Mane: Survival of an Ancient Tradition in Afghanistan." *East and West* 18(1-2): 169-177.

Trowbridge, M. I. 1930. *Philological Studies in Ancient Glass*. University of Illinois Studies in Language and Literature 13, nos. 3-4. Urbana: University of Illinois.

Truitt, E. R. 2015. *Medieval Robots: Mechanism, Magic, Nature and Art*. Philadelphia: University of Pennsylvania Press.

Tsien Tsuen-Hsuin. 1985. *Science and Civilisation in China*. Vol. 5. *Chemistry and Chemical Technology*. Part 1. Paper and Printing. Cambridge: Cambridge University Press.

Tucci, Guiseppe. 1940. *Travels of Tibetan Pilgrims in the Swat Valley*. Calcutta: Greater India Society.

———. 1949. *Tibetan Painted Scrolls*. Rome: La Libreria dello Stato.

———. 1958. "Preliminary Report on an Archaeological Survey in Swat." *East and West* 9(4): 279-328.

Twitchett, Denis, ed. 1983. *Printing and Publishing in Medieval China*. New York: Frederic C. Beil.

Usher, Abbott Payson. 1988. *A History of Mechanical Inventions*. Rev. ed. New York: Dover.

van Giffen, Astrid. n.d. "Weathered Archaeological Glass." Accessed September 16, 2017. Corning Museum of Glass. www.cmog.org/article/weathered-archaeological -glass.

van Schaik, Sam. 2011. *Tibet: A History*. New Haven, CT: Yale University Press.

Vasil'e v, K.V. 1961. "Rezenzia na: Gumilev L. Hunnu. Sredinnaja Asia v drevnie vremena." *Vestnik Drevney Istorii* 2: 120-124.

Vaziri, Mostafa. 2012. *Buddhism in Iran: An Anthropological Approach to Traces and Influences*. New York: Palgrave Macmillan.

Vedeler, Marianne. 2014. *Silk for the Vikings*. Oxford: Oxbow Books.

Verstraete, B. C. 1980. "Slavery and the Social Dynamics of Male Homosexual Relations in Ancient Rome." *Journal of Homosexuality* 5(3): 227-236.

Vnouček, Jiří. 2018. "Learning the History of Manuscripts with the Help of Visual Assessment of the Parchment: The Differences in Animals and Processes Employed in the Preparation of Parchment." PhD diss., University of York.

Vondrovec, Klaus. 2014. *Coinage of the Iranian Huns and Their Successors from Bac-tria to Gandhara (4th to 8th Century CE)*. Vienna: Verlag der Österreichischen Akademie der Wissenschaften.

Von le Coq, Albert. 1913. *Chotscho: Facsimile-Wiedergaben der Wichtigeren Funde der Ersten Königlich Preussischen Expedition nach Turfan in Ost-Turkistan*. Berlin: Dietrich Reimer.

Von Simson, Otto. 1988. *The Gothic Cathedral: Origins of Gothic Architecture and the Medieval Concept of Order*. Princeton, NJ: Princeton University Press.

Wagner, Mayke, Xinhua Wu, Pavel Tarasov, Ailijiang Aisha, Christopher Bronk Ramsey, Michael Schultz, Tyede Schmidt-Schultz and Julia Gresky. 2011. "Carbon-Dated Archaeological Record of Early First Millennium B.C. Mounted Pastoralists in the Kunlun Mountains, China." *PNAS* 108(38): 15733-38. www.pnas.org/content/108/38/15733.full.pdf.

Waldron, Arthur. 1990. *The Great Wall of China: From History to Myth*. Cambridge: Cambridge University Press.

Waley, Arthur, trans. 1960. *Ballads and Stories from Tun-Huang: An Anthology*.

London: George Allen and Unwin.

Walker, Annabel. 1998. *Aurel Stein: Pioneer of the Silk Road*. London: John Murray.

Walter, Mariko Namba. 2014. *Buddhism in Central Asian History*. In *The Wiley Companion to East and Inner Asian Buddhism*, edited by Mario Poceski, 21-39. Malden, MA: Wiley Blackwell.

Wang, Helen. 1998. "Stein's Recording Angel: Miss F. M. G. Lorimer." *Journal of the Royal Asiatic Society*, 3rd ser., 8(2): 207-228.

———. 2004. *Money on the Silk Road: The Evidence from Eastern Central Asia to c. AD 800*. London: British Museum.

———, ed. 2012. *Sir Aurel Stein: Colleagues and Collections*. British Museum Research Publication 194. London: British Museum.

王炳华:《西汉以前新疆和中原地区历史关系考索》,《丝绸之路考古研究》,乌鲁木齐: 新疆人民出版社, 1993 年。

Wang Bo and Lu Lipeng. 2009. "Glass Artifacts Unearthed from the Tombs at the Zhagunluke and Sampula Cemeteries in Xinjiang." In *Ancient Chinese Glass Research along the Silk Road*, edited by Gan Fuxi, Robert H. Brill and Tian Shouyun, 229-330. Singapore: World Scientific Publishing.

Wang Jiqing. 2012. "Aurel Stein's Dealings with Wang Yuanlu and Chinese Officials in Dunhuang in 1907." In H. Wang 2012: 1-6.

Wang Yu-t'ung. 1953. "Slaves and Other Comparable Social Groups during the Northern Dynasties (386-618)." *Harvard Journal of Asiatic Studies* 16(3-4): 293-364.

Ward, Gerald W. R. 2008. *The Grove Encyclopedia of Materials and Techniques in Art*. Oxford: Oxford University Press.

Warmington, E. H. 1928. *The Commerce between the Roman Empire and India*. Cambridge: Cambridge University Press.

Watt, James C. Y., An Jiayao, Angela F. Howard, Boris I. Marshak, Su Bai and Zhao Feng, eds. 2004. *Dawn of a Golden Age, 200-750 AD*. Exh. cat. New York: Metropolitan Museum of Art. www.metmuseum.org/research/metpublications/China_Dawn_of_a_Golden_Age_200_750_AD.

Waugh, Daniel C .2007. "Richtofen's 'Silk Roads': Toward the Archaeology of a Concept." Silk Road 5(1): 1-10. silkroadfoundation.org/newsletter/vol5num1/srjournal_v5n1.pdf.

Weber, A. S. 2003. "Women's Early Modern Medical Almanacs in Historical Context." *English Literary Renaissance* 33(3): 358-402.

West, V. 2009. "Letters from Antonio Mordini." *Journal of the Oriental Numismatic Society* 200:5-9.

West FitzHugh, Elisabeth and Lynda A. Zycherman, 1992. "A Purple Barium Copper Silicate Pigment from Early China." *Studies in Conservation* 37(3): 145-154.

Whitehouse, David. 1989. "Begram: The Periplus and Gandharan Art." *Journal of Roman Archaeology* 2: 93-100.

Whitfield, Susan. 1998. "Under the Censor's Eye: Printed Almanacs and

Censorship in Ninth-Century China." *British Library Quarterly* 24(1): 4-22.

———. 2001. "Almanacs: China." In *Censorship: A World Encyclopedia*, edited by Derek Jones, 43. Chicago: Fitzroy Dearborn.

———. 2008. "The Perils of Dichotomous Thinking: Ebb and Flow Rather Than East and West." In *Marco Polo and the Encounter of East and West*, edited by Suzanne Akbari and Amilcare A. Iannucci. Toronto: University of Toronto Press. https://www.academia.edu/2645165/The_Perils_of_Dichotomous_Thinking_Ebb_and_flow_rather_than_east_and_west.

———. 2009. *La Route de la Soie: Un voyage à travers la vie et la mort*. Exh. cat.Brussels: Mercator.

———. 2015a. "Creating a Codicology of Central Asian Manuscripts." In *From Mulberry Leaves to Silk Scrolls: New Approaches to the Study of Asian Manuscript Traditions*, edited by Justin Thomas McDaniel and Lynn Ransom, 207-30. Philadelphia: University of Pennsylvania Press.

———. 2015b. *Life along the Silk Road*. 2nd ed. Oakland: University of California Press.

———. 2016. "Dunhuang and Its Network of Patronage and Trade." In *Cave Temples of Dunhuang: Buddhist Art on China's Silk Road*, edited by Neville Agnew, Marcia Reed and Tevvy Ball, 59-76. Los Angeles: Getty Conservation Institute and Getty Research Institute.

———. 2018a. "Buddhist Rock Cut Architecture and Stupas across Central Asia and into China." In *Cambridge World History of Religious Architecture*, edited by Richard Etlin. Cambridge: Cambridge University Press.

———. 2018b. "The Expanding Silk Road." *Bulletin of the Museum of Far Eastern Antiquities* 81.

———. 2018c. "On the Silk Road: Trade in the Tarim?" In *Trade and Civilization*, edited by Kristian Kristiansen, Thomas Lindkvist and Janken Myrdal, 299-331. Cambridge: Cambridge University Press.

Whitfield, Susan and Ursula Sims-Williams, eds. 2004. *The Silk Road: Trade, Travel, War and Faith*. Exh. cat. London: British Library and Serindia. Online exhibition at http://idp.bl.uk/education/silk_road/index.a4d.

Wietzmann, Kurt. 1943. "Three 'Bactrian' Silver Vessels with Illustrations from Euripides." *Art Bulletin* 25(4): 289-324.

Wilbur, Clarence Martin. 1943a. "Industrial Slavery during China in the Former Han Dynasty (206 B.C.-A.D. 25)." *Journal of Economic History* 3(1): 56-69.

———. 1943b. *Slavery in China during the Former Han Dynasty*, 206 B.C.-A. D. 25. Anthropological Series, Field Museum of Natural History, Vol. 34. Chicago: Field Museum of Natural History.

Wild, J. P. 1984. "Some Early Silk Finds in Northwestern Europe." *Textile Museum Journal* 23: 17-19, 22.

Wilkinson, Endymion. 2000. *Chinese History: A Manual*. Cambridge, MA: Harvard University Asia Center.

Williams, Joanna. 1973. "The Iconography of Khotanese Painting." *East and West* 23(1-2): 109-154.

Williams, Tim. 2014. *The Silk Roads: An ICOMOS Thematic Study*. Paris: ICOMOS.

Wolters, Jochem. 1998. *Die Granulation: Geschichte und Technik einer alten Goldschmiedekunst*. Munich: Callwey.

Wood, Frances. 2012. "A Tentative Listing of the Stein Manuscripts in Paris, 1911-1919." In H. Wang 2012: 1-6.

Wood, Marilee. 2016. "Glass Beads from Pre-European Contact Sub-Saharan Africa: Peter Francis's Work Revisited and Updated." *Archaeological Research in Asia* 6: 65-80.

Woodford, Susan. 2003. *The Trojan War in Ancient Art*. Ithaca, NY: Cornell University Press.

Wu Hung. 2002. "A Case of Cultural Interaction: House-shaped Sarcophagi of the Northern Dynasties." *Orientations* 33.5: 34-41.

Wu Zhuo. 1989. "Notes on the Silver Ewer from the Tomb of Li Xian." *Bulletin of the Asia Institute* 3: 61-70.

Wyatt, David. 2009. *Slaves and Warriors in Medieval Britain and Ireland, 800-1200*. Leiden: Brill.

伊克昭盟文物工作站，内蒙古文物工作队：《西沟畔匈奴墓》,《文物》, 1980 年第 7 期, 1—10 页。

Yaacov, Lew. 2012. "A Mediterranean Encounter: The Fatimids and Europe, Tenth to Twelfth Century." In *Shipping, Trade and Crusade in the Medieval Mediterra-nean: Studies in Honour of John Pryor*, edited by Ruthy Gertwagen and Elizabeth Jeffreys, 131-156. London: Ashgate.

Yamazaki, Gen'ichi. 1990. "The Legend of the Foundation of Khotan." *Memoirs of the Research Department of the Toyo Bunko* 47: 55-80.

Yang Han-Sung, Jan Yun-Hua, Iida Shotaro and Lawrence W. Preston, eds. and trans. 1984. *The Hye Ch'o Diary: Memoir of the Pilgrimage to the Five Regions of China*. Berkeley, CA: Asian Humanities Press; Seoul: Po Chin Chai.

Yetts, W. Perceval. 1926. "Discoveries of the Kozlov Expedition." *Burlington Magazine for Connoisseurs* 48(277): 168-185.

Zhang Bangwei. 2016. "Women: Han Women Living in the Territory of Song." In *A Social History of Middle-Period China*, edited by Zhu Ruixin, Zhang Bangwei, Liu Fusheng, Cai Chongbang and Wang Zengyu, 171-203. Cambridge: Cambridge University Press.

Zhang, L.［L. Jaang］. 2011. "Long-Distance Interactions as Reflected in the Earliest Chinese Bronze Mirrors." In *The Lloyd Cotsen Study Collection of Chinese Bronze Mirrors*, vol. 2, Studies , edited by Lothar von Falkenhausen, 34-49. Los Angeles: UCLA Cotsen Institute of Archaeology Press.

Zhang Qingjie, Chang Hongxia, Zhang Xingmin and Li Aiguo. 2002. "The Yu Hong Tomb of the Sui Dynasty in Taiyuan." Translated by Victor Mair. *Chinese Archaeology* 2: 258-268.

Zhao Feng. 1997. "Silk Roundels from the Sui to the Tang." *HALI* 92: 81-85.

———. 2004. "The Evolution of Textiles along the Silk Road." In Watt et al.

2004: 67-77.

Zhu Ruixin. 2016. "Chinese Character Tattoos, Pattern Tattoos and Flower Pinning." In *A Social History of Middle-Period China*, edited by Zhu Ruixin, Zhang Bangwei, Liu Fusheng, Cai Chongbang and Wang Zengyu, 639-648. Cambridge: Cambridge University Press.

Zieme, Peter, Christiane Reck, Nicholas Sims-Williams, Desmond Durkin-Meisterernst and Matteo Compareti. n.d. "Aesop's Fables in Central Asia." Turfanforschung project. www.vitterhetsakad.se/pdf/uai/Turfan.pdf.

Zürcher, Eric. 1959. *The Buddhist Conquest of China*. Leiden: Brill.

————. 1968. "The Yuezhi and Kaniska in Chinese Sources." In *Papers on the Date of Kaniska: Submitted to the Conference on the Date of Kaniska, London 20-22 April, 1960*, edited by A. L. Balsham, 346-390. Leiden: E. J. Brill.

出版后记

　　没有多少人能像作者魏泓那样，对丝绸之路上的物质及其文化有如此深入的了解和"纠缠"多年的情感。她不仅是英国国家图书馆的国际敦煌项目负责人，还是与丝绸之路物质打了多年交道的老朋友。在作者笔下，丝绸之路上那些古老的物仍然迸发着生命力。比如本书十件古物中的丝绸，不仅限于最早诞生在古代中国的柔滑面料，还有在自东向西的旅程中吸收了粟特、萨珊、拜占庭等文化后演变而成的中亚丝绸、拜占庭丝绸。它们在离开东方后，成了中亚和西方人的新宠，其用途和地位也悄然发生变化，既是华美的衣物、表达虔诚的祭品，也是皇权的象征、外交的礼物，以及包裹圣骨的"宝函"。

　　但在丝绸之路上，丝绸并非唯一糅合了多元文化，在欧亚大陆和非洲大地上传播和影响人们生活方式的物质。有着悠久历史和传奇历程的古物林林总总。

　　有着浓厚草原色彩的金耳环得到了汉朝贵族女子的青睐；玻璃成了埃及的青金石和古代中国美玉、瓷器的"替代品"，也是汉朝的南方贵族珍而重之的异域珍宝；来自大夏的鎏金银壶落到北周的一位将领手中，向他细说西方的神话传说；于阗国僧人住所中悬挂着的木板画，似乎与一则久远的于阗传说有关；历日中则隐含了古人嫁娶、农作、征战、家宅风水、占云占星乃至发明雕版印刷等大大小小的事件……

已逝的历史永不可能在我们面前原样重现，过去的人与物、思想和技术，早已远离我们当下的生活。但作者凭借她对这些物件的了解和对大量相关史料的整理和研究，让物"开了口"诉说它们的故事，包括它们如何、何时、何地诞生、几经易手、被破坏、掩埋以及在 20 世纪或 21 世纪重现于世的历程。在这些物的历程中，鲜活着的还有人的事迹，他们可能是商人、工匠、僧侣、将士、统治者或是十件古物之一的奴隶。读者可以看到，在已经消失的历史中，物与物、人与物、人与人甚至文化之间是怎么相互联系、相互影响的。

本书从十件古物入手，却不仅仅着眼于物质本身，而是通过物质在丝绸之路上发生的故事，将一张宏大的"丝绸之路"交流网铺展开来，揭示了在过去的数千年里，欧亚大陆和非洲大地上各地区、各文化之间那些鲜为人知的联系。

服务热线：133-6631-2326　188-1142-1266
服务信箱：reader@hinabook.com

后浪出版公司
2020 年 11 月

© 民主与建设出版社，2021

图书在版编目（CIP）数据

十件古物中的丝路文明史 / (英) 魏泓
(Susan Whitfield) 著；王东译. -- 北京：民主与建
设出版社，2021.2
书名原文: Silk, Slaves and Stupas: Material
Culture of the Silk Road
ISBN 978-7-5139-3343-8

Ⅰ. ①十… Ⅱ. ①魏… ②王… Ⅲ. ①丝绸之路—文
物—考古—世界 Ⅳ. ①K86

中国版本图书馆CIP数据核字(2021)第017461号

Silk, Slaves and Stupas: Material Culture of the Silk Road
by Susan Whitfield
Copyright © 2018 by The Regents of the University of California
This edition published by arrangement with University of California Press
Through Big Apple Agency, Inc., Labuan, Malaysia.
Simplified Chinese edition copyright © 2021 Ginkgo (Beijing) Book Co., Ltd.
All rights reserved.
本书简体中文版由银杏树下（北京）图书有限责任公司出版。

版权登记号：01-2021-0509
地图审图号：GS（2021）584

十件古物中的丝路文明史
SHIJIAN GUWUZHONGDE SILU WENMINGSHI

著　　者　［英］魏　泓
译　　者　王　东
责任编辑　王　颂
特约编辑　梁欣彤
封面设计　墨白空间·陈威伸
出版发行　民主与建设出版社有限责任公司
电　　话　（010）59417747　59419778
社　　址　北京市海淀区西三环中路 10 号望海楼 E 座 7 层
邮　　编　100142
印　　刷　北京盛通印刷股份有限公司
版　　次　2021 年 3 月第 1 版
印　　次　2021 年 3 月第 1 次印刷
开　　本　889 毫米 ×1194 毫米　1/32
印　　张　11.75
字　　数　260 千字
书　　号　ISBN 978-7-5139-3343-8
定　　价　82.00 元

注：如有印、装质量问题，请与出版社联系。